*TEORIA GERAL
DO DIREITO TRIBUTÁRIO*

HUGO DE BRITO MACHADO

TEORIA GERAL DO DIREITO TRIBUTÁRIO

TEORIA GERAL DO DIREITO TRIBUTÁRIO

© Hugo de Brito Machado

ISBN: 978-85-392-0285-0

Direitos reservados desta edição por
MALHEIROS EDITORES LTDA.
Rua Paes de Araújo, 29, conjunto 171
CEP 04531-940 — São Paulo — SP
Tel.: (11) 3078-7205 – Fax: (11) 3168-5495
URL: www.malheiroseditores.com.br
e-mail: malheiroseditores@terra.com.br

Composição
Acqua Estúdio Gráfico Ltda.

Capa
Criação: Vânia L. Amato
Arte: PC Editorial Ltda.

Impresso no Brasil
Printed in Brazil
02.2015

SUMÁRIO

Capítulo I – Poder Tributário

1. Introdução 21

2. Poder e Direito

2.1 As dificuldades do conceito de poder 22

2.2 Poder e influência 24

2.3 Distinção entre poder e Direito 25

2.4 Direito como limite de poder 25

2.5 A Constituição como limite do poder estatal 28

2.6 O tributo e as revoltas contra o poder 29

2.7 O Direito como sistema de limites fruto da racionalidade humana 30

2.8 O Direito e a resistência dos poderosos 32

3. O poder tributário

3.1 Soberania 32

3.2 Estado, soberania interna e Direito 35

3.3 O poder de tributar como aspecto da soberania 35

3.4 Finalidade do tributo 36

3.5 Finalidade do direito tributário 36

3.6 A eficácia do direito tributário 37

3.7 O tributo e o interesse público 39

3.8 Tributo como preço dos serviços públicos 41

6 TEORIA GERAL DO DIREITO TRIBUTÁRIO

4. Abuso do poder de tributar

4.1 Tributo injusto 42

4.2 Menor rigor da moral fiscal 43

4.3 Sanções administrativas e penais 44

Capítulo II – O Direito Tributário

1. Introdução 47

2. O Direito como sistema normativo

2.1 Os vários significados da palavra "direito" 48

2.2 Direito natural e direito positivo 49

2.3 Poder de tributar e relação jurídica tributária 49

2.4 Direito e Estado 50

2.5 Estado de Direito 51

2.6 O sistema normativo 52

2.7 Supremacia constitucional e tributação 54

2.8 A lei no sistema normativo 55

2.9 Alguns conceitos relativos à lei 57

2.10 O poder jurisdicional 59

3. Direito tributário

3.1 Conceito e finalidade 60

3.2 O direito tributário como limitação ao poder de tributar 61

4. Os princípios jurídicos da tributação

4.1 Princípio e regra 63

4.2 O princípio da legalidade tributária 65

4.3 O princípio da irretroatividade da lei tributária 66

*4.4 Irretroatividade, anualidade e anterioridade da lei
tributária* 67

*4.5 Irretroatividade, anualidade e anterioridade
da lei tributária no Direito Brasileiro* 68

SUMÁRIO

Capítulo III – A Lei Tributária

1. Introdução 71

2. Os vários significados da palavra "lei"

   2.1 Lei de causalidade 72

   2.2 Lei em sentido formal e em sentido material 73

   2.3 Lei e regulamento 73

3. O princípio da legalidade tributária

   3.1 Natureza do dispositivo constitucional 74

   3.2 Legalidade e tipicidade 76

   3.3 O que significa criar um tributo 79

   3.4 As obrigações tributárias acessórias 85

   3.5 Obrigação tributária acessória e penalidade 87

4. O princípio da irretroatividade da lei tributária

   4.1 A irretroatividade e a essência do Direito 88

   4.2 Irretroatividade como direito do indivíduo e como
     princípio 91

   4.3 Irretroatividade e publicação oficial 92

   4.4 Irretroatividade da lei tributária na
     Constituição de 1988 95

   4.5 Irretroatividade e aplicação imediata 96

   4.6 Irretroatividade e tributos com fato gerador complexo 97

   4.7 Anterioridade anual e nonagesimal 98

   4.8 Anterioridade e anualidade 99

5. Dificuldades relativas ao princípio da anterioridade

   5.1 Anterioridade e irretroatividade da lei 102

   5.2 Existência simultânea de duas anterioridades 103

Capítulo IV – O Tributo

1. Introdução 108

8 TEORIA GERAL DO DIREITO TRIBUTÁRIO

2. O tributo

2.1 Evolução histórica 108

2.2 Tributo como prestação pecuniária 110

2.3 Tributo como prestação compulsória 112

2.4 Tributo como receita pública 116

2.5 Função dos tributos 117

3. Definição de tributo no Direito Brasileiro

3.1 Natureza e finalidade das definições legais 118

3.2 Tributo como categoria de direito positivo 119

3.3 Elementos da definição feita pelo art. 9º da Lei 4.320/1964

 3.3.1 Receita derivada das entidades de direito público 120

 3.3.2 Custeio de atividades gerais ou específicas 121

3.4 Elementos da definição feita pelo art. 3º do CTN

 3.4.1 Prestação pecuniária 122

 3.4.2 Compulsória 124

 3.4.3 Em moeda ou cujo valor nela se possa exprimir 126

 3.4.4 Que não constitua sanção de ato ilícito 131

 3.4.5 Instituída em lei 136

 3.4.6 Cobrada mediante atividade administrativa

  plenamente vinculada 144

4. A tributação e a ilicitude

4.1 Considerações iniciais 151

4.2 Tributação de atividades ilícitas 152

4.3 Multas tributárias sem ilicitude 153

4.4 Tributo extrafiscal 154

4.5 Sanção e tributo extrafiscal proibitivo 155

4.6 O ilícito como pressuposto essencial da penalidade 155

4.7 Ainda a tributação nas atividades ilícitas 156

4.8 A prática do tributo como sanção 162

4.9 O IPTU progressivo no tempo 163

4.10 A desconstituição do fato gerador 164

SUMÁRIO

5. Tributo oculto ou disfarçado
5.1 Na Teoria Geral do Direito 164
5.2 No Direito Brasileiro 166
  5.2.1 Valor da outorga 166
  5.2.2 Sobrepreço nos monopólios estatais 167
  5.2.3 Contraprestação de serviço de uso compulsório 167
5.3 Inconstitucionalidade
  5.3.1 Sistema tributário e direitos fundamentais 168
  5.3.2 Contrariedade ao sistema 168

6. O empréstimo compulsório
6.1 Considerações iniciais 169
6.2 Natureza jurídica e regime jurídico 172
6.3 Tributo e receita pública 172
6.4 A tese afirmativa da natureza tributária 173
6.5 Fundamentação da tese na Teoria do Direito 175
6.6 Destinação e restituição 176
6.7 Empréstimo compulsório e receita pública 178
6.8 A doutrina estrangeira 179
6.9 Divergências em face do ordenamento jurídico brasileiro 180
6.10 Proteção contra práticas abusivas do Poder Público 182

Capítulo V – As Espécies de Tributo

1. Introdução 185
2. Os impostos
2.1 Conceito e natureza jurídica específica 187
2.2 Classificação dos impostos
  2.2.1 Utilidade didática 189
  2.2.2 Os critérios de classificação 190
  2.2.3 Classificação pelo critério da competência 191

10 TEORIA GERAL DO DIREITO TRIBUTÁRIO

2.2.4 Classificação pela forma de quantificação 192

2.2.5 Classificação pela repercussão do ônus 193

3. As taxas

3.1 Conceito e natureza jurídica específica 196

3.2 Classificação das taxas

    3.2.1 O critério a ser adotado 197

    3.2.2 Competência privativa 197

    3.2.3 Taxas de polícia e de serviços 198

3.3 Destino do produto da arrecadação 201

4. A contribuição de melhoria

4.1. Considerações iniciais 203

4.2. Conceito 204

4.3. Função 205

4.4 Competência para instituição 206

4.5 Fato gerador 207

4.6 Limites característicos 209

4.7 Posturas doutrinárias sobre os limites 210

4.8 Inadmissível supressão dos limites 219

4.9 Desinteresse pela cobrança 221

5. As contribuições sociais

5.1 Conceito e natureza jurídica 222

5.2 Destinação ou finalidade como elemento essencial 223

5.3 Espécies de contribuições sociais 225

    5.3.1 Contribuições de intervenção no domínio
    econômico 226

    5.3.2 Contribuições de interesse de categorias
    profissionais ou econômicas 227

    5.3.3 Contribuições de seguridade social 228

    5.3.4 Contribuições sociais gerais 228

    5.3.5 Contribuições especiais 229

SUMÁRIO

6. A contribuição de iluminação pública

6.1 Incompatibilidade conceitual 229

6.2 Outras incompatibilidades

 6.2.1 Destruição do sistema tributário 232

 6.2.2 Separação de Poderes 233

 6.2.3 Garantias individuais do contribuinte 234

 6.2.4 Compreensão dos limites ao poder reformador 234

6.3 Outras questões relevantes 235

 6.3.1 Forma de cobrança 235

 6.3.2 Direito à compensação 236

7. As tarifas ou preços públicos

7.1 Natureza jurídica 237

7.2 As preferências dos governantes 237

7.3 Definição do que é atividade essencialmente estatal 238

7.4 Imposição legislativa e coerência 240

7.5 Dois momentos para opções dos governantes 240

7.6 Utilização efetiva ou potencial do serviço 241

7.7 Distinção essencial entre taxa e preço público ou tarifa 241

Capítulo VI – Obrigação Tributária

1. Introdução 246

2. Obrigação tributária no plano da abstração

2.1 Os planos da abstração e da concreção 246

2.2 A relação tributária no plano da abstração 247

2.3 Atribuição de competência tributária 248

2.4 A hipótese de incidência tributária 248

3. Obrigação tributária no plano da concreção

3.1 O fato gerador do tributo 249

3.2 Espécies de obrigação tributária 250

12 TEORIA GERAL DO DIREITO TRIBUTÁRIO

3.3 Obrigação tributária principal 250

3.4 Obrigação tributária acessória 251

4. Os sujeitos da obrigação tributária

4.1 Sujeito ativo 255

4.2 Sujeito passivo 256

    4.2.1 O contribuinte 257

    4.2.2 O responsável 258

4.3 O sujeito passivo e as convenções particulares 258

4.4 Convenções particulares e os fatos geradores de obrigações tributárias 259

4.5 Convenções particulares e a legitimidade para impugnar exigência tributária 261

4.6 A solidariedade tributária 264

4.7 A capacidade tributária 265

4.8 O domicílio tributário 267

5. Responsabilidade tributária

5.1 O dever jurídico e a responsabilidade 269

5.2 Necessária vinculação do responsável ao fato gerador do tributo 269

5.3 Responsabilidade dos sucessores

    5.3.1 Distinção necessária e garantia de direitos ao sucessor 270

    5.3.2 Tratamento específico quanto aos tributos relativos a imóveis 272

    5.3.3 Aquisição de quaisquer bens 273

    5.3.4 Alterações na pessoa jurídica contribuinte 274

    5.3.5 Continuação da atividade por sócio remanescente ou seu espólio 275

    5.3.6 Fundo de comércio ou estabelecimento comercial ... 276

    5.3.7 Responsabilidade integral e subsidiária 279

    5.3.8 Outras questões relativas à responsabilidade do adquirente do fundo de comércio 280

SUMÁRIO

5.4 Responsabilidade de terceiros

5.4.1 Considerações iniciais 281

5.4.2 Responsabilidade dos pais 282

5.4.3 Responsabilidade dos tutores e curadores 283

5.4.4 Responsabilidade dos administradores de bens de terceiros 283

5.4.5 Responsabilidade do inventariante 284

5.4.6 Responsabilidade dos sócios e dirigentes de empresas 285

5.5 Responsabilidade por infrações

5.5.1 Considerações iniciais 287

5.5.2 Responsabilidade tributária e responsabilidade pelo ilícito tributário 288

5.5.3 Responsabilidade e natureza da sanção 288

5.5.4 Criminalização do ilícito tributário 290

5.6 Exclusão da responsabilidade pela denúncia espontânea

5.6.1 Objetivo e configuração da denúncia espontânea 291

5.6.2 Consequência da denúncia espontânea da infração 292

5.6.3 Denúncia espontânea e multa de mora 292

Capítulo VII – **Crédito Tributário**

1. Introdução 296

2. Constituição do crédito tributário

2.1 O lançamento tributário 297

2.2 Procedimento constitutivo do crédito tributário 299

2.3 Inexistência de tributo sem lançamento 301

2.4 Modalidades de lançamento

2.4.1 As três espécies ou modalidades de lançamento 304

2.4.2 Lançamento de ofício 304

TEORIA GERAL DO DIREITO TRIBUTÁRIO

2.4.3 *Lançamento por declaração* 305

2.4.4 *Lançamento por homologação* 306

2.5 *Natureza e regime jurídico do lançamento* 308

2.6 *Revisão do lançamento* 309

3. Suspensão da exigibilidade do crédito tributário

3.1 *Considerações gerais* 311

3.2 *Moratória* 312

3.3 *Depósito do montante integral do crédito tributário*

    3.3.1 *Ato voluntário e seus efeitos* 314

    3.3.2 *Suspensão da exigibilidade do crédito tributário* 315

    3.3.3 *Suspensão da exigibilidade do dever de pagar antecipadamente* 315

    3.3.4 *Montante integral* 316

    3.3.5 *Depósito e consignação em pagamento* 317

    3.3.6 *Decadência e prescrição* 317

    3.3.7 *Levantamento ou conversão em renda* 318

    3.3.8 *Depósito como pagamento provisório* 318

3.4 *Reclamações e recursos administrativos* 319

3.5 *Medida liminar em mandado de segurança* 319

3.6 *Medida liminar em cautelar e tutela antecipada* 320

3.7 *Parcelamento* 321

4. Extinção do crédito tributário

4.1 *Considerações gerais* 321

4.2 *Pagamento* 322

4.3 *Pagamento indevido* 324

4.4 *Consignação em pagamento* 325

4.5 *Decisão administrativa irreformável* 328

4.6 *Decisão judicial passada em julgado* 328

4.7 *Dação em pagamento* 328

5. Exclusão do crédito tributário

SUMÁRIO

5.1 O que significa exclusão do crédito tributário 329

5.2 Distinção entre isenção, não incidência e imunidade 330

5.3 Isenção 330

   5.3.1 Isenção como revogação da norma de tributação 331

   5.3.2 Isenção como dispensa do tributo 332

   5.3.3 Isenção como hipótese de não incidência 334

   5.3.4 Isenção como exceção à norma de tributação 335

   5.3.5 Revogação da norma de isenção 336

5.4 Classificação das isenções 337

5.5 Anistia 339

6. Garantias e privilégios do crédito tributário

6.1 Considerações iniciais 339

6.2 Penhorabilidade dos bens nas execuções fiscais 340

6.3 Presunção de fraude 341

6.4 Preferência em relação a outros créditos 342

6.5 Concurso de preferências 343

6.6 Créditos extraconcursais 343

6.7 Inventário e arrolamento 345

6.8 Liquidação de pessoas jurídicas 345

6.9 Exigência de quitações 345

6.10 Indisponibilidade de bens e direitos 347

Capítulo VIII – Administração Tributária

1. Introdução 349

2. Fiscalização

2.1 Atividade administrativa vinculada 350

2.2 Importância da disciplina normativa da fiscalização 351

2.3 Limitações funcionais 352

2.4 Limitações territoriais 352

16 TEORIA GERAL DO DIREITO TRIBUTÁRIO

2.5 Limitações temporais 353

2.6 Controle da atividade de fiscalizar 353

2.7 Respeito aos direitos individuais 354

3. A fiscalização e os direitos do contribuinte

3.1 Inviolabilidade do domicílio 354

3.2 Limitações ao poder-dever de fiscalizar 355

3.3 Direito ao silêncio 357

3.4 Direito de propriedade 358

3.5 Direito à privacidade 359

3.6 Direito ao exercício de atividade econômica

    3.6.1 A livre iniciativa e as exceções admissíveis 360

    3.6.2 Fundamento das exceções 361

    3.6.3 A inscrição do contribuinte 362

    3.6.4 A inscrição como obrigação tributária acessória 363

    3.6.5 Recusa ou cancelamento de inscrição como sanção
    política 363

    3.6.6 Recusa de autorização para a impressão de notas
    fiscais 365

    3.6.7 Exigências tributárias e autorização para o
    exercício da atividade econômica 365

    3.6.8 Manifestações do Poder Judiciário 366

    3.6.9 Persistência da Fazenda Pública 369

    3.6.10 Responsabilidade pessoal do agente público 369

4. Questões relacionadas ao sigilo

4.1 Dever de informar e sigilo profissional 370

4.2 O contador e o sigilo profissional 370

4.3 O sigilo profissional e a testemunha 371

4.4 Sigilo bancário 371

4.5 Sigilo bancário e sigilo fiscal 372

4.6 Exceções ao sigilo fiscal e redução de seu alcance 373

SUMÁRIO 17

4.7 *Desvirtuamento do sigilo fiscal* 375

4.8 *O remédio jurídico adequado* 375

5. Dívida Ativa

5.1 *Dívida Ativa Tributária* 376

5.2 *Inscrição em Dívida Ativa* 376

5.3 *Irregularidades que invalidam a inscrição em Dívida Ativa* 377

5.4 *Termo de inscrição em Dívida Ativa* 377

5.5 *Presunção de liquidez e certeza da Dívida Ativa* 378

5.6 *O protesto de Certidão de Dívida Ativa/CDA* 379

6. Certidões negativas

6.1 *Forma de provar a quitação de tributos* 381

6.2 *Exigência de quitação de tributos* 381

6.3 *Exigência de quitação e garantias constitucionais* 382

Capítulo IX – Sanções Tributárias

1. Introdução 385

2. A sanção como consequência da não prestação 387

3. As espécies de sanção tributária

3.1 *As classificações* 388

3.2 *Sanções pecuniárias ou multas* 388

3.3 *Sanções como instrumentos para obter a prestação devida* 391

3.4 *Sanções restritivas da liberdade pessoal* 392

3.5 *Sanções políticas* 393

4. Inadmissibilidade das sanções políticas

4.1 *O que é uma sanção política* 393

4.2 *Por que são inadmissíveis as sanções políticas* 394

18 TEORIA GERAL DO DIREITO TRIBUTÁRIO

4.3 Alguns exemplos de sanção política 395

    4.3.1 Apreensão de mercadorias 396

    4.3.2 Cancelamento da inscrição do contribuinte 396

    4.3.3 Protesto de Certidão de Dívida Ativa/CDA 398

5. Apreensão válida de mercadorias

    5.1 O art. 163, inciso V e § 7º, da Constituição de São Paulo 400

    5.2 A ementa do acórdão proferido na ADI 395-0 401

    5.3 Mercadoria desacompanhada de documento fiscal 402

    5.4 O conceito de mercadoria 403

    5.5 Prova da posse legítima 403

    5.6 A nota fiscal como documento idôneo

        5.6.1 Qual a finalidade da nota fiscal? 404

        5.6.2 Documento fiscal idôneo 405

Capítulo X – O Processo Tributário

1. Introdução 407

2. Processo administrativo tributário

    2.1 Conceito, natureza e espécies 409

    2.2 Determinação e exigência do crédito tributário 409

    2.3 Fase não contenciosa 410

    2.4 Fase contenciosa 412

    2.5 Declaração de inconstitucionalidade 413

    2.6 A palavra final da Administração 414

3. Processo judicial tributário

    3.1 Natureza jurídica e espécies 415

    3.2 Processo de conhecimento 415

    3.3 Processo de execução 416

    3.4 Processo cautelar 416

    3.5 Instâncias ordinárias 416

SUMÁRIO 19

3.6 Instância especial 417

3.7 Instância extraordinária 417

3.8 O conhecer e o dar provimento 417

Bibliografia 419

Capítulo 1
Poder Tributário

1. Introdução. 2. Poder e Direito: 2.1 As dificuldades do conceito de poder – 2.2 Poder e influência – 2.3 Distinção entre poder e Direito – 2.4 Direito como limite de poder – 2.5 A Constituição como limite do poder estatal – 2.6 O tributo e as revoltas contra o poder – 2.7 O Direito como sistema de limites fruto da racionalidade humana – 2.8 O Direito e a resistência dos poderosos. 3. O poder tributário: 3.1 Soberania – 3.2 Estado, soberania interna e Direito – 3.3 O poder de tributar como aspecto da soberania – 3.4 Finalidade do tributo – 3.5 Finalidade do direito tributário – 3.6 A eficácia do direito tributário – 3.7 O tributo e o interesse público – 3.8 Tributo como preço dos serviços públicos. 4. Abuso do poder de tributar: 4.1 Tributo injusto – 4.2 Menor rigor da moral fiscal – 4.3 Sanções administrativas e penais.

1. Introdução

O estudo do direito tributário pressupõe o conhecimento razoável da Teoria do Estado e das Finanças Públicas, sob os seus diversos aspectos, ao menos quando se pretenda conhecer adequadamente a relação de tributação como *relação de poder* e como *relação jurídica*, estabelecendo a distinção essencial entre uma e a outra. É que no âmbito do direito tributário geralmente estudamos a relação de tributação como uma relação jurídica, e isto nos cria certa dificuldade na compreensão dos abusos geralmente praticados pelos que corporificam o Estado nessa relação.

A rigor, é importante conhecermos a distinção essencial entre uma relação jurídica e uma relação de poder, assim como é importante que tenhamos consciência de que nos dias atuais o direito tributário ainda é algo em construção. Isto significa dizer que a relação de tributação ainda é muito mais uma relação de poder do que uma relação jurídica, não

22　　　TEORIA GERAL DO DIREITO TRIBUTÁRIO

obstante várias manifestações doutrinárias em sentido contrário. Manifestações que derivam da consideração do fenômeno jurídico apenas no plano do dever-ser. Ou, em outras palavras, derivam da ausência de consideração do fenômeno jurídico no plano da realidade.

Para bem compreendermos as dificuldades que presidem a evolução da relação tributária, que aos poucos deixa de ser uma relação simplesmente de poder para se tornar uma relação jurídica, vamos começar estudando o que devemos entender por *poder* e por *direito*. Depois estudaremos o poder tributário como aspecto da soberania, para em seguida examinarmos a distinção essencial entre uma relação jurídica e uma relação simplesmente de poder.

Mais adiante examinaremos as finalidades do tributo e do direito tributário, para demonstrarmos que são inteiramente diversas e se prestam para fundamentar a ideia de que o Direito geralmente pode ser colocado como um limite ao poder. No caso, como adiante será demonstrado, desde logo podemos afirmar que o direito tributário é um sistema de limites ao poder de tributar.

2. Poder e Direito

2.1 As dificuldades do conceito de poder

As palavras geralmente são plurissignificativas. A palavra "poder" não foge à regra. Tem vários significados. Neste contexto, porém, designa um conceito relativamente simples, que, não obstante, muitos ainda não sabem definir.

No dizer de Bobbio, "a palavra poder designa a capacidade ou a possibilidade de agir, de produzir efeitos".[1] Preferimos dizer, com base no que nos ensinou o professor Agamenon Bezerra da Silva na Pós-Graduação em Direito na Universidade Federal do Ceará, que *o poder é a aptidão para decidir e fazer valer essa decisão*. Em outras palavras, diremos que o poder é a aptidão para realizar a vontade. Quem consegue pôr em prática, quem consegue realizar, tudo o que tem vontade é, certamente, uma pessoa poderosa.

---

1. Norberto Bobbio, Nicola Matteucci e Gianfranco Pasquino, *Dicionário de Política*, 7ª ed., vol. II, trad. de Carmen C. Varrialle e outros, Brasília/DF, UnB, 1998, p. 933.

O poder tem fundamentos os mais diversos, e conforme o seu fundamento recebe uma qualificação que identifica esse fundamento. Fala-se, assim, de poder político, poder econômico, poder carismático, poder de argumentação – e assim por diante. Entretanto, como nada é absoluto, também esses conceitos são relativos. O poder às vezes tem mais de um fundamento, e nem sempre se pode determinar qual é o predominante. É certo também que a força do poder, ou sua intensidade ou capacidade para se fazer valer contra outro poder, depende sempre de qual seja o fundamento de um e do outro. Tratando-se de tributação, temos no Brasil um interessante exemplo de conflito entre o poder de tributar, próprio do Estado, e o poder econômico. Conflito que parece demonstrar ser o poder econômico mais forte do que o próprio poder de tributar inerente ao Estado. Isto se fez evidente em nosso País com o imposto sobre grandes fortunas. Não obstante tenha a Constituição Federal atribuído à União competência para instituí-lo, até agora esse imposto não foi instituído, embora já decorridos mais de 25 anos. Aliás, o fato de não haver sido até hoje instituído o imposto sobre grandes fortunas em nosso País pode ser indicado como um caso raro de competência tributária não exercida.

E, por falarmos em competência, registramos que não é de fácil solução a questão de saber se o Direito confere, ou não, poder. Preferimos dizer que o Direito confere atribuição, ou competência. Não se pode, todavia, contestar que uma pessoa à qual o Direito confere muitas atribuições termina por se tornar titular de poder, na medida em que suas atribuições envolvem interesses de pessoas diversas, cada uma delas titular de algum poder. Não é certo, porém, que o Direito confira poder. Ou, pelo menos, não é certo que o exercício das competências possa ocorrer independentemente de ser quem as exerce titular de poder, que não decorre da norma jurídica, mas de alguma circunstância de fato. Se o Direito conferisse poder, um governante jamais seria destituído de seu cargo. Não existiriam os denominados golpes de Estado. O titular de um cargo que lhe confere a atribuição de governar só é deposto quando lhe falta o poder necessário para que exerça as competências a ele atribuídas pelo ordenamento jurídico.

Seja como for, *poder* e *direito* são conceitos que se entrelaçam em diversos pontos. A aptidão para decidir a respeito de qual a regra jurídica a ser posta é, sem dúvida, poder. Mas também é direito, ao menos na

24 TEORIA GERAL DO DIREITO TRIBUTÁRIO

medida em que consubstancia o exercício de competência atribuída pelo Direito a alguém, a algum órgão. Assim também a aptidão para fazer valer, para pôr em prática, a prescrição consubstanciada na regra jurídica é expressão de poder, embora não decorra exclusivamente da regra que alberga a prescrição, mas de um conjunto de fatores, entre os quais a citada regra pode até nem ser o mais importante.

Ao estudarmos as relações entre poder e direito não podemos esquecer que o poder, mesmo diante de uma regra jurídica, é sempre poder, e, como tal, alberga sempre uma ameaça de uso da força, porque "o poder, mesmo suplicando, coage". É a expressão que se encontra em Macróbio, segundo registra Renzo Tosi, "e significa que é bem difícil negar alguma coisa a quem detém o poder".[2] Expressão que é verdadeira especialmente tratando-se do poder estatal, pois não podemos esquecer que a regra jurídica, em princípio, e para a maior parte das situações, é uma produção estatal.

Mesmo assim, no contexto de uma Teoria Geral do Direito Tributário não podemos deixar de colocar a distinção que existe entre o direito e o poder, que estudaremos logo adiante.

2.2 Poder e influência

Repetimos que o poder é a aptidão para decidir e fazer valer essa decisão. Quem decide, e tem poder, consegue pôr em prática sua própria decisão – o que quer dizer que fica subentendida no conceito de poder a ideia de competência. Aquele a quem cabe decidir sobre certa questão decide. E consegue pôr em prática, fazer valer, essa decisão.

A influência é exercida por quem não é titular de competência. É a aptidão para obter de alguém a decisão que pretende. Um órgão do Estado, o Ministério da Fazenda, por exemplo, ao qual a ordem jurídica não atribui competência para legislar, pode conseguir que o Congresso Nacional, órgão legislativo por excelência, faça uma lei com as prescrições que aquele órgão deseja. Dir-se-á, então, que tal órgão tem influência, porque a decisão a respeito de como deve ser feita a lei, se esta deve ser feita ou não, é do Congresso Nacional, mas a lei termina sendo feita quando e nos moldes desejados pelo Ministério da Fazenda.

---

2. Renzo Tosi, *Dicionário de Sentenças Latinas e Gregas*, São Paulo, Martins Fontes, 1996, p. 457.

PODER TRIBUTÁRIO 25

2.3 Distinção entre poder e Direito

Repita-se que o poder é a aptidão para decidir e fazer valer essa decisão. Já, o Direito é uma diretriz, uma previsão do que deve ser. Previsão que funciona como limite do poder, evitando que o titular deste decida e ponha em prática tudo o que deseja.

A rigor, o Direito é um sistema de limites, que é ao mesmo tempo fruto e instrumento da racionalidade humana. Sem ele a vida em sociedade seria igual à vida dos animais irracionais. Enquanto estes resolvem seus conflitos pelo poder, nós, os humanos, geralmente resolvemos os nossos conflitos pelo Direito, que é produto da razão.

Na verdade, a eficácia do Direito é sempre relativa. O poder muita vez prevalece sobre o Direito, até porque seus titulares sempre buscam e muitas vezes conseguem meios para contornar os limites que o Direito vai edificando. Tratando-se da relação de tributação, aliás, isto acontece com muita frequência. As autoridades buscam e muitas vezes conseguem meios para contornar os limites que a ordem jurídica vai aos poucos construindo contra o arbítrio.

2.4 Direito como limite de poder

A propósito do Direito como limite de poder, Luis Recaséns Siches afirma, com toda razão:

El *Derecho* es un *término medio entre la anarquía y el despotismo*. El Derecho trata de crear y mantener un equilibrio entre esas dos formas extremas de la vida social. Para evitar la anarquía, el Derecho limita el poder de los individuos particulares. Para evitar el despotismo el Derecho frena el poder del gobierno, mediante unas normas generales de conducta. En suma, el Derecho intenta reducir al mínimo la posibilidad de abuso del poder, tanto por parte de los particulares como por parte del gobierno.[3]

Embora o *Direito* e o *Estado* não sejam exatamente a mesma coisa, como chegou a afirmar Kelsen,[4] certo é que são conceitos com implica-

---

3. Luis Recaséns Siches, *Introducción al Estudio del Derecho*, México, Editorial Porrúa, 2000, pp. 119-120.
4. Hans Kelsen, *Teoria Pura do Direito*, 3ª ed., trad. de João Baptista Machado, Coimbra, Arménio Amado Editor, 1974, pp. 386-387.

26 TEORIA GERAL DO DIREITO TRIBUTÁRIO

ções recíprocas inevitáveis. E, como o Estado é o maior centro de poder existente no Planeta, fica difícil admitir que o Direito possa limitar efetivamente o poder do Estado. Essa dificuldade é referida por Jorge Miranda, que, depois de referir a estreita ligação entre Estado e Direito, ensina:

O Estado não pode, pois, viver à margem do Direito (nunca é demais insistir): pelo contrário, ele actua sempre através de actos formalmente jurídicos ou de operações materiais que remontam a competências jurídicas. Significa isto, porém, que o poder político se submete efectivamente ao Direito? Significa isto que os detentores do poder observam, na prática, a Constituição e a lei?

Mesmo que haja um ou mais órgãos encarregados de guardar a conformidade dos actos do Estado com o Direito, *quis custodiet custodes?* A quem cabe a última palavra, em definitivo quem decide eventuais conflitos e declara as situações jurídicas recíprocas das entidades públicas e dos particulares?

E, declarado o Direito, tem de se passar à execução. Admitindo que um tribunal profere uma sentença desfavorável ao Estado – o que, à primeira vista, oferece dificuldade, porquanto o tribunal funciona como órgão desse mesmo Estado –, será possível obrigar a Administração a prestar-lhe acatamento? Como explicar a execução das sentenças pelo Estado?

Por ser de homens, a autoridade está tão propensa a infringir as normas jurídicas como a liberdade humana individual. Tem então de se averiguar se é racional recorrer a um sistema de sanções. Pois, se algum indivíduo viola a lei, logo aquela autoridade, de regra, o vai ferir de uma sanção; ao passo que o Estado é o próprio titular do poder sancionatório e, como tal, insusceptível de a sofrer.

Recai-se, de novo, na controvérsia sobre o conceito de Direito. A opinião ainda dominante fala em coercibilidade. Mas, como não se descortina bem como pode o Estado ser objeto de sanção coactiva, de duas, uma: ou a coercibilidade é característica da norma jurídica, e então o direito público não é Direito na plena acepção do termo; ou a coercibilidade não é característica do Direito.

Este o problema de limitação jurídica do poder político, tal como habitualmente é posto.[5]

---

5. Jorge Miranda, *Manual de Direito Constitucional*, 2ª ed., t. III, Coimbra, Coimbra Editora, 1988, pp. 150-151.

PODER TRIBUTÁRIO

A respeito do Direito como um sistema de limites, já escrevemos:

Limitando liberdades, o Direito limita o poder, pois na verdade o exercício do poder pressupõe a liberdade. O poder, como se sabe, é a aptidão dos seres humanos para decidir e fazer valer suas decisões. Apresenta-se de diversas formas e tem vários fundamentos. Fala-se de poder econômico, poder político, poder de liderança etc. A todas essas formas de poder o Direito impõe limites, para que os poderosos não abusem do poder. O Direito é um instrumento adequado para o estabelecimento de limites do poder.[6]

Temos de considerar que as coletividades, em qualquer parte do mundo, têm governantes e governados. Em outras palavras: em qualquer comunidade do mundo alguns mandam e outros obedecem. Assim, para que esse mandar não seja ilimitado, e siga determinados padrões, as comunidades organizam-se juridicamente. Adotam regras que estabelecem quem são os governantes e estabelecem limitações aos poderes que estes podem legitimamente exercitar. Dito isto de outro modo: constituem o Estado, cuja definição evoluiu ao longo da História e mesmo na Modernidade envolve vários problemas, como se vê na lição de Norberto Bobbio, a saber:

Uma definição do Estado contemporâneo envolve numerosos problemas, derivados principalmente da dificuldade de analisar exaustivamente as múltiplas relações que se criaram entre o Estado e o complexo social e de captar, depois, os seus efeitos sobre a racionalidade interna do sistema político. Uma abordagem que se revela particularmente útil na investigação referente aos problemas subjacentes ao desenvolvimento do Estado contemporâneo é a da análise da difícil coexistência das formas do Estado de Direito com os conteúdos do Estado Social.[7]

Na comunidade que se organiza, o poder, em princípio, é ilimitado. Ou, então, se preferirmos dizer assim, as limitações do poder não decorrem de regras, porque estas ainda não foram postas, mas simplesmente

6. Hugo de Brito Machado, *Introdução ao Estudo do Direito*, 3ª ed., São Paulo, Atlas, 2012, pp. 7-8.
7. Norberto Bobbio, Nicola Matteucci e Gianfranco Pasquino, *Dicionário de Política*, 7ª ed., vol. I, trad. de Carmen C. Varrialle e outros, Brasília/DF, UnB, 1995, p. 401.

28   TEORIA GERAL DO DIREITO TRIBUTÁRIO

da capacidade de liderança daqueles que mandam. Em tais condições, eles escolhem as pessoas às quais atribuem a missão de elaborar as regras que, formalmente, instituem o Estado, regras cujo conjunto geralmente tem o nome de Constituição.

O poder que têm as pessoas encarregadas de elaborar a Constituição é conhecido como poder constituinte originário. É um poder que não tem limites jurídicos, porque seu exercício precede a formação do ordenamento jurídico.

2.5 A Constituição como limite do poder estatal

Elaborada a Constituição, com o início da vigência desta tem-se a limitação normativa dos poderes do Estado, que pode ser entendida como limitação aos poderes dos governantes, que implica garantir a liberdade deles próprios e dos governados em geral.

No dizer de Linares Quintana, a Constituição tem por finalidade essencial garantir a liberdade, a dignidade e o bem-estar dos homens na sociedade, impondo limitações aos governantes. Em suas palavras:

> La finalidad última de la Constitución es asegurar la libertad, la dignidad y el bienestar del hombre en la sociedad, mediante limitaciones a la acción del Poder Público.[8]

A Constituição assegura a liberdade, a dignidade e o bem-estar do homem em sociedade. Mas para tanto faz nascer uma pessoa, titular do poder necessário a se fazer respeitar. Essa pessoa, ou Poder Público, a que se refere Linares Quintana, é o Estado. Pessoa que, como tal, passa a ser titular de relações jurídicas, na medida em que é instituído o Direito. Tem-se, então, uma pessoa que faz o Direito e, ao mesmo tempo, a ele se submete.

Para os que sustentam que o Direito não é apenas o conjunto de normas produzidas pelo Estado não há nenhuma dúvida de que Direito e Estado são coisas bem distintas. E mesmo para os que entendem que o Direito é apenas o conjunto de normas produzidas ou aceitas pelo Estado a distinção é inegável, pelo menos se tivermos em vista que o

---

8. Segundo V. Linares Quintana, *Tratado de Interpretación Constitucional*, Buenos Aires, Abeledo-Perrot, 1998, p. 430.

PODER TRIBUTÁRIO 29

Estado, além de ser um conjunto de normas, é também uma organização – aliás, extremamente complexa, que inclusive se coloca como sujeito de relações jurídicas, assumindo a condição de pessoa, e nessa condição restando submetido, ele próprio, à ordem normativa.

Na verdade, é a organização que permite ao Estado assumir a condição de pessoa. Esta é a lição de Carré de Malberg, que no Capítulo Primeiro de sua notável obra expõe, em cerca de 50 páginas, suas ideias a respeito da personalidade do Estado:

> Lo que convierte la colectividad en una persona con el nombre de Estado son sus órganos. Pues ella misma, la colectividad nacional, no tiene unidad, y especialmente no tiene voluntad única, real; no adquiere esa voluntad sino cuando se encuentra organizada. La organización de la colectividad es, pues, el hecho generador inmediato de la personalidad estatal. Personalidad ésta que es puramente jurídica y no ya real, en el sentido de que hubiera existido desde antes de toda organización jurídica de la colectividad. Personalidad, por consiguiente, abstracta, mas no ficticia, tiene una realidad jurídica.[9]

Seja como for, temos de concluir que a Constituição é um sistema de normas que impõe limitações ao poder estatal. Mas não podemos negar que tais limitações eventualmente são rompidas, com o quê a Constituição é rasgada, ressurgindo o poder estatal praticamente absoluto, ou poder constituinte originário, porque destinado a elaborar uma nova Constituição, que restabelece aquelas limitações, certamente em novos termos, compatíveis com a vontade das pessoas naturais que exerceram a liderança do movimento que rasgou a Constituição anterior. E também não podemos negar que às vezes, como relata a História, ocorrem revoluções por causa da inconformação com o excessivo poder do Estado, especialmente no que concerne à tributação.

2.6 O tributo e as revoltas contra o poder

Todas as revoluções que derrubaram os regimes absolutistas tiveram entre suas causas a inconformação com a cobrança de tributos. Veja-se, a propósito, o que registra Aliomar Baleeiro:

---

9. R. Carré de Malberg, *Teoría General del Estado*, trad. de José Lión Depetre, México, Facultad de Derecho/UNAM/Fondo de Cultura Económica, 1998, pp. 78-79.

30 TEORIA GERAL DO DIREITO TRIBUTÁRIO

O sentido político do imposto traduz-se nas lutas de classes em torno do limite e fins de seu uso, causa direta ou indireta de várias das mais famosas revoluções e transformações sociais (revolta dos barões contra João-sem-Terra e Carta Magna de 1215, decapitação de Carlos I e "Gloriosa Revolução", de 1688, na Inglaterra; Independência americana em seguida às tentativas de tributação, por parte da Metrópole, sem voto dos colonos, Inconfidência Mineira, Revolução Francesa etc.).[10]

Essa inconformação decorria, como ainda hoje acontece, especialmente da não prestação de serviços públicos capazes de satisfazer, pelo menos, as necessidades fundamentais de qualquer comunidade humana, como saúde, educação e segurança. Entretanto, geralmente ninguém preconiza a anarquia, posto que na ausência total de poder os conflitos entre os indivíduos tornariam inviável a convivência, e seria inevitável a prevalência dos mais fortes sobre os mais fracos.

2.7 O Direito como sistema de limites fruto da racionalidade humana

Aliás, em toda comunidade existem sempre fortes e fracos. Tanto entre animais irracionais como entre humanos. Nas comunidades de animais irracionais esses conflitos são resolvidos pela força, enquanto nas comunidades humanas surgiu o Direito, criado pelo ser humano para a solução de tais conflitos. Sobre o tema, aliás, já escrevemos:

> O Direito é um sistema de limites ao qual nos submetemos para que nos seja possível a vida em sociedade. *Sistema*, porque é um conjunto completo e harmonioso de prescrições.[11] O sistema é *completo* porque nele não existem espaços vazios, desprovidos de regulação. E harmonioso, ou coerente, porque nele não podem existir prescrições contraditó-

10. Aliomar Baleeiro, *Uma Introdução à Ciência das Finanças*, 17ª ed., Rio de Janeiro, Forense, 2010, p. 332.
11. Em vez de dizermos que o Direito é um conjunto de normas, preferimos dizer que ele é um conjunto de *prescrições*. A *norma* jurídica, como nós a concebemos, é uma espécie de prescrição jurídica. Prescrição é o gênero. Por isto mesmo nos parece mais adequado falar do conjunto de prescrições, conceito no qual estão incluídas as normas.

PODER TRIBUTÁRIO 31

rias, na medida em que estabelece mecanismo destinado a superar as contradições que eventualmente possam surgir na produção jurídica.

É um sistema de *limites*, porque sua finalidade essencial é limitar a liberdade de cada um, como forma de garantir a liberdade de todos. Em outras palavras, o Direito é o instrumento da partilha da liberdade.[12]

Limitando liberdades, o Direito limita o poder, pois na verdade o exercício do poder pressupõe a liberdade. O poder, como se sabe, é a aptidão dos seres humanos para decidir e fazer valer suas decisões. Apresenta-se de diversas formas e tem vários fundamentos. Fala-se de poder econômico, poder político, poder de liderança etc. A todas essas formas de poder o Direito impõe limites, para que os poderosos não abusem do poder. O Direito é um instrumento adequado para o estabelecimento de limites do poder.

Maravilhoso instrumento, aliás. Seguramente o melhor, se não o único capaz de assegurar um razoável grau de harmonia entre os seres humanos. O melhor, se não o único instrumento capaz de reduzir a níveis toleráveis os conflitos, e de viabilizar a solução pacífica, civilizada, racional, daqueles que se mostraram inevitáveis.[13]

Em um encontro social na residência de um amigo, um psiquiatra comentou a avaliação pouco lisonjeira que os médicos em geral fazem da Psiquiatria, dizendo que um colega seu, não psiquiatra, certa vez lhe perguntou se Psiquiatria é mesmo Medicina. Ao que respondeu, prontamente: *é, colega, é exatamente o ramo da Medicina que nos permite distingui-la da Veterinária.*

Colho aquela afirmação, que aparentemente nada tem a ver com o estudo do Direito, para demonstrar que o Direito é o elemento que nos permite distinguir o ser humano dos animais irracionais.

12. Neste sentido é a lição de Miguel Reale, a dizer que aos olhos do homem comum o Direito é lei e ordem, isto é, um conjunto de regras obrigatórias que garante a convivência social graças ao estabelecimento de limites à ação de cada um de seus membros (*Lições Preliminares de Direito*, 10ª ed., São Paulo, Saraiva, 1983, pp. 1-2).
13. Diz-se que o Direito reduz os conflitos a níveis toleráveis porque a observância das normas faz com que os conflitos não existam. Como, porém, não existem meios para fazer com que todos observem, sempre, as normas, diz-se que os conflitos são inevitáveis. Entretanto, exatamente por isto, o Direito estabelece os mecanismos para o equacionamento dos conflitos que inevitavelmente surgem entre as pessoas. Por isto se diz que o Direito é capaz de viabilizar a solução pacífica, civilizada, racional, de tais conflitos.

TEORIA GERAL DO DIREITO TRIBUTÁRIO

Enquanto os animais irracionais resolvem os seus problemas de convivência a partir dos instintos e das aptidões físicas de cada qual, os seres humanos procuram resolvê-los racionalmente. Por isto estabelecem normas reguladoras de suas condutas. O Direito é esse conjunto de normas. É esse *sistema de limites, fruto da racionalidade humana*. Fruto porque provém dela, e instrumento porque se presta para realizá-la. E, sendo fruto da racionalidade e instrumento de sua realização, há de albergar necessariamente as ideias de legitimidade e de justiça.

Na verdade, o Direito, enquanto conjunto de normas, é apenas um instrumento a serviço do sentimento humano, posto que, como afirma Del Vecchio, o sentimento jurídico não é senão a exigência antropológica do Direito, sua indicação primária, a expressão psíquica de sua humana necessidade.[14]

Naturalmente, o ideal seria que, uma vez estabelecidos os limites ao poder, os poderosos os respeitassem. Infelizmente, porém, não é assim, como o demonstra a evolução política em todo o mundo, porque os poderosos em geral não se conformam com as limitações impostas ao poder.

2.8 O Direito e a resistência dos poderosos

Realmente, é natural que os poderosos oponham sempre resistência ao Direito como instrumento de limitações de seus poderes. Por isto mesmo a Humanidade tem vivenciado idas e vindas nessa evolução do Direito.

Nesse contexto tem-se o Estado com os seus contornos desenhados pelo Direito, especialmente no que concerne a seu poder de tributar, ou poder tributário, que, a rigor, é inerente ao poder estatal, ou uma forma de manifestação deste. Onde quer que exista um Estado existirá tributo, porque todo Estado tem e exerce o poder de tributar.

3. O poder tributário

3.1 Soberania

Trata-se de conceito de múltiplos significados. Já nos anos 1950, Pinto Ferreira, depois de se reportar a outros doutrinadores que escreveram sobre a soberania enquanto qualidade do poder estatal, escrevia:

---

14. Hugo de Brito Machado, *Introdução ao Estudo do Direito*, cit., 3ª ed., pp. 7-8.

PODER TRIBUTÁRIO 33

Em sua exata conceituação, deixando para uma posterior discussão o tema da correspondência necessária entre soberania e Estado, pode-se dizer que a soberania é um poder de decisão em última instância, e esta capacidade de impor a vontade própria em última instância, necessariamente relacionada ao monopólio da coação legal, constitui a sua autêntica essência ideológica.

A soberania, como uma capacidade de impor a vontade própria em última instância, pode efetivar-se não só no plano político e jurídico, senão também no plano sociocultural de um modo genérico. Para a concepção do Estado Liberal-Democrático, que se formulou em sua plenitude no decorrer do século XIX, se negava ao Estado a intervenção no plano econômico. Postulava-se o princípio de não intervenção estatal, porém na atualidade, com o amplo desenvolvimento do coletivismo, não só nas democracias ocidentais, como nas democracias populares e nos demais Países socialistas, acentuou-se essa possibilidade da intervenção do Estado no plano econômico.

Por consequência, o poder de decisão em última instância se realiza não só no plano político-jurídico, senão também em todo o campo sociocultural, estabelecendo o Estado os seus planos educativos, as suas reformas de base, que apoia com um poder coercitivo decorrente do monopólio do exercício da legalidade, administrando por conta própria ou por outras empresas ou serviços públicos indispensáveis ao desenvolvimento da sociedade.

Ninguém hoje em dia contesta tal possibilidade do desenvolvimento e de ampliação no campo das atividades estatais, que se justifica à medida em que ele se propõe a realizar o bem-estar social e a melhorar de um modo geral as condições de vida da sociedade.[15]

Sem questionarmos o campo das atividades estatais, nem a própria finalidade do Estado, certo é que onde exista um Estado têm-se a manifestação e o exercício do poder de tributar. E o exercício do poder de tributar resta inquestionável em toda e qualquer forma de governo, como doutrina Baleeiro, em lição que adiante vamos transcrever. Isto, porém, não quer dizer que sempre tenha existido direito tributário, como atualmente este é concebido.

---

15. Pinto Ferreira, *Teoria Geral do Estado*, 2ª ed., t. I, Rio de Janeiro, José Konfino Editor, 1957, pp. 109-110.

34 TEORIA GERAL DO DIREITO TRIBUTÁRIO

E como nos interessa especialmente o estudo do direito tributário, que, a nosso ver, é um sistema de limitações ao poder de tributar, aqui não nos importa examinar com toda profundidade o conceito de soberania. Vamos nos limitar ao que importa para o fim de completar esta Teoria Geral do Direito Tributário. E neste contexto tudo nos leva a crer que só podemos falar em soberania estatal como característica do denominado poder constituinte. É o que nos ensina Gomes Canotilho, que, ao cuidar da titularidade do poder constituinte e do problema da soberania, escreve:

Ao referirem-se as características clássicas do poder constituinte aludiu-se à sua natureza de poder *inicial*, nele residindo, por excelência, o poder soberano. A questão do titular do poder constituinte originário é indissociável, na prática, da questão do titular da soberania. Soberano é o poder que cria o Direito, soberano é o poder que "constitui a Constituição"; soberano é o titular do poder constituinte. E isto quer quanto ao poder constituinte originário, quer tanto ao poder constituinte derivado.[16]

O eminente constitucionalista português coloca, em seguida, a questão de saber quem é o titular do poder, antes de elaborada a Constituição, e faz a síntese de diversas teorias que procuram responder a tal questão. A nosso ver, não se pode dizer que é o Estado, porque este, naquele momento, ainda não está constituído. Saber se é o *povo*, ou a *Nação*, exige, antes de tudo, que se estabeleça o significado de tais palavras. Preferimos admitir, em primeiro lugar, que o poder naquele momento não tem limite jurídico, ou normativo, e seu fundamento é, acima de tudo, a capacidade de liderança das pessoas que compõem o que poderíamos denominar povo, ou Nação.

Seja como for, certo é que antes de elaborada a Constituição a soberania é colocada nas mãos daqueles aos quais é atribuída a tarefa de sua elaboração. Em outras palavras: a soberania é colocada em mãos do denominado poder constituinte originário, em instante que podemos designar como momento pré-jurídico, no qual se vai estabelecer a primeira e mais importante das limitações que o Direito pode fazer ao poder, que é a Constituição, enquanto conjunto de regras jurídicas constitutivas e, ao mesmo tempo, limitadoras do Estado.

16. J. J. Gomes Canotilho, *Direito Constitucional*, 6ª ed., Coimbra, Livraria Almedina, 1996, p. 98.

3.2 Estado, soberania interna e Direito

Uma vez elaborada e posta a vigorar a Constituição, a soberania fica claramente dividida. Ou, então, se preferirmos assim dizer, a soberania passa a ser vista sob dois aspectos, a saber: a soberania interna e a soberania externa. Esta última delimitada apenas pelos poderes de outros Estados, que se impõem nos respectivos territórios.

Já, a soberania interna é delimitada pelo Direito, vale dizer, pelo sistema jurídico, ou conjunto sistematizado de regras elaboradas para esse fim pelo próprio Estado. Delimitação, esta, que subsiste até quando aquele titular do poder, que não conseguimos identificar, decidir rompê-la, através do que se tem denominado revolução, rasgando a Constituição, para restabelecer o poder constituinte e fazer uma nova para substituí-la.

Em qualquer hipótese, o que podemos denominar poder político, ou poder de governar o povo, que podemos denominar soberania, alberga sempre o poder de instituir tributo, vale dizer, o poder de tributar.

3.3 O poder de tributar como aspecto da soberania

Realmente, o tributo está sempre presente onde quer que esteja o poder de governar um povo. Esta é a lição de Aliomar Baleeiro, que afirma, com indiscutível acerto:

> O tributo é vetusta e fiel sombra do poder político há mais de 20 séculos. Onde se ergue um governante, ela se projeta sobre o solo de sua dominação. Inúmeros testemunhos, desde a Antiguidade até hoje, excluem qualquer dúvida.
>
> No curso do tempo, o imposto, atributo do Estado, que dele não pode prescindir sequer nos regimes comunistas de nosso tempo, aperfeiçoa-se do ponto de vista moral, adapta-se às cambiantes formas políticas, reflete-se sobre a economia ou sofre os reflexos desta, filtra-se em princípios ou regras jurídicas e utiliza diferentes técnicas para a execução prática.[17]

A tributação é um fato incontestável. Mesmo nas comunidades que às vezes se formam dentro de um Estado, graças à ineficiência ou ao descuido dos governantes, surge alguém que exerce o poder de tributar.

17. Aliomar Baleeiro, *Limitações Constitucionais ao Poder de Tributar*, 7ª ed., Rio de Janeiro, Forense, 1997, p. 1.

3.4 Finalidade do tributo

O tributo é o instrumento utilizado pelo Estado para a obtenção dos recursos financeiros dos quais necessita para o custeio de suas atividades. Por isto podemos dizer que sua finalidade essencial é carrear recursos financeiros do setor privado para o setor público. Por isto podemos dizer que ele tem finalidade fiscal, ou seja, finalidade de servir como instrumento do Fisco. Entretanto, o tributo também pode ter a finalidade de interferir na economia, estimulando ou desestimulando determinada atividade econômica. Finalidade diversa da arrecadação de recursos financeiros para o Fisco. Diz-se, então, que o tributo pode ser fiscal ou extrafiscal.

Um aspecto que não devemos deixar de considerar é o da utilização dos recursos públicos pelos governantes para a satisfação dos seus próprios interesses, em vez dos interesses da comunidade. Satisfação de interesses próprios que muitas vezes acontece de forma desonesta, mediante a prática de corrupção, no mais das vezes com o pagamento de valores exagerados na aquisição de bens ou serviços pelo Estado. Isto, porém, não invalida a tese segundo a qual o tributo pode ter finalidade fiscal ou extrafiscal, porque o que sai pelo ralo da corrupção é realmente caracterizado como gasto com finalidade fiscal.

Mesmo nas situações em que é utilizado com função extrafiscal o tributo pode ser importante instrumento de arrecadação de recursos financeiros para o Estado, como acontece especialmente nos casos em que é utilizado com função extrafiscal proibitiva, como ocorre no Brasil com o imposto sobre produtos industrializados/IPI incidente sobre cigarros. E mesmo em tais situações o tributo não se confunde com a penalidade, embora tenha esta por finalidade, também, desestimular a prática da atividade que a enseja. Assim, é da maior importância o estudo – que faremos em capítulo mais adiante – da distinção entre a penalidade e o tributo extrafiscal proibitivo.

3.5 Finalidade do direito tributário

A finalidade do direito tributário não é, como alguns equivocadamente afirmam, viabilizar a arrecadação de recursos financeiros para o Estado. A verdadeira finalidade do direito tributário é limitar o poder

PODER TRIBUTÁRIO 37

tributário do Estado. Assim como o Direito é um sistema de regras que tem por finalidade estabelecer limitações ao poder, o direito tributário é um sistema de regras que tem por finalidade estabelecer limitações ao poder de tributar, para que este não seja exercido de modo absoluto.

O tributo – este, sim – tem por finalidade a transposição de recursos financeiros do particular para o Estado, para que este possa exercer suas atividades. O tributo é um instrumento para o custeio das atividades estatais; mas o tributo sempre existiu, onde quer que existam governante e governados. Alguém que manda e uma comunidade que obedece. Daí a lição de Baleeiro, acima transcrita, segundo a qual o tributo é velha e fiel sombra do poder político, e por isto mesmo onde quer que se erga um governante ela se projeta sobre o solo de sua dominação.

3.6 A eficácia do direito tributário

O Direito, como instrumento que é de limitação do poder, para alcançar sua finalidade precisa ter eficácia. A tal propósito, é importante que se estabeleça com clareza a distinção que existe entre vigência e eficácia. Distinção a respeito da qual já escrevemos:

> As palavras *vigência* e *eficácia* são utilizadas nos compêndios, nas manifestações jurisprudenciais e até em textos de lei de forma inadequada,[18] de sorte que se faz conveniente esclarecer a distinção entre elas existente. Vigência é a aptidão para incidir. É atributo dado à lei pelo direito positivo. Uma lei, elaborada com observância do procedimento próprio, que se completa com a respectiva publicação, é existente. Sua vigência, porém, depende do que a esse respeito dispuser ela própria, ou outra norma integrante do ordenamento jurídico-positivo.
>
> Não se deve confundir, outrossim, a vigência com o período de vigência da lei, embora a palavra *vigência* também designe tal período. A vida, como atributo do homem, não se confunde com a sua duração, com a sua dimensão temporal.
>
> Bem entendido o que é vigência, vê-se logo que esta não se confunde com eficácia, que é a aptidão para produzir efeitos no plano da concreção jurídica. A vigência é afirmada pelo próprio sistema jurídico, inde-

18. Cf. Hugo de Brito Machado, "Vigência e eficácia da lei", *RF* 313/45-47, Rio de Janeiro, Forense, janeiro-março/1991.

38 TEORIA GERAL DO DIREITO TRIBUTÁRIO

pendentemente do que, no mundo fenomênico, possa ser tido como efeito da norma. Eficácia é efeito da norma do mundo dos fatos, situando-se, portanto, no plano da concreção jurídica. A norma pode ser eficaz porque é espontaneamente observada, e pode ser eficaz porque é aplicada. Vigência é qualidade que não admite graduação. Está ou não está na lei. Não existe lei mais vigente do que outra. A eficácia, diversamente, é qualidade sempre relativa. Existem leis mais eficazes do que outras. Pode-se dizer que não existe lei absolutamente desprovida de eficácia, como não existe lei absolutamente eficaz.

Saber se uma lei é vigente, quando tem início e quando termina sua vigência, são questões pertinentes à Ciência do Direito, que podem ser esclarecidas com o simples conhecimento do sistema de normas. Saber se uma lei é eficaz, ou não, ou porque é mais ou menos eficaz, são questões pertinentes à Sociologia Jurídica, cujo esclarecimento depende da observação dos fatos, depende da observação daquilo que, no mundo fenomênico, pode ser considerado como efeito da norma.[19]

A rigor, a *eficácia* pode existir mesmo sem que tenha havido a incidência da regra jurídica. Aliás, as regras proibitivas revelam-se de grande eficácia exatamente por levarem as pessoas a evitar o comportamento que integra a configuração do fato sobre o qual, se concretizado, incidirão. A simples vigência da lei proibitiva muitas vezes faz com que as pessoas, com receio da punição, deixem de concretizar sua hipótese de incidência. E neste ponto podemos colocar a questão de saber o que faz com que uma regra jurídica seja eficaz.

Temos sustentado que a eficácia das regras jurídicas depende da crença que se tenha no Direito. Será tanto maior quanto mais as pessoas acreditem que se obedecerem a elas será melhor para a convivência humana. Neste sentido é a lição autorizada de Arnaldo Vasconcelos, que conclui sua excelente *Teoria da Norma Jurídica* afirmando:

> (...). A crença pressupõe o sentimento, nele se fundando. E o sentimento jurídico e a crença no Direito constituem os suportes insubstituíveis da noção de obrigatoriedade. Ninguém se obriga juridicamente senão por si, impelido por essa motivação. Sem medo, sem ameaça. Porque a obrigação há de ser responsável, isto é assumida livremente.[20]

19. Hugo de Brito Machado, *Introdução ao Estudo do Direito*, cit., 3ª ed., p. 80.
20. Arnaldo Vasconcelos, *Teoria da Norma Jurídica*, 6ª ed., São Paulo, Malheiros Editores, 2006, p. 272.

PODER TRIBUTÁRIO 39

A ausência de eficácia da Constituição e das leis em nosso País, portanto, não deve ser atribuída aos defeitos do ordenamento jurídico. Nem será jamais reduzida ou evitada com a produção normativa. Só um trabalho lento de conscientização das pessoas no sentido de que obedecer às leis é o melhor caminho para a harmonia social poderá construir um ordenamento mais eficaz.

3.7 O tributo e o interesse público

Há quem tente justificar a pouca eficácia das regras do direito tributário que limitam o poder estatal com o argumento segundo o qual a arrecadação dos tributos atende ao interesse público. E ainda subsistem os que sustentam não ser a relação tributária uma relação jurídica obrigacional, mas uma relação que decorre da soberania estatal que se impõe ao súdito. Assim é que, em livro publicado nos anos 1970, Rodríguez Bereijo explicou essa postura doutrinária, encontrada principalmente em autores alemães, ao escrever:

> El fenómeno tributario viene encuadrado dentro de este general sometimiento o sujeción del súbdito al poder del Estado.[21]

E, depois de transcrever trechos dessa doutrina, esclarece:

> Negada la existencia de verdaderos derechos públicos subjetivos, que, según este sector de la doctrina alemana, vienen a concebirse como simple expresión del poder, de la soberanía del Estado, quedaban sentadas las bases teóricas para la concepción de la relación tributaria como una relación de poder o de supremacía.[22]

Nos dias atuais, entretanto, essa tese é inteiramente insustentável, embora não se possa dizer que a relação tributária seja uma relação verdadeiramente jurídica, porque em algumas situações ainda se vê a predominância do poder estatal. A rigor, o direito tributário ainda não se estabeleceu plenamente. Está em construção, e se vem aperfeiçoando lentamente. Por isto mesmo, lentamente a relação tributária vai deixan-

---

21. Álvaro Rodríguez Bereijo, *Introduccion al Estudio del Derecho Financiero*, Madri, Instituto de Estudios Fiscales/Ministerio de Hacienda, 1976, p. 249.
22. Idem, p. 251.

40 TEORIA GERAL DO DIREITO TRIBUTÁRIO

do de ser uma relação de poder para se transformar em verdadeira relação jurídica. Assim é que, já nos anos 1940, o mestre Rubens Gomes de Sousa invocava a doutrina de Nawiasky para concluir:

(...). Por conseguinte, a aparente supremacia do Estado sobre o contribuinte no direito tributário não decorre de uma superioridade jurídica que seja inerente ao Estado simplesmente como Estado, mas decorre do princípio geral da prevalência do interesse público sobre o interesse particular, e está condicionada e limitada pela noção de interesse público: não vai além do exigido por este. Desses princípios gerais, que podemos classificar como sendo de Filosofia do Direito, Nawiasky fixa a conclusão de que a relação tributária, em cada caso particular, não é uma decorrência da soberania: o que é uma decorrência da soberania é somente o direito do Estado de instituir o tributo; isso, evidentemente, só o Estado poderia fazer, porque só o Estado possui soberania. Entretanto, com a instituição do tributo esgota-se a função da soberania. Na aplicação do tributo em cada caso particular, as relações que surgem entre o Estado e o contribuinte não são mais relações de soberania, mas relações de direito, relações jurídicas, isto é, regidas pela lei, que se aplica igualmente a ambas as partes, uma vez que, como já dissemos antes, o Estado não é superior ao seu próprio Direito.[23]

Como se vê, já nos anos 1950 Rubens Gomes de Sousa explicou a distinção que se há de ter sempre presente entre o poder, próprio do Estado, de instituir o tributo e a relação jurídica tributária que é regida pelo Direito.

Na verdade, existem dois momentos distintos. O primeiro é pré-jurídico. O Estado tem o poder de instituir o tributo. Esse poder é inerente à soberania estatal; mas, tal como ocorre com as outras formas de manifestações desta, o poder de tributar sofre as limitações que a Constituição estabelece.

A ideia de soberania do Estado certamente está ligada à função deste de agir sempre em defesa do interesse público. Por isto mesmo,

23. Rubens Gomes de Sousa, "Curso de Introdução ao Direito Tributário, 5ª Aula, 'A relação jurídica tributária'", *Revista de Estudos Fiscais* 12/497-498, do Centro de Estudos dos Agentes Fiscais do Imposto de Consumo em São Paulo, dezembro/1948.

PODER TRIBUTÁRIO 41

ainda existem os que, diante de questões surgidas na relação tributária, invocam o interesse público para resolvê-las a favor do Estado, o que constitui grave equívoco, pois, na medida em que a Constituição estabelece direitos fundamentais em favor do contribuinte, esses direitos fundamentais funcionam, ou devem funcionar, como limitações ao interesse público, até porque o mais importante interesse público consiste precisamente na obediência às regras do sistema jurídico, em especial àquelas albergadas pela Constituição.

Sobre o tema, Sérgio Sérvulo da Cunha ensina, com inteira propriedade:

Interesse, diz J. J. Calmon de Passos, "é o vínculo entre o bem e a necessidade a que atende, na perspectiva do sujeito que a experimente". Tratando-se de processos de governo, esse sujeito é o povo. A razão de todo processo de governo – aquilo que o explica, define seus propósitos e os meios que utiliza – é o interesse público, ou interesse geral. A existência de interesse público ou interesse geral é o que caracteriza do processo de governo, e, portanto, o justifica. O interesse público é que aponta, por exemplo, para a convicção de necessidade da norma, sem a qual ela não tem validade: sem interesse público qualquer processo de governo é nulo.

Os direitos fundamentais marcam os limites negativos do interesse público, além dos quais não pode ir a atividade governamental, a não ser para protegê-los. As finalidades e funções do governo, tal como definidas pela razão pública a partir dos direitos fundamentais, apontam o conteúdo positivo do interesse público.[24]

3.8 Tributo como preço dos serviços públicos

Em última análise, o verdadeiro interesse público, que ao Estado cumpre atender, reside no atendimento das necessidades essenciais do povo, mediante a prestação dos serviços considerados essenciais. O tributo é o preço pago pelo contribuinte para ter os serviços essenciais do Estado.

Nas palavras do grande romancista português Eça de Queiroz, em texto coligido por Sérgio Vasques:

24. Sérgio Sérvulo da Cunha, *Fundamentos de Direito Constitucional*, São Paulo, Saraiva, 2004, pp. 193-194.

42 TEORIA GERAL DO DIREITO TRIBUTÁRIO

O povo tem direito a autoridades que policiem, que velem, que diligenciem. Não quer saber se a sua abstenção vai do desleixo, da pressão de influentes, do sono, do cálculo, das inimizades etc. Não lhe importa isso. Paga para ser policiado; é necessário; é legal, é justo, é exigível que o seja. Doutro modo o imposto é um roubo fiscal. Um roubo porque o Estado não cumpre o contrato cívico; recebe a quota e não faz o serviço.

Para que o povo não se recuse a contribuir com honradez, é necessário que o governo se não recuse a policiar com vigilância. Querem as contribuições? Deem-nos a polícia. Ou o governo nomeie outras autoridades, ou faça cumprir a estas o seu dever. A questão não é de nomes, é de factos.

A relação social é uma permutação de dever: o povo cumpre o seu dever de contribuição; o governo, sob pena de desonestidade, deve cumprir o seu dever de polícia.[25]

Ocorre que os serviços públicos, mesmo aqueles considerados essenciais, geralmente são insuficientes e de má qualidade, e os tributos são cada vez mais elevados e cobrados com maior rigor, sendo razoável, portanto, falar-se de um abuso do poder de tributar, com as consequências que a seguir vamos examinar.

E o pior é que se trata de prática antiga, como está indicado no texto supratranscrito, do escritor português Eça de Queiroz, que viveu de 1845 a 1900.

4. Abuso do poder de tributar

4.1 Tributo injusto

O abuso do poder de tributar revela-se de várias formas. Sem desconhecer as divergências que os escritores registram em seus compêndios a respeito do que seja um tributo injusto, podemos apontar algumas razões do sentimento de injustiça fiscal. Uma delas, talvez a mais generalizada, consiste na ausência ou na má qualidade dos serviços públicos. Uma outra reside na instituição de tributo que não leva em conta a capacidade contributiva dos contribuintes. E, seja como for, certo é que, por ser injusto, o tributo não é aceito, vale dizer, provoca resistência.

25. Sérgio Vasques, *Eça e os Impostos*, Coimbra, Livraria Almedina, 2000, p. 70.

PODER TRIBUTÁRIO

No final de sua excelente monografia a respeito da função do tributo no Estado Social e Democrático de Direito, Barquero Estevan afirma, com toda razão:

> Y no se debe olvidar que sólo un sistema que se percibe como justo recibe la aceptación que es precisa para su eficaz aplicación;[26]

Realmente, o sentimento generalizado de que a tributação é injusta, por falta ou deficiência da correspondente prestação de serviços públicos, produz como resultado inevitável a ineficácia da regra de tributação. Em outras palavras: podemos dizer que a regra de tributação tem baixa eficácia porque – como ensina Arnaldo Vasconcelos, em lição já transcrita neste capítulo (item 3.6, *supra*) – depende da crença no Direito que é resultante do sentimento de justiça.

E desse sentimento de injustiça da tributação resulta também o que podemos denominar de menor rigor da moral tributária, que se revela na ausência de censura aos que não cumprem seus deveres tributários.

4.2 Menor rigor da moral fiscal

Realmente, ninguém pode negar que as pessoas em geral não censuram os que não cumprem seus deveres tributários. Ou pelo menos não os censuram com o mesmo rigor com que censuram os inadimplentes de obrigações civis ou comerciais em geral. Encontramos em Günter Schmölders a explicação para a pequena força da moral fiscal:

> Varias causas explican el innegable fenómeno del menor rigor de la moral fiscal. El carácter coactivo de las leyes fiscales, que deja sentir el impuesto como un sacrificio sin contraprestación, actúa sicológicamente lo mismo que el anonimato del Estado (dando la impresión de que el fraude fiscal no perjudica a nadie) y la falta de consecuencias recíprocas, pues al Estado no se le considera vengativo y no se teme que en la próxima ocasión se comporte a su vez con la misma falta de honradez con que lo hace el contribuyente.[27]

---

26. Juan Manuel Barquero Estevan, *La Función del Tributo en el Estado Social y Democrático de Derecho*, Madri, Centro de Estudios Políticos y Constitucionales, 2002, p. 148.

27. Günter Schmölders, *Teoría General del Impuesto*, trad. de Luis A. Martín Merino, Madri, Editorial de Derecho Financiero, 1962, p. 98.

44 TEORIA GERAL DO DIREITO TRIBUTÁRIO

Por outro lado, podemos dizer também que a ausência do sentimento do dever relativamente às obrigações tributárias decorre do fato de que o Estado costuma violar as leis, agindo deslealmente em relação aos particulares. Neste sentido é a lição de Klaus Tipke, que assevera:

> O legislador que não mostra sua própria moral tributária e cujas leis se distanciam muito de constituir um código moral tributário dificilmente pode provocar reparos morais na conduta dos contribuintes. Pelo contrário, os faz perder sua consciência social. Os cidadãos atuais não são devotos do Estado nem crentes na autoridade. Apenas os tontos obedecem estritamente às leis que consideram injustas.[28]

E na justificativa de sua tese escreve Klaus Tipke, com toda razão:

> La defraudación tributaria se castiga penalmente, mientras que no pasa lo mismo con el derroche de la recaudación tributaria, aunque se ha discutido sobre la conveniencia de hacerlo (sobre todo a iniciativa de la Federación de Contribuyentes). Según dicha entidad, "el Estado que exige la moral fiscal de sus ciudadanos y la impone mediante duras sanciones tiene, sin embargo, dos varas de medir y se dedica al despilfarro".[29]

4.3 Sanções administrativas e penais

Seja como for, certo é que para obrigar o cidadão ao cumprimento de suas obrigações tributárias muitos Estados passaram a tratar como crime o inadimplemento de obrigações tributárias. Neste particular, todavia, temos ressaltado que o crime somente resta configurado se ocorrer fraude, como tal considerada a ocultação, ou deformação, de elementos fáticos, elementos do mundo fenomênico, que o contribuinte tem o dever de informar ao Fisco.

É inegável, porém, que as sanções administrativas legalmente estabelecidas para o descumprimento de obrigações tributárias são geralmente muito elevadas, pois somente assim o Estado consegue impor o cumprimento dos deveres tributários.

---

28. Klaus Tipke, *Moral Tributária do Estado e dos Contribuintes*, citação feita por James Marins em frontispício do seu livro *Elisão Tributária e sua Regulação*, São Paulo, Dialética, 2002.

29. Klaus Tipke, *Moral Tributaria del Estado y de los Contribuyentes*, trad. de Pedro M. Herrera Molina, Madri/Barcelona, Marcial Pons, 2002, pp. 107-108.

Certo é que sanções administrativas e penais se revelam cada dia mais necessárias para que o dever tributário seja cumprido. E isto certamente decorre do sentimento, que o contribuinte geralmente experimenta, de que os tributos são injustos.

Capítulo II

O Direito Tributário

1. Introdução. 2. O Direito como sistema normativo: 2.1 Os vários significados da palavra "direito" – 2.2 Direito natural e direito positivo – 2.3 Poder de tributar e relação jurídica tributária – 2.4 Direito e Estado – 2.5 Estado de Direito – 2.6 O sistema normativo – 2.7 Supremacia constitucional e tributação – 2.8 A lei no sistema normativo – 2.9 Alguns conceitos relativos à lei – 2.10 O poder jurisdicional. 3. Direito tributário: 3.1 Conceito e finalidade – 3.2 O direito tributário como limitação ao poder de tributar. 4. Os princípios jurídicos da tributação: 4.1 Princípio e regra – 4.2 O princípio da legalidade tributária – 4.3 O princípio da irretroatividade da lei tributária – 4.4 Irretroatividade, anualidade e anterioridade da lei tributária – 4.5 Irretroatividade, anualidade e anterioridade da lei tributária no Direito Brasileiro.

1. Introdução

No capítulo anterior estudamos alguns conceitos relativos ao poder de tributar, ao Estado, às Finanças Públicas e à identificação do Direito nesse contexto. Conceitos da maior importância para que se possa entender adequadamente o direito tributário.

Agora vamos estudar o direito tributário em sua base, vale dizer, os conceitos que podemos apontar como fundamentais em seu estudo, deixando para estudar mais adiante conceitos mais específicos que integram também a sua Teoria Geral.

Embora reconhecendo que o ordenamento jurídico brasileiro pode influir de algum modo sobre o nosso modo de ver os conceitos que estudamos, nós os estudamos com a pretensão de nos situarmos no plano de uma Teoria Geral do Direito Tributário, que, a rigor, não se confunde com o direito tributário de determinado País.

48 TEORIA GERAL DO DIREITO TRIBUTÁRIO

Por outro lado, como pretendemos ser realistas, não podemos esquecer que o direito tributário ainda está em construção, e somente na medida em que se fortalece na comunidade a crença no Direito é que ele vai prevalecendo como limite ao poder estatal.

2. O Direito como sistema normativo

2.1 Os vários significados da palavra "direito"

Como acontece com as palavras em geral, a palavra "direito" é plurissignificativa. Tanto na linguagem comum como na linguagem especificamente jurídica a palavra "direito" tem diversos significados. Sobre isto já escrevemos:

> Na linguagem comum, a palavra *direito* geralmente é empregada para significar o que é correto, pessoa que é correta, ou o comportamento de uma pessoa que se mostra de conformidade com certos padrões. Ou mesmo uma coisa que está em ordem, sem defeitos. Neste sentido se diz que Fulano é um homem direito. E ainda, com referência a coisas, diz-se que tal objeto está *direito*.
>
> Também na linguagem dos estudos jurídicos a palavra *direito* tem vários significados, como se vê, por exemplo, nas seguintes expressões: (a) direito objetivo, para designar uma norma ou um conjunto de normas; (b) direito subjetivo, para designar um efeito da incidência de uma ou de várias normas; (c) direito civil, ou direito penal, ou direito tributário, para designar uma parcela da Ciência Jurídica, ou uma disciplina jurídica, como se costuma dizer nos meios acadêmicos; (d) Direito Brasileiro, ou Direito Francês, para designar um ordenamento jurídico; (e) direito natural, para designar um conjunto de princípios ideais, não escritos, ou a ideia de Justiça; (f) direito positivo.[1]

No âmbito de uma Teoria Geral do Direito Tributário, evidentemente, não faz sentido estudarmos os significados que a palavra "direito" tem na linguagem comum. E mesmo na linguagem jurídica a palavra "direito" tem significados cujo exame não é necessário em uma Teoria Geral do Direito Tributário, por ser o direito tributário apenas uma parte do Direito posto, vale dizer, do direito positivo.

---

1. Hugo de Brito Machado, *Introdução ao Estudo do Direito*, 3ª ed., São Paulo, Atlas, 2012, p. 9.

O DIREITO TRIBUTÁRIO

2.2 Direito natural e direito positivo

Realmente, para o estudo do direito tributário podemos afastar a polêmica em torno de saber se existe, ou não, um direito natural, pois nos importa, aqui, apenas o Direito enquanto ordenamento normativo posto, vale dizer, importa apenas o direito tributário como ramo do direito positivo.

Em um momento pré-jurídico o que temos é a relação simplesmente de poder, com suposto fundamento no interesse público, que ao Estado caberia realizar, e por isto mesmo poderia exigir a contribuição de todos. Depois de constituído, o Estado continua com o poder de tributar, mas esse poder é juridicamente limitado, e deve ser exercido nos termos estabelecidos na Constituição, sendo, portanto, uma questão de direito positivo.

2.3 Poder de tributar e relação jurídica tributária

Mesmo depois de juridicamente constituído o Estado, continua este como titular do poder de tributar, mas agora juridicamente limitado. Diz-se que continua como titular do poder de tributar porque, embora juridicamente limitado esse poder, sua existência na relação de tributação é indiscutível, sendo importante que se compreenda que a relação de tributação fica dividida em dois momentos distintos, o primeiro vivenciado na criação ou aumento do tributo, e o segundo na cobrança deste.

É a lição de Rodríguez Bereijo, que escreve:

> Es preciso, pues, distinguir claramente entre poder normativo tributario, como potestad de crear o establecer tributos, y potestad administrativa de imposición, como potestad de aplicar en concreto la norma que crea el tributo.[2]

Entretanto, esse poder normativo tributário em nada difere do poder normativo do Estado em qualquer outra área. As limitações que o Direito impõe ao poder do Estado são as mesmas quer se trate de tributar ou de impor qualquer outra conduta. E também não existem diferenças significativas quanto às violações da lei pelo Estado. Tanto são vio-

---

2. Álvaro Rodríguez Bereijo, *Introducción al Estudio del Derecho Financiero*, Madri, Instituto de Estudios Fiscales/Ministerio de Hacienda, 1976, p. 228.

50   TEORIA GERAL DO DIREITO TRIBUTÁRIO

ladas as leis tributárias como as leis que tratam de outros assuntos. A atitude do Estado perante o Direito parece depender da cultura dos governantes, que, por seu turno, não é outra senão a cultura do povo que habita seu território.

Seja como for, as relações existentes entre Direito e Estado são vistas das mais diversas formas, havendo, mesmo, quem chegue a identificar o Direito com o Estado. Naturalmente considerando-se neste contexto o Direito no sentido de ordenamento jurídico positivo.

2.4 Direito e Estado

Para Kelsen, expoente maior do Positivismo normativista, o Direito identifica-se com o Estado. Para ele, os três elementos essenciais do Estado – vale dizer: população, território e poder – são também elementos essenciais do Direito. E, como não existem ligações naturais capazes de definir cada um desses elementos, tais definições resultam da própria ordem jurídica. "A população do Estado é o domínio pessoal de vigência da ordem jurídica."[3] O território, por sua vez, "apenas pode ser definido como o domínio espacial de vigência de uma ordem jurídica estadual".[4] E, finalmente, segundo ele, todos os objetos materiais que são utilizados para o exercício do poder somente se tornam instrumentos de poder do Estado na medida em que são utilizados para o cumprimento das ordens dos governantes. "O poder do Estado não é uma força ou instância mística que esteja escondida detrás do Estado ou de seu Direito. Ele não é senão a eficácia da ordem jurídica."[5]

Não obstante seja sedutora essa tese kelseniana, não nos parece que realmente exista absoluta identidade entre Direito e Estado. Aliás, o próprio Kelsen nos oferece elementos para a refutação de sua tese. Em sua *Teoria Pura do Direito* encontramos lições que nos autorizam a dizer que Direito e Estado não se confundem. Em suas palavras:

> Como organização política, o Estado é uma ordem jurídica. Mas nem toda ordem jurídica é um Estado. Nem a ordem jurídica pré-esta-

3. Hans Kelsen, *Teoria Pura do Direito*, 3ª ed., trad. de João Baptista Machado, Coimbra, Arménio Amado Editor, 1974, p. 387.
4. Idem, p. 388.
5. Idem, p. 390.

O DIREITO TRIBUTÁRIO 51

dual da sociedade primitiva nem a ordem jurídica internacional supraestadual (ou internacional) representam um Estado. Para ser um Estado, a ordem jurídica necessita de ter o caráter de uma organização no sentido estrito da palavra, quer dizer, tem de instituir órgãos funcionando segundo o princípio da divisão do trabalho para a criação e aplicação das normas que a formam, tem de apresentar um certo grau de centralização. O Estado é uma ordem jurídica relativamente centralizada.[6]

Não há dúvida, portanto, de que Direito e Estado são realidades inconfundíveis.

Para os que sustentam que o Direito não é apenas o conjunto de normas produzidas pelo Estado não há nenhuma dúvida de que Direito e Estado são coisas bem distintas. E mesmo para aqueles que sustentam que o Direito é apenas o conjunto de normas produzidas ou aceitas pelo Estado a distinção é inegável, pelo menos se tivermos em vista que o Estado, além de ser um conjunto de normas, é também uma organização – aliás, extremamente complexa, que inclusive se coloca como sujeito de relações jurídicas, assumindo a condição de pessoa, e nessa condição restando submetido, ele próprio, à ordem normativa.

Na verdade, o Estado é, indiscutivelmente, titular de uma relação de poder que explica e fundamenta a relação tributária no momento pré-jurídico, vale dizer, no momento anterior à elaboração da Constituição. Essa relação de poder, todavia, é ampla e generalizada. Não diz respeito apenas à tributação, mas a todas as formas de manifestação do poder estatal. E sofre, indiscutivelmente, as limitações para as quais existe o Direito.

Neste sentido justifica-se plenamente a tese segundo a qual o Estado é a entidade responsável pela prevalência do interesse público sobre o interesse individual. Essa prevalência do interesse público não justifica apenas a tributação, mas as regras jurídicas em geral, que integram o denominado direito positivo.

2.5 Estado de Direito

Entende-se por Estado de Direito o Estado estruturado de tal forma que os governantes não conseguem impor suas vontades contra as nor-

6. Idem, p. 385.

52 TEORIA GERAL DO DIREITO TRIBUTÁRIO

mas jurídicas. Diz-se, então, que o Estado se submete ao Direito. Não viola as normas que o compõem. A rigor, porém, deve ser considerado Estado de Direito apenas aquele estruturado por normas que estabelecem aos governantes limites de tal ordem que impedem a existência de qualquer poder capaz de se impor contra o que podemos designar com a expressão "direitos fundamentais do cidadão".

A referência, hoje bastante frequente, ao Estado de Direito indica ser o Direito realmente um sistema de limites. Norbert Rouland, referindo-se ao tema Estado de Direito, assevera que "a expressão conhece, faz alguns anos, um belo sucesso. Ela significa que o Estado aceita ver seu poder limitado pelo Direito, expressão de uma ordem preexistente que encontra sua fonte na sociedade civil".[7]

Norberto Bobbio, por sua vez, define Estado de Direito como "o Estado no qual, através de leis fundamentais, não há poder, do mais alto ao mais baixo, que não esteja submetido a normas, não seja regulado pelo Direito, e no qual, ao mesmo tempo, a legitimidade do sistema de normas como um todo derive em última instância do consenso ativo dos cidadãos".[8]

O Estado de Direito, que, a rigor, na maioria das comunidades se encontra ainda em construção, caracteriza-se como pessoa que se submete às normas integrantes do sistema normativo. Em outras palavras, podemos dizer que o Estado de Direito é aquele no qual as instituições são sempre preservadas.

2.6 O sistema normativo

O sistema normativo é um conjunto de normas jurídicas. *Sistema* porque nele não podem existir antinomias, no sentido de que as regras que o integram devem ser admitidas como existentes e devem ser interpretadas sempre de forma a que seja preservada essa ideia de compatibilidade de umas com as outras, afastando-se as antinomias.

---

7. Norbert Rouland, *Nos Confins do Direito*, trad. de Maria Ermantina de Almeida Prado Galvão, São Paulo, Martins Fontes, 2003, p. 21.
8. Norberto Bobbio, *O Tempo da Memória*, trad. de Daniela Versiani, Rio de Janeiro, Campus, 1997, p. 169.

O DIREITO TRIBUTÁRIO

Por ser um sistema, o ordenamento jurídico não pode abrigar antinomias. Assim é que Norberto Bobbio, depois de se referir a outros dois significados da expressão "sistema jurídico", assevera:

O terceiro significado de sistema jurídico é sem dúvida o mais interessante, e é aquele sobre o qual nos deteremos neste capítulo. Diz-se que um ordenamento jurídico constitui um sistema porque não podem coexistir nele *normas incompatíveis*. Aqui, "sistema" equivale à validade do princípio que exclui a *incompatibilidade* das normas. Se num ordenamento vêm a existir normas incompatíveis, uma das duas ou ambas devem ser eliminadas. Se isso é verdade, quer dizer que as normas de um ordenamento têm um certo relacionamento entre si, e esse relacionamento é o relacionamento de compatibilidade, que implica a exclusão da incompatibilidade. Note-se porém que dizer que as normas devem ser compatíveis não quer dizer que se encaixem umas nas noutras, isto é, que constituem um sistema dedutivo perfeito. Nesse terceiro sentido de sistema, o sistema jurídico não é um sistema dedutivo, como no primeiro sentido: é um sistema num sentido menos incisivo, se se quiser, num sentido negativo, isto é, numa ordem que exclui a incompatibilidade das suas partes simples. Duas proposições como "O quadro negro é negro" e "O café é amargo" são compatíveis, mas não se encaixam uma na outra. Portanto, não é exato falar, como se faz frequentemente, de *coerência* do ordenamento jurídico no seu conjunto; pode-se falar de exigência de coerência somente entre suas partes simples. Num sistema dedutivo, se aparecer uma contradição, todo o sistema ruirá. Num sistema jurídico, a admissão do princípio que exclui a incompatibilidade tem por consequência, em caso de incompatibilidade de duas normas, não mais a queda de todo o sistema, mas somente de uma das duas normas ou no máximo das duas.[9]

Mais adiante, depois de examinar detidamente as antinomias e os critérios para a superação das mesmas, ensina:

As regras fundamentais para a solução das antinomias são três: (a) o critério cronológico; (b) o critério hierárquico; (c) o critério da especialidade.[10]

9. Norberto Bobbio, *Teoria do Ordenamento Jurídico*, 4ª ed., trad. de Maria Celeste Cordeiro Leite dos Santos, Brasília/DF, UnB, 1994, pp. 79-90.
10. Idem, p. 92.

54 TEORIA GERAL DO DIREITO TRIBUTÁRIO

Na sequência, depois de explicar, com propriedade e clareza, cada um desses três critérios para a solução das antinomias que eventualmente se estabelecem no sistema jurídico, Norberto Bobbio reconhece e demonstra a insuficiências desses critérios.[11] Tal insuficiência, que não podemos contestar, nos leva a ressaltar que, no âmbito do estudo da Teoria Geral do Direito Tributário, é da maior importância o conhecimento do critério hierárquico, sobretudo para compreendermos a tese da supremacia constitucional como forma de limitação do poder de tributar, bem como o alcance do princípio da legalidade, igualmente de enorme importância no que concerne à atividade de tributação, em cujo exercício o Estado geralmente abusa do seu poder, tanto editando leis inconstitucionais como editando regras infralegais contrariando o princípio da legalidade.

2.7 Supremacia constitucional e tributação

Cada sistema jurídico tem suas peculiaridades, e isto se reflete naturalmente no estudo de uma Teoria Geral do Direito Tributário. E se reflete também – mais diretamente, aliás – no estudo da supremacia constitucional, diretamente decorrente da utilização do critério hierárquico na superação das antinomias do sistema jurídico.

Sabemos que a Constituição é o conjunto de normas de hierarquia mais elevada em um sistema jurídico. Por isto mesmo, não podemos deixar de reconhecer e afirmar sua importância como instrumento de limitação do poder de tributar.

Em alguns Países a Constituição não alberga normas específicas de limitação ao poder de tributar. Em outros alberga norma que apenas condiciona o exercício do poder de tributar à disciplina legislativa, afirmando que "todos pagarão impostos de conformidade com a lei".[12] Ou, então, que "nenhum tributo pessoal ou patrimonial pode ser imposto a não ser com base na lei".[13] Ou também estabelecendo que o poder de

11. Idem, pp. 97-114.

12. Art. 30 da Constituição do Japão, promulgada em 3.11.1946, como está em *Constituição do Brasil e Constituições Estrangeiras*, Brasília, Senado Federal/Subsecretaria de Edições Técnicas, 1987, p. 553.

13. Art. 23 da Constituição da República Italiana, de 1.1.1948, como está em *Constituição do Brasil e Constituições Estrangeiras*, cit., p. 522.

O DIREITO TRIBUTÁRIO 55

tributar é do Estado e deve ser exercido mediante lei.[14] Em outros, ainda, a Constituição alberga diversas normas limitativas do exercício do poder de tributar. No Brasil, a Constituição Federal é, sem dúvida, a mais rica do mundo em normas a respeito da tributação. Aliás, já em face da Constituição de 1946, referindo-se aos princípios limitadores da competência tributária, Baleeiro escreveu:

> Nenhuma Constituição excede a brasileira, a partir da redação de 1946, pelo zelo com que reduziu a disposições jurídicas aqueles princípios tributários. Nenhuma outra contém tantas limitações expressas em matéria financeira.[15]

Entretanto, mesmo quando não contém limitações especificamente dirigidas ao poder de tributar, a Constituição, como conjunto de normas hierarquicamente superiores, impõe limitações ao poder estatal, no qual está sempre inserido o poder de tributar, e, assim, impõe limitações ao poder de tributar através dos princípios que estabelece, entre os quais se destaca o princípio da legalidade, como adiante se verá.

2.8 A lei no sistema normativo

A palavra "lei" tem vários significados. Importa-nos, aqui, seu significado jurídico.

Entretanto, mesmo no âmbito dos estudos jurídicos a palavra "lei" tem sido utilizada com significados diversos. É importante, portanto, fazermos algumas considerações a seu respeito, e apontarmos seu significado nesta Teoria Geral do Direito Tributário, além de indicarmos também alguns conceitos que dizem respeito à lei como espécie normativa e explicarmos que, a depender do sistema jurídico adotado, a palavra "lei" pode designar algo que não chega sequer a ser uma espécie de norma. Além disto, pode ser utilizada em sentido amplo e em sentido restrito, sendo este último o que mais importa para o estudo das limitações ao poder de tributar, como adiante será explicado.

14. Constituição espanhola, sancionada em 27.12.1978, art. 133, segundo Henrique Sánchez Goyanes, *Constitución Española Comentada*, 21ª ed., Madri, Editorial Paraninfo, 1998, p. 284.

15. Aliomar Baleeiro, *Limitações Constitucionais ao Poder de Tributar*, 7ª ed., Rio de Janeiro, Forense, 1997, p. 2.

56 TEORIA GERAL DO DIREITO TRIBUTÁRIO

Comecemos, pois, explicando que a palavra "lei" pode ser tomada em sentido *formal* e em sentido *material*. Sobre o tema já escrevemos:

Em sentido formal, lei é o ato jurídico produzido pelo órgão competente para o exercício da função legislativa, com observância do procedimento para tal fim estabelecido nos termos da Constituição. A lei, neste sentido, pode albergar ou não uma norma. Se não alberga, diz-se que é lei apenas em sentido formal.

Lei apenas em sentido formal é, portanto, o ato que tem a forma de lei, porque produzido pelo órgão competente para o exercício da função legislativa, com observância do procedimento próprio para a feitura das leis, mas não contém uma norma jurídica e sim uma prescrição dirigida a uma determinada situação concreta.[16]

Em alguns sistemas jurídicos é comum a existência de lei apenas em sentido formal para atender a exigência da Constituição. Em nosso sistema jurídico, por exemplo, a Constituição Federal estabelece que somente por lei específica poderá ser criada autarquia e autorizada instituição de empresa pública, de sociedade de economia mista e de fundação, cabendo à lei complementar, neste último caso, definir as áreas de sua atuação.[17] Essa lei, que diz respeito apenas a uma situação concreta, é lei apenas em sentido formal.

Em sentido material, lei é sinônimo de norma. É o ato jurídico que expressa uma relação de causalidade. Dada determinada situação de fato, deve ser determinado efeito. Em outras palavras: dado o fato temporal, deve ser a prestação; ou, dada a não prestação, deve ser a sanção. Tomada neste sentido, a lei pode estar albergada por um ato produzido pelo órgão competente para o exercício da função legislativa, com observância do procedimento próprio. Será, então, uma lei tanto em sentido formal como em sentido material. Entretanto, pode não estar, e neste caso se diz que é lei apenas em sentido material. Lei em sentido material, portanto, é a norma jurídica que não está expressa através de uma lei em sentido formal.[18]

Em face da existência dos sentidos material e formal, a palavra "lei" pode ser empregada em sentido amplo e em sentido restrito, e sobre isto já escrevemos:

---

16. Hugo de Brito Machado, *Introdução ao Estudo do Direito*, cit., 3ª ed., p. 118.
17. CF de 1988, art. 37, XIX.
18. Hugo de Brito Machado, *Introdução ao Estudo do Direito*, cit., 3ª ed., p. 118.

O DIREITO TRIBUTÁRIO 57

Em sentido *amplo*, é lei todo ato jurídico que se compreenda no conceito de lei em sentido *formal*, ou em sentido *material*. Basta ser lei formalmente ou ser lei materialmente para ser lei em sentido amplo. Em sentido *restrito*, é lei somente aquele ato jurídico que tenha a forma e também o conteúdo de lei. É preciso que seja uma norma, vale dizer, seja uma lei em sentido material, e seja produto do órgão competente para o exercício da função legislativa, elaborado com observância do procedimento próprio para a elaboração das leis, segundo a Constituição. A distinção entre lei em sentido amplo e lei em sentido restrito é da maior importância para a compreensão do princípio da legalidade, particularmente relevante no âmbito de alguns setores da Ciência Jurídica, como o direito penal e o direito tributário.[19]

Realmente, para a adequada compreensão do princípio da legalidade em matéria tributária, que adiante será estudado, é da maior importância a consideração da palavra "lei" em seu sentido restrito. Quando se diz que somente a lei pode instituir tributo, a palavra "lei" deve ser entendida em sentido estrito, vale dizer, lei nos sentidos formal e material.

Além da atenção para o significado da palavra "lei", no estudo do Direito é importante a atenção para alguns conceitos diretamente relativos à lei, que vamos a seguir examinar.

2.9 Alguns conceitos relativos à lei

A Teoria Geral do Direito alberga diversos conceitos relativos à lei, entre os quais merecem destaque os de *existência*, *validade*, *vigência*, *incidência*, *observância*, *aplicação*, *eficácia* e *recepção*, cujo significado vamos a seguir, enunciar em apertada síntese:

Existência – A lei, como instrumento para veiculação de normas jurídicas, é um conceito jurídico *formal*. Conceito que deve ser definido em cada ordenamento jurídico. E, sendo assim, sua existência depende do que estabelecer o ordenamento a esse respeito. Diz-se que uma lei existe quando é posta no ordenamento jurídico pelo órgão competente, pelo procedimento neste estabelecido. Assim, no atual ordenamento jurídico brasileiro, uma lei existe quando é publicada como tal no órgão

19. Idem, pp. 118-119.

58 TEORIA GERAL DO DIREITO TRIBUTÁRIO

oficial. A publicação é ato do procedimento de sua feitura, e por isto mesmo a lei não existe enquanto não ocorre.

Diversos doutrinadores referem-se à publicação da lei como uma condição para que esta entre em vigor, mas na verdade a publicação é a última etapa do processo de elaboração da lei. Sem a publicação a lei não existe, e, certamente, não existindo, não pode entrar em vigor. Mas é importante considerarmos que a publicação é a última etapa do procedimento de elaboração e, ainda, que a publicação tem por finalidade essencial garantir a certeza a respeito da existência e do conteúdo da lei.[20]

Validade – A validade de uma lei pode ser considerada do ponto de vista formal e do ponto de vista material. Como nosso ordenamento jurídico é organizado em patamares hierarquizados, podemos dizer que a validade de uma lei é a sua conformidade com a Constituição. Essa validade é formal quando a lei tenha sido elaborada pelo órgão competente, com observância do procedimento para esse fim previsto na Constituição; e material quando a regra que expressa não está em conflito com nenhum dispositivo de regra de hierarquia superior, seja de uma lei complementar ou da própria Constituição.

Vigência – É a aptidão para incidir. É atributo conferido às normas pelo ordenamento jurídico. Embora se possa utilizar o termo "vigência" para indicar a prevalência de determinada norma costumeira, ou norma não escrita, dizendo que em determinada época vigorava determinado costume, tratando-se de conceitos inerentes ao direito positivo a palavra "vigência" é utilizada para indicar a aptidão de uma norma para incidir, vale dizer, para dar significa jurídico aos fatos nela referidos. Há quem se refira a vigência como o período de disponibilidade da lei, mas isto é confundir vigência com a sua duração. Uma coisa é estar a lei apta a incidir e produzir efeitos jurídicos, outra é o período durante o qual perdura essa aptidão.

Incidência – É a ocorrência, no mundo fenomênico, do fato descrito na norma como sua hipótese de incidência.

Observância – É a conduta de alguém de conformidade com a norma. É o cumprimento do dever estabelecido pela norma. Distingue-se claramente da aplicação.

---

20. A propósito de outras questões atinentes à publicação da lei em nosso País, v. o que consta do nosso *Introdução ao Estudo do Direito*, cit., 3ª ed., pp. 72-79.

O DIREITO TRIBUTÁRIO

Aplicação – É a conduta de alguém que impõe a outro a observância da norma ou a consequência de sua inobservância.

Eficácia – É a aptidão para produzir efeitos no plano da concreção jurídica, no plano da realidade factual. Não somente o efeito ligado à sua incidência, mas o efeito que se pode considerar tenha sido pretendido pelo legislador ao fazer a lei. Assim, uma lei que define certa conduta como crime terá efeito se tal conduta passa a não ocorrer, ou a ocorrer menos do que ocorria antes da lei.

Recepção – Diz-se que ocorre quando, promulgada uma Constituição nova, as regras jurídicas anteriores que não sejam com ela incompatíveis são recebidas e passam a integrar a ordem jurídica. É importante ressaltarmos que a regra recepcionada ganha novo fundamento de validade e, do ponto de vista formal, embora continue tendo a forma que tinha diante da Constituição anterior, passa a ter a natureza jurídica própria dos atos normativos que, segundo a Constituição vigente, podem disciplinar a matéria da qual se ocupa. Assim é que no Brasil, embora a vigente Constituição de 1988 não admita mais a figura do decreto-lei, os que existiam na data de sua promulgação e materialmente não se mostravam em conflito com suas normas foram recepcionados e passaram a existir em nosso sistema jurídico como verdadeiras leis. E, ainda, os decretos, como é o caso do Decreto 70.235, de 6.3.1972, que tratam de matéria hoje privativa das leis passam a valor como verdadeiras leis, e somente por lei podem ser alterados.

2.10 O poder jurisdicional

A atividade jurisdicional, forma de exercício do poder estatal, tem por finalidade fazer justiça, que é, segundo Aristóteles, a vontade constante e duradoura de dar a cada um o que é seu. Entretanto, a respeito do que seja a justiça não podemos desconhecer a observação de Kelsen, para quem o problema não reside em dar a cada um o que é seu, pois nisto geralmente não existe discordância; o verdadeiro problema está em saber o que é de cada um.

Diremos, então, que a finalidade da jurisdição é determinar o que é de cada um, para assegurar a cada um o que é seu. A rigor, o verdadeiro Estado de Direito só existe com a tripartição do seu poder, de sorte que o titular de funções estatais não possa, sozinho, exercer plenamente o

60 TEORIA GERAL DO DIREITO TRIBUTÁRIO

poder estatal. Quem faz a lei não exerce atividades ordinárias nas quais a lei é aplicada, e quem tem o poder jurisdicional, ou poder de exercer a atividade jurisdicional, nem pode fazer a lei, nem é aquele cuja atividade consista ordinariamente na aplicação da lei.

Devemos destacar, acima de tudo, que a grande importância da atividade jurisdicional consiste precisamente no que temos denominado efeito didático da jurisprudência. Como são inevitáveis as divergências em torno do significado das regras jurídicas e são inevitáveis os conflitos, o verdadeiro significado das regras jurídicas, pelo menos para efeitos práticos, é aquele afirmado pelo órgão que desempenha a atividade jurisdicional em última instância.

O efeito didático da jurisprudência, assim entendido, tem decisiva importância para a segurança jurídica, sem a qual é praticamente impossível a convivência em sociedade. Efeito didático que deve ser observado no trato de todas as relações jurídicas e tem especial importância, também, no trato das relações jurídicas regidas pelo direito tributário.

3. Direito tributário

3.1 Conceito e finalidade

Quando perguntamos aos estudantes de Direito, mesmo em cursos de pós-graduação, qual é a finalidade do direito tributário, muitos ainda respondem que é propiciar ao Estado os recursos financeiros de que necessita para desempenhar suas atividades. Confundem, assim, o direito tributário com o tributo.

Realmente, o tributo tem por finalidade propiciar ao Estado os recursos financeiros de que este necessita. O direito tributário tem por finalidade limitar os poderes do Estado, seja na instituição do tributo, seja em sua arrecadação. Trata-se, como se vê, de coisas distintas e absolutamente inconfundíveis. O tributo – este, sim – serve ao Estado. Fornece a este os recursos financeiros indispensáveis à sua existência. O direito tributário, diversamente, serve ao cidadão. É instrumento de defesa deste contra o arbítrio estatal.

O tributo, afirmou Baleeiro, "é vetusta e fiel sombra do poder político há mais de 20 séculos. Onde se ergue um governante, ela se projeta sobre o solo de sua dominação. Inúmeros testemunhos, desde a Antigui-

O DIREITO TRIBUTÁRIO 61

dade até hoje, excluem qualquer dúvida".[21] Onde quer que tenha alguém que governa e alguém que é governado, o tributo é cobrado. Com ou sem lei, e às vezes contra a lei. O direito tributário pode ser um instrumento útil para a arrecadação do tributo, mas não é necessário, pois o tributo existe, e sua arrecadação tem sido praticada desde primitivas eras sob as mais diversas formas, violentas ou não. E a ausência do direito tributário talvez até facilite a arrecadação do tributo, porque, na verdade, ele é uma forma de limitação do poder estatal, e os governantes, como acontece com os poderosos em geral, não gostam de limitações. Por isto mesmo, aliás, não têm o menor respeito pelo Direito, que é um importante instrumento da cidadania.

3.2 O direito tributário como limitação ao poder de tributar

Temos plena convicção de que o Direito é um sistema de limites ao poder, fruto e instrumento da racionalidade humana. Por isto mesmo, nos parece muito clara a diferença entre uma relação de poder e uma relação jurídica. A relação de poder nasce, desenvolve-se e se extingue de acordo com a vontade do poderoso, enquanto a relação jurídica nasce, desenvolve-se e se extingue de acordo com regras previamente estabelecidas.

Nos primórdios certamente a relação tributária foi uma relação de poder. Aos poucos, porém, vem se transformando em uma relação jurídica. Há quem diga que na Inglaterra a Magna Carta de 1215, que limitou o poder tributário do rei João-sem-Terra, foi um marco decisivo na edificação do direito tributário. A nosso ver, ocorreram avanços e retrocessos nessa edificação, pois ainda hoje em muitos Países o direito tributário deixa muito a desejar, sendo certo que em muitas situações prevalece o poder do governante.

Sobre o tema merece destaque a lição de Sánchez Serrano, que, reportando-se à ignorância motivada pela preferência pelos estudos da Ciência Econômica e de outros saberes técnicos, ensina que

> (...) en un Estado de Derecho, el derecho financiero no es otra cosa que el conjunto de los límites jurídicos establecidos al poder financiero. En esas circunstancias, y dada la tendencia natural al desbordamiento y

---

21. Aliomar Baleeiro, *Limitações Constitucionais ao Poder de Tributar*, cit., 7ª ed., p. 1.

TEORIA GERAL DO DIREITO TRIBUTÁRIO

la extralimitación que siempre ha caracterizado y caracterizará el poder político, éste intentará por todos los medios – lo ha intentado históricamente – suprimir, negar o desconocer dichos límites.[22]

E, mais adiante, estudando os limites constitucionais do poder financeiro, conclui, enfático:

> Finalmente, en un Estado de Derecho, y más aún desde una perspectiva constitucional, todo poder público tiene sus límites. Y el llamado poder financiero, en cualquier de sus manifestaciones, es un poder, por su propia naturaleza, jurídicamente limitado.
>
> En el actual Estado Constitucional no se trata ya de que el poder estatal se "autolimite" mediante normas jurídicas al modo de concesión graciosa a sus súbditos. Ésa era una concepción del Derecho que todavía late en G. Jellinek y que caracterizaba al Constitucionalismo doctrinario, en el que, en virtud de un pacto del monarca con la representación nacional, aquél "otorgaba" una "Carta" o Constitución por la que limitaba a su propio poder soberano. En el actual Estado Constitucional Español, en el que la soberanía se reconoce o atribuye al pueblo, todo poder que de él emana aparece desde el inicio como jurídicamente limitado en virtud y a través de la Constitución.
>
> De ahí que, desde un enfoque jurídico, son precisamente los límites del poder financiero, más que el poder en sí mismo considerado, que es una realidad principalmente política, los que deben convertirse en objeto de estudio de la disciplina del derecho financiero. Lo que explica que en Alemania, ya en 1871, al menos, entendiese L. von Stein que el derecho financiero no era otra cosa que "los límites jurídicos" del poder financiero, por más que los identificase con una parte del derecho administrativo ciertamente poco apto todavía en aquel tiempo y País para constituir un verdadero límite al poder. Y lo que, si contásemos con una noción clara y precisa de poder financiero, nos proporcionaría una definición adicional de nuestra disciplina jurídica.[23]

Não pode haver dúvida de que em um Estado de Direito, e especialmente em uma perspectiva constitucional, todo o poder estatal, ou

---

22. Luis Sánchez Serrano, *Tratado de Derecho Financiero y Tributario Constitucional*, vol. I, Madri, Marcial Pons, 1997, p. 116.

23. Luis Sánchez Serrano, *Tratado de Derecho Financiero y Tributario Constitucional*, Madri, Marcial Pons, 1997, pp. 246-247.

O DIREITO TRIBUTÁRIO 63

poder público, tem seus limites. E o chamado poder financeiro, em qualquer de suas manifestações, é um poder juridicamente limitado. Daí por que, desde um enfoque jurídico, precisamente os limites do poder financeiro constituem o objeto de estudo da disciplina direito financeiro e do seu desdobramento, talvez o mais importante, o direito tributário.

Assim, vamos concluir este capítulo de nossa *Teoria Geral do Direito Tributário* com o estudo dos princípios jurídicos da tributação, que em muitos Países, inclusive no Brasil, estão inseridos na Constituição.

4. Os princípios jurídicos da tributação

4.1 Princípio e regra

Princípio e *regra* são duas espécies de norma jurídica. Existem vários critérios para estabelecermos a distinção entre uma e outra dessas espécies, e a questão que se coloca consiste em saber qual é o melhor critério.

Como geralmente ocorre em relação a questões jurídicas importantes, a doutrina se mostra dividida. Uns sustentam que não existe diferença, ou que a distinção não tem nenhuma utilidade.[24] Outros afirmam existir a diferença, mas divergem entre eles quanto aos critérios de classificação de uma norma como princípio ou como regra.

Virgílio Afonso da Silva registra:

> O conceito de norma jurídica e a discussão sobre suas espécies são temas de infindáveis controvérsias e os juristas parecem ter uma grande dificuldade para chegar ao menos perto de algum denominador comum acerca do objeto de sua disciplina.[25]

E, mais adiante, firmando sua posição a favor da questionada distinção, no mesmo texto, assevera:

24. A. Aarnio e L. Prieto Sanchis, (o primeiro nega a existência e o segundo a utilidade da distinção), cits. por Juan Cianciardo, "Princípios e regras: uma abordagem a partir dos critérios de distinção", in Roberto Ferraz (coord.), *Princípios e Limites da Tributação*, São Paulo, Quartier Latin, 2005, p. 105.

25. Virgílio Afonso da Silva, "Princípios e regras: mitos e equívocos acerca de uma distinção", *Revista Latino-Americana de Estudos Constitucionais* 1/607, Belo Horizonte, Del Rey, janeiro-junho/2003.

TEORIA GERAL DO DIREITO TRIBUTÁRIO

Ainda que a distinção entre princípios e regras não seja recente, não há dúvida de que a grande discussão sobre esse problema ganhou a força atual com as obras de Ronald Dworkin e Robert Alexy. Vou me limitar, portanto, a uma brevíssima exposição das teses desses dois autores.

Tanto Dworkin quanto Alexy são representantes da tese da separação qualitativa entre regras e princípios, que advoga que a distinção entre ambas as espécies de normas é de caráter lógico. Uma alternativa a essa tese é aquela que defende que a distinção entre ambas é de grau, seja de grau de generalidade, abstração ou de fundamentalidade. Essa é a tese mais difundida no Brasil. Por fim, há aqueles que, por diversas razões, rejeitam a possibilidade ou a utilidade da distinção entre regras e princípios.[26]

Humberto Ávila, por seu turno, afirma a existência de *princípios* e *regras* como distintas espécies de norma jurídica, e acrescenta a existência dos *postulados*. Para ele, a legalidade tributária pode ser vista como regra, como princípio e como postulado. E explica as consequências de se visualizar a legalidade como cada uma dessas três espécies de norma, e conclui seu interessante estudo[27] afirmando:

> Mais do que afastar discussões doutrinárias aparentes, essa investigação demonstra que, a pretexto de examinar uma só norma, a doutrina termina, ao focalizar a "legalidade", por estudar três normas completamente diferentes: uma regra, um princípio e um postulado, cada qual com diferente estrutura e funcionalidade.[28]

Com essa percuciente explicação, Ávila justifica por que o geralmente denominado princípio da legalidade tributária tem o efeito de uma regra, afastando qualquer pretensão de relativização, e ao mesmo tempo o efeito de princípio, e até de postulado, afastando qualquer pretensão de considerá-lo atingido por outras regras que aparentemente a ele se oponham.

Consideramos de grande importância a distinção entre princípios e regras, enquanto espécies de norma, sobretudo para explicar a impossi-

26. Idem, p. 609.
27. Humberto Ávila, "Legalidade tributária multidimensional", in Roberto Ferraz (coord.), *Princípios e Limites da Tributação*, São Paulo, Quartier Latin, 2005, pp. 279-291.
28. Idem, p. 291.

O DIREITO TRIBUTÁRIO

bilidade de relativização das regras e a importância ou fundamentalidade dos princípios. E, assim, consideramos que a legalidade tributária é uma regra, na medida em que não admite nenhuma forma de relativização, e é um princípio, na medida em que tem enorme importância em todo o sistema jurídico.

Seja como for, o que não se pode admitir é a consideração da legalidade como princípio apenas para com isto viabilizar sua relativização. É um princípio, sim, por sua fundamentalidade, mas é uma regra, por sua estrutura fechada. E neste estudo nos referimos ao *princípio da legalidade*, tendo em vista sua fundamentalidade, sem que com isto estejamos admitindo sua relativização.

4.2 O princípio da legalidade tributária

Nos Países com ordenamento jurídico escalonado hierarquicamente o princípio da legalidade tributária é colocado no patamar hierárquico mais elevado, vale dizer, na Constituição. E na maioria deles certamente é afirmado como regra, embora tenha, na verdade, a força de um princípio, como acontece em nosso País, sendo válida, assim, a lição de Humberto Ávila, que escreve:

> O dispositivo constitucional segundo o qual, *se* houver instituição ou aumento de tributo, *então*, a instituição ou aumento deve ser veiculado por lei é aplicado como *regra* se o aplicador, visualizando o aspecto imediatamente comportamental, entendê-lo como mera exigência de lei em sentido formal para a validade da criação ou aumento de tributos; da mesma forma, pode ser aplicado como *princípio* se o aplicador, desvinculando-se do comportamento a ser seguido no processo legislativo, enfocar o aspecto teleológico, e concretizá-lo como instrumento de realização do valor *liberdade* para permitir o planejamento tributário e para proibir a tributação por meio de analogia, e como meio de realização do valor *segurança*, para garantir a previsibilidade pela determinação legal dos elementos da obrigação tributária e proibir a edição de regulamentos que ultrapassem os limites legalmente traçados.[29]

29. Humberto Ávila, *Teoria dos Princípios*, 15ª ed., São Paulo, Malheiros Editores, 2014, p. 62.

66 TEORIA GERAL DO DIREITO TRIBUTÁRIO

Realmente, o princípio da legalidade está colocado na Constituição da maioria dos Países, inclusive na do Brasil, como verdadeira *regra jurídica*, na medida em que por ele se exige a manifestação do Poder Legislativo, composto por representantes do povo, que na lei, em sentido formal, expressam sua concordância com a exigência do tributo. E como *princípio*, por sua fundamentalidade, a preservar a liberdade e a segurança jurídica, tanto para permitir o planejamento tributário que pode ser praticado com a utilização de formas jurídicas não alcançadas pelo tributo, como para impedir a tributação por analogia, na medida em que alberga a exigência de previsão expressa e específica na lei, como condição sem a qual não se admite a cobrança do tributo.

Mais adiante, ao estudarmos a lei tributária, vamos explicar melhor o alcance do princípio da legalidade tributária, ou princípio segundo o qual somente a lei pode criar o tributo, esclarecendo a importância da compreensão adequada do significado da palavra "criar", para que seja efetivo o referido princípio jurídico. E, ainda, ao estudarmos o tributo e suas espécies, vamos examinar o conceito de tributo no Direito Brasileiro, com a análise da definição legal de tributo, voltando, então, ao princípio da legalidade em face das regras do Código Tributário Nacional.

4.3 O princípio da irretroatividade da lei tributária

A rigor, o princípio da irretroatividade da lei não é peculiaridade do direito tributário. Ele geralmente está expresso em uma regra colocada na Constituição; mas, ainda que isto não ocorra, ele é um princípio geral do Direito, sem o qual não existirá segurança jurídica. Aliás, numa visão bem realista, podemos afirmar que sem a garantia da irretroatividade o Direito seria praticamente inútil. Nas relações entre o Estado e o cidadão deixaria de funcionar como instrumento de limitação do poder.

Em matéria tributária o princípio da irretroatividade da lei é uma garantia fundamental do contribuinte. A lei tributária só pode retroagir para beneficiar o contribuinte. Jamais para prejudicá-lo em suas relações com o Estado.

A respeito da questão de saber se o princípio da irretroatividade deve ser entendido realmente como princípio ou como regra, doutrina Humberto Ávila, com propriedade:

O DIREITO TRIBUTÁRIO   67

O dispositivo constitucional segundo o qual, *se* houver instituição ou aumento de tributos, *então*, só podem ser abrangidos fatos geradores ocorridos após o início da vigência da lei que os houver instituído ou aumentado é aplicado como *regra* se o aplicador entendê-lo como mera exigência de publicação de lei antes da ocorrência do fato gerador do tributo, e pode ser aplicado como *princípio* se o aplicador concretizá-lo com a finalidade de realizar o valor *segurança* para proibir o aumento do tributo no meio do exercício financeiro em que a realização do fato gerador periódico já se iniciou, ou com o objetivo de realizar o valor *confiança* para proibir o aumento individual de alíquotas, quando o Poder Executivo publicou decreto anterior prometendo baixá-las.[30]

É importante, porém, destacarmos que o termo "vigência", nessa lição de Humberto Ávila, deve ser visto com cautela, pois a vigência pode ter início na data determinada pelo próprio legislador, eventualmente anterior à publicação da lei. É evidente, porém, que em nenhuma hipótese a lei que institui ou aumenta tributo pode ter vigência anterior à sua publicação. Aliás, o próprio Humberto Ávila, logo depois de se referir a vigência, usa a palavra "publicação", afirmando que o dispositivo constitucional em questão "é aplicado como *regra* se o aplicador entendê-lo como mera exigência de publicação de lei antes da ocorrência do fato gerador do tributo".

Mais adiante, no capítulo em que vamos estudar a lei tributária, examinaremos com fundamentação mais desenvolvida as questões relativas à irretroatividade, não apenas no âmbito do direito tributário, mas na Teoria Geral do Direito, posto que, a rigor, a irretroatividade das leis deve, mesmo, ser estudada como algo essencial, que é à própria ideia de Direito enquanto instrumento de preservação da segurança e da previsibilidade, valores essenciais da Humanidade.

4.4 Irretroatividade, anualidade e anterioridade da lei tributária

A irretroatividade das leis, repita-se, é um princípio geral do Direito que se presta à realização do valor *segurança jurídica*. Não se restringe ao direito tributário e não se confunde com o princípio da anualidade nem com o princípio da anterioridade, que parecem ser peculiares a este.

---

30. Idem, p. 63.

TEORIA GERAL DO DIREITO TRIBUTÁRIO

O princípio da anualidade toma em consideração o orçamento enquanto previsão das receitas e das despesas, que em geral é anual. É o princípio constitucional segundo o qual a cobrança dos tributos depende de estarem estes previstos no orçamento, que é anual.

Sobre a anualidade escreveu Baleeiro:

Na grande maioria das Nações o orçamento é anual. Essa regra tem como remota origem o expediente de que se serviram os Parlamentos para que os monarcas fossem obrigados a convocá-los a breves intervalos. Concediam os tributos por um ano, pois, se o fizessem por prazos mais dilatados, não poderiam reunir-se para controle das despesas nem teriam a clássica espada de Dâmocles sobre o governo, compelindo-o a seguir a política mais adequada aos interesses nacionais no momento.

Depois que os Parlamentos se tornaram permanentes, a regra foi mantida, porque se harmoniza com o ritmo anual dos negócios privados. Votar os impostos e as despesas, no século XX, é deliberar sobre o plano de governo.[31]

O princípio da anterioridade assegura que a lei tributária, para ser aplicada, deve estar em vigor com determinada antecedência. Em geral essa antecedência diz respeito ao início do ano, mas existem situações nas quais a antecedência é de apenas 90 dias, como acontece na em nossa atual Constituição.

4.5 Irretroatividade, anualidade e anterioridade da lei tributária no Direito Brasileiro

No ordenamento jurídico brasileiro a questão da irretroatividade da lei tributária envolve aspecto peculiar, porque nossa Constituição Federal, além de consagrar o princípio da irretroatividade das leis em geral como garantia do cidadão,[32] ao cuidar do sistema tributário, veda a cobrança de tributo: (a) em relação a fatos geradores ocorridos antes do início da vigência da lei que os houver instituído ou aumentado; (b) no mesmo exercício financeiro em que haja sido publicada a lei que os ins-

---

31. Aliomar Baleeiro, *Uma Introdução à Ciência das Finanças*, vol. II, Rio de Janeiro, Revista Forense, 1955, pp. 608 e 610.

32. CF de 1988, art. 5º, XXXVI.

O DIREITO TRIBUTÁRIO

tituiu ou aumentou; e, ainda, (c) antes de decorridos 90 dias da data em que haja sido publicada a lei que os instituiu ou aumentou, observado o disposto na letra "b" – quer dizer, além de ser a lei anterior ao exercício financeiro.

Por outro lado, a mesma Constituição Federal estabelece tantas exceções aos princípios da anterioridade, anual e nonagesimal, que praticamente anulam tais princípios.

No capítulo em que vamos estudar a lei tributária examinaremos mais detidamente os princípios da anualidade e da anterioridade, inclusive com referência a situações peculiares verificadas no Direito Brasileiro.

Capítulo III

A Lei Tributária

1. Introdução. 2. Os vários significados da palavra "lei": 2.1 Lei de causalidade – 2.2 Lei em sentido formal e em sentido material – 2.3 Lei e regulamento. 3. O princípio da legalidade tributária: 3.1 Natureza do dispositivo constitucional – 3.2 Legalidade e tipicidade – 3.3 O que significa criar um tributo – 3.4 As obrigações tributárias acessórias – 3.5 Obrigação tributária acessória e penalidade. 4. O princípio da irretroatividade da lei tributária: 4.1 A irretroatividade e a essência do Direito – 4.2 Irretroatividade como direito do indivíduo e como princípio – 4.3 Irretroatividade e publicação oficial – 4.4 Irretroatividade da lei tributária na Constituição de 1988 – 4.5 Irretroatividade e aplicação imediata – 4.6 Irretroatividade e tributos com fato gerador complexo – 4.7 Anterioridade anual e nonagesimal – 4.8 Anterioridade e anualidade. 5. Dificuldades relativas ao princípio da anterioridade: 5.1 Anterioridade e irretroatividade da lei – 5.2 Existência simultânea de duas anterioridades.

1. Introdução

Ao estudarmos o direito tributário, no capítulo precedente, estudamos alguns conceitos pertinentes à lei tributária. Agora vamos estudar a lei tributária em todos os seus aspectos, procurando completar a abordagem desses conceitos. Assim, certamente vamos tratar de assuntos já estudados, mas o faremos de forma mais aprofundada, abordando questões ali não examinadas.

Começaremos explicando a distinção nos significados da palavra "lei", com destaque para as expressões *lei em sentido formal* e *lei em sentido material*, procurando demonstrar a importância de tais significados para a compreensão do mais importante princípio jurídico tratando-se de tributação, que é o princípio da legalidade tributária. Depois

72 TEORIA GERAL DO DIREITO TRIBUTÁRIO

vamos estudar o mencionado princípio, vale dizer, o princípio da legalidade tributária, iniciando com a distinção entre regra e princípio e a explicação da norma da Constituição que o consagra.

Em seguida estudaremos o princípio da irretroatividade da lei tributária, cuja importância nos autoriza a dizer que se trata de algo que é da própria essência do Direito, como instrumento destinado a dar efetividade ao valor segurança jurídica, sem o qual o ordenamento jurídico não teria razão de ser. Nesse contexto veremos se a irretroatividade é realmente um princípio ou se é um direito fundamental do indivíduo. E, ainda, a questão de saber por que é importante a publicação oficial da lei, como elemento integrante da mesma, e não como simples condição de sua vigência.

Depois vamos estudar o princípio da irretroatividade da lei tributária em suas manifestações no ordenamento jurídico brasileiro a partir da Constituição Federal de 1988, tema que consideramos da maior importância, porque alberga peculiaridades que certamente não se encontram nos sistemas jurídicos de outros Países.

2. Os vários significados da palavra "lei"

2.1 Lei de causalidade

Em capítulo anterior já vimos que a palavra "lei" é usual em textos não jurídicos, o que é sabido de todos. Mas é importante insistirmos na distinção do seu significado. Em textos não jurídicos a palavra "lei" geralmente é empregada para designar uma relação de causa e efeito naturais. Assim, fala-se da *lei da oferta e da procura* para designar uma realidade da Ciência Econômica relacionada aos mercados, segundo a qual, quanto maior a oferta de bens ou de serviços, mais os preços correspondentes tendem a cair, e quanto maior a procura os preços tendem a subir. Fala-se também da *lei da gravidade*, ou lei da gravitação universal, segundo a qual matéria atrai matéria na razão direta das massas e na razão inversa do quadrado das distâncias.

Como se vê, em tais contextos o significado da palavra "lei" é inteiramente diverso dos significados que essa palavra tem na linguagem jurídica.

2.2 Lei em sentido formal e em sentido material

A palavra "lei" em *sentido formal* designa o ato produzido pelo Poder Legislativo, no exercício típico dessa função estatal, mediante o procedimento previsto para a prática desse ato, que não se caracteriza como tal em razão do seu conteúdo, mas em razão de sua forma. Já, em *sentido material* a palavra "lei" designa uma regra ou um princípio jurídico, vale dizer, é sinônimo de norma jurídica. Caracteriza-se como tal em razão do seu conteúdo, e não em razão de sua forma.

Uma lei em sentido formal pode não ser lei em sentido material, vale dizer, pode não albergar uma norma. Quando isto acontece diz-se que se trata de lei apenas em sentido formal. É o que acontece, por exemplo, no Brasil com o ato que autoriza o Governo a criar uma empresa pública. Como a criação de uma empresa pública depende de autorização legislativa, o ato praticado pelo Congresso Nacional para conceder tal autorização é uma lei em sentido formal, embora não seja uma lei em sentido material.

Por outro lado, a lei em sentido material é uma norma jurídica. Pode estar albergada por um ato produzido pelo Poder Legislativo, ou não. Se estiver, diz-se que é lei tanto em sentido formal como em sentido material. E, se não estiver, diz-se que é lei apenas em sentido material.

2.3 Lei e regulamento

Em matéria tributária é muito importante a distinção entre lei e regulamento, sobretudo em face do princípio da legalidade, que não raramente tem sido violado com a colocação em regulamentos de regras que somente em lei poderiam ser estabelecidas. E, ainda, em face de certas regras que podem ser estabelecidas em regulamento e que muitos, talvez por não entenderem adequadamente a razão de ser de certas obrigações tributárias, sustentam que somente por lei podem ser formuladas.

No Direito Brasileiro o Código Tributário Nacional tratou muito bem dessas questões. Em seu art. 96 disse que "a expressão 'legislação tributária' compreende as leis, os tratados e convenções internacionais, os decretos e as normas complementares que versem, no todo ou em parte, sobre tributos e relações jurídicas a eles pertinentes". Com a palavra "decretos", nesse contexto, designa os regulamentos, que no ordena-

74 TEORIA GERAL DO DIREITO TRIBUTÁRIO

mento jurídico brasileiro são aprovados por decretos do chefe do Poder Executivo. A palavra "regulamento" corresponde à palavra "lei" em sentido material, enquanto a palavra "decreto" corresponde à palavra "lei" em sentido formal.

Em seu art. 97 o CTN indica explicitamente as matérias que somente por lei podem ser tratadas, vale dizer, define o âmbito do princípio da legalidade tributária, merecendo especial destaque o seu inciso III, onde coloca como matéria da qual somente a lei pode tratar a definição do fato gerador da obrigação tributária principal – com o quê implicitamente admite seja definido por regulamento o fato gerador de obrigações acessórias. Ressaltamos que se trata de matéria controvertida, na qual existem posições extremadas, que tornam os regulamentos praticamente sem objeto. Voltaremos ao assunto ao tratarmos da relação obrigacional tributária, onde explicaremos por que, a nosso ver, as obrigações acessórias podem ser instituídas por regulamentos.

A nosso ver, a principal finalidade dos regulamentos consiste em reunir em texto único os dispositivos de leis que cuidam de determinado tributo. Temos, assim, o Regulamento do Imposto de Renda, o Regulamento do Imposto sobre Produtos Industrializados, o Regulamento do Imposto sobre Circulação de Mercadorias e Serviços – entre outros. Como as leis que cuidam dos impostos são objeto de frequentes alterações, é conveniente a consolidação, que facilita a consulta para os interessados.

3. O princípio da legalidade tributária

3.1 Natureza do dispositivo constitucional

Nos estudos da Teoria Geral do Direito vê-se que as regras e os princípios são duas espécies de norma jurídica, e que existem vários critérios para a caracterização de uma e da outra espécie. Entre os muitos critérios para a distinção entre princípios e regras destacamos aquele segundo o qual os princípios são mandatos de otimização, que devem ser observados mais ou menos, na medida do possível, enquanto as regras prescrevem um comportamento que é inteiramente possível e sua observância é sempre um "tudo ou nada". Ou são ou não são observadas.

As normas são o gênero, do qual são espécies os princípios e as regras. Segundo Robert Alexy:

A LEI TRIBUTÁRIA

O ponto decisivo na distinção entre regras e princípios é que *princípios* são normas que ordenam que algo seja realizado na maior medida possível dentro das possibilidades jurídicas e fáticas existentes. Princípios são, por conseguinte, *mandamentos de otimização*, que são caracterizados por poderem ser satisfeitos em graus variados e pelo fato de que a medida devida de sua satisfação não depende somente das possibilidades fáticas, mas também das possibilidades jurídicas. O âmbito das possibilidades jurídicas é determinado pelos princípios e regras colidentes.

Já as *regras* são normas que são sempre ou satisfeitas ou não satisfeitas. Se uma regra vale, então, deve se fazer exatamente aquilo que ela exige; nem mais, nem menos. Regras contêm, portanto, *determinações* no âmbito daquilo que é fática e juridicamente possível. Isso significa que a distinção entre regras e princípios é uma distinção qualitativa, e não uma distinção de grau. Toda norma é ou uma regra ou um princípio.[1]

Um princípio pode estar em conflito com outro princípio, e mesmo assim ambos são válidos e subsistem, prevalecendo cada um na medida do possível, nas circunstâncias do caso. Já, a regra, estando em conflito com outra regra, suscita a questão da hierarquia no ordenamento em que estão encartadas, prevalecendo apenas a de posição hierárquica mais elevada.

Consideramos de grande importância essa distinção entre princípios e regras, enquanto espécies de norma, sobretudo para explicar a impossibilidade de relativização das regras e a importância ou fundamentalidade dos princípios. E, assim, consideramos que a legalidade tributária é uma regra, na medida em que não admite nenhuma forma de relativização. E pode ser considerada um princípio, em face de sua fundamentalidade, na medida em que tem enorme importância em todo o sistema jurídico.

Seja como for, o que não se pode admitir é a consideração da legalidade como princípio apenas para com isto viabilizar sua relativização. É um princípio, sim, por sua fundamentalidade, mas é uma regra, por sua estrutura fechada. E neste estudo vamos nos referir seguidamente ao *princípio da legalidade*, tendo em vista sua fundamentalidade, sem que com isto estejamos admitindo sua relativização.

---

1. Robert Alexy, *Teoria dos Direitos Fundamentais*, trad. de Virgílio Afonso da Silva, 2ª ed., 3ª tir., São Paulo, Malheiros Editores, 2014, pp. 90-91.

TEORIA GERAL DO DIREITO TRIBUTÁRIO

Aliás, a forma como está redigido o princípio da legalidade no ordenamento jurídico de muitos Países impede seja o mesmo considerado um princípio, no sentido de mandamento de otimização, vale dizer, no sentido de norma que pode ser mais ou menos observada. No ordenamento jurídico brasileiro, por exemplo, está escrito na Constituição Federal de 1988 que é vedado à União, aos Estados, ao Distrito Federal e aos Municípios instituir tributo sem que a lei o estabeleça.[2] Sua fundamentalidade decorre do fato de estar encartado na Constituição Federal, que é – sabemos todos – o conjunto de normas de mais elevada posição hierárquica.

3.2 Legalidade e tipicidade

Tal como acontece em direito penal, o princípio da legalidade envolve o da tipicidade. Assim, a lei que institui o tributo há de descrever inteiramente o fato que, se e quando ocorre, faz nascer o dever de pagar o tributo.

O princípio da legalidade não teria grande utilidade como instrumento de proteção do contribuinte se nele não se incluísse o princípio da tipicidade. Por isto mesmo, desde Montesquieu tem-se preconizado que "o princípio da competência legislativa do Parlamento em matéria tributária deve completar-se com o princípio da tipicidade".[3]

Insistimos em que o princípio da legalidade não quer dizer apenas que a relação de tributação é *jurídica*. Quer dizer que essa relação, no que tem de essencial, há de ser regulada em *lei*. Não em qualquer *norma* jurídica, mas em *lei*, no seu sentido específico.

González García identifica, com base em autorizadas manifestações doutrinárias, duas formas de *legalidade*, assim explicadas:

> (a) En primer lugar, la modalidad de acto legislativo primario, que consiste en que se exige ley no para regular en su totalidad los elementos fundamentales del tributo, sino tan sólo para crearlo.
>
> (b) Existe, después, el principio de reserva de ley propiamente dicho, para regular una materia determinada. Dentro de ésta, a su vez, suele distinguirse entre la reserva absoluta de ley, que se produce en el supues-

2. CF de 1988, art. 150, II.
3. José Luis Pérez de Ayala, *Montesquieu y el Derecho Tributario Moderno*, Madri, Dykinson, 2001, p. 49.

A LEI TRIBUTÁRIA

to, harto infrecuente, de que la totalidad de la materia acotada deba venir regulada en exclusiva por la ley o, al menos, por actos con fuerza de ley; e la denominada reserva relativa o atenuada, que consiste en exigir la presencia de la ley tan sólo a efectos de determinar los elementos fundamentales o identidad de la prestación establecida, pudiendo confiarse al Executivo la integración o desarrollo de los restantes elementos.[4]

Como se vê, González García entende "criar" como simplesmente *referir-se a*, ou dizer que *fica criado*. Em nosso sistema jurídico, porém, não é assim, como será explicado ao examinarmos o sentido da expressão "exigir ou aumentar tributo", albergada pelo art. 150, I, da CF de 1988.

Segundo González García, o princípio constitucional da legalidade pode ser entendido como simples exigência de lei para *criar* o tributo, no sentido por ele adotado, e não para regular em sua totalidade os elementos fundamentais do tributo, ou no sentido de reserva legal, vale dizer, no sentido de que só a lei pode regular os elementos fundamentais do tributo. Essa reserva legal, por seu turno, divide-se em reserva absoluta e reserva relativa. Para ele, a doutrina que tem estudado o princípio da reserva está de acordo, com algumas exceções, em que sempre que se exige lei para criar um tributo, na verdade, não se exige que a lei regule todos os elementos do tributo, mas apenas os essenciais, como os sujeitos da relação e seu fato gerador, não tendo de ser precisa a regulação de outros elementos, como, por exemplo, a base de cálculo e a alíquota.[5]

Dejalma de Campos esclarece, com inteira propriedade, que o princípio da legalidade há de ser examinado tanto em razão da fonte produtora de normas como em razão do grau de determinação da conduta. Em razão da fonte produtora das normas, têm-se uma reserva de lei material e uma reserva de lei formal. No primeiro caso, "basta simplesmente que a conduta da Administração seja autorizada por qualquer norma geral e abstrata, podendo ser tanto uma norma constitucional, ordinária ou mesmo um regulamento". Já, no segundo caso, é "necessário que o fundamento legal do Executivo seja uma norma emanada do Legislativo". Por outro lado, no pertinente ao grau de determinação da conduta, têm-se a reserva legal absoluta e a reserva legal relativa, conforme esteja a conduta

---

4. Eusebio González García, "Principio de legalidad tributaria en la Constitución de 1978", in *Seis Estudios sobre Derecho Constitucional e Internacional Tributario*, Madri, Editorial de Derecho Financiero, 1980, pp. 62-63.

5. Idem, pp. 63-64.

78 TEORIA GERAL DO DIREITO TRIBUTÁRIO

da Administração inteiramente estabelecida na lei ou apenas nesta tenha fundamento, podendo desenvolver-se com relativa liberdade.[6]

Como geralmente acontece com as divergências em temas jurídicos, a questão essencial também aqui reside nos conceitos. Aqui, a verdadeira questão está na determinação do significado da palavra "lei" e da expressão "criar ou aumentar tributo". Sabendo-se o que significa a palavra "lei", tem-se resolvida a questão de saber se a reserva legal há de ser simplesmente material, ou também formal. Sabendo-se o que quer dizer *criar ou aumentar um tributo* tem-se resolvida a questão de saber se a reserva legal há de ser relativa ou absoluta. Em face da importância dessas questões, voltaremos a elas mais adiante.

Há quem se oponha à prevalência do princípio da legalidade absoluta, com o argumento segundo o qual esse princípio impede a utilização de instrumentos de política econômica, embaraçando o desenvolvimento. Tal argumento é falso. "O princípio da legalidade, como reserva absoluta de lei, não só não se revela incompatível com as modernas políticas econômicas, como é o que melhor se coaduna com os princípios em que assenta uma livre economia de mercado."[7]

Não podemos confundir medidas de política econômica com improvisações, posto que as primeiras se caracterizam pelo planejamento, enquanto estas últimas se caracterizam pela ausência deste, revelada muita vez pelos retrocessos, pelas mudanças bruscas, que incutem no empresário a insegurança inibidora de suas iniciativas.

Como assevera Alberto Xavier, com apoio em Nissen e Sainz de Bujanda, "a livre iniciativa exerce-se através de planos econômicos elaborados pelos empresários para um dado período e nos quais se realiza uma previsão, mais ou menos empírica, dos custos da produção, do volume dos investimentos adequados à obtenção de dado produto e da capacidade de absorção do mercado. Tal previsão não pode deixar de assentar na presunção de um mínimo de condições de estabilidade, dentro do que a normal margem de riscos e incertezas razoavelmente comporte para o horizonte de planejamento a que respeita. O planejamento empresarial, por que a iniciativa privada se concretiza, supõe assim uma

---

6. Dejalma de Campos, "O princípio da legalidade no direito tributário", *Caderno de Pesquisas Tributárias* 6/217-219, São Paulo, CEEU/Resenha Tributária, 1981.

7. Alberto Xavier, *Os Princípios da Legalidade e da Tipicidade da Tributação*, São Paulo, Ed. RT, 1978, p. 53.

A LEI TRIBUTÁRIA 79

possibilidade de previsão objetiva e esta exige, por seu turno, uma segurança quanto aos elementos que a afetam. É sabido que o volume dos tributos – dado o papel que assumem na economia global – representa para a empresa não só elevada percentagem dos seus custos de produção, como determina as disponibilidades que, no mercado, representam procura para os seus produtos. Um sistema que autorize a Administração a criar tributos ou a alterar os elementos essenciais de tributos já existentes viria do mesmo passo a criar condições adicionais de insegurança jurídica e econômica, obrigando a uma constante revisão dos planos individuais, à qual a livre iniciativa não poderia resistir. Pelo contrário, um sistema alicerçado numa reserva absoluta de lei em matéria de impostos confere aos sujeitos econômicos a capacidade de prever objetivamente os seus encargos tributários, dando assim as indispensáveis garantias requeridas por uma iniciativa econômica livre e responsável".[8]

3.3 O que significa criar um tributo

As Constituições de muitos Países estabelecem que o tributo só pode ser criado por lei. Assim, uma questão importante na Teoria Geral do Direito Tributário consiste em saber o que significa a expressão "criar o tributo".

No Brasil, a vigente Constituição Federal estabelece que é vedado à União, aos Estados, ao Distrito Federal e aos Municípios *exigir ou aumentar* tributo sem lei que o estabeleça, mas a expressão "exigir ou aumentar" talvez não seja tecnicamente correta. Melhor seria dizer-se "instituir ou majorar tributo", como estava no art. 2º, I, da EC 18/1965, ou, então, "instituir ou aumentar tributo", como estava no art. 20, I, da Constituição de 1967 e no art. 19, I, da EC 1/1969. É que *exigir* tem significado mais próximo de *cobrar* do que de *criar*. Melhor, portanto, seria o verbo *instituir*, cujo significado mais se aproxima de *criar*. Seja como for, a expressão "exigir ou aumentar" há de ser entendida no mesmo sentido da expressão "instituir ou majorar". A vedação constitucional é pertinente à atividade normativa de instituição, ou criação, do tributo.

Pode-se dizer que a vedação constitucional diz respeito à atividade administrativa de cobrança. Vedada, então, seria a ação de *exigir*. Neste

8. Idem, pp. 53-54.

80 TEORIA GERAL DO DIREITO TRIBUTÁRIO

caso, porém, estaria mal colocado o verbo "aumentar". Quem cobra, ou *exige*, cobra ou exige o que já foi criado, ou aumentado. Assim, é inconstitucional a cobrança, ou exigência, de tributo que não tenha sido *criado* por lei, ou, tratando-se de aumento, se o tributo não tiver sido *aumentado* por lei.

Ocorre que nos dias atuais não se conhece caso de tributo que seja cobrado, ou exigido, sem que esteja previsto em alguma norma. Assim, é razoável afirmar que a vedação constitucional em exame volta-se mesmo é para o ato de instituir, ou criar. A instituição, ou criação, do tributo há de ser feita *por lei*. Este é o sentido que o elemento sistemático da interpretação recomenda pra a norma constitucional em questão.

Seja como for, não há, na verdade, diferença de ordem prática entre vedar a instituição de tributo por meio de norma que não seja lei e vedar a exigência, ou cobrança, de tributo que não tenha sido instituído, ou aumentado, por lei. Resta saber o que significa *instituir* ou *criar* um tributo, pois de quase nada valeria saber que o tributo só pode ser instituído ou criado por lei se não se sabe o que quer dizer *instituir* ou *criar*.

A questão de saber em que consiste a *instituição ou criação do tributo* reside essencialmente em saber se o legislador pode atribuir a outros órgãos públicos funções normativas no pertinente à definição de elementos essenciais da obrigação tributária.

Criar um tributo é modificar o Direito vigente. É instituir norma jurídica. Assim, só tem competência para fazê-lo o órgão dotado de competência legislativa. Isto é afirmado por quase todas as Constituições do mundo, como informa Victor Uckmar, arrolando os dispositivos de expressivo número de Países.[9] Segundo Uckmar, só a Constituição da URSS não estabelece o princípio da legalidade tributária.

A questão essencial, porém, reside em saber se o legislador pode, ao instituir o tributo, apenas dizer, em lei, que determinado tributo é criado, deixando a cargo da Administração a tarefa de definir o núcleo da hipótese de incidência da norma tributária, a base de cálculo e a alíquota do tributo, bem como indicar os elementos necessários à identificação dos sujeitos passivos da obrigação tributária.

---

9. Victor Uckmar, *Os Princípios Comuns de Direito Constitucional Tributário*, 2ª ed., trad. de Marco Aurélio Greco, São Paulo, Malheiros Editores, 1999, pp. 34-39.

A LEI TRIBUTÁRIA 81

Colocada essa questão no plano universal, tem-se de distinguir os Estados onde vigora o princípio da separação dos Poderes daqueles em que tal separação não existe. Tendo em vista o princípio da separação dos Poderes do Estado, a atribuição aos órgãos legislativos da competência para criar tributos deveria implicar "a exclusão de toda e qualquer potestade normativa por parte do Executivo. Porém, a experiência demonstra que os Parlamentos não têm a possibilidade – seja pela quantidade de trabalho que devem realizar, seja pelo insuficiente conhecimento dos problemas práticos e dos pormenores – de exercer por inteiro a função legislativa, que, portanto, vai sendo confiada, sempre com maior frequência e amplitude, ao Executivo".[10] Em alguns casos essa função legislativa é exercida pelo Poder Executivo de modo pleno, mediante decreto-lei, como ocorria no Brasil no regime da Constituição anterior. Na maioria dos casos, porém, a função normativa do Executivo em matéria tributária é apenas regulamentar. E essa atividade regulamentar tem sido considerada juridicamente válida desde que a criação do tributo, com a individualização dos sujeitos da obrigação tributária principal, seja reservada ao legislador, podendo o Judiciário negar aplicação às normas regulamentares que estejam em contraste com a lei.[11]

Há quem sustente que *criar* um tributo não é definir *todos* os elementos da relação tributária. É o que se viu na doutrina espanhola de González García, acima referida. Não nos parece correta, *data venia*, tal posição, independentemente das peculiaridades do Direito Brasileiro.

Referindo-se ao art. 23 da Constituição da Itália, doutrina Micheli:

> Se a reserva da lei posta pelo art. 23 é somente relativa, isso significa que as normas tributárias podem vir contidas também em atos normativos que não sejam leis e que não tenham eficácia de lei; em outros termos, que a disciplina do exercício da potestade de imposição possa ser, pelo menos em parte, contida em atos diversos da lei (ou a esta equivalentes). É de se ver, portanto, qual seja o significado preciso da expressão da Constituição pela qual nenhum tributo pode ser instituído senão com base na lei. A esse propósito a Corte Constitucional expressou-se muitas vezes no sentido de que é suficiente a determinação por parte da lei de alguns elementos básicos do tributo, e critérios para a determina-

10. Idem, p. 30.
11. Idem, pp. 33-37.

82 TEORIA GERAL DO DIREITO TRIBUTÁRIO

ção dos outros. Tal tendência, apoiada também pela doutrina, não persuade completamente, pois o preceito constitucional não se limita a estabelecer que o tributo deve ser instituído com base na lei, mas diz com precisão que tal prestação coativa não pode ser imposta "senão com base na lei". O que implica a necessidade de que a lei institutiva do tributo deva conter todos os elementos idôneos a estabelecer o conteúdo da prestação, excluindo, portanto, qualquer arbítrio por parte do Executivo a esse respeito.[12]

No sistema jurídico brasileiro já antes da vigente Constituição o princípio da legalidade estava posto, de sorte que não se podia admitir qualquer delegação legislativa no pertinente à definição da hipótese de incidência tributária, em todos os seus aspectos. A lei que institui ou aumenta tributo – afirmou, com propriedade, Roque Carrazza – "deve alojar todos os elementos e supostos da relação jurídica (hipótese de incidência, base imponível, alíquota etc.), não se admitindo, de forma alguma, a delegação ao Poder Executivo da faculdade de defini-los, ainda que em parte".[13]

Temos sustentado que o art. 97 do CTN constitui explicitação do preceito constitucional segundo o qual nenhum tributo pode ser exigido ou aumentado sem que a lei o estabeleça.[14] No dizer autorizado de Gilberto de Ulhôa Canto, "a Comissão que elaborou o Anteprojeto entendeu que o Código Tributário Nacional deveria ser explícito na enumeração pormenorizada de todos os elementos que, pela sua importância para o nascimento da obrigação tributária, a respectiva exteriorização e a constituição do resultante crédito tributário, deveriam ser matéria submetida ao princípio da reserva de lei; (...)".[15] Na verdade, só terá eficácia o princípio constitucional se entendido com a explicitação constante do art. 97 do CTN, pois não basta fique a instituição do tributo – entendida como

---

12. Gian Antonio Micheli, *Curso de Direito Tributário*, trad. de Marco Aurélio Greco e Pedro Luciano Marrey Jr., São Paulo, Ed. RT, 1978, p. 19.

13. Roque Antonio Carrazza, *O Regulamento no Direito Tributário Brasileiro*, São Paulo, Ed. RT, 1981, p. 95.

14. Hugo de Brito Machado, *Curso de Direito Tributário*, 1ª ed., São Paulo, Resenha Tributária, 1978, p. 32 (v. 35ª ed., São Paulo, Malheiros Editores, 2014, p. 81).

15. Gilberto de Ulhôa Canto e Fábio de Sousa Coutinho, "O princípio da legalidade", *Caderno de Pesquisas Tributárias* 6/296, São Paulo, CEEU/Resenha Tributária, 1981, p. 296.

A LEI TRIBUTÁRIA 83

simples afirmação de que *fica criado* determinado tributo – na área da reserva legal. Na verdade criar o tributo não é apenas dizer que ele está criado. Criar o tributo é estabelecer todos os elementos necessários à determinação da expressão monetária e do sujeito passivo da respectiva obrigação. Vittorio Cassone é incisivo: "Se a lei, por exemplo, ao instituir um tributo, deixar de fixar a alíquota, não terá criado imposto algum, e esta falha não poderá ser suprida pelo Executivo através de decreto regulamentar dessa lei; terá o Legislativo de completar, com uma outra lei".[16]

Parece-nos que o alcance do princípio da legalidade se define, assim, pela interpretação do texto constitucional, fundamentalmente no pertinente ao significado do verbo "criar", ou "instituir". O que foi *criado*, ou *instituído*, existe, e como tal pode ser conhecido. Admitir que a lei apenas se reporte ao tributo, deixando a definição de qualquer elemento essencial de sua hipótese de incidência, ou de seu mandamento, à norma infralegal é admitir que a lei apenas comece o processo de criação ou instituição do tributo, desmentindo o afirmado pela Constituição. A explicitação feita pelo art. 97 do CTN é muito importante, mas não é suficiente, como adiante demonstraremos.

O verdadeiro sentido do *princípio da legalidade* exige que todos os elementos necessários à determinação da relação jurídica tributária, ou, mais exatamente, todos os elementos da obrigação tributária principal, residam na *lei*.

Neste mesmo sentido é a lição dos mais autorizados tributaristas brasileiros, entre os quais podem ser citados: Amílcar de Araújo Falcão,[17] Aliomar Baleeiro,[18] Ruy Barbosa Nogueira,[19] Geraldo Ataliba,[20] Paulo de Barros Carvalho,[21] Ives Gandra da Silva Martins,[22] Bernardo

16. Vittorio Cassone, *Direito Tributário*, São Paulo, Atlas, 1985, p. 71.

17. Amílcar de Araújo Falcão, *O Fato Gerador da Obrigação Tributária*, 2ª ed., São Paulo, Ed. RT, 1971, p. 37.

18. Aliomar Baleeiro, *Direito Tributário Brasileiro*, 10ª ed., 12ª tir., Rio de Janeiro, Forense, 1996, p. 409.

19. Ruy Barbosa Nogueira, *Curso de Direito Tributário*, 6ª ed., São Paulo, Saraiva, 1986, p. 154.

20. Geraldo Ataliba, *Hipótese de Incidência Tributária*, 6ª ed., 15ª tir., São Paulo, Malheiros Editores, 2014, p. 66.

21. Paulo de Barros Carvalho, *Curso de Direito Tributário*, São Paulo, Saraiva, 1985, p. 20.

22. Ives Gandra da Silva Martins, "O princípio da legalidade no direito tributário brasileiro", *Caderno de Pesquisas Tributárias* 6/336, São Paulo, CEEU/Resenha Tributária, 1981.

TEORIA GERAL DO DIREITO TRIBUTÁRIO

Ribeiro de Moraes[23], Fábio Fanucchi,[24] Aires Fernandino Barreto,[25] Dejalma de Campos[26] e Yonne Dolácio de Oliveira.[27]

Por isto mesmo, nas ementas de vários acórdãos que lavramos em nossa rápida passagem pelo Tribunal Federal de Recursos/TFR fizemos constar: "A lei que delega atribuição para fixar alíquota de tributo viola o princípio constitucional da legalidade, segundo o qual só a lei pode criar tributo, vale dizer, definir o respectivo fato gerador em todos os seus aspectos".[28]

Realmente, é fácil compreender que bem pouco valeria a afirmação feita pela Constituição Federal de que *só a lei pode instituir tributo* se o legislador pudesse transferir essa atribuição, no todo ou em parte, a outro órgão estatal, desprovido, segundo a Constituição, de competência para o exercício de atividade normativa.

Não vale o argumento de que a lei pode limitar-se a dizer que o tributo fica criado, reportando-se simplesmente ao *núcleo* de sua hipótese de incidência, posto que o Poder Executivo, com fundamento em seu poder regulamentar, estaria autorizado a estabelecer todos os elementos necessários à *fiel execução da lei*. Como assevera, com absoluta propriedade, Roque Antonio Carrazza, invocando Jarach, equivocam-se "os que apregoam que o chefe do Executivo, no que tange aos tributos, pode terminar a obra do legislador, regulamentando tudo aquilo que ele se limitou a descrever com traços largos. Falando pela via ordinária, o poder regulamentar serve para *ressaltar* alguns *conceitos menos claros* contidos na lei, mas não para lhes agregar novos componentes ou, o que é pior, para defini-los a partir do nada".[29]

---

23. Bernardo Ribeiro de Moraes, *Compêndio de Direito Tributário*, Rio de Janeiro, Forense, 1984, pp. 398-399.

24. Fábio Fanucchi, *Curso de Direito Tributário Brasileiro*, São Paulo, IBET/ Resenha Tributária, 1986, p. 125.

25. Aires Fernandino Barreto, "Princípio da legalidade e mapas de valores", *Caderno de Pesquisas Tributárias* 6/39, São Paulo, CEEU/Resenha Tributária, 1981, p. 39.

26. Dejalma de Campos, "O princípio da legalidade no direito tributário", cit., *Caderno de Pesquisas Tributárias* 6/231.

27. Yonne Dolácio de Oliveira, "Legislação tributária, tipo legal tributário", in *Comentários ao Código Tributário Nacional*, São Paulo, José Bushatsky Editor, 1976, p. 141.

28. TFR, AC 143.769-RJ, *DJU* 24.10.1988, p. 27.520.

29. Roque Antonio Carrazza, *O Regulamento no Direito Tributário Brasileiro*, cit., p. 95.

A LEI TRIBUTÁRIA 85

O regulamento, realmente, nada mais é do que uma *interpretação* dada pelo chefe do Poder Executivo às normas contidas na lei. Não mais que isto. Assim, vincula apenas quem esteja subordinado hierarquicamente a ele. Pode apenas adotar, diante de conceitos vagos, uma das interpretações *razoáveis* da norma em que tais conceitos estejam encartados. E assim deve ser, para que fique assegurado tratamento igual para todos os contribuintes, evitando-se que as diversas autoridades da Administração Tributária adotem cada qual a interpretação que lhe pareça melhor. Não pode, todavia, o regulamento, ou qualquer outra norma que não seja lei, criar nenhum dos elementos essenciais da obrigação tributária principal.

Na lei não deve estar apenas a *hipótese de incidência* tributária. No dizer de Paulo de Barros Carvalho, a lei deve enunciar os *elementos indispensáveis à compostura do vínculo obrigacional*.[30] Questão importante consiste em saber se entre esses elementos está o *prazo* para pagamento do tributo. Geraldo Ataliba e Lima Gonçalves, examinando o art. 66 da Lei 7.450/1985, que atribui ao Ministro da Fazenda competência para fixar prazos de pagamento das receitas compulsórias da União, manifestam-se pela inconstitucionalidade daquele dispositivo. Afirmam que "o prazo de recolhimento do *quantum* objeto da obrigação tributária integra o aspecto ou critério quantitativo da respectiva hipótese de incidência, possuindo a virtude de alterar-lhe a capacidade de afetar, mais ou menos gravosamente, a esfera patrimonial do cidadão". Não se limitam, porém, a esse argumento, para considerarem inconstitucional o suprarreferido dispositivo legal.[31]

3.4 As obrigações tributárias acessórias

No capítulo em que vamos estudar a relação obrigacional tributária estudaremos as obrigações tributárias acessórias, que constituem ume espécie de obrigação tributária. Não obstante, faz-se necessário antecipar noções sobre o tema, para que possamos entender adequadamente por que a instituição de uma obrigação tributária acessória pode dar-se

---

30. Paulo de Barros Carvalho, *Curso de Direito Tributário*, São Paulo, Saraiva, 1985, p. 20.

31. Geraldo Ataliba e Artur Lima Gonçalves, "Carga tributária e prazo de recolhimento de tributos", *RDTributário* 45/24-31, São Paulo, Ed. RT, 1988.

86 TEORIA GERAL DO DIREITO TRIBUTÁRIO

por um regulamento – o que pode parecer estranho, diante do princípio da legalidade.

Realmente, o princípio da legalidade está expressamente previsto nas Constituições de muitos Países, a dizer que ninguém será obrigado a fazer ou a deixar de fazer alguma coisa senão em virtude de lei. Por isto mesmo, muitos sustentam que as obrigações tributárias acessórias devem ser instituídas por lei, não sendo válida a regra de um regulamento que institua uma obrigação tributária acessória.

Ocorre que esse entendimento nos lavaria a tornar sem finalidade os regulamentos. Eles simplesmente poderiam deixar de existir, sem fazer nenhuma falta no ordenamento jurídico – o que não é razoável admitirmos. Por isto mesmo, e pelas razões que vamos expor em seguida, temos afirmado que o regulamento pode, sim, instituir validamente obrigações tributárias acessórias. E no ordenamento jurídico brasileiro temos, na Constituição Federal e no Código Tributário Nacional, dispositivos que oferecem apoio indiscutível a essa tese, como a seguir se verá.

Realmente, a Constituição Federal de 1988 estabelece que compete privativamente ao Presidente da República sancionar, promulgar e fazer publicar as leis, bem como expedir decretos e regulamentos para sua fiel execução.[32] Isto significa dizer que a fiel execução de uma lei pode depender, em certas situações, de um regulamento. Em outras palavras: isto já nos autoriza a afirmar que os regulamentos têm uma finalidade perfeitamente compatível com o princípio da legalidade.

Por outro lado, o Código Tributário Nacional adota com meridiana clareza o entendimento segundo o qual os regulamentos podem instituir obrigações tributárias acessórias. Ao explicitar o alcance do princípio da legalidade, diz que *somente a lei* pode instituir obrigação tributária principal.[33] Não inclui, portanto, a obrigação tributária acessória no âmbito do princípio da legalidade. Além disto, estabelece expressa e claramente que a *obrigação acessória* decorre da *legislação* – expressão que no seu contexto envolve os decretos e as normas complementares que versem, no todo ou em parte, sobre tributos e relações a eles pertinentes.[34]

---

32. CF de 1988, art. 84, IV.
33. CTN, art. 97, III.
34. CTN, art. 96.

A LEI TRIBUTÁRIA 87

É importante, porém, que tenhamos a compreensão adequada do que se deve entender por "obrigação tributária acessória" – expressão na qual muitos deveres administrativos atribuídos ao contribuinte podem não estar incluídos. Só é obrigação tributária acessória aquele dever de natureza instrumental necessário para que a entidade da Administração Tributária possa exigir o cumprimento da obrigação tributária principal. Um exemplo esclarecedor pode ser o de um imposto sobre a obtenção de renda. Neste caso, um regulamento pode instituir o dever de declarar ao Fisco a obtenção da renda. Será claramente uma obrigação acessória.

Havendo dúvida a respeito da caracterização, ou não, de determinado dever administrativo na categoria de obrigação tributária acessória, é conveniente que esse dever seja instituído por lei, em sentido estrito, para evitar questionamentos a respeito. E isto é o que muitas vezes tem ocorrido, inclusive quanto ao imposto sobre a renda e proventos de qualquer natureza, no Direito Brasileiro.

3.5 Obrigação tributária acessória e penalidade

Ressalte-se que a cominação de penalidades é matéria colocada no campo da legalidade estrita.[35] É certo, porém, que a lei pode cominar penalidade para o descumprimento de obrigações acessórias sem especificar como hipótese de incidência o inadimplemento de determinada obrigação acessória. No Brasil isto foi feito pela Lei 4.502, de 30.11.1964, relativamente ao imposto sobre produtos industrializados/IPI, que estabelece em seu art. 84 multas que tiveram seus valores atualizados nos termos do art. 30 da Lei 9.249, de 26.12.1995.

A cominação de penalidade, por lei, para o inadimplemento de obrigações acessórias em geral corresponde ao que a doutrina tem denominado "lei penal em branco" – vale dizer: lei que define um tipo penal a ser completado por uma norma inferior, tal como acontece, por exemplo, no contrabando, cujo tipo na lei definido é *importar ou exportar mercadoria proibida*.[36] A indicação de quais são as mercadorias de importação ou exportação proibida pode ser feita por atos de hierarquia inferior, embora se possa questionar a validade da proibição à luz do

35. CTN, art. 97, V.
36. CP, art. 334, primeira parte.

88 TEORIA GERAL DO DIREITO TRIBUTÁRIO

princípio geral da legalidade, segundo o qual ninguém será obrigado a fazer ou a deixar de fazer alguma coisa senão em virtude de lei.

4. O princípio da irretroatividade da lei tributária

4.1 A irretroatividade e a essência do Direito

A irretroatividade das normas jurídicas em geral é da essência do Direito. É instrumento absolutamente indispensável para a preservação da segurança, que é, sem dúvida alguma, um dos valores essenciais à ideia de Direito.

Em outras palavras: a *segurança* é um dos valores fundamentais da Humanidade, que ao Direito cabe preservar. Ao lado do valor *justiça*, têm sido referidos como os únicos elementos que, no Direito, escapam à relatividade no tempo e no espaço. "Podemos resumir o nosso pensamento" – assevera Radbruch – "dizendo que os elementos universalmente válidos da ideia de direito são só a *justiça* e a *segurança*".[37] Daí se pode concluir que essencial na própria ideia de Direito o prestar-se como instrumento para preservar a justiça e a segurança. Assim, um sistema normativo que não tende a preservar a justiça nem a segurança, efetivamente, não é Direito.[38]

Também no sentido de que *segurança* e *justiça* são os dois valores essenciais à ideia de Direito, e que são inseparáveis, um condicionando o outro, doutrina Karl Larenz, com inteira razão:

> La paz jurídica y la justicia, los dos componentes principales de la idea del Derecho, están entre sí en una relación dialéctica, lo cual significa, por una parte, que se condicionan recíprocamente. A la larga la paz jurídica no está asegurada si el ordenamiento que subyace a ella es injusto y se siente como tal cada vez más. Donde la paz jurídica falta, donde cada uno trata de realizar su (supuesto) derecho con sus puños o domina la guerra civil, desaparece la justicia. Triunfa el llamado "derecho del más fuerte", que es lo contrario de un orden justo. Por otra parte,

---

37. Gustav Radbruch, *Filosofia do Direito*, 5ª ed., trad. do professor Luis Cabral de Moncada, Coimbra, Arménio Amado Editor, 1974, p. 162.

38. Hugo de Brito Machado, *Os Princípios Jurídicos da Tributação na Constituição de 1988*, 5ª ed., São Paulo, Dialética, 2004, p. 123.

A LEI TRIBUTÁRIA   89

los dos componentes pueden parcialmente entrar en contradicción. Ocurre así, en especial, cuando el derecho positivo considera tan insegura la probabilidad de alcanzar un juicio "justo", que en aras a la seguridad jurídica permite la posibilidad de un juicio que no sea justo, como ocurre con la prescripción y con la cosa juzgada.[39]

Podemos dizer com toda certeza que a irretroatividade das normas jurídicas, como princípio, é o mínimo que se pode pretender em matéria de segurança. Se as normas jurídicas em geral pudessem retroagir, a insegurança seria absoluta. Insuportável. Por isto mesmo, insistimos em afirmar que a irretroatividade das normas jurídicas como princípio faz parte da própria essência do Direito. Aliás, há quem afirme ser a *segurança* o valor fundamental do jurídico, superando o próprio valor *justiça*. Oscar Tenório, por exemplo, invoca a doutrina de Recaséns Siches para afirmar que:

> O Direito não surgiu na vida humana com a finalidade de prestar-se culto à ideia de justiça. Surgiu para fornecer *segurança e certeza* à vida social. Esta função do Direito existe no regime tradicionalista e no regime revolucionário. Sendo a segurança o valor fundamental do jurídico, sem ela não pode haver Direito.[40]

O Direito corporifica e realiza os valores da Humanidade, entre os quais se destaca o da segurança, indispensável, mesmo, para a realização de todos os demais. Indispensável à própria ideia de Estado de Direito, sendo certo que "a retroatividade da lei poderia ser encarada como contradição do Estado consigo próprio, pois que, se de um lado ele faz repousar a estabilidade das relações e direitos sobre a garantia e proteção das leis que ele próprio emana, de outro lado ele mesmo não pode retirar essa estabilidade com a edição de leis retroativas".[41]

Na primorosa lição de Recaséns Siches, acolhida por José Luís Shaw, transcrita e traduzida por Maria Luíza Pessoa de Mendonça em sua excelente monografia sobre o tema:

---

39. Karl Larenz, *Derecho Justo – Fundamentos de Ética Jurídica*, trad. de Luis Diez Picazo, Madri, Civitas, 1993, pp. 51-52.

40. Oscar Tenório, *Lei de Introdução ao Código Civil Brasileiro*, 2ª ed., Rio de Janeiro, Borsói, 1955, p. 193.

41. Maria Luíza Vianna Pessoa de Mendonça, *O Princípio Constitucional da Irretroatividade da Lei – A Irretroatividade da Lei Tributária*, Belo Horizonte, Del Rey, 1996, p. 62.

90   TEORIA GERAL DO DIREITO TRIBUTÁRIO

Se nos perguntamos por quê e para quê os homens estabelecem o Direito e tratamos de descobrir o sentido germinal do Direito a fim de apreendermos a sua essência, dar-nos-emos conta de que a motivação radical que determinou a existência do Direito não deriva das altas regiões dos valores éticos superiores, senão de um valor de categoria inferior, a saber: da segurança na vida social. O Direito surge, precisamente, como instância determinadora daquilo a que o homem tem que se ater em suas relações com os demais: certeza, mas não só certeza teórica (saber o que deve fazer), senão também certeza prática, quer dizer, segurança, saber que isto tenderá forçosamente a ocorrer porque será imposto pela força, se preciso for, inexoravelmente.[42]

Cuida-se, aliás, de princípio da mais fácil compreensão. Se o legislador pudesse editar leis retroativas, ninguém saberia mais como se comportar, porque deixaria de confiar na lei, que a qualquer momento poderia ser alterada, com reflexos nos fatos já ocorridos, tornando-se, desta forma, praticamente inexistente o padrão do certo e do errado. Pode-se, por isto mesmo, com Vicente Ráo, sustentar que o princípio da irretroatividade atende a necessidade essencial do próprio ser humano:

A inviolabilidade do passado é princípio que encontra fundamento na própria natureza do ser humano, pois, segundo as sábias palavras de Portalis, o homem, que não ocupa senão um ponto no tempo e no espaço, seria o mais infeliz dos seres se não se pudesse julgar seguro nem sequer quanto à sua vida passada. Por essa parte de sua existência já não carregou todo o peso de seu destino? O passado pode deixar dissabores, mas põe termo a todas as incertezas. Na ordem do Universo e da Natureza, só o futuro é incerto, e esta própria incerteza é suavizada pela esperança, a fiel companheira da nossa fraqueza. Seria agravar a triste condição da Humanidade querer mudar, através do sistema da legislação, o sistema da Natureza, procurando, para o tempo que já se foi, fazer reviver as nossas dores, sem nos restituir as nossas esperanças.[43]

---

42. José Luís Shaw, cit. e traduzido por Maria Luíza Vianna Pessoa de Mendonça, *O Princípio Constitucional da Irretroatividade da Lei – A Irretroatividade da Lei Tributária*, cit., p. 63.

43. Vicente Ráo, *O Direito e a Vida dos Direitos*, cit. por Celso Ribeiro Bastos, *Curso de Direito Constitucional*, 18ª ed., São Paulo, Saraiva, 1997, p. 216.

A LEI TRIBUTÁRIA 91

É por esta razão que os sistemas jurídicos dos Países civilizados consagram o princípio da irretroatividade das leis. "As leis, como regra fundamental, não retroagem, porque só assim os direitos e situações gerados na vigência delas gozam de estabilidade e segurança."[44]

Como forma de garantir a estabilidade das relações jurídicas, o princípio da irretroatividade há de ser universal. Editada uma lei, sem referência expressa à sua aplicação ao passado, certamente só ao futuro será aplicável. E se o legislador pretender disciplinar fatos já ocorridos – o que excepcionalmente pode fazer –, terá de respeitar o ato jurídico perfeito, o direito adquirido e a coisa julgada, porque no Brasil isto constitui expressa determinação constitucional.

Seja como for, ninguém pode negar a importância da *segurança* na ideia de Direito, nem negar a importância da *irretroatividade* das normas jurídicas em geral como instrumento indispensável à segurança.

4.2 Irretroatividade como direito do indivíduo e como princípio

Ao mesmo tempo em que a irretroatividade é instrumento indispensável à segurança, temos como indiscutível a ideia de que o princípio da irretroatividade das leis é uma garantia do indivíduo contra o Estado-legislador. Não pode ser invocado pelo Estado, porque não é um direito deste. Se fosse, alguns institutos jurídicos, inclusive alguns utilizados no direito tributário, nem poderiam existir, como é o caso da anistia e da remissão.

Por outro lado, quem faz a lei é o Estado-legislador. Assim, seria um contrassenso admitir que a Administração Pública invocasse para proteger um suposto direito seu, enquanto pessoa de direito público, o princípio da irretroatividade, para impedir a aplicação de leis expressamente retroativas ou até retroativas pela própria natureza dos institutos dos quais estejam tratando, como é o caso das leis de anistia e de remissão.

É de tal importância a irretroatividade das leis como garantia dos cidadãos, que foi consagrada expressamente em todas as nossas Constituições, salvo, por razão óbvia, na Carta Política de 1937. Colhemos o registro feito por Rabello Filho, nestes termos:

---

44. Hermes Lima, *Introdução à Ciência do Direito*, 28ª ed., Rio de Janeiro, Freitas Bastos, 1986, p. 143.

92   TEORIA GERAL DO DIREITO TRIBUTÁRIO

É da tradição do Direito Brasileiro, no plano constitucional, a proibição, como regra, de lei retroativa, tal seja a que alcança fatos ocorridos no passado, antes de sua existência. Com efeito, salvo a Constituição outorgada em 1937, todas as demais contiveram a proibição da retroatividade: a Carta Imperial de 1824 (art. 179, III), a Constituição de 1891 (art. 11, § 3º), a Lei Máxima de 1934 (art. 113, item 3), a Lei Fundamental de 1946 (art. 141, § 3º), a Carta de 1967 (art. 150, § 3º), e a Emenda Constitucional 1, de 1969 (art. 153, § 3º). A Carta Política atual, de 1988, consagra a irretroatividade como direito fundamental do cidadão em seu art. 5º, inciso XXXVI, proclamando que "a lei não prejudicará o direito adquirido, o ato jurídico prefeito e a coisa julgada".

O princípio surge visando a conferir segurança e certeza às relações intersubjetivas, estabelecendo a regra de que a lei não se aplica a fatos e atos de outrora, só dispõe para o futuro.[45]

Além de ser um direito fundamental do contribuinte, a irretroatividade das normas jurídicas em geral é também um princípio do direito Intertemporal. Em outras palavras: no que concerne à coerência do sistema jurídico, o critério cronológico é de fundamental importância quanto às normas do mesmo patamar hierárquico, vigorando o princípio segundo o qual *o fato rege-se pela lei vigente na data em que acontece*. Lei posterior à ocorrência do fato a ele, em princípio, não se aplica.

Entretanto, como a *irretroatividade* é um direito do cidadão, dela não se cogita tratando-se de leis que o favorecem frente ao Estado. Tratando-se de normas punitivas, aliás, a retroatividade é o princípio. Inclusive tratando-se de leis concernentes a penalidades tributárias, campo no qual a retroatividade da lei mais favorável ao infrator está expressamente assegurada pelo Código Tributário Nacional.[46]

Outra questão importante no contexto da segurança jurídica diz respeito à publicação das normas. Antes da publicação a norma não existe.

4.3 Irretroatividade e publicação oficial

Já nos pareceu que a publicidade seria condição de vigência das normas jurídicas. Não apenas da lei, mas das *normas jurídicas* em ge-

---

45. Francisco Pinto Rabello Filho, *O Princípio da Anterioridade da Lei Tributária*, São Paulo, Ed. RT, 2002, p. 83.
46. CTN, art. 106, II.

A LEI TRIBUTÁRIA

ral. A doutrina tradicional ensina que *a publicação da lei é requisito essencial da obrigatoriedade*.[47] Em outras palavras: diz-se que a publicação de uma lei é condição indispensável para que esta entre em vigor. É condição de vigência da lei.[48] Na verdade, toda lei, para ter vigência, precisa, antes, ser publicada. A publicidade, porém, é condição da própria existência da lei. É a última etapa de seu processo de elaboração. Com a publicação a lei ingressa no mundo jurídico. Passa a existir para o Direito.

A necessidade de publicação é intuitiva. Enquanto esta não acontece – assevera Ascensão –, "o que existe, até então, é uma lei em potencial, despida de força obrigatória".[49] Despida – dizemos nós – de possibilidade de vigência, posto que sem publicação a vigência não pode começar. Por isto, hoje entendemos que a publicação faz parte do processo legislativo, sendo, assim, requisito para a própria *existência* da lei. "A lei existe desde a sua publicação" – assevera Oscar Tenório.[50]

A publicação não faz a lei conhecida de todos. A ideia de que todos conhecem a lei porque esta é publicada está muito longe da realidade. No Brasil, por exemplo, nem mesmo os melhores juristas conhecem todas as leis. Segundo a doutrina tradicional, haveria uma presunção de conhecimento geral das leis em face da publicação. Não nos parece, porém, que a publicação seja importante porque autoriza essa presunção. Como esclarece Del Vecchio, a publicação destina-se menos a obter o conhecimento geral e efetivo da lei por todos do que a dar a cada um a *possibilidade* real de obter esse conhecimento. E essa possibilidade fica inequivocamente assegurada com a publicação.[51]

A publicação das leis geralmente é feita mediante jornal oficial. No dizer de Ascensão, a publicidade dos textos de leis por outros meios – como a fixação destes à porta das igrejas, por exemplo – teve função idêntica. Pouco a pouco, diz o eminente jurista lusitano, "sobressaiu de

---

47. Hermes Lima, *Introdução à Ciência do Direito*, cit., 28ª ed., p. 124.

48. José de Oliveira Ascensão, *O Direito – Introdução e Teoria Geral*, Lisboa, Fundação Calouste Gulbenkian, 1978, p. 249.

49. *Apud* Hésio Fernandes Pinheiro, *Técnica Legislativa*, 2ª ed., Rio de Janeiro, Freitas Bastos, 1962, p. 131.

50. Oscar Tenório, *Lei de Introdução ao Código Civil Brasileiro*, cit., 2ª ed., p. 29.

51. Giorgio Del Vecchio, *Lições de Filosofia do Direito*, 4ª ed., t. II, trad. de António José Brandão, Coimbra, Arménio Amado Editor, 1972, p. 153

94   TEORIA GERAL DO DIREITO TRIBUTÁRIO

entre todos um processo que, se não oferece o máximo de eficácia, oferece um máximo de certeza: a publicação num jornal oficial".[52]

A necessidade de publicação situa-se no plano da Teoria Geral do Direito, e entre nós é dever do Presidente da República fazer publicar as leis.[53] A forma de publicação é regulada pelo próprio direito positivo. No Brasil tal publicação há de ser feita no *Diário Oficial da União*, que é o órgão oficial de publicação dos atos do Poder Público. "Vale o texto que nele se publica."[54] É inteiramente irrelevante a publicação por outros meios, ainda que mais eficientes, pois o direito positivo brasileiro optou pela presunção de conhecimento, que todos devem ter, de tudo quanto é publicado no *Diário Oficial*.

Pela mesma razão por que se presume conhecida uma lei publicada no *Diário Oficial*, presume-se desconhecida uma outra nele não publicada, embora publicada por outros meios. No dizer de Ascensão, "sempre que for estabelecida uma forma de publicação que condicione a entrada em vigor, essa não pode ser substituída por nenhuma outra. Pode a aprovação da lei ter sido divulgada amplamente pela imprensa e pelo rádio, mesmo que com a indicação do dia em que entra em vigor, que isso não se verificará enquanto a forma legal de publicação se não observar. Inversamente, uma lei cuja publicação legal tenha passado despercebida não deixa por isso de ser plenamente vinculante".[55]

Questão de grande interesse prático reside em saber se a data a ser considerada para demarcar o início da vigência é aquela inserida no *Diário Oficial* ou aquela na qual o mesmo efetivamente é levado ao público. Há quem sustente que a data impressa no órgão oficial deve ser admitida como a da publicação.[56] Não nos parece correto tal entendimento. A data da publicação é a data da efetiva circulação do órgão oficial. Se esta é diversa da que consta impressa no órgão oficial, suscita-se uma questão de fato, a ser superada pelos meios de prova geralmente aceitos. A data impressa no órgão oficial presume-se seja a de sua circulação, mas é sempre possível a prova em sentido contrário.[57]

---

52. José de Oliveira Ascensão, *O Direito – Introdução e Teoria Geral*, cit., p. 248.

53. CF de 1988, art. 84, IV.

54. Oscar Tenório, *Lei de Introdução ao Código Civil Brasileiro*, cit., 2ª ed., p. 28

55. José de Oliveira Ascensão, *O Direito – Introdução e Teoria Geral*, cit., p. 249.

56. Idem, p. 253.

57. Segundo José de Oliveira Ascensão, o Supremo Tribunal Administrativo português já decidiu que "a data de publicação de uma lei não é a que figura no jornal

A LEI TRIBUTÁRIA

4.4 Irretroatividade da lei tributária na Constituição de 1988

A irretroatividade é um princípio geral do direito intertemporal, e não um princípio restrito ao direito tributário. Aliás – repita-se –, a irretroatividade das leis em geral é um princípio expressamente consagrado pela vigente Constituição Federal.[58] Não obstante, é também um direito fundamental do contribuinte, pois nossa Constituição Federal estabelece expressamente que, sem prejuízo de outras garantias a este asseguradas, é vedado à União, aos Estados, ao Distrito Federal e aos Municípios cobrar tributos em relação a fatos geradores ocorridos antes do início da vigência da lei que os houver instituído ou aumentado.[59]

Em face do princípio da irretroatividade da lei tributária como direito fundamental do contribuinte, leva problema a questão de saber se pode a lei alcançar fatos geradores em formação. Fatos geradores que tiveram início mas ainda não se completaram na data em que a lei entra em vigor. Os fatos geradores continuativos, como é o caso do fato gerador do imposto de renda e proventos de qualquer natureza, de ocorrência anual.

Quem sustenta a possibilidade da aplicação da lei a fatos que já tiveram início mas ainda não se completaram na data de sua edição negam que se trate de aplicação retroativa, sustentando que se trata – isto, sim – de aplicação imediata. Esse foi o entendimento que prevaleceu no Brasil na elaboração do CTN, como se vê do seu art. 105, que autoriza expressamente a denominada aplicação imediata.

oficial onde é inserta, mas sim a data em que esse jornal é posto à disposição do público", pois "publicar não significa inserir ou imprimir, mas fazer saber ao público, dar a conhecer a todos". Opõe-se, é certo, àquele entendimento, sustentando que o mesmo implica a "desproteção de quem porventura confiou na data formalmente atribuída ao diploma e actuou na convicção de que ele estava já em vigor". Para ele, "a data impressa no jornal é um atestado oficial, que deve merecer crédito". Seus argumentos, como facilmente se percebe, são insubsistentes. O primeiro, porque a situação nele figurada é logicamente impossível. Se alguém toma conhecimento da data que consta da publicação oficial é porque já está de posse do jornal oficial. Isto só acontece depois de sua efetiva circulação, não se podendo, portanto, cogitar daquela situação. O segundo porque o "merecer crédito" é simples situação de fato. O "atestado oficial" merece crédito, não há dúvida, até que se prove o contrário.

58. CF de 1988, art. 5º, XXXVI.

59. CF de 1988, art. 150, III, "a".

96 TEORIA GERAL DO DIREITO TRIBUTÁRIO

4.5 Irretroatividade e aplicação imediata

O dispositivo que na vigente Constituição Federal consagra o princípio da irretroatividade em matéria tributária veda a cobrança de tributos *em relação a fatos geradores ocorridos antes do início da vigência da lei que os houver instituído ou aumentado*.[60] Coloca-se, então, a questão de saber se em face desse dispositivo é vedada a cobrança de tributos em relação a fatos geradores que ainda não tenham ocorrido mas já *estejam ocorrendo* na data em que se inicia a vigência da lei que os cria ou aumenta.

O art. 105 do CTN, ao dizer que a legislação tributária se aplica imediatamente aos fatos geradores futuros e aos pendentes, consagra a retroatividade em grau mínimo, que tratando-se de um ônus, que é o tributo, efetivamente não se justifica. Por isto mesmo já escrevemos:

> A rigor, a norma do art. 105, que admite a aplicação da lei ao fato gerador pendente, não foi recepcionada pela Constituição Federal de 1988, porque configura evidente hipótese de retroatividade no que diz respeito aos elementos de fato já consumados.
>
> Tratando-se do imposto de renda, tendo-se em vista a segurança jurídica, a lei nova que agrava o ônus do contribuinte somente deve ser aplicada aos fatos ainda não iniciados. Em outras palavras, a lei que agrava os encargos do contribuinte somente deve ser aplicada no ano seguinte ao de sua publicação.[61]

Também se pode entender como fato gerador *pendente* aquele que diz respeito a uma situação que perdura no tempo, como acontece com os fatos geradores dos impostos sobre a propriedade predial e territorial urbana/IPTU e sobre a propriedade territorial rural/ITR. Neste caso seria possível dizer que durante todo o ano o fato gerador estaria pendente, somente se consumando no final do ano. Preferimos, porém, dizer que em tais situações, que perduram no tempo, como a lei estabelece a periodicidade do tributo, a lei aplicável é a que está em vigor antes de iniciado o período a ser considerado para a cobrança. Neste sentido, aliás, já decidiu o STF em relação ao imposto predial e territorial urbano/IPTU, entendendo que há afronta ao princípio da anterioridade se

---

60. CF de 1988, art. 150, III, "a".
61. Hugo de Brito Machado, *Curso de Direito Tributário*, 35ª ed., cit., p. 100.

A LEI TRIBUTÁRIA 97

índices de valorização do imóvel a serem utilizados no cálculo do imposto não constam da lei publicada no exercício anterior, mas de anexo publicado no mesmo ano em que ocorre a cobrança do imposto.[62] O art. 105 do CTN também foi invocado para justificar a cobrança do imposto de renda com base em lei publicada no final do ano em que se deram os fatos sobre os quais incide, ao argumento de que durante o ano o fato gerador do imposto estaria pendente, somente se consumando no último dia.

O STF, por maioria de votos, decidiu que não contrariava o princípio da irretroatividade das leis tributárias a aplicação no ano-base de 1988 do Decreto-lei 2.462, de 30.8.1988, que instituía adicional de 5% sobre o imposto de renda das pessoas jurídicas/IRPJ, por entender que o fato gerador é o lucro apurado no balanço que é feito no dia 31 de dezembro. Ficou vencido o Min. Marco Aurélio, Relator do caso, que sustentou tratar-se de fato gerador complexo, cuja ocorrência se dá durante todo o exercício financeiro, não sendo possível cobrar o referido adicional no mesmo ano em que foi instituído.[63]

4.6 Irretroatividade e tributos com fato gerador complexo

Dizemos que o tributo tem fato gerador complexo quando este é formado por diversos fatos, tal como acontece com o lucro, que é fato gerador do imposto sobre a renda das pessoas jurídicas/IRPJ.

Alguns tributaristas consideram o imposto de renda um tributo cujo fato gerador é complexo e continuado. Ocorre durante todo o denominado período-base, ou ano-calendário. Começa a acontecer no dia 1º de janeiro e termina no dia 31 de dezembro de cada ano. Outros consideram incorreta essa classificação, e sustentam que o fato gerador do imposto de renda ocorre somente no dia 31 de dezembro de cada ano, momento em que se completam os elementos formadores do acréscimo patrimonial que o consubstancia.

---

62. STF, RE 182.191, rel. Min. Ilmar Galvão, *DJU* 16.2.1996, cit. in Marciano Seabra de Godoi (coord.), *Sistema Tributário Nacional na Jurisprudência do STF*, São Paulo, Dialética, 2002, p. 226.
63. STF, RE 199.352-PR, rel. originário Min. Marco Aurélio, rel. para o acórdão Min. Nelson Jobim, j. 6.2.2001, *Informativo do STF* 216.

98 TEORIA GERAL DO DIREITO TRIBUTÁRIO

Entendemos que o fato gerador do imposto de renda efetivamente é um fato complexo e continuado. Ele começa no primeiro e termina no último instante do ano civil. E, sendo assim, coloca-se a questão de saber se em face do princípio da irretroatividade das leis tributárias a lei aplicável para a determinação do valor do imposto de renda é aquela que entrou em vigor antes do início desse fato gerador ou aquela que entrou em vigor antes de estar o mesmo consumado.

É evidente que o entendimento capaz de preservar a segurança jurídica é aquele segundo o qual a lei aplicável na determinação do valor do imposto que incide sobre o lucro das empresas é aquela que já está em vigor quando começam a acontecer os fatos formadores desse lucro.

Alguns julgados tentaram estabelecer a separação entre fatos anteriores e fatos posteriores à lei surgida no decurso daquele período, mas parece, hoje, prevalecente o entendimento de que todos os fatos ocorridos durante o denominado exercício social da pessoa jurídica, que corresponde ao período-base do imposto, submetem-se ao regime jurídico em vigor quando começa esse período. Este, na verdade, é o entendimento que melhor realiza o princípio da anterioridade da lei tributária, expresso no art. 150, III, "a" e "b", da CF.

4.7 Anterioridade anual e nonagesimal

No ordenamento jurídico brasileiro existem a anterioridade anual e a anterioridade nonagesimal. A vigente Constituição Federal veda à União, aos Estados, ao Distrito Federal e aos Municípios cobrar tributos no mesmo exercício financeiro em que haja sido publicada a lei que os instituiu ou aumentou,[64] e também antes de decorridos 90 dias da data em que haja sido publicada a lei que os instituiu ou aumentou[65] – o que quer dizer que a cobrança do tributo em cada exercício financeiro deve ser feita com base em lei que tenha sido publicada pelo menos 90 dias antes do seu início.

Tais princípios não se confundem com o princípio da irretroatividade, pois asseguram que não haverá acréscimo de ônus tributário no período, seja de 1 ano, seja de 90 dias. Enquanto o princípio da irretroa-

64. CF de 1988, art. 150, III, "b".
65. CF de 1988, art. 150, III, "c".

A LEI TRIBUTÁRIA 99

tividade garante a segurança jurídica de forma comum em todo o Direito, o princípio da anterioridade garante mais, pois garante que não haverá aumento do ônus tributário durante o período correspondente. Têm por finalidade permitir que o contribuinte planeje suas atividades para determinado período, seja de 1 ano, seja de 90 dias.

Quando não tínhamos ainda o princípio da anterioridade nonagesimal, tornou-se comum a edição, nos últimos dias do ano, de leis que entravam em vigor no primeiro dia do ano seguinte, com o elemento surpresa a dificultar o planejamento de atividades econômicas. Por isto foi instituído o princípio da anterioridade nonagesimal. Além de ser anterior ao ano no qual se opera a cobrança do tributo, a lei que cria ou aumenta tributo deve ser publicada 90 dias antes do início de sua vigência.

Ocorre que a mesma Constituição Federal faculta ao Poder Executivo, observadas as condições e os limites estabelecidos em lei, alterar as alíquotas dos impostos que enumera, que são: o imposto de importação de produtos estrangeiros; o imposto de exportação, para o Exterior, de produtos nacionais ou nacionalizados; o imposto sobre produtos industrializados; e o imposto sobre operações de crédito, câmbio e seguros ou relativas a títulos e valores mobiliários. Assim, com essa possibilidade de alteração de alíquotas de quatro dos seis impostos da União por ato do Poder Executivo, o princípio da anterioridade fica amesquinhado.

4.8 Anterioridade e anualidade

O princípio da anterioridade da lei que institui ou aumenta o tributo ao exercício financeiro no qual ocorre sua cobrança não se confunde com o princípio da anualidade do tributo, previsto na Constituição Federal de 1946, que, ao cuidar dos direitos e garantias individuais, assegurava:

> Nenhum tributo será exigido ou aumentado sem lei anterior que o estabeleça; nenhum será cobrado em cada exercício sem prévia autorização orçamentária, ressalvada, porém, a tarifa aduaneira e o imposto lançado por motivo de guerra.[66]

Sobre o princípio da anualidade dos tributos escreveu Aliomar Baleeiro:

66. CF de 1946, art. 141, § 34.

TEORIA GERAL DO DIREITO TRIBUTÁRIO

O princípio da anualidade, expresso na Constituição Federal de 1946, restitui ao Congresso a velha arma da representação parlamentar na batalha de séculos idos contra a desenvoltura dos monarcas absolutos, as leis de impostos continuam válidas e em vigor, mas só se aplicam e só vinculam a competência dos funcionários do Fisco, para criação dos atos administrativos do lançamento ou das arrecadações, se o orçamento mencionar a autorização naquele exercício. Esta costuma ser dada por um dispositivo da lei orçamentária que faz remissão a todas as leis tributárias arroladas em quadro anexo – o chamado *ementário da legislação da Receita.*

Destarte, o sentido político do orçamento ficou restaurado e preservado. Plano de governo, proposto pelo Executivo, ele traz em seu ventre a exposição das vantagens que ao povo advirão dos serviços e realização públicas programadas. É em face das necessidades e medidas planejadas para satisfazê-las que os representantes concedem, ou não, autorização para cobrança dos impostos regulados pelas várias leis anteriormente existentes.[67]

E esclareceu a importância desse princípio, asseverando que:

(...) o principal fundamento da anualidade é o princípio de que os representantes do povo concedem "x" de receitas porque aprovam "x" de despesas para fins específicos e só estes. Limitam por esse meio o arbítrio do Executivo. Daí dizer-se que detêm o "poder da bolsa".[68]

Na Constituição Federal de 1967 esse princípio estava no art. 150, § 29, com redação igual à do art. 141, § 34, da CF de 1946, acima transcrito. O alcance desses dispositivos constitucionais, todavia, foi amesquinhado pelo STF, que entendeu ser bastante a publicação da lei antes do início do exercício financeiro para justificar a cobrança dos tributos. E sumulou sua jurisprudência no sentido de que é legítima a cobrança do tributo que houver sido aumentado após o orçamento mas antes do início do respectivo exercício financeiro.[69] O princípio da anualidade ficou, desta forma, reduzido ao princípio da anterioridade anual.

---

67. Aliomar Baleeiro, *Limitações Constitucionais ao Poder de Tributar,* cit., 7ª ed., p. 55.

68. Idem, p. 56.

69. STF, Súmula 66.

A LEI TRIBUTÁRIA 101

Com a Emenda 1 à Constituição de 1967, que se tornou conhecida como Constituição Federal de 1969 porque, na verdade, abrangeu todo o texto da Constituição, o princípio da anterioridade figurou definitivamente reduzido ao princípio da anterioridade, em seu art. 153, § 29, que tinha a seguinte redação:

> Nenhum tributo será exigido ou aumentado sem lei que o estabeleça, nem cobrado em cada exercício, sem que a lei que o houver instituído ou aumentado esteja em vigor antes do início do exercício financeiro, ressalvados a tarifa alfandegária e a de transporte, o imposto sobre produtos industrializados e outros especialmente indicados em lei complementar, além do imposto lançado por motivo de guerra, e demais casos previstos nesta Constituição.

Referindo-se a esse dispositivo constitucional, afirmou Aliomar Baleeiro, com inteira razão:

> O debate perdeu a utilidade com a vigência do § 29 do art. 153 da Constituição, na redação da Emenda 1/1969. O princípio da anualidade não está mais condicionado à exigência de prévia autorização orçamentária. Basta que a lei do tributo seja anterior ao exercício – vale dizer, anterior a 1º de janeiro. O § 29, citado, consagrou a doutrina da Súmula 67 do STF, talvez não a melhor interpretação do Direito anterior.
>
> Com a devida vênia, é a cristalização de um erro político-jurídico e a negação de um princípio básico da democracia.[70]

Acreditamos que os membros do Congresso Nacional não chegaram a avaliar o caráter democrático do princípio da anualidade. Não avaliaram o poder que do mesmo decorria para o Legislativo. Seja como for, ficou definitivamente afastado o princípio da anualidade, restando em seu lugar o princípio da anterioridade anual. E a inadequada redação desse dispositivo constitucional ensejou seu questionamento. Houve quem pretendesse que a cobrança do tributo só seria possível se instituído ou aumentado por lei que tivesse entrado em vigor no exercício anterior. Confundiu-se publicação com vigência. Mas o STF – neste caso, com inteira propriedade – decidiu que:

---

70. Aliomar Baleeiro, *Direito Tributário Brasileiro*, 2ª ed., Rio de Janeiro, Forense, 1970, p. 83.

102   TEORIA GERAL DO DIREITO TRIBUTÁRIO

Se a lei tributária foi publicada no exercício anterior para vigorar a partir do primeiro dia do exercício seguinte, o melhor entendimento é de dar-se pela incidência tributária, eis que em tal caso o contribuinte não é surpreendido com a exigência do tributo.[71]

Na verdade, a publicação da lei é a última etapa de sua elaboração. Já, a vigência é a aptidão para incidir. Assim, a lei publicada no exercício anterior estava completa e podia, sim, incidir no início do exercício seguinte. Isto – repita-se – justificou a instituição do princípio da anterioridade nonagesimal, para evitar a cobrança já nos primeiros dias do ano de um tributo criado ou aumentado por lei publicada nos últimos dias do ano anterior.

5. Dificuldades relativas ao princípio da anterioridade

5.1 Anterioridade e irretroatividade da lei

Repita-se que o princípio da anterioridade, que é especificamente tributário, não se confunde com o princípio da irretroatividade da lei, que tem natureza geral. A dificuldade que decorre da confusão entre anterioridade e irretroatividade deve ser definitivamente afastada, pois, não verdade, são dois princípios constitucionais bem distintos.

A exigência constitucional da anterioridade da lei tributária não tem por finalidade garantir apenas a segurança jurídica, embora seja um forte instrumento para esse fim. A segurança, ou previsibilidade, não apenas na relação tributária, mas nas relações jurídicas em geral, é garantida pelo princípio da irretroatividade das leis. O princípio da anterioridade da lei tributária ao exercício financeiro em que se dá a cobrança do tributo garante mais, ao assegurar que o ônus dos tributos não será aumentado durante o exercício financeiro, permitindo, assim, o planejamento anual das atividades empresariais.

Ocorre que se tornou rotina a publicação de leis criando ou aumentando tributo nos últimos dias do ano, tributo que passava a ser cobrando imediatamente. Talvez por isto terminou sendo introduzido na Constituição o princípio da anterioridade nonagesimal, que passou a existir simultaneamente com o princípio da anterioridade anual.

71. Parte da ementa do acordo proferido pela 2ª Turma do STF no RE 85.829-SP, *RTJ* 80/296.

A LEI TRIBUTÁRIA 103

A existência simultânea das duas anterioridades e a existência de exceções a uma e a outra geram algumas dificuldades, que a seguir vamos tentar explicar.

5.2 Existência simultânea de duas anterioridades

O princípio da anterioridade da lei tributária está hoje dividido em dois, a saber, o da anterioridade ao exercício financeiro, segundo o qual a cobrança do tributo dependia de haver a lei que o instituiu ou aumentou sido publicada antes do início do exercício financeiro, e o princípio da anterioridade nonagesimal, segundo o qual a cobrança do tributo depende de a lei que o instituiu ou aumentou haver sido publicada pelo menos 90 dias antes da cobrança.

Talvez as dificuldades geradas pela existência simultânea da anterioridade anual e da anterioridade nonagesimal, com exceções diversas, tenham levado o Governo Federal a elevar alíquotas do imposto sobre produtos industrializados incidente sobre veículos importados e determinar a imediata entrada em vigor do aumento. O STF, todavia, corrigiu o equívoco:

> Por votação unânime, o Plenário do STF suspendeu a vigência do Decreto 7.567/2011, que aumenta a alíquota do imposto sobre produtos industrializados (IPI) para automóveis importados e reduz a alíquota desse imposto para os fabricados no País. O decreto fica suspenso até que tenha transcorrido o prazo de 90 dias da publicação da norma. A decisão foi tomada em medida liminar concedida em uma ação direta de inconstitucionalidade ajuizada pelo partido Democratas e relatada pelo Min. Marco Aurélio. O Plenário, em apreciação da medida cautelar, suspendeu a eficácia do art. 16 do referido decreto, que previa sua vigência imediata, a partir da publicação (ocorrida em 16 de setembro deste ano). Isso porque não foi obedecido o prazo constitucional de 90 dias para entrar em vigor, previsto no art. 150, III, "c", da CF (ADI 4.661).[72]

O princípio da anterioridade anual não se aplica aos impostos sobre: (a) importação de produtos estrangeiros (art. 153, I); (b) exportação, para o Exterior, de produtos nacionais ou nacionalizados (art. 153, II); produ-

72. *BIJ – Boletim Informativo Juruá* 538/1, 16-31.10.2011.

104 TEORIA GERAL DO DIREITO TRIBUTÁRIO

tos industrializados (art. 153, IV); operações de crédito, câmbio e seguro ou relativas a títulos e valores mobiliários; e não se aplica, ainda, ao imposto extraordinário de guerra. Também não se aplica ao empréstimo compulsório instituído para atender a despesas extraordinárias decorrentes de calamidade pública, guerra externa ou sua iminência (art. 148, I). Nem às contribuições de intervenção no domínio econômico relativas às atividades de importação ou comercialização de petróleo e seus derivados, gás natural e seus derivados e álcool combustível (art. 177, § 4º).

O princípio da anterioridade nonagesimal, por sua vez, não se aplica aos impostos sobre: (a) importação de produtos estrangeiros (art. 153, I); (b) exportação, para o Exterior, de produtos nacionais ou nacionalizados (art. 153, II); (b) renda e proventos de qualquer natureza (art. 153, III); (c) operações de crédito, câmbio e seguro ou relativas a títulos e valores mobiliários (art. 153, V); e não se aplica, ainda, ao imposto extraordinário de guerra (art. 154, II). Também não se aplica ao empréstimo compulsório instituído para atender a despesas extraordinárias decorrentes de calamidade pública, guerra externa ou sua iminência (art. 148, I). Nem à fixação da base de cálculo do imposto sobre propriedade de veículos automotores (art. 155, III) e do imposto sobre a propriedade predial e territorial urbana (art. 156, I).

Parece que a não aplicação do princípio da anterioridade nonagesimal ao imposto sobre produtos industrializados decorreu simplesmente de equívoco na referência ao inciso III, que diz respeito ao imposto de renda, quando o certo seria fazer referência ao inciso IV do art. 153, que diz respeito ao imposto sobre produtos industrializados. Entretanto, a referência ao inciso III para deixar o imposto de renda fora do alcance do princípio da anterioridade nonagesimal explica-se como forma de evitar o questionamento de dispositivos legais frequentemente presentes em leis publicadas durante o ano vedando a dedução de certas despesas na determinação da base de cálculo do imposto de renda.

A extensão da ressalva à fixação da base de cálculo do imposto sobre a propriedade de veículos automotores tem o propósito de facilitar a utilização do mesmo com finalidade extrafiscal. Já, a extensão da ressalva à fixação da base de cálculo do imposto sobre a propriedade territorial urbana é resultante da confusão que se tem feito entre o que seja a base de cálculo do IPTU, que é o valor venal do imóvel, e os critérios para a definição desse valor. Como muitos Municípios costumam alterar suas plantas de valores durante o ano, e tais alterações têm sido questionadas judicialmente, os prefeitos municipais utilizaram o poder político que têm sobre deputados e senadores para introduzir tal ressalva no texto constitucional. É um equívoco para afastar outro equívoco.

Capítulo IV
O Tributo

1. Introdução. 2. O tributo: 2.1 Evolução histórica – 2.2 Tributo como prestação pecuniária – 2.3 Tributo como prestação compulsória – 2.4 Tributo como receita pública – 2.5 Função dos tributos. 3. Definição de tributo no Direito Brasileiro: 3.1 Natureza e finalidade das definições legais – 3.2 Tributo como categoria de direito positivo – 3.3 Elementos da definição feita pelo art. 9º da Lei 4.320/1964: 3.3.1 Receita derivada das entidades de direito público – 3.3.2 Custeio de atividades gerais ou específicas. 3.4 Elementos da definição feita pelo art. 3º do CTN: 3.4.1 Prestação pecuniária – 3.4.2 Compulsória – 3.4.3 Em moeda ou cujo valor nela se possa exprimir – 3.4.4 Que não constitua sanção de ato ilícito – 3.4.5 Instituída em lei – 3.4.6 Cobrada mediante atividade administrativa plenamente vinculada. 4. A tributação e a ilicitude: 4.1 Considerações iniciais – 4.2 Tributação de atividades ilícitas – 4.3 Multas tributárias sem ilicitude – 4.4 Tributo extrafiscal – 4.5 Sanção e tributo extrafiscal proibitivo – 4.6 O ilícito como pressuposto essencial da penalidade – 4.7 Ainda a tributação nas atividades ilícitas – 4.8 A prática do tributo como sanção – 4.9 O IPTU progressivo no tempo – 4.10 A desconstituição do fato gerador. 5. Tributo oculto ou disfarçado: 5.1 Na Teoria Geral do Direito – 5.2 No Direito Brasileiro: 5.2.1 Valor da outorga – 5.2.2 Sobrepreço nos monopólios estatais – 5.2.3 Contraprestação de serviço de uso compulsório – 5.3 Inconstitucionalidade: 5.3.1 Sistema tributário e direitos fundamentais – 5.3.2 Contrariedade ao sistema. 6. O empréstimo compulsório: 6.1 Considerações iniciais – 6.2 Natureza jurídica e regime jurídico – 6.3 Tributo e receita pública – 6.4 A tese afirmativa da natureza tributária – 6.5 Fundamentação da tese na Teoria do Direito – 6.6 Destinação e restituição – 6.7 Empréstimo compulsório e receita pública – 6.8 A doutrina estrangeira – 6.9 Divergências em face do ordenamento jurídico brasileiro – 6.10 Proteção contra práticas abusivas do Poder Público.

108 TEORIA GERAL DO DIREITO TRIBUTÁRIO

1. Introdução

Neste capítulo estudaremos o tributo, que é o instrumento utilizado no mundo inteiro, em todos os tempos, para a transferência de recursos financeiros dos cidadãos, especialmente daqueles que exercem atividades econômicas, para o Estado. E nos referimos aos que exercem atividades econômicas porque, mesmo onde não existe setor privado, existem as entidades que exercitam atividades econômicas e que, ainda que pertencentes ao Estado, distinguem-se do setor que exerce atividade governamental, e para este transferem recursos financeiros.

Começaremos estudando o tributo nesse sentido mais abrangente. O conceito mais amplo de tributo como sombra do poder político. Depois estudaremos o tributo no Direito Brasileiro, analisando detidamente todos os elementos de sua definição, como posta em nosso ordenamento jurídico em dispositivo expresso do Código Tributário Nacional.

Em seguida estudaremos as relações que existem entre o tributo e a ilicitude, examinando especialmente a importante questão da tributação de atividades ilícitas, vale dizer, a questão de saber se pode haver tributo que tenha como elemento essencial de sua hipótese de incidência a ilicitude. Depois estudaremos outras formas de transferência de recursos financeiros dos que exercem atividades econômicas para o Estado, que temos denominado *tributo oculto*, ou disfarçado, e finalmente estudaremos o *empréstimo compulsório*, que, embora, a rigor, não seja um tributo, é por muitos considerado como tal, sendo, por isto, importante o exame do seu regime jurídico em uma Teoria Geral do Direito Tributário, até mesmo para que se possa responder à questão de saber se ele é, ou não, um tributo.

2. O tributo

2.1 Evolução histórica

Estudar a evolução histórica do tributo é estudar a história da Humanidade, pois o tributo sempre existiu em todas as comunidades. Tanto é assim que Aliomar Baleeiro começa o primeiro capítulo de seu importante livro *Limitações Constitucionais ao Poder de Tributar*, publicado no início dos anos 1950, assim:

O TRIBUTO 109

O tributo é vetusta e fiel sombra do poder político há mais de 20 séculos. Onde se ergue um governante, ela se projeta sobre o solo de sua dominação. Inúmeros testemunhos, desde a Antiguidade até hoje, excluem qualquer dúvida.

No curso de tempo, o imposto, atributo do Estado, que dele não pode prescindir sequer nos regimes comunistas de nosso tempo, aperfeiçoa-se do ponto de vista moral, adapta-se às cambiantes formas políticas, reflete-se sobre a Economia ou sofre os reflexos desta, filtra-se em princípios e regras jurídicas e utiliza diferentes técnicas para execução prática.[1]

José Nabantino Ramos sustenta a mesma ideia, ao escrever:

Já se disse, com inteira razão, que o poder de tributar é uma sombra do poder político. Os tributos são por isso tão velhos quanto os governos. Mas, não obstante isso, os códigos tributários são relativamente novos, comparados com a longa existência de outros códigos jurídicos. Haja vista que o Código de Hamurabi é de 2000 anos antes de Cristo o Código de Justiniano do século VI; o código de Napoleão, de 1807. Enquanto isso o mais velho Código Tributário, que é o alemão, data apenas de 1919.

A razão do atraso no advento dos códigos tributários não está apenas no fato de ser quase recente a grande complexidade assumida pelos tributos. Está também no desinteresse do príncipe, que sobrevive na personalidade dos Estados Modernos, em autolimitar ou disciplinar o poder de cobrar tributos.[2]

A ideia de tributo como sombra do poder político é facilmente entendida nas comunidades nas quais o Estado é separado da atividade econômica, que é desenvolvida pelo denominado setor privado. O tributo, como sombra do poder político, é o instrumento de transposição de recursos do setor privado – entendido o termo em sentido amplo, envolvendo as pessoas naturais e as pessoas jurídicas não estatais – para o setor público – como tal entendido o conjunto de órgãos que integram o Estado. Com ele o Estado obtém os recursos financeiros necessários para o desempenho de suas atividades. E, assim entendido, o tributo

---

1. Aliomar Baleeiro, *Limitações Constitucionais ao Poder de Tributar*, 6ª ed., Rio de Janeiro, Forense, 1985, p. 1.

2. José Nabantino Ramos, "O Código Tributário Nacional", *RDP* 1/170, São Paulo, Ed. RT, 1967.

110 TEORIA GERAL DO DIREITO TRIBUTÁRIO

pode ser considerado inexistente, ou de pequena importância, nos Países comunistas, nos quais praticamente não existe atividade econômica de natureza privada.

Entretanto, a demonstrar que realmente o tributo é sombra do poder político mesmo nos Países comunistas, veja-se o que escreveu Celso Cordeiro Machado:

> No bloco comunista ou coletivista, a participação dos recursos denominados tributários na estruturação da receita é praticamente irrelevante, mas isso não justifica a dedução, que seria afoita, da existência de uma diversidade profunda entre as técnicas financeiras do mundo capitalista e do mundo comunista.
>
> Henry Laufenburges, depois de estudar, detida e longamente, as finanças dos Estados Unidos, da Franca, da Inglaterra e da Rússia, chegou à conclusão de que se pode qualificar como sensacional a semelhança (*rapprochement qu'on peut qualifier de sensationnel*) entre os processos financeiros dos dois grandes blocos ideológicos do mundo moderno.
>
> E, na verdade, a quotização, que as empresas públicas, na União Soviética, entregam periodicamente ao governo, e tão bem descrita por Serge Gachkel, não é, em essência, senão um imposto que as próprias entidades governamentais pagam ao governo, para sustento do voraz orçamento soviético.[3]

Como se vê, mesmo nos Países comunistas – hoje praticamente inexistentes, porque, na prática, a doutrina de Karl Marx revelou-se incapaz de propiciar boas condições de vida em qualquer comunidade – o tributo não deixou de existir. O Estado ficou praticamente dividido entre os que desenvolvem atividade governamental e os que desenvolvem atividade empresarial, e estes pagam tributo para a manutenção daqueles.

2.2 Tributo como prestação pecuniária

No ordenamento jurídico brasileiro o tributo é legalmente definido como prestação pecuniária. Sua definição é formulada pelo Código Tributário Nacional e inclui outros elementos que vamos mais adiante exa-

---

3. Celso Cordeiro Machado, *Tratado de Direito Tributário Brasileiro*, vol. VI – "Crédito Tributário", Rio de Janeiro, Forense, 1984, pp. 7-8.

O TRIBUTO 111

minar, porque, a rigor, o tributo no Direito Brasileiro é semelhante ao tributo de diversos Países do mundo. Antes, porém, examinemos o tributo como prestação pecuniária, vale dizer, vejamos o que significa a expressão "prestação pecuniária" na definição de tributo válida nos ordenamentos jurídicos de diversos Países.

Prestação, na definição de tributo, pode ser indicativo do objeto da obrigação jurídica. "A prestação pode compreender fato, abstenção, omissão, comissão, bem como coisas ou soma certa de dinheiro."[4] Referindo-se a definição legal a prestação *pecuniária*, deixa claro desde logo que se trata de prestação *em dinheiro*.

Prestação que tem o sentido de transferência patrimonial, porque o tributo, como é sabido por todos, é uma receita pública, que fornece ao Estado os recursos financeiros dos quais necessita para o custeio de suas atividades. Assim, no plano rigorosamente jurídico, é verdadeira a afirmação segundo a qual o tributo é uma receita, no sentido *econômico*, e não apenas no sentido financeiro. E isto é de decisiva importância quando se estuda a natureza jurídica do empréstimo compulsório, que, a rigor, não é um tributo, embora parte significativa da doutrina o afirme.

Realmente, o tributo é uma *receita pública*. E esta, segundo lapidar definição de Aliomar Baleeiro, "é a entrada que, integrando-se no patrimônio público sem quaisquer reservas, condições ou correspondência no passivo, vem acrescer o seu vulto, como elemento novo e positivo".[5] Destaque-se, com Aliomar Baleeiro, que "as quantias recebidas pelos cofres públicos são genericamente designadas como 'entradas' ou 'ingressos'. Nem todos esses ingressos, porém, constituem receitas públicas, pois alguns deles não passam de 'movimentos de fundo', sem qualquer incremento do patrimônio governamental, desde que estão condicionados a restituição posterior ou representam mera recuperação de valores emprestados ou cedidos ao governo".[6]

Não apenas no Brasil tem-se tal compreensão do tributo. No sentido de que o tributo opera a transferência de recursos financeiros do contribuinte para o ente público é a lição de Tulio Rosembuj:

---

4. Pedro Nunes, *Dicionário de Tecnologia Jurídica*, 8ª ed., vol. II, Rio de Janeiro/São Paulo, Freitas Bastos, s/d, p. 793.

5. Aliomar Baleeiro, *Uma Introdução à Ciência das Finanças*, 13ª ed., Rio de Janeiro, Forense, 1981, p. 116.

6. Idem, ibidem.

TEORIA GERAL DO DIREITO TRIBUTÁRIO

La prestación tributaria es un comportamiento positivo, dar sumas de dinero, que establece el simétrico empobrecimiento patrimonial del obligado y el enriquecimiento del ente público, y debido, en el sentido de la absoluta prevalencia de la ley sobre la autonomía de voluntad del sujeto obligado.[7]

Do ponto de vista da Ciência do Direito, importa o conceito que se possa formular em face do sistema jurídico, vale dizer, do direito positivo. E diante do sistema jurídico de muitos Países é inegável que o tributo é instrumento de transferência de elementos patrimoniais, devendo a expressão "prestação pecuniária" ser entendida como o objeto da obrigação jurídica consistente em dinheiro transferido do patrimônio do sujeito passivo para o patrimônio do sujeito ativo da relação de tributação.

É indiscutível, portanto, que a *prestação pecuniária* que consubstancia o tributo é de natureza econômico-financeira, e não apenas financeira. Transfere recursos em sentido econômico. Aumenta o patrimônio da entidade pública e reduz o patrimônio do contribuinte.

Prestação pode significar também a atividade de *prestar*, ou o resultado dessa atividade. Na definição de tributo, porém, a palavra "prestação" está empregada no sentido de *objeto da obrigação* jurídica, quando nessa definição se afirma que se trata de prestação instituída em lei. E também no sentido de *objeto da prestação*, quando se diz que a prestação é em dinheiro.

2.3 Tributo como prestação compulsória

A prestação tributária é *compulsória*, pois é objeto de uma obrigação jurídica, e não o fruto da liberalidade do contribuinte. O ser uma prestação *compulsória* há de ser entendido como prestação que não resulta da livre vontade. A linguagem nem sempre nos oferece os instrumentos adequados para a expressão exata do que pensamos, de sorte que também a palavra "compulsória", como muitas outras, tem o defeito da ambiguidade, ou da imprecisão ou da insuficiência. Seja como for, no caso, entendida a palavra no contexto da ciência do direito tributário,

---

7. Tulio Rosembuj, *Elementos de Derecho Tributario*, Barcelona, Editorial Bleme, 1982, p. 114.

O TRIBUTO

não é difícil concluir que a mesma é empregada na definição de tributo para dizer que a obrigação tributária não nasce da vontade, mas é imposta por lei.

Tomada a palavra "prestação" no sentido em que é utilizada no enunciado da estrutura da norma jurídica, *dado o fato temporal, deve ser a prestação, e dada a não prestação, deve ser a sanção*, toda prestação é obrigatória, no sentido de que, não ocorrendo, aquele que *não prestou* fica sujeito a sanção. Mas a palavra "prestação" pode significar também "ato de dar, conceder, dispensar: *prestação* de alimentos, de fiança, de caução, de dinheiro, de socorro etc."[8] Mesmo na linguagem jurídica é conhecida a denominada *prestação facultativa*.

Certo, porém, é que a palavra "compulsória" está utilizada na definição legal de tributo para qualificar a obrigação jurídica que nasce independentemente da vontade. Neste sentido, já escrevemos:

> Não se diga, pois, que a prestação tributária é compulsória porque o pagamento do tributo é obrigatório. A distinção essencial há de ser vista no momento do nascimento da obrigação, e não no momento de seu adimplemento. Por isto é que se explica a clássica divisão das obrigações jurídicas em legais, ou *ex lege*, e contratuais, ou decorrentes da vontade.
>
> É certo que as prestações contratuais também são obrigatórias, mas a obrigatoriedade, neste caso, nasce diretamente do contrato, e só indiretamente deriva da lei. Na prestação tributária a obrigatoriedade nasce diretamente da lei, sem que se interponha qualquer ato de vontade daquele que assume a obrigação.[9]

Na verdade, o pagamento do tributo é obrigatório, mas não é por isto que se diz ser o tributo uma *prestação compulsória*. É importante, para a adequada compreensão do que estamos afirmando, que seja estabelecida a distinção entre a *prestação* e a *obrigação*. A palavra "obrigação" designa o vínculo jurídico que liga duas ou mais pessoas. Já, a palavra "prestação" designa o objeto ao qual diz respeito aquele vínculo jurídico.

A *obrigação* jurídica é sempre compulsória. É um vínculo que obriga alguém a prestar algo a outrem. Já, a *prestação* pode ser compulsória

---

8. Pedro Nunes, *Dicionário de Tecnologia Jurídica*, cit., 8ª ed., vol. II, p. 973.

9. Hugo de Brito Machado, *Curso de Direito Tributário*, 35ª ed., São Paulo, Malheiros Editores, 2014, pp. 57-58.

114 TEORIA GERAL DO DIREITO TRIBUTÁRIO

e pode ser voluntária, porque pode decorrer, ou não, de um precedente vínculo jurídico. Na doação pura e simples, por exemplo, tem-se uma prestação voluntária. O doador não estava vinculado ao donatário. A doação não se faz como forma de adimplemento de uma obrigação jurídica.

Ocorre que os vínculos jurídicos obrigacionais podem nascer com ou sem a participação da vontade. O elemento volitivo pode ser essencial ou não na formação do vínculo jurídico obrigacional. É importante, portanto, para se entender o sentido da palavra "compulsória" na qualificação da prestação tributária, que se tenha presente a distinção entre o momento da formação ou surgimento da obrigação e o momento de seu adimplemento.

No momento da formação das obrigações jurídicas a vontade humana pode ser, ou não ser, elemento essencial. É essencial na formação das obrigações ditas voluntárias, ou contratuais. Não é essencial na formação das obrigações ditas legais. No momento do adimplemento da obrigação, porém, todas as prestações são compulsórias.

A falta de atenção para essa importante distinção tem provocado muitos equívocos, como, por exemplo, o de considerar que, tendo havido a confissão da dívida tributária por parte do contribuinte, este não pode mais questionar a cobrança do tributo.

A prestação tributária certamente é obrigatória, vale dizer, o contribuinte é obrigado a fazer o pagamento do tributo. Não é por isto, porém, que ela se qualifica como compulsória. Ela se qualifica como compulsória no sentido de que em sua gênese o elemento volitivo não participa. É, por isto mesmo, diferente da obrigação assumida mediante um contrato de locação de bens, por exemplo. A prestação que consubstancia o aluguel é obrigatória mas qualifica-se como prestação decorrente da vontade, porque nasceu do contrato, que é um ato de vontade.

O fato de não ser a obrigação tributária decorrente de ato de vontade tem implicações de interesse prático no campo do direito tributário. Assim é que em face de um tributo pago indevidamente o Fisco não pode alegar que o contribuinte pagou voluntariamente. Mesmo que o contribuinte tenha confessado o suposto débito e tenha afirmado que está pagando porque quer pagar, poderá depois pedir a restituição, e a ela terá direito. Se o tributo é indevido, porque não corresponde ao previsto em lei, mesmo tendo havido confissão ele continuará sendo indevido.

O TRIBUTO

Outra consequência lógica de não ser a obrigação tributária decorrente de ato de vontade consiste na impossibilidade da transação na relação tributária. No Brasil houve quem tentasse introduzir o instituto da transação no direito tributário, fazendo-nos lembrar a advertência de Norbert Rouland, a nos dizer que:

> O legislador não deve perder de vista que as leis são feitas para os homens, e não os homens para as leis; que devem ser adaptadas ao caráter, aos hábitos, à situação do povo para o qual são feitas; que cumpre ser sóbrio de novidades em matéria de legislação, porque, se é possível, numa instituição nova, calcular as vantagens que a teoria nos oferece, não o é conhecer todos os inconvenientes que apenas a prática pode descobrir.[10]

É assim porque não se tem sempre o domínio completo da realidade através dos conceitos que integram a teoria. Em outras palavras: a teoria sempre pode estar incompleta. Sempre pode haver algo que não conhecemos, e que a prática nos vai revelar. Daí a importância das experimentações. Mesmo assim, não nos parece que se deva experimentar a prática da transação na relação tributária, e, por isto mesmo, sobre o projeto de lei com o qual tentaram no Brasil introduzir a transação na relação tributária escrevemos:

> Em síntese, entendemos que o Anteprojeto em questão não merece o apoio da comunidade jurídica, seja porque institui mecanismos que podem incrementar a prática da corrupção na relação tributária, como porque aumenta o poder das autoridades e com isto favorece as práticas discricionárias que podem converter a atividade de tributação em instrumento do poder político, vale dizer, pode ser utilizado para favorecer os companheiros e prejudicar os oposicionistas.[11]

Por outro lado, dizer que o tributo é prestação compulsória, instituído em lei, suscita duas relevantes questões inerentes ao princípio da legalidade tributária. A primeira consiste em saber o que significa *instituir* o tributo. A outra consiste em saber o que é uma *lei*. São questões

10. Norbert Rouland, *Nos Confins do Direito*, trad. de Maria Ermantina de Almeida Prado Galvão, São Paulo, Martins Fontes, 2003, p. 1.
11. Hugo de Brito Machado, "Transação e arbitragem no âmbito tributário", *Revista Fórum de Direito Tributário* 28/73, Belo Horizonte, Fórum, janeiro-fevereiro/2003.

116 TEORIA GERAL DO DIREITO TRIBUTÁRIO

aparentemente banais, mas realmente pouco vale saber que o tributo é prestação pecuniária *instituída em lei* se não se sabe o que significa ser *instituída*, nem o que significa a palavra "lei", neste contexto.

Como em geral acontece com as questões relativas ao princípio da legalidade, a questão de saber em que consiste a *instituição* ou *criação* do tributo reside, essencialmente, em saber se o legislador pode delegar atribuições suas, e até que ponto pode fazê-lo. É a debatida questão da distribuição das funções do Estado.

2.4 Tributo como receita pública

No mundo inteiro o tributo é considerado a principal receita pública. É o principal instrumento de transferência de recursos do setor privado – nos Países que admitem a livre iniciativa econômica – ou do setor estatal produtivo para o Estado, como prestador de serviços públicos essenciais.

É certo que a expressão "receita pública", nesse contexto, deve ser entendida no sentido de entrada de recursos sem correspondente no passivo. Tem, portanto, significado diverso de *ingresso* de recursos. Enquanto ingresso designa toda e qualquer entrada de recursos nos cofres públicos, receita designa apenas aquelas entradas que implicam aumento do patrimônio líquido, porque não ocorrem com um correspondente aumento do passivo. Em outras palavras: podemos dizer que o tributo é uma receita pública em sentido econômico, enquanto uma entrada com aumento do passivo é receita no sentido financeiro.

Trata-se de ideia de fácil compreensão, que deve ser observada também pelas empresas privadas. Quando uma empresa obtém um empréstimo bancário, por exemplo, ocorre uma entrada de recursos financeiros em seu patrimônio, mas a essa entrada corresponde um aumento do seu passivo, pois está a assumir uma dívida para com o banco que fez o empréstimo.

Estes esclarecimentos são de grande importância para afastar de uma vez por todas a tese segundo a qual o denominado *empréstimo compulsório* é um tributo. Na verdade, o empréstimo compulsório consubstancia uma entrada de recursos, mas a ela corresponde uma dívida que é assumida. Não implica, portanto, aumento do patrimônio líquido do Estado arrecadador.

O TRIBUTO

Voltaremos ao assunto, inclusive para explicar por que no Brasil a Constituição Federal incluiu, no capítulo em que trata do sistema tributário, dispositivo sobre o empréstimo compulsório e porque insistem alguns em qualificá-lo como tributo.

2.5 Função dos tributos

A função essencial dos tributos é carrear recursos financeiros para o Fisco, que, por isto mesmo, se diz função *fiscal*. Entretanto, o tributo pode ser utilizado como instrumento de intervenção do Estado na atividade econômica, visando a estimular ou desestimular determinada atividade específica; e neste caso se diz que ele tem função *extrafiscal*. Aliás, a utilização do tributo como instrumento de intervenção do Estado na economia – vale dizer, com função extrafiscal – é mais frequente do que se pode imaginar, até porque isto não impede que ele seja, ao mesmo tempo, um instrumento de arrecadação. A rigor, devemos dizer que em certas situações o tributo tem sido utilizado com função predominantemente extrafiscal exatamente porque a função fiscal quase sempre é preservada.

Entre os objetivos da intervenção do Estado na atividade econômica, tendo o tributo como instrumento dessa intervenção, está o de desestimular determinada atividade. Diz-se, então, que o tributo tem função extrafiscal proibitiva, que se assemelha à função punitiva. Entretanto, não devemos confundir tributo extrafiscal proibitivo com penalidade, pois entre esta e aquele existe, no plano jurídico, uma distinção essencial, que o jurista não pode desconhecer. Essa distinção essencial reside em que na hipótese de incidência da regra que estabelece a penalidade o ilícito está sempre presente, enquanto na hipótese de incidência do tributo com função extrafiscal proibitiva não pode haver ilicitude. Assim, o legislador pode optar entre proibir e estabelecer uma penalidade ou permitir mas fazer incidir um tributo extrafiscal proibitivo, como fez no Brasil com o imposto sobre produtos industrializados/IPI incidente sobre o cigarro.

Infelizmente, a desconsideração pela tese segundo a qual o ilícito é pressuposto essencial da penalidade, que a torna distinta do tributo, já levou tributarista de notório saber a afirmar a possibilidade de tributação do ilícito[12] e já levou o legislador brasileiro a estabelecer penalida-

---

12. Gian Antonio Micheli, *Curso de Direito Tributário*, trad. de Marco Aurélio Greco e Pedro Luciano Marrey Jr., São Paulo, Ed. RT, 1978, p. 46.

118 TEORIA GERAL DO DIREITO TRIBUTÁRIO

des pecuniárias – vale dizer, multas – para os casos de requerimento indeferido e compensação não homologada, o que é um verdadeiro dislate, como já tivemos oportunidade de demonstrar.[13]

Decididamente, não podemos desconsiderar a distinção essencial que existe entre a penalidade e o tributo, mesmo quando este tenha a denominada função extrafiscal proibitiva; até porque essa distinção pode justificar a destinação diversa do produto da arrecadação de um e da outra. E, por considerarmos de grande relevância essa distinção, a ela voltaremos a seguir, ao estudar a definição do tributo no Direito Brasileiro e as relações existentes entre a tributação e a ilicitude.

3. Definição de tributo no Direito Brasileiro

3.1 Natureza e finalidade das definições legais

Ao estudarmos a definição de tributo no Direito Brasileiro, a primeira questão que se coloca é a de saber se compete ao legislador, como ao elaborador de normas jurídicas em geral, a tarefa de definir. E, como a existência de definições em várias normas é um fato incontestável, coloca-se a questão de saber qual a natureza e qual a utilidade dessas definições.

Referindo-se ao art. 3º do CTN, Geraldo Ataliba confessou que, não obstante já haver criticado o Código por conter noções doutrinárias, rendeu-se à argumentação de Rubens Gomes de Sousa, "quando ele muito bem demonstrou, para a correta aplicação do Código, a necessidade, em primeiro lugar, de termos de referência dos seus mandamentos e, em segundo lugar, a inequívoca utilidade prática de tais termos".[14]

É certo que normas e definições não se confundem. São coisas distintas. Mas é certo também que a compreensão do sentido das normas pode ser facilitada pelas definições; e quando uma definição seja objeto de divergências na doutrina deve o legislador eliminar a controvérsia optando por uma entre as diversas definições.

---

13. Hugo de Brito Machado, "O ilícito como pressuposto essencial da penalidade e as multas por requerimento indeferido ou compensação na homologada", *Revista Dialética de Direito Tributário/RDDT* 193/69-72, São Paulo, Dialética, outubro/2011.

14. Geraldo Ataliba, Paulo de Barros Carvalho e Rubens Gomes de Sousa, *Comentários ao Código Tributário Nacional*, São Paulo, EDUC/Ed. RT, 1975, p. 35.

O TRIBUTO

Inegável, portanto, é a utilidade das definições legais, sobretudo para superar as divergências doutrinárias e, assim, melhorar o nível de segurança das relações jurídicas. As definições normativas integram-se nas normas em que estão albergados os objetos definidos. Assim, mais adequada é a doutrina que afirma serem as definições normas não autônomas, vale dizer, normas que sempre se completam com outras normas, e por isto mesmo não devem ser consideradas isoladamente.[15]

Podemos, portanto, dizer que o art. 3º do CTN, ao definir tributo, formula uma norma que se integra em todas as normas do sistema jurídico brasileiro nas quais esteja a palavra "tributo", objeto da definição legal ou normativa em questão. A palavra "tributo", assim, no sistema jurídico brasileiro deve ser entendida com o significado que lhe dá a definição legal formulada pelo art. 3º do CTN.

3.2 Tributo como categoria de direito positivo

Não obstante o tributo possa ser encarado como um conceito de lógica jurídica, válido em qualquer ordenamento jurídico, importa-nos, aqui, examinar o conceito de tributo no contexto do ordenamento jurídico brasileiro. Assim, neste nosso estudo o termo "tributo" designa uma categoria de direito positivo, e não um conceito de lógica jurídica. Nas palavras de José Souto Maior Borges, é um conceito jurídico-dogmático, pura formulação do legislador.[16]

No ordenamento jurídico brasileiro temos dois dispositivos de lei que oferecem os elementos essenciais. São dispositivos legais que se completam, e por isto mesmo o mais antigo não foi revogado pelo posterior, e, assim, ambos estão vigentes, a fornecer elementos para a definição legal de tributo como categoria do direito positivo brasileiro.

A Lei 4.320, de 17.3.1964, estabelece:

Art. 9º. Tributo é a receita derivada, instituída pelas entidades de direito público, compreendendo os impostos, as taxas e contribuições,

---

15. V., a propósito das definições legais ou normativas, nosso *O Conceito de Tributo no Direito Brasileiro*, Rio de Janeiro, Forense, 1987, pp. 6-10.

16. José Souto Maior Borges, *Lançamento Tributário*, Rio de Janeiro, Forense, 1981, Coleção *Tratado de Direito Tributário*, 14º vol., p. 210.

120 TEORIA GERAL DO DIREITO TRIBUTÁRIO

nos termos da Constituição e das leis vigentes em matéria financeira, destinando-se o seu produto ao custeio de atividades gerais ou específicas exercidas por essas entidades.

Já, o Código Tributário Nacional, Lei 5.172, de 25.10.1966, estabelece:

Art. 3º. Tributo é toda prestação pecuniária compulsória, em moeda ou cujo valor nela se possa exprimir, que não constitua sanção de ato ilícito, instituída em lei e cobrada mediante atividade administrativa plenamente vinculada.

Temos, então, no ordenamento jurídico brasileiro essas duas definições legais de tributo, que se completam, oferecendo elementos para uma definição de tributo como categoria de direito positivo, que há de ser considerada pelos operadores do Direito na busca do significado para a palavra "tributo", existente em dispositivos legais com os quais trabalhem.

Examinaremos os elementos das duas definições legais de tributo acima transcritas, separadamente, para depois demonstrarmos que, na verdade, essas definições se completam e são de decisiva importância prática para afastar muitos questionamentos, entre os quais o que diz respeito à natureza jurídica do empréstimo compulsório e o que diz respeito à natureza tributária das imposições que nos parecem configurar tributação disfarçada.

3.3 Elementos da definição feita pelo art. 9º da Lei 4.320/1964

3.3.1 Receita derivada das entidades de direito público

Examinando o art. 9º da Lei 4.320, de 17.3.1964, encontramos nele elementos essenciais à definição legal de tributo no ordenamento jurídico, entre os quais a indicação de que o tributo é uma *receita derivada das entidades de direito público*.

O elemento *receita* nos permite desde logo excluir da definição de tributo os ingressos que não constituem receita, porque entram no patrimônio público gerando um correspondente no passivo, como acontece com os empréstimos compulsórios. Aliás, o próprio Aliomar Baleeiro, que, na condição de Ministro do STF, teve voto vencido afirmando ser

O TRIBUTO 121

o empréstimo compulsório um tributo, nos oferece argumento para sustentar a tese oposta, ao definir receita como *a entrada que, integrando-se no patrimônio público sem quaisquer reservas, condições ou correspondência no passivo, vem acrescer o seu vulto, como elemento novo e positivo.*[17]

Não há dúvida, portanto, de que, ao definir o tributo como receita, a lei brasileira nos fornece importante elemento para a definição de tributo enquanto categoria de direito positivo. E com a qualificação receita *derivada*, que nos permite excluir da definição de tributo as receitas originárias, geradas pela própria entidade que as recebe, como é o caso do preço cobrado pela prestação de serviços públicos, fornece-nos elementos complementares interessantes para a adequada definição do tributo como categoria de direito positivo.

Por outro lado, a Lei 4.320/1964, além de definir tributo como receita derivada, conforme se viu, distingue expressamente as receitas correntes, entre as quais classifica a receita tributária (art. 11, § 1º), das receitas de capital, entre as quais coloca as provenientes de realização de recursos financeiros oriundos de constituição de dívidas (art. 11, § 2º). É certo que essa mesma lei, em seu art. 57, utiliza a palavra "receita" em sentido mais abrangente, mas o faz com a qualificação de orçamentária; e o próprio dispositivo deixa claro que a palavra "receita", nele utilizada, tem o sentido de ingresso, pois é expresso ao dizer que na receita orçamentária estão incluídas todas as receitas arrecadadas, inclusive as provenientes de operações de crédito.

3.3.2 Custeio de atividades gerais ou específicas

Ao estabelecer que o produto da arrecadação do tributo se destina ao custeio das atividades gerais ou específicas exercidas pelas entidades públicas, o art. 9º da Lei 4.320/1964 contribui também com importante elemento para a definição de tributo, que consiste na desvinculação entre o tributo e o destino do produto de sua arrecadação.

Assim, por força do dispositivo legal em referência, podemos dizer que é tributo uma entrada de recursos financeiros nos cofres públicos sem correspondência no passivo e que, por isto mesmo, aumenta o patri-

---

17. Aliomar Baleeiro, *Uma Introdução à Ciência das Finanças*, cit., 13ª ed., p. 116.

122 TEORIA GERAL DO DIREITO TRIBUTÁRIO

mônio da entidade pública correspondente, e se destina ao custeio de quaisquer atividades por ela desenvolvidas.

Aos elementos fornecidos pelo art. 9º da Lei 4.320/1964 agregam-se os que a seguir vamos examinar, constantes da definição formulada pelo art. 3º do CTN.

3.4 Elementos da definição feita pelo art. 3º do CTN

3.4.1 Prestação pecuniária

A palavra "prestação", na definição de tributo formulada pelo art. 3º do CTN, é indicativa do objeto da obrigação jurídica. "A prestação pode compreender fato, abstenção, omissão, comissão, bem como coisas ou soma certa de dinheiro."[18] Referindo-se a definição legal a "prestação pecuniária", deixa claro desde logo que se trata de prestação *em dinheiro*. A expressão "em moeda ou cujo valor nela se possa exprimir" pode constituir suporte à contestação desta assertiva, mas estamos convencidos de que tal expressão deve ser reputada como não escrita, conforme demonstraremos adiante.

Dizer que o tributo é uma prestação pecuniária pode parecer que não basta para defini-lo como instrumento de transferência de dinheiro do patrimônio do contribuinte para o patrimônio do Estado. Por isto, Eros Roberto Grau, para sustentar que os empréstimos compulsórios não são tributos, valeu-se "do *conceito econômico* de receita pública: entrada que, integrando-se no patrimônio público *sem quaisquer reservas, condições ou correspondência no passivo*, acresce o seu vulto, como elemento novo e positivo".[19] Mas, a nosso ver, a palavra "prestação", na definição de tributo, há de ser interpretada como objeto de uma relação jurídica mediante a qual se opera a transferência de elemento patrimonial do contribuinte para o Estado. Não se trata de simples transferência financeira, mas de transferência patrimonial. Não é necessário, porém, recorrer a conceitos simplesmente econômicos para se chegar a tal conclusão. Nosso sistema jurídico contém normas expressas que a ela nos conduzem, de forma segura e incontestável, como se viu ao examinarmos dispositivos da Lei 4.320/1964.

---

18. Pedro Nunes, *Dicionário de Tecnologia Jurídica*, cit., 8ª ed., vol. II, p. 793.

19. Eros Roberto Grau, *Conceito de Tributo e Fontes do Direito Tributário*, São Paulo, IBET/Resenha Tributária, 1975, p. 19.

O TRIBUTO 123

Assim, no plano rigorosamente jurídico é verdadeira a afirmação segundo a qual o tributo é uma receita, no sentido *econômico*, e não apenas no sentido financeiro. E isto é de decisiva importância quando se estuda a natureza jurídica do empréstimo compulsório, por exemplo, que, a rigor, não é um tributo, embora a maioria da doutrina o afirme.

O tributo é uma *receita pública*. E esta, segundo lapidar definição de Aliomar Baleeiro, "é a entrada que, integrando-se no patrimônio público sem quaisquer reservas, condições ou correspondência no passivo, vem acrescer o seu vulto, como elemento novo e positivo".[20] Destaque-se, com Aliomar Baleeiro, que "as quantias recebidas pelos cofres públicos são genericamente designadas como 'entradas' ou 'ingressos'. Nem todos esses ingressos, porém, constituem receitas públicas, pois alguns deles não passam de 'movimentos de fundo', sem qualquer incremento do patrimônio governamental, desde que estão condicionados a restituição posterior ou representam mera recuperação de valores emprestados ou cedidos ao governo".[21]

Não apenas no Brasil tem-se tal compreensão do tributo. No sentido de que o tributo opera a transferência de recursos financeiros do contribuinte para o ente público é a lição de Tulio Rosembuj:

> La prestación tributaria es un comportamiento positivo, dar sumas de dinero, que establece el simétrico empobrecimiento patrimonial del obligado y el enriquecimiento del ente público, y debido, en el sentido de la absoluta prevalencia de la ley sobre la autonomía de voluntad del sujeto obligado.[22]

Do ponto de vista da Ciência do Direito, importa o conceito que se possa formular em face do sistema jurídico, vale dizer, do direito positivo. E diante do sistema jurídico brasileiro, como visto, é inegável que o tributo é instrumento de transferência de elementos patrimoniais, devendo a expressão "prestação pecuniária compulsória" ser entendida como o objeto da obrigação jurídica, consistente em dinheiro coativamente transferido do patrimônio do sujeito passivo para o patrimônio do sujeito ativo da relação de tributação.

---

20. Aliomar Baleeiro, *Uma Introdução à Ciência das Finanças*, cit., 13ª ed., p. 116.

21. Idem, ibidem.

22. Tulio Rosembuj, *Elementos de Derecho Tributario*, cit., p. 114.

TEORIA GERAL DO DIREITO TRIBUTÁRIO

É indiscutível, portanto, que a prestação a que refere o art. 3º do CTN é de natureza econômico-financeira, e não apenas financeira. Transfere recursos em sentido econômico. Aumenta o patrimônio do ente público e reduz o patrimônio do contribuinte.

Prestação pode significar também a atividade de *prestar*, ou o resultado dessa atividade. No art. 3º do CTN a palavra "prestação" está empregada no sentido de *objeto da obrigação jurídica*, quando esse dispositivo afirma que se trata de prestação instituída em lei. E também no sentido de *objeto da prestação*, quando esse dispositivo diz que a prestação é em moeda ou cujo valor nela se possa exprimir.

3.4.2 *Compulsória*

Como já afirmado anteriormente, a prestação tributária é *compulsória*, pois é objeto de uma obrigação jurídica, e não o fruto da liberalidade do contribuinte. O ser uma prestação *compulsória* há de ser entendido como algo diverso daquilo que resulta da vontade. A linguagem nem sempre nos oferece os instrumentos adequados para a expressão exata do que pensamos, de sorte que também a palavra "compulsória", como muitas outras, tem o defeito da ambiguidade, ou da imprecisão, ou da insuficiência. Seja como for, no caso, entendida a palavra no contexto da ciência do direito tributário, não é difícil concluir que a mesma foi empregada, no art. 3º do CTN, para dizer que a obrigação tributária não é daquelas que têm o elemento volitivo em sua gênese.

Tomada a palavra "prestação" no sentido em que é utilizada no enunciado da estrutura da norma jurídica, *dado o fato temporal, deve ser a prestação, e dada a não prestação, deve ser a sanção*, toda prestação é obrigatória, no sentido de que, não ocorrendo, aquele que *não prestou* fica sujeito a sanção. Mas a palavra "prestação" pode significar também "ato de dar, conceder, dispensar: *prestação* de alimentos, de fiança, de caução, de dinheiro, de socorro etc."[23] Mesmo na linguagem jurídica é conhecida a denominada *prestação facultativa*.

Certo, porém, é que a palavra "compulsória" está utilizada na definição legal de tributo para qualificar a obrigação jurídica que nasce independentemente da vontade. Neste sentido, já escrevemos:

---

23. Pedro Nunes, *Dicionário de Tecnologia Jurídica*, cit., 8ª ed., vol. II, p. 973.

O TRIBUTO   125

Não se diga, pois, que a prestação tributária é compulsória porque o pagamento do tributo é obrigatório. A distinção essencial há de ser vista no momento do nascimento da obrigação, e não no momento de seu adimplemento. Por isto é que se explica a clássica divisão das obrigações jurídicas em legais, ou *ex lege*, e contratuais, ou decorrentes da vontade. É certo que as prestações contratuais também são obrigatórias, mas a obrigatoriedade, neste caso, nasce diretamente do contrato, e só indiretamente deriva da lei. Na prestação tributária a obrigatoriedade nasce diretamente da lei, sem que se interponha qualquer ato de vontade daquele que assume a obrigação.[24]

Na verdade, o pagamento do tributo é obrigatório, mas não é por isto que se diz ser o tributo uma prestação compulsória. É importante, para a adequada compreensão do que estamos afirmando, que sejam estabelecidas duas distinções. A primeira, entre a *prestação* e a *obrigação*. A palavra "obrigação" designa o vínculo jurídico que liga duas ou mais pessoas. Já, a palavra "prestação" designa o objeto ao qual diz respeito aquele vínculo jurídico.

A *obrigação* jurídica é sempre obrigatória. É um vínculo que obriga alguém a prestar algo a outrem. Já, a *prestação* pode ser obrigatória e pode ser voluntária, porque pode decorrer ou não de um precedente vínculo jurídico. Na doação pura e simples, por exemplo, tem-se uma prestação voluntária. O doador não estava vinculado ao donatário. A doação não se faz como forma de adimplemento de uma obrigação jurídica.

Ocorre que os vínculos jurídicos obrigacionais podem nascer com ou sem a participação da vontade. O elemento volitivo pode ser essencial ou não na formação do vínculo jurídico obrigacional. É importante, portanto, para se entender o sentido da palavra "compulsória" na qualificação da prestação tributária, que se tenha presente a distinção entre o momento da formação ou surgimento da obrigação e o momento de seu adimplemento.

No momento da formação das obrigações jurídicas a vontade humana pode ser, ou não ser, elemento essencial. É essencial na formação das obrigações ditas voluntárias, ou contratuais. Não é essencial na formação das obrigações ditas legais. No momento do adimplemento da obrigação, porém, todas as prestações são compulsórias.

---

24. Hugo de Brito Machado, *Curso de Direito Tributário*, cit., 35ª ed., pp. 57-58.

126 TEORIA GERAL DO DIREITO TRIBUTÁRIO

A falta de atenção para essa importante distinção tem provocado muitos equívocos, como, por exemplo, o de considerar que, tendo havido a confissão da dívida tributária por parte do contribuinte, este não pode mais questionar a cobrança do tributo.

A prestação tributária certamente é obrigatória, vale dizer, o contribuinte é obrigado a fazer o pagamento do tributo. Não é por isto, porém, que ela se qualifica como compulsória. Ela se qualifica como compulsória no sentido de que em sua gênese o elemento volitivo não participa. Porque a obrigação tributária não nasce de ato de vontade, a confissão feita pelo contribuinte não cria o vínculo jurídico tributário. Assim, se o tributo era indevido, mesmo tendo havido confissão ele continuará sendo indevido.

3.4.3 *Em moeda ou cujo valor nela se possa exprimir*

Qualificada a prestação como *pecuniária*, não se fazia necessária a expressão "em moeda". Esta, porém, foi colocada como qualificação alternativa: "em moeda ou cujo valor nela se possa exprimir". Isto significaria que o tributo é uma prestação *pecuniária*, consubstanciada *em moeda* ou em qualquer outro bem cujo valor nesta possa ser expresso.

Alfredo Augusto Becker sustenta ser irrelevante a natureza do objeto da prestação para caracterizá-la como tributo. Para ele, "a fim de que a relação jurídica tenha natureza jurídica *tributária*, pouco importa que a obrigação, por ela gerada, seja satisfeita por uma prestação em dinheiro ou *in natura* ou *in labore*, pois nas três hipóteses o conteúdo *jurídico* da prestação será sempre o mesmo: um *prestar*, isto é, um ato positivo (*facere*) ou um ato negativo (*non facere*) do sujeito passivo na relação jurídica. Por sua vez, o sujeito ativo, no outro polo da relação jurídica, terá, nas três hipóteses, sempre o mesmo direito de natureza pessoal". Argumenta o eminente jurista gaúcho que "o *objeto* da prestação é que poderá variar segundo o critério da política fiscal; esta poderá escolher (mediante criação de regra jurídica), em lugar do dinheiro, ou outro bem (exemplo: imóvel) ou um serviço pessoal. Aliás, em última análise, a prestação em dinheiro não deixa de ser também uma prestação *in natura*: unidade ideal de valor".[25]

---

25. Alfredo Augusto Becker, *Teoria Geral do Direito Tributário*, São Paulo, Saraiva, 1963, p. 577.

O TRIBUTO

A análise cuidadosa do Capítulo VI da notável *Teoria Geral do Direito Tributário*, onde Becker tratou dos tributos *in natura* e *in labore*, leva-nos à conclusão de que também aquele eminente jurista incorreu no equívoco, por ele próprio denunciado no Capítulo I de sua referida obra, invocando lição de Carnelutti.[26]

Realmente, Becker confundiu o dever jurídico *tributário* com o dever jurídico *em geral*. Confundiu o *tributo*, como objeto da prestação jurídica, especificamente considerado, com o objeto de uma prestação jurídica qualquer. Em outras palavras: confundiu um conceito de direito positivo com um conceito de lógica jurídica. Tal posição, porém, é explicável pelo fato de que àquela época não havia no direito positivo brasileiro uma definição normativa de tributo, nem as normas existentes permitiam pacífica formulação doutrinária de um conceito de tributo. Assim, Becker não vislumbrou elementos estritamente jurídicos que lhe permitissem distinguir a espécie – prestação jurídica tributária – do gênero – prestação jurídica.

Paulo de Barros Carvalho entende que a expressão "ou cujo valor nela se possa exprimir" amplia o âmbito das prestações tributárias, tendo em vista serem quase todos os bens suscetíveis de avaliação pecuniária. E esclarece:

> Note-se que quase todos os bens são suscetíveis de avaliação pecuniária, principalmente o trabalho humano que ganharia a possibilidade jurídica de formar o substrato de relação de natureza fiscal. Com base nessa premissa, alguns entenderam que o serviço militar, o trabalho nas Mesas Eleitorais e aquele desempenhado pelos jurados realizariam o conceito de tributo, já que satisfazem as demais condições postas pelo citado preceito.[27]

Rubens Gomes de Sousa, o mais destacado dos responsáveis pela elaboração do Anteprojeto do Código Tributário Nacional, diz que a expressão "em moeda" já está contida na qualificação "pecuniária", e considera que a expressão "ou cujo valor nela se possa exprimir" transforma o tributo de dívida de dinheiro em dívida de valor.[28] No debate entre

---

26. Idem, ibidem.

27. Paulo de Barros Carvalho, *Curso de Direito Tributário*, 13ª ed., São Paulo, Saraiva, 2000, pp. 25-26.

28. Rubens Gomes de Sousa e outros, *Comentários ao Código Tributário Nacional*, São Paulo, EDUC/Ed. RT, 1975, p. 40.

128   TEORIA GERAL DO DIREITO TRIBUTÁRIO

aquele eminente pioneiro dos estudos do direito tributário no Brasil e os professores Geraldo Ataliba e Paulo de Barros Carvalho, a conclusão foi a de que "a interpretação sistemática do art. 3º do CTN, vale dizer, a interpretação da definição de tributo no contexto da ordem jurídica, nos leva a admitir que a expressão 'em moeda ou cujo valor nela se possa exprimir' é supérflua, devendo ser tida pelo intérprete como não escrita".[29]

A propósito do tema, é importante que se estabeleça a distinção entre o tributo *pecuniário* e o tributo *em natureza*, ou *em serviço*, que se admite seja pago com bens diversos do dinheiro ou em serviços.

O tributo *em natureza* é aquele estabelecido sem nenhuma referência à moeda. Sua referência é o próprio bem sobre o qual incide. Assim, por exemplo, um imposto em natureza que porventura fosse instituído sobre a importação de trigo poderia consistir na entrega ao governo de tantos quilos por cada tonelada do trigo importado. Um imposto sobre a produção de açúcar poderia consistir na obrigação do produtor de entregar ao governo tantos quilos de açúcar por cada tonelada produzida.

O imposto *em serviço* é aquele estabelecido também sem nenhuma referência à moeda. Sua referência é o próprio serviço. Assim, por exemplo, aos médicos poderia ser imposto o dever de prestar tantos dias de serviço profissional, por cada ano, nos hospitais públicos. Aos advogados poderia ser imposto o dever de trabalhar nos serviços de assistência judiciária do governo tantos dias por ano. E assim por diante.

Inteiramente diversa é a situação em que o tributo é pecuniário mas a lei admite seu pagamento em bens diversos do dinheiro, ou em serviços. Sendo o imposto pecuniário, haverá sempre referência ao padrão monetário.

No plano da lógica jurídica, nada impede a criação de um tributo *em natureza* ou *em serviço*. O objeto da prestação tributária, neste caso, não seria de natureza pecuniária. Seria um bem diverso do dinheiro, ou um serviço. E nem precisaria ser dimensionado pecuniariamente. Aliás, já houve quem sustentasse a vantagem da instituição de um *dízimo real* sobre todos os frutos da terra, sem exceção alguma, o qual produziria melhor resultado líquido, sendo percebido em espécie, *em natureza*, de execução simples, sem a necessidade de cálculos.[30]

---

29. Geraldo Ataliba, Paulo de Barros Carvalho e Rubens Gomes de Sousa, *Comentários ao Código Tributário Nacional*, São Paulo, EDUC/Ed. RT, 1975, p. 40.

30. Viveiros de Castro, *Tratado dos Impostos*, Rio de Janeiro, Laemert, 1901, pp. 29-30.

O TRIBUTO 129

No direito positivo brasileiro, porém, tal é inadmissível.[31] Além da definição constante do art. 3º do CTN, diversas normas integrantes de nosso sistema jurídico, inclusive do próprio Código, indicam claramente a natureza pecuniária do tributo. É certo que as normas situadas no plano da lei ordinária, ou em plano inferior, poderiam ser alteradas pela lei ordinária que viesse a instituir um tributo *em natureza* ou *em serviço*. A Constituição e as leis complementares, porém, impedem a criação de tributo não pecuniário.

A questão de saber se o tributo, instituído como prestação pecuniária, pode ser satisfeito *em natureza* ou *em serviço* há de ser examinada à luz da distinção que na estrutura da norma jurídica se há de fazer entre *prestação* e *sanção*. A prestação é o conteúdo, ou objeto, da obrigação jurídica. A sanção é uma consequência da *não prestação*, e pode consistir na execução forçada da prestação. Admitida essa distinção, é possível afirmar que a obrigação tributária tem como objeto uma prestação pecuniária, vale dizer, o dever jurídico tributário tem como objeto a entrega de dinheiro, e não de outros bens, ao Estado.

Este entendimento tem consequência prática. Entender que o dever jurídico tributário pode ser satisfeito mediante a entrega ao Fisco de bens diferentes do dinheiro leva à conclusão de que o contribuinte tem o *direito subjetivo* de obter a quitação de dívida tributária mediante a entrega ao Fisco, independentemente da vontade deste, de quaisquer bens cujo valor possa ser expresso em moeda.

Diversas normas da Constituição indicam claramente que a receita pública é constituída de dinheiro, e diversas normas do Código Tributário Nacional, especialmente aquelas que se referem às bases de cálculo e às alíquotas dos impostos, indicam a inequívoca natureza pecuniária do tributo no Direito Brasileiro. Assim, não nos parece procedente a tese que afirma ter o contribuinte o direito de obter quitação de suas dívidas tributárias mediante a entrega ao Fisco de bens diversos do dinheiro.

É certo que o Código Tributário Nacional admite a dação em pagamento de bens imóveis, conforme estabelecido em lei, como forma de extinção do crédito tributário.[32] Cuida-se de norma simplesmente

---

31. A menos, é claro, que ocorra através de emenda constitucional para tal fim.
32. CTN, art. 156, XI, com redação que lhe deu a Lei Complementar 104, de 10.1.2001.

130 TEORIA GERAL DO DIREITO TRIBUTÁRIO

explicitante. Com ou sem ela a lei poderia admitir, como já no passado admitiu, a dação em pagamento de imóveis ao Fisco Federal.[33] E pode a lei admitir a dação em pagamento, de quaisquer bens, como forma de quitação de tributos. Isto, porém, não quer dizer que tenhamos tributos *em natureza*, nem quer dizer que o contribuinte tenha o direito subjetivo de quitar suas dívidas tributárias, ordinariamente, mediante a dação em pagamento. O direito de quitar dívidas tributárias mediante dação em pagamento é excepcional. O argumento de que o tributo pode ser pago em bens diversos do dinheiro porque o Fisco expropria, mediante o processo de execução, bens do contribuinte em débito é também inadmissível. Só se poderia admiti-lo ignorando a distinção entre *prestação* e *sanção*, acima lembrada. Por outro lado, é importante ressaltar que no processo de execução não ocorre, ordinariamente, a transmissão dos bens penhorados do patrimônio do devedor para o patrimônio do credor. Os bens são objeto de venda pública, e o débito é satisfeito com a entrega de dinheiro ao credor. Só nas hipóteses de adjudicação é que se opera a transferência da propriedade do bem do devedor para o credor. Trata-se, porém, de situação excepcional. Além disto, a execução é espécie de sanção decorrente do inadimplemento da obrigação. Não é forma de *prestação*. Decorre precisamente da *não prestação*.

É possível também que um ente público receba de um contribuinte, voluntariamente, bens diversos do dinheiro em pagamento de tributo. Desde que sejam respeitadas as normas do direito administrativo relativas à aquisição de bens pelo ente público, isto é absolutamente regular, mas não invalida a tese de que o tributo deve ser pago em dinheiro. O ente público, neste caso, recebe outro bem porque quer. Pura conveniência da Administração, que a tanto não pode ser compelida.

Quando se diz que o tributo é prestação pecuniária, a rigor, o que se está afirmando é que sua quantificação é sempre estabelecida com base no padrão monetário. E que, ordinariamente, o contribuinte não tem o direito subjetivo de obter a quitação de sua dívida tributária de outra forma que não seja pelo pagamento. Pela entrega de dinheiro, e não de outros bens.

---

33. Decreto-lei 1.766, de 28.1.1980.

O TRIBUTO

3.4.4 *Que não constitua sanção de ato ilícito*

Para bem compreender a definição legal de tributo é de grande importância definir o que se deve entender por *sanção*. Como disse Rubens Gomes de Sousa, a definição contida no art. 3º do CTN, sem a ressalva de que o tributo não constitui sanção de ato ilícito, abrangeria igualmente tributo e pena pecuniária. A expressão "que não constitua sanção de ato ilícito", inserida na definição legal de tributo, significa que a prestação pecuniária compulsória, instituída em lei e cobrada mediante atividade administrativa plenamente vinculada, em função de determinado fato, não pelo fato em si, mas pela circunstância de ser o mesmo ilícito, não é tributo.[34]

A tentativa de formulação de conceitos *jurídicos* a partir de elementos *metajurídicos*, especialmente através do que se poderia chamar de *tratamento axiológico* do Direito, tem levado alguns estudiosos a posições inaceitáveis. Assim é que Ives Gandra da Silva Martins, por exemplo, chegou a afirmar que o tributo é uma penalidade. Para ele, a distinção entre tributo e penalidade pecuniária só existe na substância, mas na sua expressão formal são realidades jurídicas idênticas. Por isto é que o art. 3º do CTN cuidou de estabelecer uma distinção, expressamente, estabelecendo que o tributo não constitui sanção de ato ilícito.[35]

Não concordamos, *data maxima venia*, com a assertiva do professor Ives Gandra da Silva Martins. No plano axiológico não se pode estabelecer qualquer distinção entre a sanção e o denominado tributo extrafiscal proibitivo. Penalidade e tributo extrafiscal proibitivo, no plano axiológico, não se distinguem. Ambos são instituídos com a mesma finalidade. Ao instituir um tributo extrafiscal proibitivo, o legislador tem por fim desestimular uma atividade, por considerá-la indesejável, tal como acontece ao instituir uma sanção. Impossível, portanto, distinguir tributo de penalidade pecuniária, no plano axiológico.

No plano da lógica jurídica, porém, o tributo distingue-se da penalidade pecuniária precisamente porque não é consequência de ato ilícito. Assim, parece-nos que a expressão "que não constitua sanção de ato

---

34. Rubens Gomes de Sousa e outros, *Comentários ao Código Tributário Nacional*, cit., p. 39.

35. Ives Gandra da Silva Martins, "Sanções tributárias", *Caderno de Pesquisas Tributárias* 4/262-269, São Paulo, Resenha Tributária, 1979.

132 TEORIA GERAL DO DIREITO TRIBUTÁRIO

ilícito", empregada pelo legislador ao definir *tributo*, é meramente explicitante. Cuida-se de norma com valioso efeito didático, que tem contribuído para a formação do Direito Brasileiro. Sua adequada compreensão, porém, suscita a questão de saber o que é *sanção* e o que se deve entender por *ilícito*.

Para Daniel Coelho de Souza a sanção integra a estrutura da norma, e não apenas da norma jurídica, mas de toda norma, porque toda norma é infringível, vale dizer, tem como pressuposto a possibilidade de não ser cumprida. Parece, portanto, entender que a *sanção* é uma consequência da infração à norma. Refere-se ele à concepção comum de sanção como "promessa de um mal". Aliás, autores de nomeada assim a entendem.[36] Observa, porém, com absoluta propriedade, que, embora a experiência aponte a sanção como um *mal*, isto não basta para a elaboração de um conceito jurídico, "porque a ideia de *mal* importa uma referência axiológica, ainda que precária, o que a desloca do plano científico para o plano filosófico" – não podendo, portanto, "servir de base para um conceito de sanção nos quadros da Ciência do Direito".[37]

O professor Arnaldo Vasconcelos sustenta que a sanção é uma consequência de uma atitude perante o Direito, podendo ser boa ou má, agradável ou desagradável. E esclarece: "Em face de uma exigência jurídica, há três condutas possíveis: (a) a normal, ou o cumprimento voluntário do preceito normativo; (b) a anormal, ou sua inobservância; e (c) a sobrenormal, ou a adesão a um *mais*, que ultrapassa o ordinariamente estabelecido para todos". Em seu entendimento, no primeiro caso consuma-se regularmente a *prestação*, não se podendo, portanto, cogitar de *sanção*. Nos dois outros casos ou não se deu a *prestação*, "ou ela foi além do comumente exigido. Verificou-se uma não prestação, ou uma prestação a maior". Para o caso de não prestação deverá ocorrer uma sanção punitiva, e para o caso da prestação a maior deverá correr uma sanção premial.[38]

Não nos parece, porém, que o prêmio deva ser considerado uma sanção. Aliás, não há qualquer razão para se pretender colocá-lo nessa categoria. O prêmio é – isto, sim – uma *prestação*. A conduta que ense-

---

36. Angel Latorre, *Introdução ao Direito*, Coimbra, Livraria Almedina, 1974, p. 19.

37. Daniel Coelho de Souza, *Introdução à Ciência do Direito*, São Paulo, Saraiva, 1980, p. 129.

38. Arnaldo Vasconcelos, *Teoria da Norma Jurídica*, 6ª ed., São Paulo, Malheiros Editores, 2006, p. 162.

O TRIBUTO
133

ja o prêmio é prevista na endonorma, e não na perinorma. Assim, por exemplo, se alguém paga um tributo antes do vencimento, está realizando o fato ao qual a norma liga uma prestação, vale dizer, o prêmio. Neste sentido é a lição de Mário Alberto Capello, em monografia considerada por Cossio como o mais perfeito trabalho sobre o assunto.[39]

Como ensina Daniel Coelho de Souza, invocando lição de Roberto José Vernengo, sanção e prêmio são técnicas de socialização, de motivação de condutas, pois tanto é possível controlar o comportamento do indivíduo gratificando-o pela conduta desejável como punindo-o pela conduta indesejável. Assim, no plano sociológico, "sanção e prêmio seriam técnicas de eficácia comuns a todas as normas de convivência".[40] No plano jurídico, porém, sanção e prêmio não se confundem. *Prêmio* é prestação. E, embora prestação e sanção sejam ambas, como diz Carlos Cossio, produto da vida humana e, consequentemente, da liberdade, a sanção não se integra com o sentido da liberdade de quem a sofre, mas com o sentido da força que se opõe à liberdade do ilícito ao qual é imputada, de modo que a liberdade do ilícito é então pensada por meio de sanção.[41]

Aliás, o professor Arnaldo Vasconcelos, não obstante diga ser o prêmio uma espécie de sanção, define sanção como "um dever-ser resultante da não prestação".[42] E destaca, com ênfase:

> (...). Na cronologia do fenômeno jurídico, situa-se como resultado da não prestação e como pressuposto da coação, que se manifestará através do poder institucionalizado, consistente num ato executivo, judicial ou mesmo legislativo. Por esse meio, obterá eficácia.[43]

Seja como for, certo é que o Código Tributário Nacional refere-se, ao definir tributo, a *sanção de ato ilícito*, com o quê afastou a questão de saber se o prêmio é espécie de sanção. Para a correta compreensão da definição de tributo, formulada em seu art. 3º, essa questão é irrelevante. Por isto, não nos pareceu útil, aqui, o seu aprofundamento.

39. *Apud* Daniel Coelho de Souza, *Introdução à Ciência do Direito*, cit., pp. 139-140.
40. Idem, p. 140.
41. Carlos Cossio, *La Teoría Egológica del Derecho y el Concepto Jurídico de Libertad*, Buenos Aires, Abeledo-Perrot, 1964, p. 689.
42. Arnaldo Vasconcelos, *Teoria da Norma Jurídica*, cit., 6ª ed., p. 162.
43. Idem, p. 165.

134 TEORIA GERAL DO DIREITO TRIBUTÁRIO

Para formular o conceito de sanção, Kelsen, coerente com a postura adotada em sua doutrina, procura afastar qualquer consideração axiológica. Afirma que não existe o ato antijurídico em si mesmo. Só é antijurídico o ato que seja tido como pressuposto de uma sanção. É incorreta, para ele, a afirmação corrente segundo a qual determinada conduta implica uma sanção por ser tal conduta antijurídica. Correto seria exatamente o inverso, isto é, uma conduta é antijurídica porque tem como consequência uma sanção.[44]

Sustentando que não se justifica o conceito de *mal em si*, afirma Kelsen ser necessário separar o problema jurídico, consistente em saber como se deve definir o ato antijurídico dentro de uma teoria do direito positivo, do problema político moral, consistente em saber a qual conduta deve o legislador vincular uma sanção.[45]

Não nos parece satisfatório o ensinamento de Kelsen neste ponto. Dizer que o ato é antijurídico porque foi escolhido pelo legislador como pressuposto de uma sanção é insuficiente para possibilitar a formulação de um conceito de sanção. Ficaríamos, então, em círculo vicioso: o ilícito, ou antijurídico, é o ato que tem como consequência uma sanção, enquanto a sanção seria definida simplesmente como consequência de um ato ilícito.

O próprio Kelsen, porém, oferece valioso subsídio para a solução do problema quando adverte para a necessidade de se distinguir os juízos de valor objetivo dos juízos de valor subjetivo. Há um juízo de valor objetivo quando se afirma que uma conduta está de acordo ou em desacordo com uma norma objetivamente considerada. Há um juízo de valor subjetivo quando se afirma que uma conduta é boa ou é má de acordo com o desejo de um ou de vários indivíduos. Em suas palavras:

> O valor que consiste na relação de um objecto, especialmente de uma conduta humana, com o desejo ou vontade de um ou de vários indivíduos, àquele objecto dirigida, pode ser designado como valor subjectivo – para o distinguir do valor que consiste na relação de uma conduta com a norma objectivamente válida e que pode ser designado como valor

---

44. Hans Kelsen, *Teoría General del Derecho y del Estado*, 3ª ed., trad. de Eduardo García Maynez, México, Textos Universitarios, 1969, p. 60.

45. Hans Kelsen, *Teoria Pura do Direito*, 3ª ed., trad. de João Baptista Machado, Coimbra, Arménio Amado Editor, 1974, pp. 42-43.

O TRIBUTO   135

objectivo. Quando o juízo segundo o qual uma determinada conduta humana é boa apenas significa que ela é desejada ou querida por uma outra ou várias outras pessoas, e o juízo segundo o qual uma conduta humana é má apenas traduz que a conduta contrária é desejada ou querida por uma ou várias outras pessoas, então, o valor "bom" e o desvalor "mau" apenas existem para aquela ou aquelas pessoas que desejam ou querem aquela conduta ou a conduta oposta, e não para a pessoa ou pessoas cuja conduta é desejada ou querida. Diversamente, quando o juízo segundo o qual uma determinada conduta humana é boa traduz que ela corresponde a uma norma objectivamente válida, e o juízo segundo o qual uma determinada conduta humana é má traduz que tal conduta contraria uma norma objectivamente válida, o valor "bom" e o desvalor "mau" valem em relação às pessoas cuja conduta assim é apreciada ou julgada, e até em relação a todas as pessoas cuja conduta é determinada como devida (devendo ser) pela norma objectivamente válida, independentemente do facto de elas desejarem ou quererem essa conduta ou a conduta oposta. A sua conduta tem um valor positivo ou negativo, não por ser desejada ou querida – ela mesma ou a conduta oposta –, mas porque é conforme a uma norma ou a contradiz. O acto de vontade cujo sentido é a norma não entra aqui em linha de conta.[46]

É de suma importância para a compreensão da doutrina kelseniana a distinção entre dever-ser *lógico* e dever-ser *axiológico*. Segundo essa doutrina, a Ciência Jurídica é perturbada pela Moral, pela Política, pela Religião etc. se o jurista não se atém dogmaticamente a seu objeto, tal como é.[47]

Também para formularmos um conceito de sanção é da maior importância a distinção entre o dever-ser lógico, ou objetivo, e o dever-ser axiológico, ou subjetivo. O sistema jurídico é composto de normas e de comandos ou ordens – vale dizer: é composto de prescrições jurídicas ou proposições prescritivas, na linguagem de Bobbio.[48] Os atos ou condutas que observam ou não desobedecem a tais prescrições são lícitos. Os atos ou condutas que desobedecem a tais prescrições são ilícitos. Ilícito, portanto, é o ato praticado em desobediência a uma prescrição jurídica ou

---

46. Idem, pp. 43-44.
47. Enrique R. Aftalión e outros, *Introducción al Derecho*, Buenos Aires, El Ateneo, 1960, p. 107.
48. Norberto Bobbio, *Contribución a la Teoría del Derecho*, Valência, Fernando Torres, 1980, pp. 293-301.

136 TEORIA GERAL DO DIREITO TRIBUTÁRIO

proposição prescritiva. E, conceituado desta forma o ilícito, é possível afirmar que a sanção é a consequência de um cometimento ilícito.

Não há necessidade de recorrermos à ideia de *mal em si* para estabelecermos o conceito de ilícito. O juízo de valor que se há de formular situa-se no plano da Ciência do Direito. É um juízo de valor objetivo, ou lógico, e não um juízo de valor axiológico. Para determinar se um ato é lícito ou ilícito, o que se há de verificar é se ele está, ou não, em conformidade com o prescrito pelo Direito.

A definição de *sanção*, assim, é viável: sanção é a consequência de um comportamento ilícito, a qual se pode efetivar independentemente da vontade daquele contra quem é imposta. Não se confunde com o dever *jurídico*, porque, cronologicamente, situa-se como resultado da *não prestação*, fora do denominado momento da liberdade, como pressuposto da *coação*, poder institucionalizado que lhe assegura eficácia.

3.4.5 *Instituída em lei*

Duas questões, aparentemente sem importância, devem ser aqui enfrentadas, porque essenciais à adequada compreensão do conceito de tributo. A primeira consiste em saber o que significa ser *instituído*. A outra consiste em saber o que é uma *lei*. São questões aparentemente banais, mas realmente pouco vale saber que o tributo é prestação pecuniária *instituída em lei* se não se sabe o que significa ser *instituída*, vale dizer, se não se sabe o conteúdo da função instituidora, e menos ainda se não se sabe o que significa a palavra "lei", neste contexto.

Como em geral acontece com as questões relativas ao princípio da legalidade, a questão de saber em que consiste a *instituição* ou *criação* do tributo reside, essencialmente, em saber se o legislador pode delegar atribuições suas, e até que ponto pode fazê-lo. É a debatida questão da distribuição das funções do Estado.

Criar um tributo é modificar o Direito vigente. É instituir norma jurídica. Assim, só tem competência para fazê-lo o órgão dotado de competência legislativa. Isto é afirmado por quase todas as Constituições do mundo, como informa Victor Uckmar, arrolando os dispositivos das Constituições de expressivo número de Países.[49]

---

49. Victor Uckmar, *Os Princípios Comuns do Direito Constitucional Tributário*, 2ª ed., trad. de Marco Aurélio Greco, São Paulo Malheiros Editores, 1999, pp. 34-39.

O TRIBUTO 137

Mesmo assim, merece exame a questão de saber se o Poder Legislativo pode, ao instituir o tributo, apenas dizer, em lei, que determinado tributo é criado, e deixar a cargo da Administração a tarefa de definir o núcleo da hipótese de incidência, a base de cálculo e a alíquota respectiva, bem como os sujeitos da obrigação tributária.

Tendo em vista o princípio da separação dos Poderes do Estado, a atribuição aos órgãos legislativos da competência para criar tributos deveria implicar, no autorizado dizer de Uckmar,

(...) a exclusão de toda e qualquer potestade normativa por parte do Executivo. Porém, a experiência demonstra que os Parlamentos não têm a possibilidade – seja pela quantidade de trabalho que devem realizar, seja pelo insuficiente conhecimento dos problemas práticos e dos pormenores – de exercer por inteiro a função legislativa, que, portanto, vai sendo confiada, sempre com maior frequência e amplitude, ao Executivo.[50]

Em alguns casos essa função legislativa é exercida pelo Poder Executivo de modo quase pleno, através de medidas provisórias, como acontece no regime de nossa vigente Constituição Federal. Na maioria dos casos, porém, a função normativa do Executivo em matéria tributária é apenas regulamentar. E essa atividade regulamentar tem sido considerada juridicamente válida desde que a criação do tributo, com a individualização dos sujeitos da obrigação tributária principal, seja reservada ao legislador, podendo o Judiciário negar aplicação às normas regulamentares que estejam em contraste com a lei.[51]

No sistema jurídico brasileiro o princípio da legalidade tributária está posto de tal modo que não se pode admitir qualquer delegação legislativa no pertinente à definição da hipótese de incidência do tributo. Existem normas expressas e específicas a indicar o conteúdo do princípio da legalidade tributária. Normas da própria Constituição Federal[52] e do Código Tributário Nacional.[53] As normas da Constituição indicam a adoção do princípio da legalidade em nosso sistema jurídico, enquanto as normas do Código Tributário Nacional explicitam o seu conteúdo, vale dizer, especificam a matéria compreendida na denominada reserva legal.

50. Idem, p. 39.
51. Idem, pp. 42-45.
52. CF de 1988, art. 150, I, II e III.
53. CTN, art. 97.

138 TEORIA GERAL DO DIREITO TRIBUTÁRIO

O princípio da legalidade é fruto de um momento histórico superado, qual seja. o do Liberalismo, e hoje pode até ser tido como decadente, porque incompatível com a ampliação dos fins do Estado e com a posição em que este se deve colocar "para proteger eficazmente a liberdade do indivíduo e a sua personalidade".[54] Perdura, porém, nos textos constitucionais. Paulo Bonavides, considerando a liberdade contra o Estado uma ideia morta, há mais de 20 anos faz dramática advertência: "(...) ou alcançamos a liberdade no Estado – e para tanto se mostrará obsoleto o princípio constitucional clássico –, ou, com a hipertrofia dos fins do Estado, seremos esmagados pela ascensão do totalitarismo estatal, que já deu e continua dando sombrias mostras da maneira impetuosa e da irrefreável desenvoltura com que é capaz de suprimir, a golpes de opressão, a democracia e a liberdade".[55]

Ocorre que o parlamentarismo, caminho sugerido por Paulo Bonavides, não vingou no Brasil. Nem se encontrou qualquer outra fórmula capaz de viabilizar a defesa dos direitos e das liberdades individuais, vendo-se, pelo contrário, cada dia mais esmagado o indivíduo, sob o argumento, nem sempre sincero, da prevalência do interesse social.

É nesse quadro, pouco otimista, que se justifica a permanência no texto constitucional do princípio da legalidade. À míngua de melhor instrumento de defesa do indivíduo, é plenamente válido o uso do instrumento antigo, mesmo desgastado pelo duro e inevitável embate com a realidade de nossos dias. E outro talvez não tenha sido o motivo pelo qual nossa Constituição dispensou tanto cuidado ao princípio, especialmente em matéria tributária. Vedou à União, aos Estados, ao Distrito Federal e aos Municípios a instituição e o aumento de tributo sem que a lei os estabeleça, ressalvados, no concernente a aumentos, os casos nela previstos.[56]

O Código Tributário Nacional, por seu turno, reproduz a regra, vedando a instituição de tributo sem que a lei o estabeleça (art. 9º), e explicita o princípio em toda a sua extensão, estabelecendo que somente a lei pode instituir, extinguir, majorar e reduzir tributo, com as ressalvas expressamente previstas; só a lei pode definir o fato gerador da obrigação tributária principal, fixar as alíquotas e bases de cálculo, cominar pena-

---

54. Paulo Bonavides, *Do Estado Liberal ao Estado Social*, 11ª ed., 2ª tir., São Paulo, Malheiros Editores, 2014, p. 86.
55. Idem, ibidem.
56. CF de 1988, arts. 150, I, e 153, § 1o.

O TRIBUTO　139

lidades e estabelecer as hipóteses de exclusão, suspensão e extinção de créditos tributários ou de dispensa ou redução de penalidades (art. 97).

Na verdade, dizer que somente a lei pode estabelecer a instituição de tributos (CTN, art. 97, I) seria suficiente. Mas o Código foi além. Disse que somente a lei pode estabelecer a definição do fato gerador da obrigação tributária principal e do seu sujeito passivo. Com isto já ficou afastada a possibilidade de fixação em qualquer ato normativo diverso da *lei* de qualquer elemento necessário à determinação do tributo, em todos os seus aspectos. Mas o Código não ficou aí. Determinou, ainda, que somente a lei pode estabelecer a fixação da alíquota do tributo e da sua base de cálculo (art. 97, IV). Assim, ficou inteiramente excluída a possibilidade de se admitir, por via de interpretação em que se desse à expressão "fato gerador" um sentido menos abrangente, o estabelecimento em normas diversas da lei de elementos necessários à fixação do *quantum* do tributo ou do sujeito passivo respectivo.

Com efeito, descrever o fato gerador da obrigação tributária, ou, em outras palavras, fixar a hipótese de incidência da norma de tributação, significa fixar todos os elementos de que se pode necessitar para a determinação do *quantum* do tributo e do sujeito passivo correspondente. A hipótese de incidência tributária, como ensina Geraldo Ataliba, é uma unidade formal e substancial. E os *elementos* ou *dados* de que se necessita para a determinação do *quantum* do tributo e de seu sujeito passivo, na verdade, não passam de *aspectos* da hipótese de incidência, pois "esta categoria ou protótipo (hipótese de incidência) se apresenta sob variados aspectos, cuja reunião lhe dá entidade. Tais aspectos não vêm necessariamente arrolados de forma explícita e integrada na lei. Pode haver – e tal é o caso mais raro – uma lei que os enumere e especifique a todos, mas, normalmente, os aspectos integrativos da hipótese de incidência estão esparsos na lei, ou em diversas leis, sendo que muitos são implícitos no sistema jurídico. Esta multiplicidade de aspectos não prejudica, como visto, o caráter unitário e indivisível da hipótese de incidência. (...)".[57]

Com as disposições expressas e explícitas do Código Tributário Nacional, ainda que se pretenda interpretar a expressão "fato gerador" da obrigação tributária do modo mais restrito, entendendo-se que a mes-

---

57. Geraldo Ataliba, *Hipótese de Incidência Tributária*, 6ª ed., 15ª tir., São Paulo, Malheiros Editores, 2014, p. 76.

140 TEORIA GERAL DO DIREITO TRIBUTÁRIO

ma abrange apenas o núcleo ou *aspecto material* da hipótese de incidência, não seria possível excluir da reserva legal a determinação dos demais aspectos. Portanto, tem-se como induvidoso que no sistema jurídico brasileiro somente a lei pode estabelecer a hipótese de incidência tributária, em todos os seus aspectos.

Assim, a primeira das duas questões colocadas fica respondida. A *prestação* em causa é *instituída* quando a lei define a hipótese de incidência do tributo *em todos os seus aspectos*, vale dizer, define o fato imponível, indicando o critério de dimensionamento deste (base de cálculo, ou base imponível) a alíquota, o sujeito ativo e os critérios de identificação do sujeito passivo e, ainda, as circunstâncias de tempo e de lugar para o nascimento da relação jurídica tributária.

Passemos, agora, à questão de saber o que significa a palavra "lei" no contexto do princípio da legalidade tributária.

Em diversos de seus dispositivos a Constituição Federal prescreve a necessidade de *lei* dirigida a situações concretas, ou para autorizar a prática de atos administrativos nela determinados. Nesses casos a *lei* não tem conteúdo *normativo*, não tem eficácia repetitiva, pois não diz respeito a uma ação-tipo, mas a uma situação concreta. A criação de cargos públicos, por exemplo, é feita por lei (CF de 1988, arts. 48, X, e 61, § 1º, "a").

Por outro lado, ao estabelecer o princípio da isonomia, a Constituição Federal impõe que as leis, como produto da atividade legislativa, devem ser prescrições jurídicas de caráter normativo, vale dizer, devem ter por objeto ações-tipo, de sorte que somente para os casos expressamente estabelecidos na Constituição, que constituem exceções, admite-se a *lei* com efeitos concretos.

A palavra "lei" pode ser utilizada como sinônimo de norma. Diz-se que se trata de lei em sentido *material*, ou substancial, exatamente porque consubstancia uma prescrição de efeitos repetitivos, que se aplica nas hipóteses nela previstas, sempre que ocorrer a concretização destas. E pode ser utilizada em sentido formal, de ato produzido pelo órgão estatal competente para o desempenho da função legislativa e com observância do procedimento estabelecido para o exercício de tal função.

Diz-se, então, que a palavra "lei" tem um sentido amplo e um sentido restrito.

O TRIBUTO   141

Em sentido amplo, abrange a lei que o seja apenas em sentido *formal* e também a lei que o seja apenas em sentido *material*. Abrange os atos produzidos pelo órgão competente para o desempenho da função legislativa, com observância do procedimento estabelecido para o exercício de tal função, sejam tais atos de efeitos concretos ou de efeitos normativos. E abrange também as prescrições normativas, sejam elas produzidas pelo órgão competente para o desempenho da função legislativa ou por qualquer outro, ou até pelos particulares, como é o caso dos contratos. É neste sentido amplo que a palavra "lei" está em frases como "o contrato é lei entre as partes".

Em sentido restrito, abrange apenas a lei que o seja tanto em sentido formal como em sentido material. Abrange somente o ato produzido pelo órgão competente para o desempenho da função legislativa, com observância do procedimento estabelecido para o exercício de tal função, que seja uma norma, vale dizer, que tenha efeitos normativos.

Em conclusão, a palavra "lei" no art. 3º do CTN tem sentido restrito. É somente a lei que o seja tanto em sentido formal como em sentido material. Em outras palavras: é o ato produzido pelo órgão competente para o exercício da função legislativa, com observância do procedimento estabelecido para o exercício de tal função, dotado de conteúdo normativo.

Neste sentido, a palavra "lei" abrange as medidas provisórias, sobre as quais uma ligeira referência se faz necessária. O art. 62 da CF de 1988 autoriza o Presidente da República a adotar, nos casos de relevância e urgência, *medidas provisórias* com força de lei. Essa atribuição de competência legislativa ao chefe do Poder Executivo suscitou muitas questões, entre as quais nos pareceram essenciais as concernentes aos pressupostos para o exercício dessa competência excepcional e à possibilidade de reedição de medida provisória não convertida em lei. Infelizmente, o STF manifestou-se, em ambas, de modo favorável ao Governo. Admitiu que a relevância e a urgência constituem juízos políticos do Presidente da República e – o que é muito pior – admitiu a reedição indefinida de medidas provisórias, ensejando verdadeiro abuso da competência legislativa excepcional.

No que diz respeito especificamente às questões tributárias, foram suscitadas, entre outras, as questões de saber: (a) se são possíveis a criação e o aumento de tributo através de medida provisória; (b) se a medida

142 TEORIA GERAL DO DIREITO TRIBUTÁRIO

provisória pode tratar de matéria reservada à lei complementar; e, ainda, (c) se o princípio da anterioridade tributária está atendido com a publicação da medida provisória antes do primeiro dia do exercício financeiro, ou se a publicação anterior há de ser da própria lei. Essas questões devem, agora, ser examinadas em face da Emenda Constitucional 32, de 11.9.2001, que alterou vários dispositivos da Constituição Federal de 1988, inserindo diversas normas pertinentes às medidas provisórias.

Preferimos desde o início admitir que a medida provisória pode, em princípio, criar tributo, embora, em face dos pressupostos de sua edição e dos princípios constitucionais relativos à tributação e ao orçamento, fosse razoável entender que somente os impostos extraordinários e os empréstimos compulsórios poderiam ser instituídos por essa espécie normativa excepcional.[58] O STF, todavia, admitiu a criação de tributos por medida provisória, sem qualquer restrição. E admitiu que, uma vez publicada a medida provisória antes do primeiro dia do exercício financeiro, a cobrança do tributo seria possível, independentemente da data da publicação da lei na qual viesse a ser convertida.

Com o advento da Emenda Constitucional 32/2001 tem-se que a medida provisória pode criar e aumentar tributos, salvo aqueles para cuja criação é exigida lei complementar. Entretanto, quanto aos impostos sujeitos ao princípio da anterioridade, só produzirá efeitos no exercício financeiro seguinte se houver sido convertida em lei até o último dia daquele em que foi editada. Isto quer dizer que a medida provisória apenas pode servir como instrumento para forçar o Congresso Nacional a uma deliberação mais rápida sobre a criação e o aumento de tributos mas, a rigor, estes não serão criados nem aumentados por medida provisória, posto que a cobrança só será possível depois da conversão em lei.

Nos termos do art. 150, III, "b", da CF, é vedada a cobrança de tributos no mesmo exercício financeiro em que haja sido publicada a lei que os instituiu ou aumentou. Assim, não obstante a impropriedade do § 2º do seu art. 62, que se refere a "impostos", quando deveria referir-se a "tributos", deve prevalecer a vedação albergada pela regra limitadora do poder de tributar, que se aplica a todos os tributos, ressalvados aqueles expressamente indicados no texto constitucional. A regra é a prevalência

---

58. Hugo de Brito Machado, *Curso de Direito Tributário*, 19ª ed., São Paulo, Malheiros Editores, 2001, pp. 70-71. V., também, a 36ª ed. do *Curso*, 2015, pp. 84-85.

O TRIBUTO 143

do princípio da anterioridade. A exclusão deste é exceção, que, segundo princípio universal da hermenêutica jurídica, não pode ser ampliada.

Questão interessante consiste em saber se a publicação de medida provisória que cria ou aumenta contribuições, com fundamento no art. 149 da CF, no final do mês de dezembro satisfaz o princípio da anterioridade, previsto no seu art. 150, III, "a", e se o prazo de 90 dias a que se refere o § 6º do art. 195 começa com a publicação da medida provisória que cria ou aumenta contribuição com fundamento no mencionado artigo da Constituição Federal.

A nosso ver, as contribuições de seguridade criadas ou aumentadas por medida provisória só podem ser cobradas depois de 90 dias da publicação da lei. A norma do § 2º do art. 62 da CF, introduzida pela Emenda 32/2001, que exige lei do exercício anterior para autorizar a cobrança dos *impostos* sujeitos ao princípio da anterioridade, tem natureza meramente interpretativa, e nela a palavra "impostos" é abrangente do gênero, quer dizer, "tributos". O Congresso Nacional, ao emendar a Constituição, apenas disse o que deveria ter sido dito há muito tempo pelos tribunais, especialmente pelo STF. Assim, aplica-se também às taxas e contribuições sujeitas ao princípio da anterioridade, nos termos do art. 150, III, "b", da CF.

É certo que o uso da palavra "impostos" com o significado de "tributos" configura impropriedade técnica, mas a Constituição e as leis estão cheias dessas impropriedades, e o intérprete não se deve guiar simplesmente pelo elemento literal. Na interpretação das normas jurídicas, o elemento literal, embora absolutamente necessário, é, na verdade, insuficiente.

Melhor teria sido o emprego da palavra "tributos", em lugar de "impostos", no § 2º do art. 62 da CF. Ocorre que não raramente se encontra a palavra "impostos" utilizada para designar os tributos, sem distinção. Assim, imposto pode significar "transferência compulsória de dinheiro ao governo (no passado, também de mercadorias e serviços) por parte de indivíduos e instituições; tributo".[59] Ou, então, ainda como sinônimo de tributo, a palavra "imposto" pode indicar "o conjunto de todas essas contribuições (o governo recolheu vultosa quantia em impostos)" – como se vê em Houaiss.[60]

59. *Novo Aurélio*, 3ª impr., Nova Fronteira, p. 1.084.
60. *Dicionário Houaiss da Língua Portuguesa*, 1ª ed., Rio de Janeiro, Objetiva, 2001, p. 1.583.

144   TEORIA GERAL DO DIREITO TRIBUTÁRIO

O próprio legislador nem sempre se revela seguro quanto ao uso da espécie, *impostos*, em lugar do gênero, *tributos*. Assim é que cuidou de esclarecer, com o art. 217, introduzido no Código Tributário Nacional pelo Decreto-lei 27, de 14.11.1966, que o disposto em alguns artigos do mesmo Código, entre eles o art. 17, não impedia a incidência e a exigibilidade das contribuições que enumerou. Ocorre que o art. 17 do CTN se refere a impostos, e não a tributos. Assim, a não ser que se tome a espécie *impostos* pelo gênero *tributos*, nada justifica aquele esclarecimento.

3.4.6 *Cobrada mediante atividade administrativa plenamente vinculada*

É sabido que o Direito, enquanto sistema normativo, é um sistema de limites à liberdade humana. A rigor, toda norma jurídica é limite de poder. Assim, toda autoridade, todo titular de poder, tem no Direito um sistema de limites ao desempenho de suas atribuições. Esses limites podem ser mais ou menos estreitos. Em consequência, a liberdade de que a autoridade administrativa dispõe no desempenho de suas tarefas não é a mesma em todas as situações.

Tendo em vista o grau de liberdade conferido pela norma jurídica à autoridade administrativa para o desempenho de suas atribuições, os atos administrativos podem ser classificados em: (a) discricionários; e (b) vinculados. Fala-se também dos atos arbitrários. São aqueles em cuja prática a autoridade administrativa não reconhece nenhum limite jurídico. Tais atos, precisamente porque caracterizados pela inobservância de quaisquer limites jurídicos, são incompatíveis com o Direito, e, assim, não compõem a classificação dos atos administrativos, que se pressupõe referida aos atos administrativos conformes ao Direito. Devem ser colocados – isto, sim – no campo dos atos ilícitos.

Conceituam-se como atos administrativos discricionários aqueles em cuja prática dispõem as autoridades de ampla liberdade, que lhes é conferida pela lei. Já, os atos vinculados são aqueles em cuja prática as autoridades administrativas não dispõem de nenhuma liberdade, posto que a norma jurídica estabelece, em todos os seus aspectos, o único comportamento legalmente possível. "(...). Nessa categoria de atos, as imposições legais absorvem, quase que por completo, a liberdade do administrador, uma vez que sua ação fica adstrita aos pressupostos esta-

O TRIBUTO   145

belecidos pela norma legal para a validade da atividade administrativa. Desatendido qualquer requisito, compromete-se a eficácia do ato praticado, tornando-se passível de anulação pela própria Administração, ou pelo Judiciário, se assim o requerer o interessado."[61]

No dizer de Celso Antônio Bandeira de Mello, "atos vinculados seriam aqueles em que, por existir prévia e objetiva tipificação legal do único possível comportamento da Administração em face de situação igualmente prevista em termos de objetividade absoluta, a Administração, ao expedi-los, não interfere com apreciação subjetiva alguma". Já, os atos discricionários, segundo Celso Antônio, "seriam os que a Administração pratica com certa margem de liberdade de *avaliação* ou *decisão* segundo critérios de conveniência e oportunidade formulados por ela mesma, *ainda que adstrita à lei regulamentadora da expedição deles*".[62]

Discricionariedade não se confunde com arbitrariedade. "Discricionariedade é liberdade dentro da lei, nos termos dela e exclusivamente para dar exato atendimento às finalidades estipuladas. Mas é também, antecipada aprovação, pela lei, do critério adotado pelo administrador, desde que mantido no interior das possibilidades comportadas pela regra normativa a cumprir e orientado em direção ao fim por ela estipulado."[63] A norma que confere poder discricionário geralmente diz que isto, ou aquilo, poderá ser feito desta ou daquela forma, *a critério da autoridade administrativa*. E a autoridade decide, em cada caso, do modo que entende seja mais bem alcançado o fim perseguido pela atividade administrativa. "Daí que discricionariedade e apreciação subjetiva caminham *pari passu*. Só há discricionariedade onde caiba algum subjetivismo. Reversamente, não há discricionariedade onde, pelo teor da dicção legal, falte espaço para interferência de alguma avaliação subjetiva, para alguma opção."[64]

Se a atividade de tributação fosse discricionária, a norma jurídica tributária diria, por exemplo, que determinado tributo seria cobrado de todas as pessoas que tivessem capacidade contributiva, na medida desta

61. Hely Lopes Meirelles, *Direito Administrativo Brasileiro*, 40ª ed., São Paulo, Malheiros Editores, 2014, p. 183.

62. Celso Antônio Bandeira de Mello, *Curso de Direito Administrativo*, 31ª ed., São Paulo, Malheiros Editores, 2014, p. 434.

63. Celso Antônio Bandeira de Mello, *Ato Administrativo e Direito dos Administrados*, São Paulo, Ed. RT, 1981, p. 66.

64. Idem, p. 66.

146 TEORIA GERAL DO DIREITO TRIBUTÁRIO

e de modo a satisfazer as necessidades do Tesouro Público. Como se vê, a autoridade da Administração Tributária disporia de ampla margem de poder discricionário para determinar o valor do tributo que iria exigir de cada um. Isto, por razões evidentes, não conduziria a bom resultado.

Amílcar de Araújo Falcão já asseverou, com inteira propriedade, que nos atos administrativos nem a vinculação nem a discricionariedade "aparecem na prática em caráter absoluto, de modo que a distinção das duas categorias se faz, concretamente, tendo em vista o caráter que seja predominante no ato".[65] E, adiante, esclareceu: "Assim é que a vinculação do ato pode referir-se a algum dos seguintes aspectos, isolada ou conjuntamente: conteúdo, efeitos, forma e obrigatoriedade de emanação ou execução".[66]

Segundo Hely Lopes Meirelles, "dificilmente encontraremos um ato administrativo inteiramente vinculado, porque haverá sempre aspectos sobre os quais a Administração teria opções na sua realização. Mas o que caracteriza o ato *vinculado* é a predominância de especificações da lei sobre os elementos deixados livres para a Administração".[67]

E, se assim é, a questão que se coloca é a de saber o que significa o advérbio "plenamente", utilizado na definição legal do tributo. Em primeiro lugar, é importante esclarecer que a vinculação da atividade administrativa a que se reporta o art. 3º do CTN não há de ser sempre em relação à lei. Indicando que a vinculação da atividade administrativa não há de ser apenas em relação à lei, doutrina Mário Masagão: "O ato vinculado é aquele que alguma norma jurídica, obrigatória para o órgão que o realiza, mande praticar num determinado sentido, desde que surjam os requisitos por ela previamente estabelecidos. Pode tratar-se de lei, de regulamento, de instrução etc.".[68]

Atividade administrativa plenamente vinculada, consoante exige a definição legal de tributo, é aquela consubstanciada em atos que Ruy Cirne Lima denominou *executivos*, vale dizer, "aqueles atos que representam meramente a execução de lei ou regulamento, podendo se constituir, também, em execução de disposição constitucional de aplicação

---

65. Amílcar de Araújo Falcão, *Introdução ao Direito Administrativo*, São Paulo, Resenha Universitária, 1977, p. 48.

66. Idem, ibidem.

67. Hely Lopes Meirelles, *Direito Administrativo Brasileiro*, cit., 40ª ed., p. 132.

68. Mário Masagão, *Curso de Direito Administrativo*, 6ª ed., São Paulo, Ed. RT, 1977, p. 149.

O TRIBUTO

imediata; todos os elementos do ato vêm estabelecidos na disposição constitucional, legal ou regulamentar, incluída a prática do ato mesmo, que ao funcionário vem imposta como dever".[69] Conforme já demonstrado, é impraticável uma absoluta vinculação dos atos administrativos à lei. Mas, como a atividade da Administração Tributária há de ser *plenamente* vinculada, utiliza-se a técnica da atividade administrativa *normativa*. Através dos regulamentos e das denominadas *normas complementares*, mencionadas no art. 100 do CTN, opera-se a redução da vaguidade dos conceitos usados na lei, de sorte que o ato de concreção – vale dizer, o ato administrativo de execução – é praticado com o mínimo possível de discricionarismo.

Não se trata de delegação legislativa. Ao editar um regulamento, o Poder Executivo não está exercendo atividade legislativa delegada, mas atividade administrativa.

Esta colocação é da maior importância no pertinente ao exame do cabimento, em certos casos, de mandado de segurança. Realmente, há situações em que o ato de concreção da norma tributária não é praticado pela autoridade administrativa, mas por um particular. É o caso, por exemplo, do desconto do imposto de renda na fonte. O ato de concreção do Direito, aí, é praticado pela fonte pagadora do rendimento sujeito ao desconto. É o ato de descontar o imposto. E esta compreensão leva a se entender incabível o mandado de segurança, pois não há *ato de autoridade* lesionando o direito do contribuinte.

Entendimento diverso foi o adotado pelo Juiz Federal Antônio Augusto Catão Alves, invocando decisão da 4ª Turma do TFR no AgMS 102.225-RJ, do qual foi Relator o eminente Min. Pádua Ribeiro. Entendeu aquele Magistrado que, na hipótese de retenção do imposto de renda na fonte, nos termos do art. 6º do Decreto-lei 2.065/1983, as autoridades impetradas – vale dizer: o Superintendente e o Delegado da Receita Federal – são incumbidas de dar execução às determinações contidas no citado dispositivo legal e que "as empresas, encarregadas da retenção do imposto, são meros agentes arrecadadores. Além disso, ao contrário do que pretendem as autoridades supracitadas e o Ministério Público Federal, não se trata de impugnação de lei em tese, mas de me-

---

69. Ruy Cirne Lima, *Princípios de Direito Administrativo*, 7ª ed., São Paulo, Malheiros Editores, 2007, p. 241.

148 TEORIA GERAL DO DIREITO TRIBUTÁRIO

dida *efetiva* e *concreta* de retenção de imposto incidente sobre os rendimentos descritos na inicial".[70] No mesmo sentido foi a decisão do Juiz federal Fleury Antônio Pires.[71]

Observou, com acuidade, o Min. Carlos Mário Velloso a distinção entre a atividade legislativa delegada e o poder regulamentar, destacando que este é atividade *administrativa*. E esclareceu, invocando as lições de Geraldo Ataliba, Celso Antônio Bandeira de Mello e Celso Bastos, que as leis administrativas, diversamente do que ocorre com as leis civis e penais, comportam regulamentação, precisamente porque o regulamento tem por objeto as situações nas quais a Administração pode atuar, no cumprimento da lei, de forma discricionária.[72]

A atividade da Administração Tributária é exercitada, portanto, de duas formas: normativa e executiva. Sempre que a lei deixa margem a mais de um comportamento, a Administração Tributária deve atuar exercendo atividade normativa para, dessa forma, eliminar o discricionarismo no momento do exercício da atividade executiva.

É importante, neste ponto, relembrar a distinção entre *norma* e *comando*, ou *ordem*. A norma tem eficácia repetitiva, vale dizer, renova-se toda vez que a situação nela prevista ocorre. Já, o comando, ou ordem, tem eficácia instantânea, vale dizer, exaure-se em um único caso. A lei tributária contém *normas*. Também o regulamento e as normas complementares de que trata o art. 100 do CTN. Assim, o fato de uma autoridade da Administração Tributária editar um *ato normativo*, embora seja o exercício de atividade administrativa, não é ato de concreção do Direito, posto que esse ato normativo se situa, ainda, no plano da denominada *lei em tese*. É dotado de abstração, ou generalidade.

Parece-nos – não obstante o maior respeito que temos pela opinião contrária – que os atos normativos editados pelas autoridades administrativas, do mesmo modo que o art. 6º do Decreto-lei 2.065/1983, estão no plano da denominada *lei em tese*, dotados que são de eficácia repeti-

---

70. Antônio Augusto Catão Alves, Sentença proferida no Processo 05/84-H, publicada na *Revista da AJUFE* novembro/1984, pp. 30-38.

71. Fleury Antônio Pires, Sentença proferida no Processo 650.864-2, publicada na *Revista da AJUFE* novembro/1984, pp. 38-45.

72. Carlos Mário da Silva Velloso, "Do poder regulamentar", *Revista Jurídica Lemi* 174/9, Belo Horizonte, 1982.

O TRIBUTO   149

tiva, vale dizer, eficácia que se renova todas as vezes em que ocorrer o pagamento dos rendimentos neles especificados.

Uma decorrência do caráter vinculado da atividade administrativa de tributação, de notável relevância, está em que as opções feitas pela autoridade, dentro das margens de discricionarismo legalmente fixadas, vinculam a Administração. Assim, se ocorre modificação de critério jurídico, em primeiro lugar devem ser modificadas as normas que consubstanciam esses critérios, e só depois se pode admitir a prática de atos concretos de tributação com fundamento nos critérios novos. "No direito tributário, qualquer modificação de orientação administrativa deve ser precedida de alteração dos instrumentos normativos que a consubstanciam."[73]

Como ensina Geraldo Ataliba, "é pacífico, no Direito Brasileiro, que: (1) os atos concretos se fundam sempre numa norma prévia, que orienta a sua prática; (2) não pode a Administração praticar ato concreto sem, com isso, aplicar as normas que os regem; (3) se tais normas emanam da própria Administração (como é o caso), só pode ela praticar diversamente os atos concretos se, antes, reformular as normas; (4) ainda quando assim aja, a Administração não pode atribuir efeito retroativo às normas que expeça".[74]

Ao lado dos atos normativos expedidos pelas autoridades administrativas, das decisões dos órgãos singulares ou coletivos de jurisdição administrativa, a que a lei atribua eficácia normativa, dos convênios que entre si celebrem a União, os Estados, o Distrito Federal e os Municípios, integram a *legislação tributária*, como normas complementares das leis, dos tratados e das convenções internacionais e dos decretos, as *práticas reiteradamente observadas pelas autoridades administrativas*. Por isto, mesmo não havendo norma escrita, o comportamento da autoridade administrativa termina por vincular-se às normas costumeiras, criadas pelas práticas reiteradas dessas autoridades. O STF decidiu ser indevida a aplicação de novo critério de cálculo de contribuições para o FUNRURAL relativamente às operações realizadas em período anterior à mudança de interpretação fiscal.[75] Reconheceu, nesse caso, *efeito normativo* à decisão proferida em consulta pela Comissão Diretora

73. Geraldo Ataliba, "Parecer", *RDA* 118/438, Rio de Janeiro, FGV.
74. Idem, p. 439.
75. STF, RE 96.671-SP, rel. Min. Oscar Corrêa, *RTJ* 107/1.123.

150 TEORIA GERAL DO DIREITO TRIBUTÁRIO

do FUNRURAL. Esse entendimento, que já havia sido adotado pelo Min. José Dantas em voto vencido no TFR, é perfeito. Tem indiscutível amparo no art. 146 do CTN e se aplica também à hipótese de práticas reiteradamente observadas pelas autoridades administrativas.

Há quem afirme terem os *usos* e *costumes*, representados pela prática reiterada das autoridades administrativas, importância insignificante.[76] Na verdade, porém, essas normas têm significativa importância, na medida em que vinculam o comportamento das autoridades administrativas, afastando o discricionarismo e garantindo, assim, maior grau de segurança aos sujeitos passivos das obrigações doutrinárias.

Questão interessante consiste em saber se a existência de conceitos vagos em uma norma implica tenha seu aplicador um poder *discricionário* decorrente daquela vaguidade. Mais especificamente, a questão de saber se o fato de albergar a lei tributária conceitos vagos significaria admitir que a *atividade administrativa* em que se dá sua aplicação seria atividade *discricionária*.

Com sua inegável autoridade, Karl Engisch examina a questão em profundidade e termina por nos deixar sem uma resposta em face das ideias em contraposição. Não obstante, em sua abordagem assevera que

> (...) a discricionariedade genuína, lá onde ela é reconhecida, é interpretada já pelos clássicos da doutrina da discricionariedade no sentido de que o ponto de vista daquele que exerce o poder discricionário deve valer como relevante e decisivo.[77]

Como o Código Tributário Nacional estabelece que o tributo é prestação cobrada mediante atividade administrativa plenamente vinculada, entender-se que a presença de conceito vago em uma norma tributária implica atribuir à autoridade administrativa poder discricionário seria inadmissível contradição, posto que é impossível evitar a presença de conceito vago nas leis tributárias.

É imprescindível, pois, que se estabeleça uma distinção entre a escolha de uma das interpretações possíveis diante de um conceito vago e

---

76. Walter Barbosa Corrêa, "Fontes do direito tributário", in *Curso de Direito Tributário*, São Paulo, Saraiva, 1982, p. 47.

77. Karl Engisch, *Introdução ao Pensamento Jurídico*, 7ª ed., trad. de J. Baptista Machado, Lisboa, Fundação Calouste Gulbenkian, 1996, p. 216.

O TRIBUTO   151

o exercício do poder discricionário. Tal distinção consiste em que a escolha de uma das interpretações possíveis de uma norma que alberga um conceito vago não é definitiva, no sentido de que pode ser questionada perante autoridade administrativa superior e perante o Judiciário, enquanto o exercício do poder discricionário é definitivo, no sentido de que não enseja nenhum questionamento – salvo, é claro, demonstrando-se que ocorreu abuso de poder ou desvio de finalidade.

Em outras palavras: a decisão da autoridade administrativa que adota uma das interpretações possíveis de uma norma que alberga um conceito vago pode ser reformada pela autoridade administrativa superior ou pelo juiz. Já, a opção exercida na atividade discricionária é irreformável, salvo quando demonstrado abuso no exercício do poder discricionário. Assim, como a atividade administrativa no âmbito tributário não é atividade discricionária, é sempre possível questionar a interpretação que a autoridade tenha dado à norma que aplicou, independentemente da alegação de abuso de poder. A escolha de uma das interpretações possíveis da norma que alberga conceito vago poderá sempre ser substituída por outra interpretação, também possível, da mesma norma, pela autoridade administrativa superior ou pelo juiz.

4. A tributação e a ilicitude

4.1 Considerações iniciais

Nos estudos jurídicos geralmente são colocadas relações entre a tributação e a ilicitude que suscitam interessantes questões, entre as quais merecem destaque as questões de saber se existe tributo sobre a atividade ilícita e se existe e qual é a distinção entre sanção e tributo extrafiscal proibitivo.

Nesse contexto merece atenção o fato de que muitas vezes uma questão jurídica obtém resposta equivocada em virtude de sua formulação não ter sido feita com a clareza necessária. Por isto mesmo vamos procurar esclarecer, tanto quanto possível, o sentido das questões que vamos aqui examinar. E vamos demonstrar que há desatenção para o significado jurídico do ilícito e à ilicitude como elemento essencial da penalidade.

152 TEORIA GERAL DO DIREITO TRIBUTÁRIO

4.2 Tributação de atividades ilícitas

A questão de saber se existe tributo sobre atividade ilícita tem sido objeto de respostas divergentes talvez pelo fato de não haver sido entendida adequadamente. Assim é que ouvimos, em conversa pessoal com o professor Nuno de Sá Gomes, a afirmação insistente de que é possível, sim, a tributação de ilícitos. O eminente professor lusitano fez questão de nos mostrar um livro de sua autoria, que encontrou em nossa estante, onde é por ele estudado o imposto sobre produtos petrolíferos/ISP, apontando que o referido imposto incide sobre "a introdução irregular no consumo" das mercadorias a ele submetidas.

Ocorre que, embora tal assertiva seja verdadeira, é verdade ainda que o referido imposto incide também sobre "a introdução no consumo" das mercadorias a ele submetidas, vale dizer, incide também quando não ocorre ilicitude, como se verifica no mesmo estudo daquele eminente Professor português.[78] E, assim, como o tributo incide tanto na introdução irregular – vale dizer, na introdução ilícita – no consumo como na introdução no consumo – vale dizer, sem a presença da irregularidade ou ilicitude –, forçosa é a conclusão de que a ilicitude é irrelevante, pois, estando ou não presente no caso, haverá a incidência do tributo.

Não se coloca em dúvida a possibilidade de incidência do tributo em face da ilicitude. É evidente que a ilicitude não afasta a incidência do tributo. A verdadeira questão que se coloca consiste em saber se pode haver, ou não, um tributo que incida sobre atividades ilícitas tão somente pelo fato de serem ilícitas. Aliás, se a ilicitude afastasse a incidência dos tributos, haveria evidente estimulo à sua prática, o que, evidentemente, não é razoável admitir.

A compreensão adequada da questão de saber se é possível a tributação de atividades ilícitas fica facilitada quando se coloca a distinção existente entre fato gerador do tributo e hipótese de incidência tributária. O fato gerador do tributo é algo do mundo fenomênico, do mundo dos fatos, perceptível independentemente de qualquer regra jurídica, e cuja ocorrência faz nascer a obrigação tributária. Já, a hipótese de incidência tributária é uma descrição feita pela regra de tributação. Descrição de uma hipótese que, se e quando concretizada, faz nascer a obrigação tri-

---

78. Nuno de Sá Gomes, *Manual de Direito Fiscal*, 9ª ed., vol. I, Lisboa, Rei dos Livros, 1998, p. 263.

O TRIBUTO   153

butária. Presentes nessa descrição devem estar somente os elementos essenciais, entre os quais não está a ilicitude. Esta, porém, pode eventualmente estar presente no fato, e isto não impede a incidência do tributo. Tal afirmação pode ser facilmente entendida se imaginarmos, por exemplo, o imposto sobre renda e proventos de qualquer natureza, existente no sistema tributário brasileiro. A obtenção de renda ou de proventos de qualquer natureza é atividade lícita. Entretanto, pode eventualmente ocorrer de forma ilícita. A ilicitude não é elemento essencial.

Assim é que, ao apreciar questão relativa à incidência do imposto de renda sobre ganhos auferidos pelos denominados banqueiros do "jogo do bicho", o Min. Djalma da Cunha Melo, embora tenha utilizado também argumentos metajurídicos, foi preciso ao afirmar que, "em termos de imposto de renda, a obrigação de pagar o tributo surge sempre que se apresenta o fato objetivo, previsto na lei, ou seja, o lucro, a renda, a capacidade contributiva passível de imposição".[79] É que a *hipótese de incidência* é a aquisição da disponibilidade econômica ou jurídica da renda ou dos proventos de qualquer natureza. Não a atividade que gera a renda, mas o próprio auferimento desta, sem figurar como elemento integrativo da hipótese de incidência a ilicitude, pois auferir renda não é, em si mesmo, ilícito.

A ilicitude é elemento essencial – isto, sim – da *hipótese de incidência* das penalidades. Não existe penalidade sem ilicitude. Infelizmente tal afirmação não foi considerada pelo legislador brasileiro na instituição de penalidades por requerimento indeferido e por compensação de tributo não homologada pela autoridade da Administração Tributária, como a seguir se verá.

4.3 Multas tributárias sem ilicitude

Infelizmente, a tese, mesmo sem contestação séria, de que a ilicitude é essencial na definição da hipótese de incidência das penalidades foi desconsiderada pelo legislador brasileiro com a Lei 12.249, de 11.6.2010, que alterou a Lei 9.430, de 27.12.1996, acrescentando ao seu art. 74 os §§ 15, 16 e 17, assim redigidos:

79. Erymá Carneiro, *Lei n. 4.506 – A Nova Lei do Imposto de Renda*, Rio de Janeiro, Financeiras, 1965, p. 86.

154   TEORIA GERAL DO DIREITO TRIBUTÁRIO

§ 15. Será aplicada multa isolada de 50% (cinquenta por cento) sobre o valor do crédito objeto de pedido de ressarcimento indeferido ou indevido.

§ 16. O percentual da multa de que trata o § 15 será de 100% (cem por cento) na hipótese de ressarcimento obtido com falsidade no pedido apresentado pelo sujeito passivo.

§ 17. Aplica-se a multa prevista no § 15, também, sobre o valor do crédito objeto de declaração de compensação não homologada, salvo no caso de falsidade da declaração apresentada pelo sujeito passivo.

Em outras palavras, a referida lei estabelece, no § 15, acima transcrito, penalidade que tem como hipótese de incidência o fato de ser o pedido de ressarcimento indeferido, ou indevido. Não coloca como pressuposto dessa penalidade nenhum tipo de ilícito E – o que é mais grave – coloca "indeferido" e "indevido" como alternativas, a dizer que o pedido pode ser indeferido mesmo não sendo indevido. E, seja como for, o dispositivo legal em referência consubstancia verdadeiro absurdo, pois coloca como pressuposto de uma penalidade o exercício de um direito fundamental, que é o direito de pedir.

Poder-se-ia imaginar, à primeira vista, que a penalidade pelo indeferimento do pedido resultasse de ilícito em sua formulação; mas essa ideia fica prontamente afastada com a leitura do § 16 e da ressalva constante do § 17, que se reportam a ilícitos como pressupostos da multa mais grave.

Não há dúvida, portanto, de que a Lei 12.249/2010 consagra o absurdo de cominar penalidade para o autor de conduta em que não existe ilicitude, e – o que é um absurdo ainda maior – a penalidade é cominada para o exercício de um direito fundamental, que é o direito de pedir.

4.4 Tributo extrafiscal

Diz-se o tributo extrafiscal quando este é utilizado com o objetivo de intervir na atividade econômica, impulsionando-a em sentido diferente daquele em que é impulsionada pelas denominadas leis do mercado. É que, a rigor, o tributo se diz fiscal quando é utilizado com o objetivo da arrecadação de recursos financeiros. Os tributos em geral, desde os primórdios da Humanidade e em todo o mundo, existem para carrear recursos financeiros para o custeio das atividades tipicamente estatais.

O TRIBUTO

Carrear recursos financeiros para o Fisco. Por isto mesmo se diz que sua função ordinária é a função fiscal, ou arrecadatória.

É certo que todo e qualquer tributo tende a produzir uma intervenção na atividade econômica, mas essa intervenção é considerada ordinária na medida em que o tributo também é ordinário ou comum. Quando o tributo tem um específico objetivo, diverso da arrecadação de recursos financeiros, diz-se que é um tributo extrafiscal.

4.5 Sanção e tributo extrafiscal proibitivo

É sabido que a *sanção*, no sentido de penalidade, tem o objetivo de desestimular a conduta da qual resulta sua aplicação. A sanção é a consequência normativa da não prestação. Consubstancia, portanto, um ilícito. Podemos dizer que a sanção resulta da ilicitude.

O tributo pode ser utilizado com o objetivo de desestimular certa conduta que consubstancia seu fato gerador. Diz-se, então, tributo extrafiscal proibitivo. Extrafiscal porque, como vimos há pouco, não tem por objetivo a arrecadação de recursos financeiros. E proibitivo porque esse objetivo, diverso da arrecadação de recursos financeiros, é desestimular a prática do fato que configura sua hipótese de incidência.

A escolha do tributo extrafiscal proibitivo, ou da sanção, para desestimular certa conduta é um problema de política jurídica a ser enfrentado pelo legislador. Há coincidência, sim, nos objetivos. Tanto o objetivo da sanção como o objetivo do tributo extrafiscal proibitivo consistem em desestimular certa conduta. Não são, todavia, a mesma coisa do ponto de vista estritamente jurídico. A distinção aparece claramente ao examinarmos a hipótese de incidência do tributo e a hipótese de incidência da sanção ou penalidade.

4.6 O ilícito como pressuposto essencial da penalidade

Realmente, ao examinarmos as hipóteses de incidência da sanção ou penalidade e do tributo extrafiscal proibitivo veremos que na primeira está presente, necessariamente, a ilicitude, porque o ilícito é um pressuposto essencial da penalidade, enquanto na hipótese de incidência do tributo extrafiscal proibitivo a ilicitude não está presente.

156 TEORIA GERAL DO DIREITO TRIBUTÁRIO

Na verdade, o tributo extrafiscal proibitivo – como já afirmamos várias vezes e é de todos sabido – tem o mesmo objetivo da sanção, vale dizer, tem por fim desestimular determinada conduta. Por isto, no plano axiológico a distinção é impossível. No plano jurídico normativo, porém, tal distinção é indiscutível. A sanção, como visto, pressupõe um cometimento ilícito. É consequência da não prestação. Já, o tributo extrafiscal proibitivo não tem ilícito em sua hipótese de incidência.

Há situações nas quais o tributo parece resultar de um cometimento ilícito. É o caso, por exemplo, da pessoa jurídica legalmente obrigada a manter escrituração contábil para a determinação de seu lucro sujeito ao imposto de renda e que, por qualquer motivo, não faz tal escrituração. O imposto, neste caso, é calculado mediante arbitramento do lucro, podendo parecer que é uma consequência da ilicitude consistente no não cumprimento do dever jurídico de manter escritura contábil. Na verdade, porém, assim não é. O imposto decorre do auferimento da renda, cujo valor é determinado por arbitramento, à míngua dos meios para conhecer seu valor *real*. Cuida-se de simples critério de determinação da base de cálculo do imposto, legalmente estabelecido por motivos de ordem prática. A conduta ilícita consistente em *não fazer a escrituração contábil* enseja a aplicação da multa correspondente, vale dizer, a sanção.

Ocorre, porém, que a legislação do imposto de renda estabelece critérios para a determinação do lucro presumido, considerado como base de cálculo do imposto nas hipóteses em que a lei permite ao contribuinte a opção de não fazer a demonstração regular de seu lucro real. Assim, quando se têm critérios legais para a definição da base de cálculo do imposto de renda na ausência de escrituração contábil destinada à apuração do lucro real, pode-se considerar que a adoção, pela lei, de critérios dos quais resulte tributo mais oneroso nos casos em que o contribuinte não cumpre o dever de demonstrar contabilmente o lucro real constitui uma forma de sanção. É razoável, pois, considerar que os dispositivos concernentes ao arbitramento do lucro não são compatíveis com a definição de tributo albergada pelo art. 3º do CTN.

4.7 Ainda a tributação nas atividades ilícitas

A distinção entre o *tributo* e a *sanção* é de grande utilidade para a Ciência do Direito, pois permite a explicação satisfatória de diversas

O TRIBUTO

questões, entre as quais aquela de saber se é possível, ou não, a tributação de atividades ilícitas.

Diante do que por nós já foi aqui exposto, é certo ser inadmissível um tributo em cuja hipótese de incidência reside a ilicitude. Isto, porém, não impede a tributação de um rendimento auferido em atividade ilícita, como já tivemos oportunidade de esclarecer.[80]

A questão da incidência do imposto sobre rendimentos decorrentes de atividades ilícitas já foi motivo de muitas divergências. O art. 26 da Lei 4.506, de 30.11.1964, estabelece que "os rendimentos derivados de atividades ou transações ilícitas, ou percebidos com infração à lei, são sujeitos a tributação, sem prejuízo das sanções que couberem". E, embora estivesse apenas explicitando aquilo que, segundo a melhor doutrina, se deveria entender, essa norma "causou divergências no Congresso, quando foi examinada, sustentando alguns que esses rendimentos não deveriam ser objeto de legalização, de vez que seria reconhecer uma situação de fato, ou pelo menos uma demonstração de que o Estado estava tolerando as atividades ilícitas, pois reconhecia os seus ganhos como rendimentos iguais aos outros".[81]

Para Micheli, a norma tributária pode definir como hipótese de incidência de um tributo fatos contrários a outras normas, vale dizer, fatos ilícitos: "Se o tributo não dever ser considerado como uma reação contra a prática de um ilícito, não se pode excluir, porém, que um ilícito apresente um índice de 'capacidade contributiva' e sirva para constituir – segundo a avaliação do legislador – o pressuposto de um tributo".[82] Como se vê, o eminente tributarista italiano identifica o *tributo* pelo fato de que seu *pressuposto* é um indicador de capacidade contributiva. Esse critério, porém, é inaceitável no plano da Ciência do Direito, e especialmente em face do Direito Brasileiro vigente.

Amílcar Falcão adota o mesmo entendimento de Micheli, sustentando que se deve "tomar em consideração a natureza do fato gerador da obrigação tributária, como um fato jurídico de acentuada consistência econômica, ou um fato econômico de relevância jurídica, cuja eleição pelo legislador se destina a servir de índice de capacidade contributi-

---

80. Hugo de Brito Machado, *Curso de Direito Tributário*, cit., 35ª ed., pp. 131-132.
81. Erymá Carneiro, *Lei n. 4.506 – A Nova Lei do Imposto de Renda*, cit., p. 81.
82. Gian Antonio Micheli, *Curso de Direito Tributário*, cit., p. 46.

158   TEORIA GERAL DO DIREITO TRIBUTÁRIO

va".[83] Sustenta ele que a ilicitude há de ser indiferente para o direito tributário "não porque prevaleça naquele ramo do Direito uma concepção ética diversa, mas sim porque o aspecto que interessa considerar para a tributação é o aspecto econômico do fato gerador ou a sua aptidão a servir de índice de capacidade contributiva".[84]

Os argumentos geralmente utilizados tanto a favor como contra a tributação de atividades ilícitas têm fundamentos pré-jurídicos, de natureza ética ou econômica.[85] Diz-se, sustentando a incidência do imposto de renda sobre os lucros decorrentes de atividades ilícitas, que a não exigência do tributo representaria uma vantagem adicional para os marginais, os ladrões, os que lucram com o furto, o crime, o jogo de azar, o proxenetismo etc.[86] Os rendimentos de atividades ilícitas deveriam ser tributados mais pesadamente. Na pior das hipóteses, deve ser cobrado pelo menos tributo igual ao devido por quem exerce atividade honesta. "O que clama aos céus, todavia, é a conclusão de que essa renda, por ser trabalho delituoso, há de ficar livre de encargos fiscais. O imposto não é prêmio. É ônus. É lamentável, degradante, que o Estado consinta na exploração de jogo de azar. Pior, admitir que os exploradores desse jogo tenham rendas em posição melhor do que a renda proveniente das atividades honestas, entendendo que o peso do imposto deve afetar só as últimas e deixar incólumes as primeiras."[87]

Em sentido contrário, sustentou-se que "o Estado cometeria grave incoerência se participasse por meio do produto do imposto das atividades nocivas que lhe cumpre combater e eliminar. O simples fato de estar inscrito no rol dos contribuintes gera a presunção de que o indivíduo exercita as suas atividades dentro das normas reconhecidas e consagradas pelo Direito".[88]

Colocando a questão em termos estritamente jurídicos, Alfredo Augusto Becker esclarece que o problema da tributação dos atos ilícitos

83. Amílcar Falcão, *O Fato Gerador da Obrigação Tributária*, 2ª ed., São Paulo, Ed. RT, 1971, p. 89.

84. Idem, p. 91.

85. Alfredo Augusto Becker, *Teoria Geral do Direito Tributário*, cit., p. 548.

86. Amílcar Falcão, Amílcar Falcão, *O Fato Gerador da Obrigação Tributária*, cit., 2ª ed., p. 90.

87. Erymá Carneiro, *Lei n. 4.506 – A Nova Lei do Imposto de Renda*, cit., p. 86.

88. Bernardo Ribeiro de Moraes, "Tributação das atividades ilícitas", in *Interpretação no Direito Tributário*, São Paulo, EDUC/Saraiva, 1975, p. 324.

O TRIBUTO

deve ser analisado em dois momentos distintos. No primeiro momento deve ser examinada a questão de saber se a lei, ao instituir o tributo, pode colocar a ilicitude como elemento integrante de sua hipótese de incidência. No segundo momento "o problema que pede solução é o de se examinar se, juridicamente, a autoridade incumbida de proceder ao lançamento de um tributo (em cuja hipótese de incidência a lei *não* incluiu a ilicitude) pode abstrair ou ignorar a ilicitude porventura constatada quando examina a realização da hipótese de incidência". E adverte que "são duas posições jurídicas diametralmente opostas: no primeiro momento há a prévia *ciência* da ilicitude de ato futuro; no segundo momento há o *desconhecimento* da ilicitude de ato passado ou presente. Lá tributa-se porque se toma conhecimento da natureza ilícita do ato; aqui tributa-se porque se ignora, deliberadamente, a natureza ilícita".[89]

Alfredo Augusto Becker registra que, de todos os autores por ele consultados, apenas Giorgio Tesoro, Francesco Forte e principalmente Antonio Berliri observaram essa colocação, vale dizer, cuidaram do problema admitindo essa dicotomia.[90]

Efetivamente, Berliri entende ser distinto dizer que o legislador pode colocar como fato gerador do tributo uma atividade qualquer geradora de renda, sem incluir como elemento qualificador de tal atividade a ilicitude, de outra coisa que é perguntar se o legislador pode unir o nascimento de uma obrigação tributária a uma atividade ilícita enquanto tal. E sustenta que em um sistema constitucional flexível não há dúvida de que o legislador pode criar um imposto sobre atividades ilícitas enquanto tais, já que em tal sistema o legislador é praticamente onipotente. Ademais, no plano ético, um tributo sobre atividades ilícitas pode parecer justificado como sanção indireta. Em um sistema constitucional rígido, porém, seria necessária para tanto uma norma da própria Constituição, pois não se deve esquecer que cada um deve contribuir para o atendimento dos gastos públicos na proporção de sua capacidade contributiva, e, portanto, para admitir a legitimidade de um imposto sobre atividades ilícitas, enquanto tais, seria necessário demonstrar serem elas indicadoras de capacidade contributiva apenas por serem ilegais, o que não é fácil de demonstrar.[91]

89. Alfredo Augusto Becker, *Teoria Geral do Direito Tributário*, cit., p. 548.
90. Idem, p. 549.
91. Antonio Berliri, *Principios de Derecho Tributario*, vol. 2, Madri, Editorial de Derecho Financiero, 1971, p. 338.

160   TEORIA GERAL DO DIREITO TRIBUTÁRIO

Discorda Berliri da posição de Tesoro. Para este último,

(...) el presupuesto del ato, o sea, la causa jurídica de una obligación tributaria, no puede en ningún caso estar constituida por un hecho ilícito – civil, administrativo o penal – realizado por el sujeto pasivo de la obligación; cuando por un hecho ilícito surge la obligación de satisfacer una prestación pecuniaria, ésta tiene carácter de sanción, no de tributo: corresponde a la pretensión penal del Estado, no a su actividad financiera.[92]

A lição de Becker, seguindo os ensinamentos de Tesoro, foi compreendida como contrária à tributação das atividades ilícitas.[93] Na verdade, porém, as lições destes Mestres neste ponto são incontestáveis. A elas não se pode opor qualquer objeção no plano da lógica jurídica, nem muito menos no plano do direito positivo brasileiro em vigor. Talvez seja possível, porém, recolocar tais ensinamentos à luz da distinção entre *hipótese de incidência* e *fato gerador* do tributo.

De inegável importância para a Ciência do Direito é a distinção entre *hipótese de incidência* e *fato gerador*. Aliás, a necessidade dessa distinção tem sido sentida por tributaristas os mais ilustres. Como demonstra Geraldo Ataliba, o professor Rubens Gomes de Sousa, preocupado com o rigor nos conceitos que se deve observar nos estudos jurídicos, referindo-se a fato gerador, viu-se compelido a esclarecer que se estava referindo à "concretização da definição legal da hipótese abstrata de incidência", e em outra parte refere-se a "fato gerador abstrato", reportando-se à hipótese de incidência. Alfredo Augusto Becker também viu-se na contingência de usar a expressão "hipótese realizada" para designar o fato gerador, expressão cujo uso repele, terminantemente.[94]

Não pretendemos defender o uso da expressão "fato gerador". O que afirmamos é a necessidade de distinguir as duas realidades: uma a descrição legal, outra a ocorrência, no mundo fático, do que está contido naquela descrição. Sustentamos a necessidade de distinguir a simples descrição, contida na norma geral, denominando-a "hipótese de incidência", do acontecimento daquilo que está contido na descrição, denominando-o

92. Idem, p. 339.

93. *Apud* Newton Cardoso, *Tributação do Ato Ilícito*, Recife, Regis, 1966, pp. 35-37.

94. Cf. Geraldo Ataliba, *Hipótese de Incidência Tributária*, cit., 6ª ed., 15ª tir., pp. 54-56.

O TRIBUTO 161

"fato gerador", ou "fato imponível", como prefere Ataliba, ou "suporte fático". O essencial é compreendermos que há uma inescusável diferença entre uma descrição, contida na norma, e a ocorrência do que nesta está descrito. Uma coisa é a descrição legal de um fato, e outra coisa é o acontecimento desse fato. Uma coisa é a descrição da hipótese em que um tributo é devido. Por exemplo: a aquisição de disponibilidade econômica ou jurídica de renda ou de proventos de qualquer natureza. Outra coisa é o fato de alguém auferir renda. Por exemplo: João recebeu dividendo de uma sociedade anônima da qual é acionista. A expressão "hipótese de incidência" designa com maior propriedade a descrição, contida na lei, da situação necessária e suficiente ao nascimento da obrigação tributária, enquanto a expressão "fato gerador" diz da ocorrência, no mundo dos fatos, daquilo que está descrito na lei. A *hipótese* é simples descrição, abstrata, enquanto o *fato* é a concretização da hipótese.

Ensina Karl Engisch, com absoluta propriedade:

> Assim como os juízos hipotéticos no sentido lógico são constituídos por conceitos, de igual modo o são a prótese e a apódose de um imperativo jurídico condicional. Por isso, a "hipótese legal" e a "consequência jurídica" (estatuição), como elementos constitutivos da regra jurídica, não devem ser confundidas com a concreta situação da vida e com a consequência jurídica concreta, tal como esta é proferida ou ditada com base naquela regra. Para maior clareza chamamos por isso "situação de facto" ou "concreta situação da vida" à hipótese legal concretizada.[95]

Na verdade, têm-se: (a) de um lado, a definição da hipótese de incidência da norma e sua estatuição, vale dizer, a consequência decorrente da concretização daquela hipótese; e, do outro: (b) a situação concreta que realiza a hipótese de incidência e a consequência, também concreta, daquela estatuição.

Na norma tributária a definição da hipótese de incidência não alberga o descumprimento de qualquer outra norma. Na norma penal, diversamente, a hipótese de incidência alberga necessariamente o descumprimento de uma outra norma. Nessa linha é a lição de Cleber Giardino, embora utilizando a expressão "suporte fático" para designar o que designamos como hipótese de incidência.[96]

---

95. Karl Engisch, *Introdução ao Pensamento Jurídico*, cit., 7ª ed., p. 57.

96. Cleber Giardino, "A propósito da teoria da tributação penal", *RDTributário* 6/145, São Paulo, Ed. RT, 1978.

162 TEORIA GERAL DO DIREITO TRIBUTÁRIO

Por isto não acolhemos a lição de Villegas, segundo a qual

(...) la finalidad de cobertura de gastos públicos permite diferenciar a los tributos de los ingresos por sanciones patrimoniales (v., *supra*, Capítulo III, punto 8). El Código Tributario Nacional brasileño pone esta diferencia especialmente de relieve al definir a los tributos como prestaciones pecuniarias compulsorias que no constituyen sanción por acto ilícito (art. 3º).[97]

É certo que o tributo é instituído com a finalidade de propiciar ao Estado os recursos financeiros de que necessita para o desempenho de suas atividades, enquanto as penalidades são instituídas com a finalidade de desestimular os comportamentos ilícitos. O critério da finalidade, porém, não nos permite distinguir a penalidade do tributo com função extrafiscal proibitiva. Parece-nos, pois, que a distinção essencial reside mesmo é na definição da hipótese legal. Assim, entendemos que a expressão "que não constitua sanção de ato ilícito", no art. 3º do CTN, nada tem a ver com a finalidade. Sanção e tributo não se distinguem pela finalidade, nem mesmo no plano axiológico, como já demonstramos. Distinguem-se pela respectiva hipótese de incidência.

Estabelecida a distinção entre *hipótese de incidência* e *fato gerador* do tributo, é fácil entender que a cobrança do imposto sobre rendimentos auferidos em atividades ilícitas, prevista em nossa legislação, não significa a existência no Direito Brasileiro de tributo sobre atividade ilícita. Não contraria a definição legal do tributo. É que a hipótese de incidência do imposto, no caso, é a aquisição da disponibilidade econômica ou jurídica de renda ou de proventos de qualquer natureza. A ilicitude não é elemento integrante dessa *hipótese de incidência*, embora eventualmente possa estar presente, como elemento acidental do *fato gerador*.

4.8 A prática do tributo como sanção

O art. 3º do CTN, determinando que o tributo não constitui sanção de ato ilícito, colocou no plano do direito positivo brasileiro um conceito de lógica jurídica, com notável significação pragmática. Assim é que

---

97. Héctor B. Villegas, *Curso de Finanzas, Derecho Financiero y Tributario*, 3ª ed., t. I, Buenos Aires, Depalma, 1979, p. 75.

O TRIBUTO

o STF, apreciando questão entre a Prefeitura Municipal de São Paulo e um contribuinte de imposto sobre a propriedade predial e territorial urbana, decidiu que o acréscimo de 200% da alíquota daquele imposto relativamente aos imóveis onde haja construções irregulares configura penalidade, sendo incompatível com a definição legal de tributo. Argumentou o Min. Moreira Alves que, em face do art. 3º do CTN, é vedada em nosso sistema jurídico a utilização de um tributo com a finalidade de penalizar a ilicitude, afirmando:

> Tributo não é multa, nem pode ser usado como se o fosse – se o Município quer agravar a punição de quem constrói irregularmente, cometendo ilícito administrativo, que crie ou agrave multas com essa finalidade –, por ser contrário ao art. 3º do CTN e, consequentemente, por não se incluir no poder de tributar que a Constituição Federal lhe confere.[98]

Esse julgado da Corte Maior coloca a questão com absoluta propriedade, valendo como importante exemplo do alcance pragmático da definição legal de tributo. Exemplo no qual se deve inspirar o legislador, para evitar o estabelecimento de alíquotas mais elevadas em função da ilicitude eventualmente presente na ocorrência do fato gerador do tributo.

A norma que proíbe sejam as multas consideradas na apuração do lucro sujeito ao imposto de renda é exemplo de aumento de imposto em virtude de cometimento ilícito. E no plano estritamente jurídico não se pode negar que a parcela do imposto de renda da pessoa jurídica decorrente da não consideração da multa como despesa é típica sanção de ato ilícito, sendo sua cobrança, portanto, contrária ao art. 3º do CTN.

As divergências doutrinárias em torno do conceito de renda conferem, é certo, ao legislador relativa liberdade para definir tal categoria. Essa liberdade, porém, restou delimitada pelo Código Tributário Nacional. Não há *renda*, nem *provento*, sem que haja acréscimo patrimonial, posto que adotado expressamente o conceito de renda como *acréscimo*.

4.9 O IPTU progressivo no tempo

Em face do disposto no art. 182, § 4º, II, da vigente CF, pode ser suscitada a questão de saber se o IPTU progressivo no tempo tem natu-

---

98. José Carlos Moreira Alves, STF, RE 94.001-SP, *DJU* 11.6.1983, p. 5.680.

164   TEORIA GERAL DO DIREITO TRIBUTÁRIO

reza de sanção. Há quem afirme que sim,[99] e, neste caso, sendo a resposta afirmativa, ter-se-á de admitir que se trata de uma exceção aberta pela Constituição.

A rigor, porém, a resposta a essa questão depende de se determinar a natureza jurídica do Plano Diretor. Se entendermos que é impositivo, sua inobservância poderá ser considerada um ilícito, e neste caso o IPTU progressivo terá a natureza de sanção. Se, porém, o Plano Diretor tiver natureza meramente indicativa, o IPTU progressivo terá natureza de tributo extrafiscal seletivo destinado a desestimular sua desobediência, sem, contudo, configurar-se como sanção.

Nos termos da Lei 10.257, de 10.7.2001, que regulamenta os arts. 182 e 183 da CF e estabelece diretrizes gerais da política urbana, o Plano Diretor parece ter natureza impositiva. Assim, sua inobservância configura situação de ilicitude, sendo o IPTU progressivo, portanto, um imposto punitivo, excepcionalmente admitido em face de expressa disposição constitucional.

4.10 A desconstituição do fato gerador

É possível que, em virtude da ilicitude com a qual estava envolvido um fato gerador de tributo – vale dizer, em virtude da eventual presença da ilicitude na realização de determinada hipótese de incidência tributária –, venha a ser desfeita aquela situação de fato. Alguém que auferiu renda ilicitamente venha a ter essa renda confiscada exatamente em virtude da ilicitude com a qual se envolveu sua aquisição.

Consumada a desconstituição do fato gerador, deixa de ser devido o tributo. Se já recolhido, o contribuinte tem direito à respectiva restituição.

5. Tributo oculto ou disfarçado

5.1 Na Teoria Geral do Direito

Conhecido o conceito de tributo na Teoria Geral do Direito Tributário, resta fácil a dedução do que se deve entender por *tributo oculto*.

---

99. Celso Bastos, *Curso de Direito Constitucional*, 18ª ed., São Paulo, Saraiva, 1997, p. 211.

O TRIBUTO   165

Chega-se a esse conceito por exclusão. A prestação pecuniária compulsória que não constitui sanção de ato ilícito e que é instituída e cobrada por conveniência do Poder Público, sem obediência aos padrões que o ordenamento jurídico estabelece para a instituição e cobrança dos tributos, pode ser considerada um tributo oculto.

Tributo disfarçado ou oculto, então, é aquela prestação pecuniária que, não obstante albergue todos os elementos essenciais do conceito de tributo na Teoria Geral do Direito, é exigida pelo Estado sem obediência às regras e princípios que compõem o regime jurídico do tributo.

Para instituir e cobrar tributo oculto o Estado se vale de sua soberania, impõe a prestação, fazendo-a compulsória por via oblíqua. Na Argentina, por exemplo, a doutrina refere-se aos *tributos encubiertos* ao cuidar do princípio da legalidade como uma das garantias constitucionais do contribuinte. Assim, o professor José Oswaldo Casás escreve:

Reserva de ley y tributos encubiertos

Resulta corriente que algunas prestaciones patrimoniales coactivas importen, desde el punto de vista de la realidad sustancial de los hechos, verdaderos tributos solapados, descalificables en tanto hayan sido establecidas por una norma sin rango de ley formal, esto es, no emanada de los órganos depositarios de la voluntad del pueblo.

Un valioso precedente institucional lo constituye la decisión a qua arribara el Alto Tribunal en una acción de amparo, *in re*: "Alberto Francisco Jaime Ventura y Otra *vs*. Banco Central de la República Argentina, Sentencia del 26 de Febrero de 1976, donde descalificó constitucionalmente la Circular RC-539 del Banco Central – dictada según instrucciones del Ministerio de Economía –, en tanto pretendía imponer a quienes habían adquirido pasajes al Exterior el pago de diferencia cambiarias al tiempo de la efectiva utilización del billete, actuando como un tributo atípico – más allá de la denominación asignada a la apuntada obligación –, sin que el mismo derivara de norma legal alguna".[100]

Podemos, então, afirmar que, no âmbito de uma Teoria Geral do Direito Tributário, tributo oculto é o instrumento do qual se vale o Estado para, sem atender a exigências do ordenamento jurídico protetoras do

---

100. José Osvaldo Casás, *Derechos y Garantías Constitucionales del Contribuyente*, Buenos Aires, Ad Hoc, 2002, pp. 568-569.

166   TEORIA GERAL DO DIREITO TRIBUTÁRIO

contribuinte, impõe a transferência de recursos financeiros daqueles que exercem atividade econômica, ou de algum modo praticam atos que expressam capacidade contributiva, para o Fisco. Diz-se que é oculto, ou disfarçado, porque esconde seu verdadeiro nome, para não entrar em conflito com regras e princípios do ordenamento jurídico no qual se encarta.

5.2 No Direito Brasileiro

No ordenamento jurídico brasileiro, tal como acontece em outros Países, o tributo disfarçado ou oculto caracteriza-se como tal pelo fato de não ser instituído com obediência às normas e princípios que, em nosso Direito, regem a instituição e a cobrança de tributo. Ele é instituído e cobrado disfarçadamente, embutido no preço de bens ou de serviços prestados pelo Estado, através de empresas suas ou de concessionárias, a salvo das leis do mercado, e, portanto, com preços fixados de forma unilateral e sem qualquer possibilidade de controle, em face do conluio que se estabelece entre o Estado e a empresa vendedora do bem ou prestadora do serviço.

No ordenamento jurídico brasileiro, aliás, tem sido frequente a cobrança de tributo oculto ou disfarçado. Entre estes podemos citar o valor da outorga e o sobrepreço nos monopólios estatais.

5.2.1 Valor da outorga

Tem sido frequente essa forma de tributação oculta, que tem passado sem ser percebida até por juristas eminentes. Ao licitar a concessão de um serviço público, o Estado coloca entre os itens a serem avaliados na licitação o denominado *valor da outorga*. Uma quantia a ser paga pela empresa vencedora da licitação ao poder concedente, vale dizer, ao Estado outorgante da concessão.

O serviço público caracteriza-se como tal por ser um serviço essencial. Por isto o Estado não deixa sua prestação a cargo das empresas. Assume o ônus de prestá-lo. Entretanto, como não dispõe de meios adequados ou suficientes para tanto, concede a uma empresa a atribuição para esse fim. Faz um contrato de concessão do serviço público, e nesse contrato é estabelecido que o preço a ser cobrado do usuário do serviço, denominado tarifa, será fixado pelo poder concedente, em face de uma planilha dos custos da atividade desenvolvida na prestação do serviço.

O TRIBUTO 167

Como a empresa vai pagar ao poder concedente aquele *valor da outorga*, ela naturalmente o inclui como custo de sua atividade. E, assim, esse valor é considerado na fixação da tarifa correspondente, cobrada do usuário do serviço, que, por essa via, paga o tributo oculto na mesma.

Ressalte-se que o Estado, ou poder concedente, nada faz para o usuário do serviço. O denominado valor da outorga, portanto, não é uma contraprestação por qualquer utilidade que deva ser ofertada pelo Estado. É cobrado simplesmente porque o poder de decidir quem vai prestar o serviço é um poder estatal. Parcela da soberania estatal. Poder de tributar, portanto.

5.2.2 Sobrepreço nos monopólios estatais

Outra forma de tributo oculto é a parcela do preço cobrado pelas empresas estatais no caso de atividades monopolizadas. O preço é fixado unilateralmente pelo Estado empresário, a partir dos custos da atividade. Acrescenta a esses custos a margem de lucro que deseja para sua empresa e, ainda, uma parcela que pretende arrecadar. Essa parcela, tenha o nome que tiver, é um verdadeiro tributo, porque cobrada dos adquirentes do bem com fundamento exclusivamente na soberania estatal.

Exemplo disto entre nós era a denominada PPE-Parcela de Preço Específico (substituída pela CIDE), cobrada por intermédio da PETROBRÁS.

5.2.3 Contraprestação de serviço de uso compulsório

Mais um exemplo de tributo oculto é a contraprestação de serviços de utilização compulsória. Realmente, se um serviço público é de utilização compulsória, a contraprestação por ele paga pelo usuário não é tarifa, mas taxa.

Exemplo de serviço que se tem colocado como de utilização compulsória é o de esgotamento sanitário. No Município de Fortaleza existe uma lei municipal dizendo que é obrigatória a ligação à rede pública de esgoto sanitário. Sendo assim, a contraprestação correspondente a tal serviço será uma taxa. E, assim, só poderá ser cobrada pelo próprio Município, e nos termos da lei que a instituir, dentro dos padrões constitucionais próprios para os tributos.

168 TEORIA GERAL DO DIREITO TRIBUTÁRIO

O valor cobrado pela Cia. de Água e Esgoto do Ceará/CAGECE configura típico tributo oculto. Ilegal e abusivamente cobrado.

Mais um exemplo de tributação oculta temos nos encargos com SEDEX ou outras formas de fazer chegar documentos à repartição, tendo-se em vista que o contribuinte tem indiscutível direito de entregá-los pessoalmente, ou pelo meio que entender de sua conveniência.

A propósito, o Juiz Federal da 2ª Vara de Chapecó/SC, Narciso Leandro Xavier Baez, concedeu medida liminar em ação civil pública promovida pelo Ministério Público Federal garantindo aos contribuintes de todo o País o direito de entregar diretamente nas repartições da DRF documentos como pedidos de inscrição no CNPJ. Com isto, declarou a nulidade de um item da Instrução Normativa 35 da SRF que impunha o uso do SEDEX.

5.3 Inconstitucionalidade

5.3.1 Sistema tributário e direitos fundamentais

Tendo-se em vista que o sistema tributário é organizado com base em conceitos jurídicos praticamente universais e constitui notável limitação ao poder de tributar, é razoável entender que sua preservação é um direito fundamental do cidadão.

O poder constituinte originário definiu os princípios básicos do sistema tributário, um dos quais consiste em que os tributos são somente os que nele estão previstos. E estabeleceu, ainda, os princípios aos quais se subordinam os tributos regularmente instituídos nos termos e limites do sistema.

5.3.2 Contrariedade ao sistema

Assim, um tributo instituído de forma oculta, através do qual o Estado foge inteiramente aos limites consubstanciados no sistema tributário, é indiscutivelmente inconstitucional, na medida em que amesquinha visivelmente o direito fundamental de somente ser tributado nos termos da Constituição.

Pode-se, mesmo, dizer que a instituição de tributos ocultos constitui verdadeira fraude à Constituição, que a torna débil, se não inteiramente

O TRIBUTO 169

inútil, em sua função de garantir os direitos fundamentais. Assim, não temos dúvida de que a evidente contrariedade ao sistema, segundo o qual o tributo há de ser sempre instituído por lei, faz indiscutível a inconstitucionalidade do denominado tributo oculto ou disfarçado.

6. O empréstimo compulsório

6.1 Considerações iniciais

A evolução histórica do empréstimo compulsório vem de vários séculos, como nos mostra Maria de Fátima Ribeiro em excelente monografia, na qual registra praticamente toda a legislação brasileira sobre o assunto, até 1985.[101]

A questão de saber se o empréstimo compulsório é, ou não é, um tributo foi posta perante o Judiciário quando o Governo Federal vinha utilizando esse instrumento como válvula de escape para suprir as deficiências de seu caixa, sem os controles atinentes ao poder de tributar. E os que sustentaram a natureza tributária do empréstimo compulsório o fizeram precisamente na tentativa de opor às pretensões do Fisco os limites próprios do tributo.

A tese afirmativa da natureza tributária do empréstimo compulsório era fortalecida especialmente pela atitude irresponsável do Governo, de permanente inadimplência, pois jamais devolvia as quantias cobradas a título de empréstimo. A propósito dessa lamentável atitude, já registramos a confissão, feita por um notável ex-Ministro da Fazenda, implícita em interessante tentativa de coibir essa inadimplência reiterada do Governo Federal, no âmbito de uma das inúmeras propostas de reforma, quando escrevemos:

(...) o relator da matéria, deputado Mussa Demes, acolheu proposta do deputado Delfim Netto segundo a qual fica a União proibida de instituir empréstimo compulsório enquanto estiver inadimplente em relação ao anterior. Cuida-se de solução inteligente, porque preserva o empréstimo compulsório, que na verdade é um valioso instrumento para a administração das finanças públicas, e faz com que ele seja o

---

101. Maria de Fátima Ribeiro, *A Natureza Jurídica do Empréstimo Compulsório no Sistema Tributário Nacional*, Rio de Janeiro, Forense, 1985.

170 TEORIA GERAL DO DIREITO TRIBUTÁRIO

que realmente é, um *empréstimo*, em vez de um *imposto*, como na prática tem sido.[102]

O inadimplemento, pela União Federal, de seu dever jurídico de devolver o que obrigou o contribuinte a lhe emprestar poderá continuar a ocorrer, pois a proposta de Delfim Netto, a final, não foi incorporada ao texto constitucional. Mas esse inadimplemento não pode ser colocado como argumento no sentido de se ter o empréstimo compulsório caracterizado como tributo, pois não se pode tomar como elemento essencial para a identificação de uma categoria jurídica algo que no plano da concreção, no plano do ser, contraria a previsão normativa, vale dizer, contraria o desenho dessa categoria jurídica no plano do dever-ser.

O STF já sumulou sua jurisprudência no sentido de que o empréstimo compulsório não é tributo, e a vigente Constituição Federal definiu um regime jurídico para os empréstimos compulsórios que parece haver desestimulado sua utilização pelo Governo, que tem optado por instrumento mais adequado a seus interesses de arrecadar cada vez mais – as contribuições, em relação às quais parece precária a proteção constitucional do contribuinte.

Seja como for, conta com aceitação praticamente unânime em nossa doutrina a tese segundo a qual o empréstimo compulsório é um tributo. Entendemos que não é, mas não é a divergência de opinião que nos faz considerarmos que o assunto está ainda a exigir alguns esclarecimentos. Todos nós temos o direito de termos e sustentarmos nossas opiniões, mas não devemos deixar de investigar as questões que nos são colocadas apenas porque já temos opinião firmada sobre as mesmas.

Por outro lado, muitas divergências a respeito de teses jurídicas não se situam propriamente nas teses, mas nos conceitos nelas envolvidos. Ao questionarmos se empréstimo compulsório é tributo, temos de fixar primeiramente o conceito de tributo, sob pena de podermos entrar em divergências inúteis, intermináveis, que podem ter sede no conceito de *tributo* e não na natureza jurídica do *empréstimo compulsório*.

Assim, vamos examinar aqui a questão da *natureza jurídica* dos empréstimos compulsórios buscando, em primeiro lugar, a definição de

---

102. Hugo de Brito Machado, *Comentários ao Código Tributário Nacional*, vol. I, São Paulo, Atlas, 2003, p. 250.

O TRIBUTO

conceitos que, a nosso ver, são indispensáveis a uma conclusão segura. Conclusão no sentido de que se trata de um tributo ou de que não se trata de um tributo, mas, em qualquer caso, preservando a indispensável coerência, pois, afinal, todos temos o direito de ter e sustentar opiniões diferentes, mas temos todos, sempre, o dever da coerência. Como ensina Radbruch, invocando lição de Goethe, "as diversas maneiras de pensar acham afinal o seu fundamento na diversidade dos homens e por isso será sempre impossível criar neles convicções uniformes".[103] Entretanto, é possível existirem opiniões divergentes sem que em nenhuma delas exista incoerência.

Começaremos por indicar o que pretendemos dizer quando falamos em *natureza jurídica* de alguma coisa. Depois examinaremos os conceitos de *tributo* e de *receita pública*, para, a final, nos situarmos no exame da questão de saber se os *empréstimos tributários* são, ou não são, espécies de tributo.

Quando elaboramos uma tese jurídica qualquer, partimos necessariamente de algum ou de alguns pressupostos para afirmar uma conclusão. Geralmente esses pressupostos são colocados como pontos pacíficos, mas nem sempre o são. É possível que compreensões diferentes a respeito de um pressuposto provoquem conclusões diferentes; vale dizer: é possível que a tese enseje divergências que, a rigor, não residem na tese propriamente dita, mas em um ou em alguns de seus pressupostos.

Assim, quando cogitamos de divergências a respeito da tese segundo a qual os empréstimos compulsórios são tributos, temos de verificar o que os contendores entendem por *tributo*. É possível que uma compreensão mais ampla desse conceito permita nele incluirmos os empréstimos compulsórios, enquanto uma compreensão mais restrita nos obrigue a conclusão diversa. E quando dizemos que o tributo é uma *receita pública* estamos colocando em questão outro conceito a respeito do qual também pode haver mais de uma compreensão.

A expressão "natureza jurídica" também não está imune a controvérsias. Por isto mesmo, vamos começar esclarecendo o que, no âmbito desse estudo, com a mesma queremos expressar.

---

103. Gustav Radbruch, *Filosofia do Direito*, 5ª ed., trad. de Luis Cabral de Moncada, Coimbra, Arménio Amado Editor, 1974, p. 59.

172 TEORIA GERAL DO DIREITO TRIBUTÁRIO

6.2 Natureza jurídica e regime jurídico

Quando cogitamos da *natureza jurídica* de alguma coisa estamos querendo saber quais prescrições jurídicas são a ela aplicáveis. Em outras palavras: estamos querendo saber como o Direito trata essa coisa. O que ela é para o Direito. Qual o seu *regime jurídico*. Aliás, a importância prática da definição da natureza jurídica de qualquer coisa reside especialmente na definição do seu regime jurídico fundamental.

Realmente, se algo tem a natureza jurídica de contrato, sabe-se que os princípios jurídicos relativos aos contratos são aplicáveis. É certo que o regime jurídico específico de qualquer coisa pode ser diverso. Aliás, a diversidade do regime jurídico é que lhe confere especificidade. Mas a definição da natureza jurídica de uma categoria jurídica qualquer presta-se para indicar o feixe de normas que, em princípio, a ela se aplicam, sem prejuízo da posterior identificação de normas jurídicas que lhe conferem especificidade dentro da categoria à qual pertence.

Assim, se dizemos que o *empréstimo compulsório* tem a natureza jurídica de *tributo*, estamos afirmando que os princípios e regras que compõem o direito tributário são a ele aplicáveis.

6.3 Tributo e receita pública

Tem decisiva importância no exame da tese segundo a qual o empréstimo compulsório é um tributo a questão de saber o que devemos entender por *tributo*. O Código Tributário Nacional diz que "tributo é toda prestação pecuniária compulsória, em moeda ou cujo valor nela se possa exprimir, que não constitua sanção de ato ilícito, instituída em lei e cobrada mediante atividade administrativa plenamente vinculada".[104]

A questão que se coloca, então, no contexto da tese que estamos a examinar, é a de saber o que significa a palavra "prestação", contida nesse dispositivo legal. A nosso ver, a palavra "prestação", nesse dispositivo legal, tem o sentido de transferência de riqueza, tem sentido econômico. Em outras palavras: é uma receita pública.

O tributo é a fonte primordial de recursos da qual se pode valer o Estado para o atendimento de suas necessidades. E não é uma categoria

---

104. CTN, art. 3º.

O TRIBUTO 173

nova. Existe desde quando existe o Estado, em sua forma mais primitiva. No dizer de Aliomar Baleeiro:

> O tributo é vetusta e fiel sombra do poder político há mais de 20 séculos. Onde se ergue um governante, ela se projeta sobre o solo de sua dominação. Inúmeros testemunhos, desde a Antiguidade até hoje, excluem qualquer dúvida.[105]

O tributo ao qual se refere Baleeiro é precisamente a *receita pública*, como tal definida em nosso sistema jurídico. É uma *prestação*, no sentido de transferência de riqueza do contribuinte para o Estado, que, por isto mesmo, implica redução do patrimônio líquido do primeiro e aumento do patrimônio líquido do segundo. Neste sentido, doutrina Tulio Rosembuj:

> La prestación tributaria es un comportamiento positivo, dar sumas de dinero, que establece el simétrico empobrecimiento patrimonial del obligado y el enriquecimiento del ente público, y debido, en el sentido de la absoluta prevalencia de la ley sobre la autonomía de voluntad del sujeto obligado.[106]

Definido, assim, o tributo como *receita pública*, esta, na lição autorizada de Baleeiro, acima transcrita, "é a entrada que, integrando-se no patrimônio público sem quaisquer reservas, condições ou correspondência no passivo, vem acrescer o seu vulto, como elemento novo e positivo".[107]

6.4 A tese afirmativa da natureza tributária

Não obstante a manifestação do STF em sentido contrário, a influência das lições dos mais eminentes tributaristas brasileiros, aliada à necessidade de se construir obstáculo ao abuso do Governo na instituição e cobrança de empréstimos compulsórios, tem feito prevalecer em nossa doutrina a tese segundo a qual o empréstimo compulsório é um

---

105. Aliomar Baleeiro, *Limitações Constitucionais ao Poder de Tributar*, 7ª ed., Rio de Janeiro, Forense, 1997, p. 1.
106. Tulio Rosembuj, *Elementos de Derecho Tributario*, cit., p. 114.
107. Aliomar Baleeiro, *Uma Introdução à Ciência das Finanças*, cit., 13ª ed., p. 116.

174 TEORIA GERAL DO DIREITO TRIBUTÁRIO

tributo. Assim é que na primeira edição do nosso *Curso de Direito Tributário* escrevemos:

> **Empréstimos Compulsórios.** Que constituem tributo isto é hoje indiscutível. Aliás, mesmo antes de sua inclusão no sistema tributário, pela Constituição Federal, já sustentávamos sua natureza tributária.
>
> O STF, todavia, entendeu não se tratar de tributo, mas de um contrato coativo, e essa orientação foi consagrada na súmula de sua jurisprudência predominante (Súmula 418).
>
> A natureza tributária do empréstimo compulsório é indiscutível, a ele se aplicando, até por força de disposição constitucional, as regras jurídicas da tributação (CF, art. 21, § 2º, II).
>
> Como espécie de tributo, só o fato de ser restituível o distingue das demais espécies. Em tese, nada há que o caracterize como espécie autônoma. Mas como no Brasil não há outro tributo que seja restituível, achamos conveniente estudá-lo como espécie distinta das demais.[108]

Os defensores dessa tese argumentam que o empréstimo compulsório alberga todos os elementos do conceito legal de tributo estabelecido pelo art. 3º do nosso CTN. Nada dizem a respeito do significado da palavra "prestação", contida nesse dispositivo legal. E resta implícito que a ela atribuem um sentido amplo, que inclui a prestação meramente financeira, a simples transferência da posse do dinheiro, sem que seja necessária a transferência de sua propriedade. E nesse ponto reside, com certeza, a razão essencial da divergência. Se à palavra "prestação", no art. 3º do CTN, atribuirmos o sentido de transferência patrimonial ou econômica, com certeza não poderemos afirmar que o empréstimo compulsório alberga todos os elementos da definição legal de tributo, porque ele não opera essa transferência. Entretanto, se a essa palavra atribuirmos o sentido de transferência simplesmente financeira do dinheiro que o obrigado leva aos cofres públicos, então poderemos – aí, sim – afirmar que o empréstimo compulsório realmente alberga todos os elementos da referida definição legal.

Argumentam, ainda, com o art. 4º do CTN, sustentando que a restituição do valor do empréstimo, portanto, é inteiramente irrelevante.

---

108. Hugo de Brito Machado, *Curso de Direito Tributário*, São Paulo, Resenha Tributária, 1978, pp. 21-22.

O TRIBUTO   175

6.5 Fundamentação da tese na Teoria do Direito

Conscientes, talvez, do equívoco em que se incorre ao confundir a destinação dos recursos arrecadados e a restituição do empréstimo compulsório com a inserção do dever do Estado de restituir, na relação obrigacional tributária, alguns defensores da tese que afirma a natureza tributária do empréstimo compulsório preocuparam-se em elaborar argumento utilizando conceitos próprios da Teoria Geral do Direito. Amílcar Falcão, por exemplo, sustentou que o empréstimo compulsório nada mais é que um imposto com aplicação determinada que vai até o final consubstanciado na restituição. Gilberto de Ulhôa Canto, por seu turno, sustentou que no empréstimo compulsório se instauram duas relações jurídicas inseparáveis. E o mestre Rubens Gomes de Sousa, comentando esses argumentos, asseverou:

> A discordância de Gilberto de Ulhôa Canto é apenas quanto à identificação total do empréstimo compulsório ao imposto com destinação determinada, e o pensamento dele (como estou reproduzindo conversas e discussões que tive verbalmente com Gilberto e que ele próprio não reduziu a escrito, não existindo portanto uma fonte autêntica, onde se possa informar a respeito), parece-me que o fundamento da sua objeção é o de que pela construção de Amílcar Falcão existe apenas uma relação jurídica, a tributária, ao passo que no pensamento de Gilberto de Ulhôa Canto existem, no caso do empréstimo compulsório, duas relações jurídicas inseparáveis, uma, a tributária, para justificar a exigência compulsória da subscrição do empréstimo, que seria uma relação jurídica inversa, pela qual o Poder Público assume o compromisso de restituir.
>
> Gilberto de Ulhôa Canto justifica essa sua posição, de que a tese de Amílcar Falcão, verdadeira em si mesma, comportaria esta complementação, pela observação de que a ideia de uma obrigação do Estado para com o contribuinte, ou seja, a obrigação de restituir, é inconciliável com a própria noção de relação jurídica tributária. Esta tem por essência a ideia de uma fonte de receitas definitivas para o Poder Público.[109]

Como se vê, Gilberto de Ulhôa Canto afirmava, com inteira razão, ser inadmissível uma relação jurídica tributária estabelecendo o dever do

---

109. Rubens Gomes de Sousa, Geraldo Ataliba e Paulo de Barros Carvalho, *Comentários ao Código Tributário Nacional*, São Paulo, EDUC/Ed. RT, 1975, pp. 156-157.

176 TEORIA GERAL DO DIREITO TRIBUTÁRIO

Estado de devolver o tributo recebido. Daí partirem aqueles eminentes juristas para a construção – falaciosa, *data maxima venia* – de que no empréstimo compulsório existiriam duas relações jurídicas distintas. Era esta, aliás, a explicação de Alfredo Augusto Becker, que afirma existirem no empréstimo compulsório duas relações jurídicas distintas, e esclarece:

> A primeira relação jurídica é de natureza *tributária*: o sujeito passivo é um determinado indivíduo e o sujeito ativo é o Estado. A segunda relação jurídica é de natureza administrativa: o sujeito ativo é aquele indivíduo e o sujeito passivo é o Estado.
>
> Note-se que a relação jurídica administrativa é um *posterius* e a relação jurídica tributária um *primus*, isto é, a satisfação da prestação na relação jurídica de natureza tributária irá constituir o núcleo da hipótese de incidência da outra regra jurídica (a que disciplina a obrigação de o Estado restituir) que, incidindo sobre sua hipótese (o pagamento do tributo), determinará a irradiação de outra (a segunda) relação jurídica, esta de natureza administrativa.

O argumento é, evidentemente, falacioso. Na verdade, o empréstimo compulsório não é uma *prestação* tributária. Não é uma prestação ou receita pública que se integra definitivamente no patrimônio da entidade pública. A ocorrência do fato previsto em lei como necessário e suficiente para fazer nascer, para o indivíduo, o dever de entregar dinheiro aos cofres públicos não faz nascer o dever de *prestar*, mas apenas o dever de *emprestar* dinheiro aos cofres públicos. A relação jurídica que se estabelece com a sua ocorrência é uma só, albergando o dever do indivíduo de emprestar e o dever da entidade pública de restituir o valor a ela emprestado. É certo que, não ocorrendo o empréstimo, não existirá o dever de restituir, mas isto não quer dizer que existam duas relações jurídicas distintas.

6.6 Destinação e restituição

Os autores que afirmam ser o empréstimo compulsório um tributo utilizam geralmente o art. 4º do CTN, argumentando ser irrelevante para a determinação da natureza específica do tributo a destinação ou aplicação do produto de sua arrecadação.

Esse argumento é equivocado, pelo menos por duas razões, a saber:

O TRIBUTO 177

Primeira, a de que a norma do art. 4º do CTN não se refere à determinação da natureza tributária de uma receita, mas à determinação da natureza jurídica específica do tributo – o que é coisa bem diferente. Essa norma que afirma ser irrelevante a destinação do produto da arrecadação aplica-se ao caso em que se esteja buscando definir um tributo como imposto, como taxa ou como contribuição de melhoria, que são as três espécies de tributo indicadas no art. 5º do Código. Não aos casos nos quais se esteja buscando definir a natureza jurídica de um ingresso de dinheiro nos cofres públicos, posto que alguns desses ingressos podem ter destinação especificamente estabelecida, que integra o seu regime jurídico.

Segunda, a de que não se pode confundir a destinação de recursos que entram no patrimônio público com o dever de restituir o que foi recebido a título de empréstimo. Uma coisa é dizer que os valores recebidos a título de empréstimo compulsório devem ser restituídos. Outra, bem diversa, é dizer que os valores recebidos a título de empréstimo compulsório devem ser destinados às despesas, ou aos investimentos, que justificaram sua instituição, como faz o parágrafo único do art. 148 da CF. O dever de restituir os valores tomados por empréstimo não se confunde com a aplicação que o Estado vai fazer desses valores.

Antes da Constituição Federal de 1988 os recursos arrecadados com um empréstimo compulsório podiam ter aplicações diversas, mas nenhuma delas se confundia com sua restituição. Consciente da impropriedade do argumento, Amílcar Falcão preocupou-se com sua reformulação, ampliando o conceito de aplicação. Por isto mesmo afirmou, como testemunha Gomes de Sousa, que

> (...) o empréstimo compulsório é na verdade um imposto com aplicação determinada, sendo que esta aplicação se estende por toda uma circulação do dinheiro representado pelo produto do empréstimo, até um ponto final desta circulação, quer seria a reversão deste dinheiro a quem originariamente contribuiu.[110]

Esse argumento procura esconder que o empréstimo compulsório, exatamente porque não enseja o recebimento de recursos em caráter definitivo, não é uma receita pública. E na verdade não é, como a seguir se verá.

---

110. Rubens Gomes de Sousa, Geraldo Ataliba e Paulo de Barros Carvalho, *Comentários ao Código Tributário Nacional*, cit., p. 156.

6.7 Empréstimo compulsório e receita pública

O empréstimo compulsório não é uma receita pública, porque nada acrescenta ao patrimônio do Estado. Os recursos financeiros que ingressam no patrimônio público correspondem a uma dívida que é assumida. Por isto mesmo, o regime jurídico do empréstimo contém norma que o faz essencialmente diferente do regime jurídico da receita púbica. Kiyoshi Harada aponta, com propriedade, essa distinção, ensinando:

> O empréstimo público não se confunde com a receita pública, que pressupõe o ingresso de dinheiro aos cofres públicos, sem qualquer contrapartida, ou seja, corresponde a uma entrada de dinheiro que acresce o patrimônio do Estado. O empréstimo público não aumenta o patrimônio estatal, por representar mera entrada de caixa com a correspondência no passivo. A cada soma de dinheiro que o Estado recebe, a título de empréstimo, corresponde uma contrapartida no passivo, traduzida pela obrigação de restituir dentro de determinado prazo.[111]

O empréstimo compulsório, a rigor, não é tributo, e nem chega a ser uma receita pública, tal como no âmbito das empresas privadas um empréstimo eventualmente obtido de uma instituição financeira não é uma receita. A receita – convém repetirmos, com Baleeiro –

> (...) é a entrada que, integrando-se no patrimônio público sem quaisquer reservas, condições ou correspondência no passivo, vem acrescer o seu vulto, como elemento novo e positivo.[112]

Todos os recursos financeiros recebidos pelos cofres públicos qualificam-se como entradas ou ingressos. Entre eles estão as receitas, que implicam aumento do patrimônio público, e os denominados movimentos de fundos, que em nada acrescem esse patrimônio, pois nele ingressam gerando sempre um passivo, uma dívida, correspondente ao montante recebido.

---

111. Kiyoshi Harada, *Compêndio de Direito Financeiro*, São Paulo, Resenha Tributária, 1994, p. 82.

112. Aliomar Baleeiro, *Uma Introdução à Ciência das Finanças*, cit., 13ª ed., p. 116.

6.8 A doutrina estrangeira

A doutrina estrangeira é exuberante no apontar a distinção essencial entre o tributo e o empréstimo compulsório. O professor Nuno de Sá Gomes ensina, com inteira propriedade:

> A prestação satisfeita a título de *imposto* é *definitiva* e sem contrapartida, no sentido de que não dá direito ao devedor que a pagou a *restituição, reembolso, retribuição* ou *indemnização*, a cargo do credor tributário.
>
> Esta característica, como vamos ver, leva-nos a distinguir o imposto dos *empréstimos públicos*, mesmo *forçados*, da *requisição administrativa*, da *nacionalização*, da *expropriação por utilidade pública*, que sempre darão origem a *prestações* desse tipo, conforme os casos, a que o ente público ficará adstrito.[113]

José Casalta Nabais também qualifica o imposto como uma prestação definitiva, que não dá lugar a qualquer reembolso, restituição ou indenização.[114]

Dino Jarach, estudando os empréstimos forçados, admite o caráter tributário destes, que surge precisamente da coerção, posto que a lei estabelece um pressuposto de fato que, uma vez concretizado, faz nascer a obrigação de conceder o empréstimo. Mesmo assim, esclarece que a diferença entre o empréstimo e o imposto consiste em que no primeiro, e não no segundo, o governo assume as obrigações referentes aos juros, amortização e extinção da dívida em seu vencimento. Em suas palavras:

> El carácter tributario surge precisamente de la coerción de la suscripción, a través de la ley que lo establece. Como en el impuesto hay un presupuesto de hecho definido en el texto legal que, al verificarse en la realidad de los hechos del caso concreto, da nacimiento a la obligación de suscribir el empréstito en la cantidad, precio y demás condiciones que la ley fije o autorice al Poder Público a fijar.
>
> La diferencia entre el empréstimo forzoso y el impuesto consiste en que en el primero, y no en el segundo, el gobierno asume las obligacio-

---

113. Nuno de Sá Gomes, *Manual de Direito Fiscal*, cit., 9ª ed., vol. I, p. 63.

114. José Casalta Nabais, *O Dever Fundamental de Pagar Impostos*, Coimbra, Livraria Almedina, 1998, p. 224.

180 TEORIA GERAL DO DIREITO TRIBUTÁRIO

nes referentes a intereses, amortización y extinción de la deuda a su vencimiento.[115]

Essa mesma distinção é apontada por Soares Martínez, reportando-se ao imposto, que, em suas palavras, "tem por fim a realização de uma receita pública e não depende de outros vínculos jurídicos, nem determina para o sujeito ativo respectivo qualquer dever de prestar específico".[116]

6.9 Divergências em face do ordenamento jurídico brasileiro

Em face do ordenamento jurídico brasileiro manifestam-se alguns no sentido de que os empréstimos compulsórios são uma espécie de *tributo*, porque estão previstos em nossa Constituição no capítulo do sistema tributário.[117] E acrescentam que o § 1º do art. 150 da CF afastou qualquer dúvida que ainda se pudesse ter, pois se refere, duas vezes, aos "tributos" previstos no art. 148, I, que trata de *empréstimo compulsório*.

Realmente, nossa Constituição Federal estabelece:

Art. 148. A União, mediante lei complementar, poderá instituir empréstimos compulsórios: I – para atender a despesas extraordinárias, decorrentes de calamidade pública, de guerra externa ou sua iminência; II – no caso de investimento público de caráter urgente e de relevante interesse nacional, observado o disposto no art. 150, III, "b".

Parágrafo único. A aplicação dos recursos provenientes de empréstimo compulsório será vinculada à despesa que fundamentou sua instituição.

E realmente se refere ao empréstimo compulsório previsto nesse art. 148, I, colocando-o entre os *tributos* excluídos do princípio da anterioridade anual[118] e nonagesimal.[119] Assim, se levarmos em conta apenas o elemento literal, ou linguístico, seremos levados a admitir que em nosso ordenamento jurídico os empréstimos compulsórios são tributos.

---

115. Dino Jarach, *Finanzas Públicas y Derecho Tributario*, 2ª ed., Buenos Aires, Abeledo-Perrot, 1996, p. 249.

116. Pedro Soares Martínez, *Direito Fiscal*, 7ª ed., Coimbra, Livraria Almedina, 1995, p. 27.

117. CF de 1988, Capítulo I do Título VI.

118. CF de 1988, art. 150, § 1º, primeira parte.

119. CF de 1988, art. 150, § 1º, segunda parte.

O TRIBUTO 181

Ainda assim, todavia, em face dos dispositivos constitucionais concernentes aos empréstimos compulsórios, somos obrigados a admitir que eles estão submetidos a regime jurídico próprio, que não corresponde ao regime jurídico de nenhum tributo.

Realmente, no Direito Brasileiro os regimes jurídicos dos *empréstimos compulsórios* e dos tributos têm algumas semelhanças, mas são, inegavelmente, distintos. São semelhantes quanto ao princípio da legalidade, pois tanto um quanto o outro só por lei podem ser estabelecidos. São semelhantes também quanto ao caráter coativo e quanto à natureza pecuniária da prestação exigida. Mas são distintos em vários pontos, a saber:

(a) O tributo destina-se, em princípio, ao custeio das despesas ordinárias do Estado, enquanto o empréstimo compulsório destina-se ao custeio de despesas extraordinárias, decorrentes de calamidade pública, guerra externa ou sua iminência,[120] ou ainda para fazer face a investimento público de caráter urgente e de relevante interesse nacional. Em outras palavras: o tributo existe ordinariamente, enquanto o empréstimo compulsório é de existência excepcional.

(b) A aplicação dos recursos provenientes de empréstimo compulsório é vinculada à despesa que fundamentou sua instituição, enquanto nada obriga a vinculação da receita de tributos a determinadas despesas, sendo tal vinculação, inclusive, vedada no que diz respeito a impostos, salvo as exceções constitucionalmente admitidas.

(c) As normas e princípios do direito tributário aplicam-se aos tributos, salvo exceções previstas expressamente, enquanto para a aplicação dessas normas e princípios aos empréstimos compulsórios faz necessária norma que o determine expressamente, como fez o parágrafo único do art. 15 do CTN.

(d) Finalmente, o tributo ingressa no patrimônio público definitivamente, sem qualquer correspondência no passivo, enquanto o empréstimo compulsório deve ser restituído ao contribuinte no prazo e nas condições que devem constar obrigatoriamente da lei que o houver instituído.

---

120. É certo que a Constituição admite a instituição do imposto extraordinário de guerra (art. 154, II). Trata-se, porém, de uma exceção, que não invalida a afirmação de que os tributos em geral se destinam ao custeio das despesas ordinárias dos entes públicos.

182 TEORIA GERAL DO DIREITO TRIBUTÁRIO

O professor Valdir de Oliveira Rocha, em excelente artigo sobre o tema, ensina:

> Fossem tributos os empréstimos compulsórios, como previstos na Constituição de 1988, e seria preciso entendê-los, entretanto, como excepcionados da generalidade dos princípios e normas de imposição aplicáveis aos tributos. Este me parece ser o ponto decisivo para identificação da natureza jurídica dos empréstimos compulsórios, conferida pela Constituição.[121]

E, adiante, Valdir de Oliveira Rocha propõe e enfrenta, assim, a questão de saber qual é a identidade do empréstimo compulsório:

> Se não é tributo o empréstimo compulsório, o que seria, então? A resposta terá que ter presente a Constituição de 1988, que o rege. Respondo: o empréstimo compulsório é prestação pecuniária (compulsória), estabelecida em lei complementar, que não constitui sanção de ato ilícito e cobrada mediante atividade administrativa plenamente vinculada que em muito se assemelha aos tributos, mas que tributo não é, porque a Constituição o quis, nisso, distinto. Parece, mas não é. A Constituição, que tudo pode, poderia ter dito expressamente: "Os empréstimos compulsórios, que em muito se assemelham aos tributos, tributos não são, porque assim não se quer"; não o fez expressamente, mas poderia tê-lo feito – como entendo – implicitamente, como se vê de seu conceito, obtido de interpretação sistemática.[122]

6.10 Proteção contra práticas abusivas do Poder Público

Na verdade, a doutrina dos tributaristas brasileiros, ao construir a tese segundo a qual os empréstimos compulsórios são tributos, pretendeu simplesmente proteger os contribuintes contra práticas abusivas do Poder Público, que, a rigor, não é um cumpridor de suas obrigações, especialmente quanto ao pagamento de seus débitos. A não restituição

---

121. Valdir de Oliveira Rocha, "Os empréstimos compulsórios e a Constituição de 1988", *Revista de Informação Legislativa* 113/206, Brasília, Senado Federal, janeiro-março/1992.
122. Idem, p. 207.

O TRIBUTO

de empréstimos compulsórios tornou-se prática comum no País, e isto realmente estava a exigir um corretivo.

A doutrina que pretendeu qualificar os empréstimos compulsórios como tributo teve, indiscutivelmente, o grande mérito de influenciar o legislador constituinte, que terminou por construir um regime jurídico próprio para os empréstimos compulsórios, que, a final, é mais protetor do que o regime jurídico dos tributos em geral. Assim, no Direito Brasileiro perdeu sentido prático a questão de saber se o empréstimo compulsório é, ou não é, um tributo. Submetido, como está, a regime jurídico próprio, específico, a questão está definitivamente resolvida.

Ao submeter o empréstimo compulsório a regime jurídico próprio e específico, definido no art. 148 e seu parágrafo único da vigente CF, transcrito no precedente item 6.9, o constituinte fez melhor do que definir o empréstimo compulsório como tributo. É que o referido regime jurídico próprio e específico, como está posto, revelou-se eficaz para evitar o abuso na instituição de empréstimos compulsórios pela União, e, assim, deixou o contribuinte ainda mais protegido.

Capítulo V
As Espécies de Tributo

1. Introdução. 2. Os impostos: 2.1 Conceito e natureza jurídica específica – 2.2 Classificação dos impostos: 2.2.1 Utilidade didática – 2.2.2 Os critérios de classificação – 2.2.3 Classificação pelo critério da competência – 2.2.4 Classificação pela forma de quantificação – 2.2.5 Classificação pela repercussão do ônus. 3. As taxas: 3.1 Conceito e natureza jurídica específica – 3.2 Classificação das taxas: 3.2.1 O critério a ser adotado – 3.2.2 Competência privativa – 3.2.3 Taxas de polícia e de serviços – 3.3 Destino do produto da arrecadação. 4. A contribuição de melhoria: 4.1 Considerações iniciais – 4.2 Conceito – 4.3 Função – 4.4 Competência para instituição – 4.5 Fato gerador – 4.6 Limites característicos – 4.7 Posturas doutrinárias sobre os limites – 4.8 Inadmissível supressão dos limites – 4.9 Desinteresse pela cobrança. 5. As contribuições sociais: 5.1 Conceito e natureza jurídica – 5.2 Destinação ou finalidade como elemento essencial – 5.3 Espécies de contribuições sociais: 5.3.1 Contribuições de intervenção no domínio econômico – 5.3.2 Contribuições de interesse de categorias profissionais ou econômicas – 5.3.3 Contribuições de seguridade social – 5.3.4 Contribuições sociais gerais – 5.3.5 Contribuições especiais. 6. A contribuição de iluminação pública: 6.1 Incompatibilidade conceitual – 6.2 Outras incompatibilidades: 6.2.1 Destruição do sistema tributário – 6.2.2 Separação de Poderes – 6.2.3 Garantias individuais do contribuinte – 6.2.4 Compreensão dos limites ao poder reformador – 6.3 Outras questões relevantes: 6.3.1 Forma de cobrança – 6.3.2 Direito à compensação. 7. As tarifas ou preços públicos: 7.1 Natureza jurídica – 7.2 As preferências dos governantes – 7.3 Definição do que é atividade essencialmente estatal – 7.4 Imposição legislativa e coerência – 7.5 Dois momentos para opções dos governantes – 7.6 Utilização efetiva ou potencial do serviço – 7.7 Distinção essencial entre taxa e preço público ou tarifa.

1. Introdução

Neste capítulo estudaremos as diversas espécies de tributo, tendo em vista especialmente o ordenamento jurídico brasileiro – até porque

186 TEORIA GERAL DO DIREITO TRIBUTÁRIO

não nos sentimos em condições de abordar esse tema em face dos ordenamentos jurídicos de outros Países. Por outro lado, pensamos que o estudo das espécies de tributo no Direito Brasileiro atende perfeitamente aos que se interessam por uma Teoria Geral do Direito, posto que nosso ordenamento jurídico é muito bem elaborado, se não quanto ao disciplinamento de cada tributo, pelo menos quanto às normas que lhe estabelecem os traços gerais, que nos permitem compreender as características essenciais de cada uma das espécies de tributo.

Vamos estudar, portanto, as espécies de tributo *no ordenamento jurídico brasileiro*, sem prejuízo de eventuais referências à doutrina estrangeira.

Alguns tributaristas no Brasil adotam teoria que divide os tributos em duas espécies, a saber, os tributos *não vinculados*, ou impostos, e os tributos *vinculados*, vale dizer, as taxas e contribuições de melhoria. Essa qualificação, que é correta, às vezes é indevidamente interpretada, ensejando alguns equívocos, entre os quais o de supor que, sendo a taxa um tributo vinculado, os recursos decorrentes de sua arrecadação teriam aplicação necessariamente vinculada, no sentido de que somente poderiam ser aplicados nas atividades cujo exercício lhe serve de fato gerador – o que não é verdade.

Não se pode desconhecer que o Código Tributário Nacional é expresso e claro no sentido de que a natureza jurídica específica do tributo é determinada pelo fato gerador da respectiva obrigação, *sendo irrelevante para qualificá-la a destinação legal do produto de sua arrecadação.*[1] Essa lição, embora não aplicável às contribuições e aos empréstimos compulsórios, por força de disposições constitucionais, segue com total pertinência no que tange a impostos, taxas e contribuições de melhoria.[2]

---

1. CTN, art. 4º, II.
2. Misabel Abreu Machado Derzi, em "Notas de Atualização" ao *Direito Tributário* de Aliomar Baleeiro, escreve que "não nos parece ter sido revogado o art. 4º do CTN. Ele apenas não encontra aplicação no caso das contribuições especiais e dos empréstimos compulsórios, de competência da União, mas guarda inteira procedência quanto à distinção entre impostos e taxas, valioso instrumento de identificação rigorosa dos lindes do exercício da competência tributária de Estados e Municípios" ("Notas de Atualização", in Aliomar Baleeiro, *Direito Tributário Brasileiro*, 11ª ed., Rio de Janeiro, Forense, 1999, p. 69).

AS ESPÉCIES DE TRIBUTO 187

Não obstante, e mesmo indicando que não desconhece essa disposição do Código, Bernardo Ribeiro de Moraes, reportando-se às características da taxa, escreveu:

(...); (d) embora o elemento "destino da arrecadação" não seja característico de nenhum tributo, podemos dizer que as taxas são exigidas para atender à atividade estatal dirigida ao contribuinte. Logo, o produto da arrecadação de qualquer taxa deve ser destinado para cobrir os gastos com a atividade estatal respectiva, não devendo ter destino alheio ao custeio da atividade estatal que constitui o fato gerador da respectiva obrigação.[3]

Na verdade, a destinação legal do produto da arrecadação, no sistema jurídico brasileiro, pode ser elemento para caracterizar as contribuições, como será adiante explicado. Seja como for, vamos estudar, aqui, as espécies de tributo caracterizadas nos termos do Código Tributário Nacional e depois a espécie denominada "contribuições", disciplinada no ordenamento jurídico brasileiro pela Constituição Federal de 1988 como um meio para permitir ao Governo Federal fugir às mais importantes limitações do poder de tributar.

Começaremos com o estudo dos impostos, que constituem a mais importante espécie de tributo, se considerado o volume de recursos financeiros com eles arrecadados. Depois estudaremos as taxas, e em seguida a contribuição de melhoria.

Depois estudaremos as contribuições sociais, a contribuição de iluminação pública e, finalmente, estudaremos as tarifas ou preços públicos, que, embora não tenham a natureza jurídica de tributo, serão aqui estudados especialmente para que possamos demonstrar que realmente não são tributo e deixar clara a distinção que existe entre as tarifas ou preços públicos e as taxas, espécie de tributo que a eles se assemelha.

2. Os impostos

2.1 Conceito e natureza jurídica específica

Os impostos constituem a espécie mais comum de tributo, provavelmente em todo o mundo. No Direito Brasileiro essa espécie está definida no art. 16 do CTN, assim:

3. Bernardo Ribeiro de Moraes, *Compêndio de Direito Tributário*, Rio de Janeiro, Forense, 1984, p. 258.

188   TEORIA GERAL DO DIREITO TRIBUTÁRIO

Art. 16. Imposto é o tributo cuja obrigação tem por fato gerador uma situação independente de qualquer atividade estatal específica, relativa ao contribuinte.

Como se vê, nessa definição não importam a finalidade nem a função do tributo para sua caracterização como imposto. O que confere especificidade ao imposto é ser seu fato gerador uma situação alheia ao agir do Estado. Uma situação que concerne ao contribuinte, um fato-signo presuntivo capacidade contributiva deste.

O tributo, enquanto gênero, pode ter como fato gerador uma atuação estatal específica relativa ao contribuinte. Ou, então, uma situação independente de qualquer atuação estatal específica relativa ao contribuinte. Por isto, a doutrina brasileira, inspirada em Giannini e liderada pelo professor Geraldo Ataliba, classifica os tributos em *vinculados* e *não vinculados*. O imposto é tributo *não vinculado*, enquanto a taxa e a contribuição de melhoria são tributos *vinculados*.

A rigor, o fato gerador da contribuição de melhoria, como adiante será demonstrado, não é uma atuação estatal específica relativa ao contribuinte, mas é um fato que decorre de uma atuação estatal específica. As taxas – estas, sim – são sempre decorrentes de atuação estatal. Já, os impostos decorrem de fatos que, ao menos em tese, revelam capacidade contributiva daqueles de quem são cobrados ou daqueles que a final suportam o ônus dessa cobrança.

Sobre a caracterização do tributo como imposto já escrevemos:

A obrigação de pagar imposto não se origina de nenhuma atividade específica do Estado, relativa ao contribuinte. O fato gerador do dever jurídico de pagar imposto é uma situação da vida do contribuinte, relacionada à sua atividade ou a seu patrimônio, e sempre independe do agir do Estado.

Recorde-se que a obrigação tributária em geral, vale dizer, a obrigação de pagar tributo, tem como fato gerador a situação prevista em lei como necessária e suficiente à sua ocorrência, isto é, uma situação que basta, e é indispensável, ao nascimento dessa obrigação.

Em se tratando de *imposto*, a situação prevista em lei como necessária e suficiente ao nascimento da obrigação tributária não se vincula a nenhuma atividade específica do Estado relativa ao contribuinte. Assim, quando o Estado cobra o imposto de renda, por exemplo, toma em

AS ESPÉCIES DE TRIBUTO

consideração, exclusivamente, o fato de alguém auferir renda. Não importa tenha ou não prestado algum serviço, executado alguma obra, ou desenvolvido alguma atividade relacionada com aquele de quem vai cobrar o imposto.

O exame das várias hipóteses de incidência de impostos deixa evidente que em nenhuma delas está presente a atuação estatal. Pelo contrário, em todas elas a situação descrita na lei como necessária e suficiente ao surgimento da obrigação tributária é sempre relacionada ao agir, ou ao ter, do contribuinte, e inteiramente alheia ao agir do Estado.[4]

Ressalte-se que a destinação legal do produto da arrecadação não é elemento indicativo de nenhuma das espécies de tributo. O destino do produto da arrecadação dos tributos, em regra, é um problema de direito financeiro, e não um problema de direito tributário, embora excepcionalmente uma lei tributária possa conter dispositivo determinando esta ou aquela destinação de recursos oriundos de sua arrecadação.

2.2 Classificação dos impostos

2.2.1 Utilidade didática

As classificações não são verdadeiras nem falsas, mas úteis ou inúteis. Neste sentido a lição de Genaro Carrió e a de Eduardo García Maynez, colhidas por Marco Aurélio Greco.[5]

No mesmo sentido, invocando lição de Gordillo,[6] Roque Antonio Carrazza ensina que as classificações não são certas nem erradas, porém mais úteis ou menos úteis. Para o eminente Professor da PUC/SP, "nada nos impede, por exemplo, de classificarmos os tributos em *muito rendosos* e *pouco rendosos* para a Fazenda Pública", e tal classificação não seria errada, mas "pouco útil, pelo menos nos patamares do Direito".[7]

Também no mesmo sentido é a lição de Eurico de Santi:

4. Hugo de Brito Machado, *Comentários ao Código Tributário Nacional*, 2ª ed., vol. II, São Paulo, Atlas, 2008, p. 257.

5. Marco Aurélio Greco, *Contribuições (Uma Figura **Sui Generis**)*, São Paulo, Dialética, 2000, p. 88.

6. Agustín Gordillo, *Tratado de derecho administrativo*, tomo 1, p. I-11.

7. Roque Antonio Carrazza, *Curso de Direito Constitucional Tributário*, 29ª ed., São Paulo, Malheiros Editores, 2013, nota de rodapé 36, p. 599.

TEORIA GERAL DO DIREITO TRIBUTÁRIO

Goza de grande acolhida na doutrina nacional a célebre frase de Agustín Gordillo segundo a qual "não há classificações certas ou erradas, mas classificações mais úteis ou menos úteis". A assertiva do renomado administrativista argentino tem suporte na clássica obra de Genaro Carrió *Notas sobre o Direito e a Linguagem*, um dos principais fundadores da Escola Analítica de Buenos Aires, na qual o jusfilósofo portenho adverte que grande parte das divergências jurídicas centra-se em classificações de enorme prestígio e herdadas de tradição milenar: "Los juristas creen que esas clasificaciones constituyen la verdadera forma de agrupar las reglas y los fenómenos, en lugar de ver en ellas simples instrumentos para una mejor comprensión de éstos. Los fenómenos – se cree – deben acomodarse a las clasificaciones e no a la inversa".

Colaciona a seguir, a festejada lição: "Las clasificaciones no son ni verdaderas ni falsas, son serviciales o inútiles; sus ventajas o desventajas están supeditadas al interés que guía a quien las formula, y a su fecundidad para presentar un campo de conocimiento de una manera más fácilmente comprensible o más rica en consecuencias prácticas deseables". Ideia que representa a projeção da doutrina de John Hospers no campo do Direito, no também clássico *An Introduction to Philosophical Analysis.*[8]

O importante para que uma classificação seja mais útil ou menos útil é o critério adotado em sua feitura. E com a classificação dos impostos não é diferente. Sua utilidade didática é tanto maior quanto mais adequado seja o critério utilizado.

2.2.2 *Os critérios de classificação*

Na classificação dos impostos muitos critérios podem ser utilizados. Utilizaremos apenas três: (a) a competência para sua instituição e cobrança; (b) a forma de quantificação do valor a ser pago; e (c) a repercussão do ônus correspondente.

O último desses três critérios, a rigor, não nos permite uma classificação útil. Entretanto, não podemos deixar de estudá-lo, porque na doutrina e em especial na jurisprudência ele é apontado com muita frequência, de sorte que sua omissão, aqui, seria absolutamente injustificável.

8. Eurico Marcos Diniz de Santi, *Lançamento Tributário*, 2ª ed., São Paulo, Max Limonad, 2001, pp. 209-210.

2.2.3 *Classificação pelo critério da competência*

No que diz respeito especificamente aos impostos, o critério de classificação que se mostra mais simples e indiscutível é o da competência. Na vigente Constituição Federa foi adotada a atribuição de competência exclusiva para todos os impostos, de sorte que nenhuma dúvida pode restar quando se afirma que um imposto é federal, ou estadual ou municipal.

Realmente, a Constituição Federal atribui competência privativa aos entes que integram a Federação, de sorte que podemos classificar todos os impostos em federais, estaduais e municipais. Assim, atribui à União competência para instituir os impostos que enumera expressamente em seu art. 153, I a VII, que são os impostos incidentes sobre: "I – importação de produtos estrangeiros; II – exportação, para o Exterior, de produtos nacionais ou nacionalizados; III – renda e proventos de qualquer natureza; IV – produtos industrializados; V – operações de crédito, câmbio e seguro, ou relativas a títulos ou valores mobiliários; VI – propriedade territorial rural; VII – grandes fortunas, nos termos de lei complementar".

Atribui também à União a denominada competência residual, estabelecendo que esta poderá instituir, mediante lei complementar, impostos não previstos no dispositivo em que discrimina seus impostos. Quanto a esses impostos da denominada competência residual, exige que não incidam sobre o que é tributado por outras entidades, evitando que ocorra simples mudança de nomes, e impõe que sejam não cumulativos.[9]

Finalmente, atribui à União competência para instituir, "na iminência ou no caso de guerra externa, impostos extraordinários, compreendidos ou não em sua competência tributária, os quais poderão ser suprimidos, gradativamente, cessadas as causas de sua criação".[10] Tais impostos podem ter fatos geradores idênticos aos de outros impostos de competência de qualquer das entidades federativas.

Atribui aos Estados os impostos que expressamente indica em seu art. 155, I, II e III, que são os incidentes sobre: "I – transmissão *causa mortis* e doação de quaisquer bens ou direitos; II – operações relativas à circulação de mercadorias e sobre prestações de serviços de transporte

9. CF de 1988, art. 154, I.
10. CF de 1988, art. 154, II.

192 TEORIA GERAL DO DIREITO TRIBUTÁRIO

interestadual e intermunicipal e de comunicação, ainda que as operações e as prestações se iniciem no Exterior; III – propriedade de veículos automotores".

Finalmente, atribui aos Municípios os impostos que expressamente indica em seu art. 156, I, II e III, que são os impostos incidentes sobre: "I – propriedade predial e territorial urbana; II – transmissão *inter vivos*, a qualquer título, por ato oneroso, de bens imóveis, por natureza ou acessão física, e de direitos reais sobre imóveis, exceto os de garantia, bem como cessão de direitos à sua aquisição; III – serviços de qualquer natureza, não compreendidos na competência tributária dos Estados, definidos em lei complementar".

Podemos, portanto, afirmar com segurança que, tomando-se em consideração o critério da competência, no ordenamento jurídico brasileiro os impostos classificam-se em *federais, estaduais* e *municipais*.

2.2.4 *Classificação pela forma de quantificação*

Tomando-se em consideração a forma de quantificação do valor a ser pago pelo contribuinte, os impostos classificam-se em *fixos* e *graduados*. Os fixos são quantificados diretamente pelo legislador. A lei estabelece os valores a serem pagos em cada caso. Já, os graduados podem ser proporcionais, progressivos e regressivos.

Os impostos fixos estão em desuso. Como o imposto deve ser suportado em razão da capacidade contributiva e o fato gerador do imposto é um fato-signo presuntivo de capacidade contributiva, o valor do imposto deve ser determinado em razão da quantificação de cada fato gerador. Deve ser proporcional à capacidade contributiva da qual o fato gerador do imposto é um indicador.

O imposto é *proporcional* quando seu valor é fixado em determinada proporção do que é indicado pelo correspondente fato gerador. O aspecto quantitativo do fato gerador do tributo é denominado base de cálculo, exatamente porque sobre essa base é calculado o valor o imposto a ser pago em razão daquele *fato gerador*.

O imposto é *progressivo* quando seu valor é determinado em razão de sua base de cálculo, mas de sorte que aumenta em porcentagem maior na medida em que cresce a base de cálculo. Essa progressividade

AS ESPÉCIES DE TRIBUTO

tem sido colocada também levando-se em consideração o fator tempo. Sobre isto, e sobre os argumentos favoráveis e contrários à progressividade, veja-se o que escrevemos em nosso *Curso de Direito Tributário*, hoje na 36ª edição.[11]

O imposto é *regressivo* quando seu valor é determinado em razão de sua base de cálculo, mas de sorte que diminui em porcentagem menor na medida em que cresce a base de cálculo.

Não se deve confundir imposto progressivo com imposto seletivo. O progressivo tem valor que varia em razão da base de cálculo. Já, o *seletivo* tem alíquotas que variam em razão de um critério adotado pelo legislador, diverso da base de cálculo.

2.2.5 *Classificação pela repercussão do ônus*

Finalmente, os impostos podem ser classificados em razão de ensejarem, ou não, o fenômeno financeiro denominado *repercussão*, que é a transferência do respectivo ônus a terceiro, pessoa que não é parte na relação tributária. Tomando-se por base esse critério, os impostos são classificados em *diretos* e *indiretos*. São *diretos* aqueles impostos nos quais o contribuinte, legalmente obrigado ao pagamento, suporta o ônus correspondente; e são *indiretos* aqueles impostos nos quais o contribuinte, legalmente obrigado ao pagamento, transfere a terceiros o ônus correspondente.

No sistema tributário brasileiro é exemplo de imposto *direto* o que incide sobre renda e proventos de qualquer natureza; e exemplo de imposto *indireto* o que incide sobre produtos industrializados.

Essa classificação não é nova. Sobre ela, em livro publicado nos anos 1950, escreveu Aliomar Baleeiro:

> Velha de dois séculos, porque contemporânea, se não anterior aos fisiocratas do século XVIII, a divisão dos impostos em "diretos" e "indiretos" não tem qualquer base científica, isto é, assentada na verdade dos fatos. Nenhum critério incontestável pôde ser apresentado, até hoje,

---

11. Hugo de Brito Machado, *Curso de Direito Tributário*, 35ª ed., São Paulo, Malheiros Editores, 2014, pp. 305-307.

194 TEORIA GERAL DO DIREITO TRIBUTÁRIO

para essa distinção que uns quiseram colocar no fenômeno versátil da repercussão econômica; outras na técnica administrativa do lançamento (para os diretos) e até na repartição arrecadadora; e alguns outros na fórmula proposta por Foville, em 1883, e aceita por Stourm, Caillaux e Allix, de fato a menos falível.[12]

Como se vê, Baleeiro já apontava para a ausência de um critério seguro a permitir a distinção entre o imposto *direto* e o *indireto* – vale dizer: já apontava para as dificuldades que essa classificação enseja. Dificuldades das quais decorreram muitos conflitos, entre os quais o que envolve a questão de saber a quem cabe pedir a restituição de tributo pago indevidamente.

Já, o Código Tributário Nacional, em dispositivo extremamente infeliz, estabeleceu que "a restituição de tributos que comportem, por sua natureza, transferência do respectivo encargo financeiro somente será feita a quem comprove haver assumido o referido encargo, ou, no caso de tê-lo transferido a terceiro, estar por este expressamente autorizado a recebê-la".[13] Os conflitos nessa área levaram o STF a sumular sua jurisprudência afirmando que, "embora pago indevidamente, não cabe restituição de tributo indireto",[14] ainda que mais tarde, amenizando o rigor dessa tese, tenha sumulado o entendimento segundo o qual "cabe a restituição do tributo pago indevidamente quando reconhecido por decisão que o contribuinte *de jure* não recuperou do contribuinte *de fato* o *quantum* respectivo".[15]

Aliás, nas ações de repetição do indébito tributário ficou exuberantemente demonstrado que o Fisco sempre tira proveito das imprecisões no regramento da relação tributária. E isto ficou evidente quando a jurisprudência do STJ firmou entendimento segundo o qual: (a) se a ação é proposta pelo contribuinte *de direito*, é julgada improcedente, ao argumento de que houve a repercussão, e (b) se a ação é proposta pelo contribuinte *de fato*, dela não se toma conhecimento, alegando-se que o autor não é parte legítima para sua propositura, pois não é parte na rela-

12. Aliomar Baleeiro, *Clínica Fiscal*, Salvador, Progresso, 1958, pp. 34-35.
13. CTN, art. 166.
14. STF, Súmula 71.
15. STF, Súmula 546.

AS ESPÉCIES DE TRIBUTO
195

ção tributária. Tudo isto em meio a contradições na própria jurisprudência, pois é certo que o mesmo STJ, por sua 1ª Turma, já decidiu que o locatário que pagou indevidamente o IPTU tem legitimidade ativa para a ação de repetição do indébito.[16]

Outra complicação decorrente da classificação dos impostos em diretos e indiretos – vale dizer: decorrente da malsinada repercussão – foi a que se estabeleceu em torno da imunidade e da isenção de impostos. O STF durante muito tempo entendeu não ser devido o imposto quando o adquirente da mercadoria é entidade dotada de imunidade subjetiva. Mais tarde, porém, passou a adotar o entendimento oposto, que terminou consubstanciado na súmula de sua jurisprudência, sendo expressiva desse novo entendimento a ementa do acórdão assim escrita:

> Imposto de produtos industrializados – Imunidade tributária recíproca – Contribuinte *de jure* – Contribuinte de fato.
> Imunidade fiscal recíproca. Não tem aplicação na cobrança do IPI. O contribuinte *de iure* é o industrial ou produtor. Não é possível opor à forma jurídica a realidade econômica para excluir uma obrigação fiscal previamente definida na lei. O contribuinte de fato é estranho à relação tributária e não pode alegar, a seu favor, a imunidade recíproca.[17]

Essa tese é correta. A realidade econômica, embora possa ser útil na interpretação de uma lei, na verdade, não pode ser oposta a uma regra jurídica que expressamente disponha em sentido contrário. Por isto mesmo é que nos parece que na relação tributária deve ser considerado apenas o contribuinte de direito, afastando-se completamente esses questionamentos em torno do contribuinte de fato, que apenas complicação têm produzido nessa importante relação jurídica.

Aos interessados na classificação dos impostos pelo critério da repercussão do ônus correspondente recomendamos a leitura do livro, elaborado sob nossa coordenação, com textos de diversos autores sobre a *Tributação Indireta no Direito Brasileiro*, editado pelo Instituto

---

16. STJ, 1ª Turma, REsp 797.293-SP, rel. Min. Teori Albino Zavascki, j. 16.4.2009, acórdão na íntegra em *RDDT* 166/195-197.

17. STF, 2ª Turma, RE 68.741-SP, rel. Min. Bilac Pinto, j. 28.9.1970, *RTJ* 55/188.

196 TEORIA GERAL DO DIREITO TRIBUTÁRIO

Cearense de Estudos Tributários em conjunto com a Malheiros Editores, em 2013.

3. As taxas

3.1 Conceito e natureza jurídica específica

As taxas caracterizam-se como espécie de tributo por terem como fato gerador uma atividade estatal específica relativa ao contribuinte. A vigente Constituição Federal estabelece que a União, os Estados, o Distrito Federal e os Municípios poderão instituir "taxas, em razão do exercício do poder de polícia ou pela utilização, efetiva ou potencial, de serviços públicos específicos e divisíveis, prestados ao contribuinte ou postos à sua disposição" (art. 145, II). E estabelece também que as taxas não poderão ter base de cálculo própria de impostos (art. 145, § 2º). Assim, definido está o que temos denominado *âmbito constitucional* dessa espécie de tributo.

Aliás, no ordenamento jurídico brasileiro já desta forma eram postos os contornos da taxa, posto que o Código Tributário Nacional, em vigor desde 1966, estabelece:

> Art. 77. As taxas cobradas pela União, pelos Estados, pelo Distrito Federal e pelos Municípios, no âmbito das suas respectivas atribuições, têm como fato gerador o exercício regular do poder de polícia, ou a utilização, efetiva ou potencial, de serviço público específico e divisível, prestado ao contribuinte ou posto à sua disposição.
>
> Parágrafo único. A taxa não pode ter base de cálculo ou fato gerador idênticos aos que correspondam a imposto, nem ser calculada em função do capital das empresas.

Podemos, portanto, afirmar que as taxas são uma espécie de tributo vinculada a uma atividade estatal específica relativa ao contribuinte, que pode ser o *poder de polícia* ou um *serviço público específico e divisível* prestado ao contribuinte ou posto à sua disposição. Sempre uma atividade estatal especificamente ligada ao contribuinte.

A consideração de que a atividade estatal que enseja a cobrança de taxa há de ser especificamente ligada ao contribuinte é importante, pois impede a instituição e a cobrança de falsas taxas ligadas a atividades estatais destinadas ao público em geral.

3.2 Classificação das taxas

3.2.1 O critério a ser adotado

A propósito da classificação das taxas, podemos dizer o mesmo que dissemos a respeito da classificação dos impostos. Coloca-se também aqui a questão do critério a ser adotado. O critério da competência para instituição e cobrança é indiscutível, e com ele classificamos as taxas em federais, estaduais e municipais. Tal classificação, todavia, praticamente não tem utilidade nos estudos do direito tributário.

A propósito da competência para a instituição e cobrança das taxas, é importante termos em conta que não se trata de competência comum, como chegou a ser afirmado na doutrina, mas de competência privativa de cada entidade tributante.

3.2.2 Competência privativa

Realmente, no sistema tributário brasileiro a competência para a instituição de impostos, taxas e contribuições de melhoria é sempre privativa. É importante observarmos que, tratando-se de taxa e de contribuição de melhoria, tributos cujo fato gerador é ou se liga a uma atividade estatal, a questão da competência deve ser examinada com vistas ao direito administrativo, onde se estuda a competência para o desempenho daquela atividade à qual se liga a espécie tributária de que se cuida.

Seja como for, a competência para instituição e cobrança das taxas é privativa da entidade que desenvolve a atividade que consubstancia ou enseja a ocorrência do correspondente fato gerador. Assim, não se pode admitir que duas ou mais entidades públicas cobrem taxas em relação à mesma e única atividade. Se o serviço é prestado pela União, a ela cabe a taxa correspondente. Se o serviço é prestado pelo Estado, é este a entidade competente para instituir e cobrar a taxa. E, se o serviço é prestado pelo Município, este é a entidade competente para tributar com a taxa correspondente. Não é admissível a cobrança simultânea por mais de uma entidade pública de taxa sobre o mesmo serviço.

Podemos, portanto, afirmar com segurança que a taxa é um tributo da competência privativa da entidade estatal que desenvolve a atividade que consubstancia seu fato gerador. Atividade que pode ser o poder de

198 TEORIA GERAL DO DIREITO TRIBUTÁRIO

polícia ou a prestação de serviços públicos específicos e divisíveis relativos ao contribuinte.

3.2.3 *Taxas de polícia e de serviços*

Tomando como critério para a classificação das taxas a atividade estatal que consubstancia o correspondente fato gerador, as taxas podem ser de duas espécies, a saber: (a) as taxas de polícia e (b) as taxas de serviço.

O Código Tributário Nacional, com inteira propriedade, estabelece:

Art. 78. Considera-se poder de polícia a atividade da Administração Pública que, limitando ou disciplinando direito, interesse ou liberdade, regula a prática de ato ou abstenção de fato, em razão do interesse público concernente à segurança, à higiene, à ordem, aos costumes, à disciplina da produção e do mercado, ao exercício de atividades econômicas dependentes de concessão ou autorização do Poder Público, à tranquilidade pública ou ao respeito à propriedade e aos direitos individuais ou coletivos.

Parágrafo único. Considera-se regular o exercício do poder de polícia quando desempenhado pelo órgão competente nos limites da lei aplicável, com observância do processo legal e, tratando-se de atividade que a lei tenha como discricionária, sem abuso ou desvio de poder.

Como se vê, o poder de polícia manifesta-se em atividade da Administração Pública limitadora dos direitos e interesses individuais. Por isso é que refutamos terminantemente a ideia de contraprestação como característica das taxas. Ao menos enquanto adotamos a palavra "contraprestação" com o sentido de retribuição. Não concebemos que alguém pague uma retribuição por sofrer limitações.

É evidente que o exercício do poder de polícia, para ser admitido como fato gerador da taxa, há de ser regular, como definido no dispositivo acima transcrito. Se não for, será uma atividade ilegal, que em nenhuma hipótese poderia justificar a cobrança de tributo.

Aliás, a rigor, o fato gerador da taxa é a atividade que se desenvolve no exercício do poder de polícia. Sem o efetivo exercício da atividade, o ser a entidade titular do poder de polícia não justifica a cobrança da taxa. Não basta a existência de um aparato administrativo capaz de agir.

AS ESPÉCIES DE TRIBUTO

É necessária a existência de uma atividade estatal efetiva, ainda que não se deva tê-la como contraprestação, pois ocorre em detrimento do interesse individual do contribuinte. Este é o entendimento que tem prevalecido no STJ[18] e no STF.[19]

Na verdade, admitir a cobrança de taxas sem que exista efetivamente a atividade administrativa correspondente seria admitir a cobrança de imposto disfarçado com o nome de taxa, com afronta evidente às garantias constitucionais do contribuinte.

No que concerne às taxas de serviço, temos também no Código Tributário Nacional a indicação expressa dos elementos qualificadores dos serviços a serem considerados. Temos regra expressa a dizer que tais serviços consideram-se:

(...) I – utilizados pelo contribuinte: a) efetivamente, quando por ele usufruídos a qualquer título; b) potencialmente, quando, sendo de utilização compulsória, sejam postos à sua disposição, mediante atividade administrativa em efetivo funcionamento; II – específicos, quanto possam ser destacados em unidades autônomas de intervenção, de utilidade ou de necessidades públicas; III – divisíveis, quanto suscetíveis de utilização, separadamente, por parte de cada um dos seus usuários.[20]

Como se vê, o Código Tributário Nacional define com clareza o que devemos entender por serviços *específicos* e *divisíveis*. Destacamos que, não obstante estejam tais definições em dispositivos legais separados, são elas, na verdade, duas definições inseparáveis, no sentido de que um serviço não pode ser divisível se não for específico.

Seja como for, certo é que as definições legais em referência, embora não impeçam o surgimento de questões de ordem prática na aplicação da lei tributária, constituem indicações úteis a serem trabalhadas pela doutrina e pela jurisprudência.

Quando se trata de atividade provocada pelo contribuinte, individualmente – como acontece, por exemplo, no caso do fornecimento de certidões ou da prestação de atividade jurisdicional –, parece induvido-

---

18. STJ, REsp 164.529-SP, rel. Min. Milton Luiz Pereira, *Boletim de Direito Administrativo/BDA* agosto/2001, São Paulo, NDJ, pp. 662-665.

19. STF, RE 140.278-CE, rel. Min. Sydney Sanches, j. 27.8.1996, *DJU* 22.11.1996, p. 45.703.

20. CTN, art. 79.

200 TEORIA GERAL DO DIREITO TRIBUTÁRIO

so o caráter específico e divisível do serviço. Por outro lado, serviço como o de iluminação pública, por exemplo, não é específico nem divisível. Na verdade, a iluminação pública é serviço de interesse geral, e por isto mesmo não podia ensejar a cobrança de taxa. Por isto mesmo o STF sumulou sua jurisprudência no sentido de que "o serviço de iluminação pública não pode ser remunerado mediante taxa".[21]

Entretanto, não obstante inteiramente acertada, a decisão da Corte Maior não produziu efeitos práticos em favor do contribuinte, porque o Congresso Nacional aprovou a Emenda Constitucional 39, de 19.12.2002, inserindo na Constituição o art. 149-A, que atribui aos Municípios e ao Distrito Federal competência para instituir contribuição para o custeio de iluminação pública. E os Municípios imediatamente criaram dita contribuição. O Município de Fortaleza, aliás, editou lei na qual se reporta à lei anterior que cuidava da taxa, limitando-se a mudar o nome de taxa de iluminação pública para contribuição.

Questão interessante no campo dos serviços municipais foi colocada em relação ao serviço de limpeza pública ou de coleta de lixo. O STF já afirmou que a taxa de limpeza pública, porque se refere ao serviço não apenas de coleta de lixo domiciliar, mas também da limpeza das ruas de maneira englobada, é inconstitucional, porque corresponde a serviço indivisível.[22] Existe, porém, a possibilidade de se distinguir a limpeza pública da coleta domiciliar de lixo, e esta, a coleta domiciliar de lixo, é serviço específico e divisível que justifica plenamente a cobrança de taxa. O STF, aliás, já admitiu essa distinção e considerou constitucional a taxa cobrada por coleta domiciliar de lixo.[23]

Em relação ao serviço de coleta domiciliar de lixo coloca-se, ainda, a questão de saber se a remuneração cobrada é necessariamente uma taxa, ou pode ser um preço público ou tarifa. E tal questão é importante, porque, sendo taxa, só a lei pode instituir ou aumentar; enquanto, sendo preço público ou tarifa, pode ter seu valor fixado em simples ato administrativo. Entendemos que será necessariamente taxa se for de uso

---

21. STF, Súmula 670.

22. STF, 1ª Turma, RE 188.391-0-SP, rel. Min. Ilmar Galvão, j. 15.6.2000, *DJU*-1 1.6.2001, com acórdão publicado na *RDDT* 71/208-210, São Paulo, Dialética.

23. STF, 1ª Turma, RE/Ag 440.992-RN, rel. Min. Carlos Britto, j. 30.5.2006. Precedentes citados: RE 232.393, rel. Min. Carlos Velloso, e RE 241.790, rel. Min. Sepúlveda Pertence.

AS ESPÉCIES DE TRIBUTO

compulsório, vale dizer, se o usuário for juridicamente proibido de utilizar outro meio para a satisfação de sua necessidade; e será tarifa ou preço público se o usuário tiver a liberdade de atender à sua necessidade por outro meio. Voltaremos ao assunto ao estudarmos, mais adiante, as tarifas ou preços públicos, que, embora não sendo espécie de tributo, serão aqui estudadas exatamente para explicarmos que não são de natureza tributária, mas contratual.

3.3 Destino do produto da arrecadação

Alguns tributaristas no Brasil adotam teoria que divide os tributos em duas espécies, a saber: os tributos *não vinculados*, ou impostos, e os tributos *vinculados*, vale dizer, as taxas e contribuições de melhoria. Essa qualificação, que é correta, pode ensejar o equívoco de supor que, sendo a taxa um tributo vinculado, os recursos decorrentes de sua arrecadação teriam aplicação necessariamente vinculada, vale dizer, somente poderiam ser aplicados nas atividades cujo exercício lhe serve de fato gerador – o que não é verdade.

Não se pode desconhecer, e por isto mesmo vamos repetir o que acima já foi afirmado:[24] o Código Tributário Nacional é expresso e claro no sentido de que a natureza jurídica específica do tributo é determinada pelo fato gerador da respectiva obrigação, *sendo irrelevante para qualificá-la a destinação legal do produto de sua arrecadação.*[25] Essa lição, embora não aplicável às contribuições e aos empréstimos compulsórios, por força de disposições constitucionais, segue com total pertinência no que tange a impostos, taxas e contribuições de melhoria.

Não obstante, e mesmo indicando que não desconhece essa disposição do Código, Bernardo Ribeiro de Moraes, reportando-se às características da taxa, escreveu:

> (...); (d) embora o elemento "destino da arrecadação" não seja característico de nenhum tributo, podemos dizer que as taxas são exigidas para atender à atividade estatal dirigida ao contribuinte. Logo, o produto da arrecadação de qualquer taxa deve ser destinado para cobrir os gastos com a atividade estatal respectiva, não devendo ter destino alheio ao

24. V. item 1, e nota 2, deste capítulo.
25. CTN, art. 4º, II.

202 TEORIA GERAL DO DIREITO TRIBUTÁRIO

custeio da atividade estatal que constitui o fato gerador da respectiva obrigação.[26]

Com a devida vênia, não nos parece que seja assim. A destinação do produto da arrecadação é, na verdade, inteiramente irrelevante para a caracterização de qualquer das espécies de tributo previstas no art. 5º do CTN. Sobre o tema, aliás, já escrevemos:

> Para sabermos se um tributo é imposto, ou taxa ou contribuição de melhoria, não importam o nome, nem a destinação do produto de sua arrecadação, mas o fato gerador respectivo. Qual o fato cujo acontecimento fará nascer a obrigação de pagar o tributo. Esse fato é que determinará se estamos diante de um imposto, de uma taxa, ou de uma contribuição de melhoria, ou de uma outra espécie de tributo.[27]

É assim no ordenamento jurídico brasileiro e também no ordenamento jurídico de outros Países. Veja-se o que há mais de 40 anos escreveu Villegas, para quem "uma coisa é o tributo e outra distinta é o que o Estado se propõe a fazer com os fundos que mediante o mesmo se arrecadem".[28] Em suas palavras:

> O fim de todo tributo é obter ingressos e, para isso, o legislador recorre aos diferentes instrumentos que lhe proporciona a ciência fiscal, procedendo à sua seleção de acordo com critérios valorativos.
>
> Em alguns casos, o tributo se torna independente de toda atividade específica estatal e, por isto, se estima equitativo graduá-lo segundo a capacidade contributiva presumida dos obrigados.
>
> Em outros casos, quando o Estado executa certas atividades suscetíveis de serem divididas em unidades de uso ou consumo, considera-se justo gravar aqueles com respeito aos quais a atividade se singulariza.
>
> Os matizes da escolha dão lugar à adoção das diversas espécies de tributos. Porém, uma coisa têm em comum todas as espécies de um mesmo gênero, e é a seguinte: uma vez obtido o fim perseguido mediante o tributo,

---

26. Bernardo Ribeiro de Moraes, *Compêndio de Direito Tributário*, cit., p. 258.

27. Hugo de Brito Machado, "Comentários ao art. 4º", in Ives Gandra da Silva Martins (coord.), *Comentários ao Código Tributário Nacional*, 4ª ed., vol. 1, São Paulo, Saraiva, 2006, p. 30.

28. Héctor B. Villegas, "Verdades e ficções em torno do tributo denominado taxa", *RDP* 17/326, São Paulo, Ed. RT, junho-setembro/1971.

AS ESPÉCIES DE TRIBUTO

203

que é a obtenção do recurso, o tributo se esgota em seu conteúdo e cessa, em consequência, o aspecto tributário da atividade financeira estatal.[29]

É certo que podem existir normas jurídicas determinando esta ou aquela destinação de recursos, ou proibindo uma ou outra destinação. É o que no ordenamento jurídico brasileiro ocorre com os empréstimos compulsórios e com os impostos, por exemplo, à luz dos arts. 148, parágrafo único, e 167, IV, ambos da CF. Não havendo, porém, regra jurídica específica, prevalece a regra geral, que está no art. 4º, II, do CTN, a dizer que a natureza jurídica específica de um tributo não depende do destino dado ao produto de sua arrecadação.

4. A contribuição de melhoria

4.1 Considerações iniciais

A contribuição de melhoria é um tributo com qualificações muito especiais, a partir de sua finalidade. Enquanto os tributos em geral têm por finalidade a arrecadação de recursos financeiros, a finalidade da contribuição de melhoria é a realização da justiça, impedindo que o proprietário de imóvel valorizado com uma obra pública tenha proveito maior do que aquele que resulta das obras públicas para as pessoas em geral.

A compreensão dessa finalidade, aliás, é da maior importância para que possamos entender por que são essenciais nessa espécie de tributo os limites dos valores a serem cobrados, que subsistem mesmo já não estando expressamente consignados na Constituição Federal.

Outro aspecto peculiar da contribuição de melhoria no sistema tributário brasileiro reside no estímulo que de sua cobrança decorre para o contribuinte exercer a fiscalização dos gastos com obras públicas, o que temos apontado como causa do desinteresse dos governantes por essa espécie de tributo.

Neste estudo vamos examinar o conceito, a função, a competência para instituição, o fato gerador, os limites característicos, com as posturas doutrinárias pertinentes e o questionamento sobre possível remoção, para concluirmos com o exame da causa que tem gerado o desinteresse por sua cobrança no Brasil.

29. Idem, ibidem.

204   TEORIA GERAL DO DIREITO TRIBUTÁRIO

4.2 Conceito

Contribuição de melhoria é a espécie de tributo cuja obrigação tem como fato gerador a valorização de imóveis decorrente de obra pública. Distingue-se do imposto porque depende de atividade estatal específica, e da taxa porque a atividade estatal de que depende é diversa. Enquanto a taxa está ligada ao exercício regular do poder de polícia, ou a *serviço* público, a contribuição de melhoria está ligada à realização de *obra* pública.

Na doutrina de Giannini,[30] os tributos dividem-se em duas categorias, tendo-se como critério de classificação a relação existente entre a atividade estatal e o fato tomado em consideração pelo legislador para determinar o surgimento da obrigação tributária respectiva. Segundo essa doutrina, divulgada no Brasil pelo mestre Geraldo Ataliba,[31] os tributos têm como fato gerador uma situação independente de qualquer atividade estatal específica relativa ao contribuinte, e estes são os impostos; ou então têm como fato gerador uma atividade estatal específica, relativa ao contribuinte, e estes são as taxas e a contribuição de melhoria. Classificam-se, pois, em *não vinculados*, os impostos, e *vinculados*, as taxas e a contribuição de melhoria.[32]

Podemos, então, dizer que *contribuição de melhoria é o tributo vinculado cujo fato gerador consiste na valorização imobiliária decorrente de obra pública.*

O conceito dessa espécie tributária pode ser também formulado em atenção à sua finalidade, ou razão de ser, como instrumento de realização do ideal de justiça.

Todos devem contribuir para o atendimento das necessidades públicas, na medida da capacidade econômica de cada um. Para tanto, o Poder Público arrecada os tributos e aplica os recursos correspondentes. Nestas aplicações são incluídos os investimentos em obras públicas, e

---

30. A. D. Giannini, *Instituzioni di Diritto Tributario*, Milão, Giuffrè, 1948, pp. 38-39.

31. Geraldo Ataliba, *Apontamentos de Ciência das Finanças, Direito Financeiro e Tributário*, São Paulo, Ed. RT, 1969, p. 195.

32. A expressão "atividade vinculada", aqui, nada tem a ver com a mesma expressão utilizada no art. 3º do CTN. Ali tal expressão refere-se à natureza da atividade administrativa de cobrança do tributo.

AS ESPÉCIES DE TRIBUTO

destas muita vez decorre valorização de imóveis. Não é justo, então, que o proprietário do imóvel valorizado em decorrência da obra pública aufira sozinho essa vantagem para a qual contribuiu toda a sociedade. Por isto, o proprietário do imóvel cujo valor foi acrescido é chamado a pagar a contribuição de melhoria, com a qual, de certa forma, repõe no Tesouro Público o valor ou parte do valor aplicado na obra.

Considerado este aspecto, podemos, então, formular outro conceito. Podemos dizer que *contribuição de melhoria é o tributo destinado a evitar uma injusta repartição dos benefícios decorrentes de obras públicas.*

O primeiro é um conceito estritamente jurídico, enquanto o segundo, sem deixar de ser jurídico, é um conceito mais adequado ao âmbito da Ciência das Finanças Públicas.

4.3 Função

Pode parecer que a contribuição de melhoria tem apenas função fiscal. Ela seria destinada simplesmente à obtenção de recursos financeiros para a realização de obras públicas. Já afirmamos que essa espécie tributária tem função tipicamente fiscal, porque a arrecadação de recursos financeiros para cobrir os custos da obra é o seu objetivo. Mas tivemos o cuidado de esclarecer que não estávamos afirmando ser a função fiscal elemento definidor da contribuição de melhoria.[33]

Na doutrina de vários Países encontra-se também a afirmação de que o objetivo dessa espécie tributária é a arrecadação de recursos para o custeio de obras públicas. É preciso, porém, deixar claro que este não é o objetivo específico da contribuição de melhoria, até porque tal objetivo pode ser alcançado com os impostos.

Presta-se, é claro, a contribuição de melhoria como instrumento de arrecadação, mas a arrecadação não constitui propriamente sua função específica. Propiciar arrecadação é, certamente – mas não especificamente –, função dessa espécie tributária. A arrecadação de recursos financeiros é, certamente, um objetivo da contribuição de melhoria, mas com toda certeza não é este seu objetivo mais importante em um sistema tributário.

---

33. Hugo de Brito Machado, *Curso de Direito Tributário*, cit., 35ª ed., p. 450.

206 TEORIA GERAL DO DIREITO TRIBUTÁRIO

Por isto, ao se falar da função da contribuição de melhoria, é importante esclarecer que, ao lado da função arrecadatória, tem ela uma importantíssima função redistributiva – função que, aliás, lhe confere especificidade. Não fora sua especial função como instrumento destinado a retirar dos proprietários de imóveis o incremento de valor destes decorrente da obra pública, não teria ela razão de ser no sistema tributário.

4.4 Competência para instituição

Quando cogitamos da competência para instituir um tributo, é importante tenhamos em mente a distinção entre tributos cujo fato gerador independe de atividade estatal específica relativa ao contribuinte (imposto) e tributos cujo fato gerador é ou se liga necessariamente a uma atividade estatal específica relativa ao contribuinte (taxas e contribuições). Nestes últimos a questão da competência tributária não se coloca no campo do direito tributário. Em outras palavras: a questão da competência diz respeito diretamente à atividade administrativa que constitui ou se liga necessariamente ao fato gerador do tributo. É, portanto, uma questão de direito constitucional, ou de direito administrativo, antes de ser uma questão de direito tributário.

Há quem afirme – desatento a tão importante distinção – ser a contribuição de melhoria um tributo de competência comum. Na verdade, pode ser comum, ou não, a competência para a realização da atividade à qual necessariamente se liga o fato gerador da contribuição de melhoria, vale dizer, a realização da obra pública. Mas isto – repita-se – é questão alheia ao direito tributário. O que a este importa é a competência para instituir a contribuição de melhoria, e esta, inegavelmente, é privativa do ente que realiza a obra pública.

Já nos anos 1940 afirmou Castro Nunes, com inteira propriedade, que a contribuição de melhoria poderá parecer, à primeira vista, um tributo de competência concorrente. E afirmou também que não se trata de tributo de competência comum, porque esta supõe o tributo sem destinatário prefixado na Constituição, enquanto a contribuição de melhoria compete ao ente público que houver valorizado, por efeito da obra pública, o imóvel.[34]

---

34. Castro Nunes, "Problemas da partilha tributária", *RDA* I/7, Rio de Janeiro, FGV, janeiro/1945.

AS ESPÉCIES DE TRIBUTO

Na verdade, as ideias de competência privativa, comum e concorrente não se harmonizam com os tributos ditos vinculados – vale dizer, tributos cujo fato gerador é ou se liga necessariamente a uma atividade estatal específica relativa ao contribuinte. Essas ideias foram elaboradas tendo-se em vista os impostos, posto que em relação a estes é que o direito tributário tem de cuidar da questão da competência. Seja como for, se tivermos de definir a competência para instituir a contribuição de melhoria como privativa, comum ou concorrente, diremos que ela é privativa, esclarecendo que ela é privativa do ente público que realiza a atividade que constitui ou à qual necessariamente se liga o fato gerador respectivo.

4.5 Fato gerador

O fato gerador da contribuição de melhoria é a valorização do imóvel do qual o contribuinte é proprietário ou enfiteuta, desde que essa valorização seja decorrente de obra pública. Prevalece no Direito Brasileiro o *critério do benefício*. Não é a realização da obra pública que gera a obrigação de pagar contribuição de melhoria. Essa obrigação só nasce se da obra pública decorrer valorização, isto é, se da obra pública decorrer aumento do valor do imóvel do contribuinte.

Estabelece o art. 1º do Decreto-lei 195, de 24.2.1967: "A contribuição de melhoria, prevista na Constituição Federal, tem como fato gerador o acréscimo do valor do imóvel localizado nas áreas beneficiadas direta ou indiretamente por obras públicas". Em face dessa disposição legal, alguém poderá dizer que *o acréscimo do valor do imóvel localizado nas áreas beneficiadas direta ou indiretamente por obras públicas* constitui fato gerador da contribuição de melhoria mesmo que esse acréscimo não seja decorrência da obra pública, mas de outro fator qualquer, coincidentemente ali presente. Tal entendimento, porém, além de não ser compatível com o art. 2º do mesmo Decreto-lei 195, adiante transcrito, é afastado também pelo art. 81 do CTN, segundo o qual a valorização imobiliária, para gerar a contribuição de melhoria, há de ser uma decorrência da obra pública.

O citado Decreto-lei 195 diz:

> Art. 2º. Será devida a contribuição de melhoria, no caso de valorização de imóveis de propriedade privada, em virtude de qualquer das

208 TEORIA GERAL DO DIREITO TRIBUTÁRIO

seguintes obras públicas: I – abertura, alargamento, pavimentação, iluminação, arborização, esgotos pluviais e outros melhoramentos de praças e vias públicas; II – construção e ampliação de parques, campos de desportos, pontes, túneis e viadutos; III – construção ou ampliação de sistemas de trânsito rápido, inclusive todas as obras e edificações necessárias ao funcionamento do sistema; IV – serviços e obras de abastecimento de água potável, esgotos, instalações de redes elétricas, telefônicas, transportes e comunicações em geral ou de suprimento de gás, funiculares, ascensores e instalações de comodidade pública; V – proteção contra secas, inundações, erosão, ressacas, e de saneamento e drenagem em geral, diques, cais, desobstrução de barras, portos e canais, retificação e regularização de cursos d'águas e irrigação; VI – construção de estradas de ferro e construção, pavimentação e melhoramento de estradas de rodagem; VII – construção de aeródromos e aeroportos e seus acessos; VIII – aterros e realizações de embelezamento em geral, inclusive desapropriações em desenvolvimento de plano de aspecto paisagístico.

A relação das obras públicas feita pelo dispositivo legal acima transcrito é taxativa – isto é: uma obra que não tenha sido ali indicada não ensejará a cobrança dessa espécie tributária, pelo menos por parte da União Federal. Todavia, a descrição ali feita é bastante abrangente, de sorte que dificilmente se poderá ter uma obra pública que na mesma não esteja contida.

Diferentemente das anteriores, que a propósito da contribuição de melhoria se referiam a valorização de imóveis, a Constituição Federal de 1988 simplesmente atribuiu competência à União, aos Estados, ao Distrito Federal e aos Municípios para instituir "contribuição de melhoria, decorrente de obras públicas" (art. 145, III). Em face disto, há quem cogite da possibilidade de haver contribuição de melhoria independentemente de valorização imobiliária. Seria bastante a obra pública. Isto é um despautério, que desmerece qualquer exame. Demonstra simplesmente o inteiro desconhecimento da contribuição de melhoria, sua origem e sua finalidade específica. Entretanto, diante de tantos despautérios que se têm visto em matéria de tributação, não podemos afastar a possibilidade até de ter havido na citada mudança do texto constitucional o propósito de ensejar aquele absurdo entendimento, que por isto mesmo vamos examinar.

4.6 *Limites característicos*

Os limites da contribuição de melhoria constituem características essenciais dessa espécie tributária. Quando a Constituição, explicitamente, limitava a arrecadação total da contribuição de melhoria ao custo da obra e a quantia a ser cobrada de cada proprietário ao incremento de valor do respectivo imóvel, dúvida nenhuma podia haver: fossem ou não aqueles limites essenciais à espécie tributária em tela, eles tinham de prevalecer, por imposição constitucional.

A vigente Constituição Federal, todavia, atribui a União, aos Estados, ao Distrito Federal e aos Municípios competência para instituir, entre outros tributos, "contribuição de melhoria, decorrente de obras públicas".[35] Não se refere aos limites *total* e *individual*, e essa omissão tem ensejado divergências.

Valdir de Oliveira Rocha analisa com propriedade as manifestações doutrinárias a respeito. Reporta-se à opinião de José Afonso da Silva, segundo a qual a questão ficou mais bem colocada na Constituição de 1988, deixando livre o legislador de cada entidade para disciplinar a espécie tributária segundo sua realidade. Invoca Aires Barreto e Roque Carrazza, a sustentarem extinto o limite total mas persistente o limite individual – postura doutrinária que, a final, adota, refutando Ives Gandra da Silva Martins, para quem ambos os limites persistem implícitos, e a cobrança da quantia acima deles representa imposto da competência residual.[36]

Na verdade, os limites da contribuição de melhoria, tanto o global como o individual, são da essência dessa espécie tributária. Tais limites lhe conferem especificidade. Considerar necessária a referência explícita na Constituição é o mesmo que exigir figure na Constituição norma explicitamente determinando que o imposto sobre a renda há de ser calculado sobre a renda, que o imposto sobre a propriedade imobiliária não pode ser calculado sobre a totalidade do patrimônio, mas somente sobre os imóveis, que o imposto sobre serviços há de ser calculado apenas sobre o preço destes – e assim por diante.

---

35. CF, art. 145, III.
36. Valdir de Oliveira Rocha, *Determinação do Montante do Tributo*, 2ª ed., São Paulo, Dialética, 1995, pp. 144-145.

4.7 Posturas doutrinárias sobre os limites

Diante da Constituição de 1988 são possíveis, em princípio, entre outros, os seguintes entendimentos: (a) foram revogadas todas as normas que estabeleciam aqueles limites; (b) tais limites subsistem, em virtude do Código Tributário Nacional, mas pode o legislador complementar excluí-los; (c) só o limite total está ou poderá ser excluído, porque o limite individual é da essência da espécie tributária em estudo; e, finalmente, (d) nenhum dos dois limites foi nem pode ser excluído, porque ambos participam da essência da contribuição de melhoria.

O primeiro desses entendimentos foi adotado pela 1ª Câmara do extinto 1º TACivSP, por exemplo, que decidiu:

> Com a edição da Emenda Constitucional n. 23, o fato gerador do aludido tributo deixou de ser a valorização experimentada pelo imóvel em razão da obra executada, para ser a realização da obra pública, em si mesma, ao mesmo tempo em que era eliminado o limite individual relativo ao lançamento do tributo, o que também veio a ocorrer com o limite total, quando da promulgação da vigente ordem constitucional (CF, art. 145, III). Em outras palavras, a contribuição de melhoria, atualmente, pode ser exigida pelo Município pela só realização da obra pública, desamarrada de qualquer limite total ou individual no seu lançamento e sem limitação constitucional a determinado rol de contribuintes.[37]

Merece, entretanto, pronta rejeição.

A Constituição não cria tributo. Não define hipótese de incidência tributária. Apenas atribui competência, define o âmbito no qual o legislador poderá laborar na criação do tributo. Impõe limites.

Por outro lado, a Constituição não revoga as leis. Entre normas de patamar hierárquico distinto não se aplicam as regras do direito intertemporal. Editada uma nova Constituição, esta recepciona todas as normas que não se mostrem com ela incompatíveis, e de modo nenhum se pode ver incompatibilidade entre a legislação anterior pertinente à contribuição de melhoria e a vigente Constituição Federal.

O Código Tributário Nacional reportou-se aos limites *total* e *individual*, e o dispositivo da vigente Constituição, silenciando a respeito,

---

37. 1º TACivSP, AEO 525.756-3, rel Juiz Ary Bauer, j. 30.11.1992, *Repertório IOB de Jurisprudência* 5/84, 1993, Texto 1/5980.

AS ESPÉCIES DE TRIBUTO 211

nada estabelece em contrário, operando-se, portanto, a recepção do dispositivo do Código.

O segundo daqueles entendimentos é correto em parte. O Código Tributário Nacional foi, neste ponto, recepcionado pela atual Constituição. É incorreto, porém, quanto à possibilidade de exclusão dos questionados limites pelo legislador complementar, como será explicado adiante.

Não parece haver mais dúvida quanto à prevalência do limite individual – vale dizer: a valorização do imóvel –, até porque este integra a própria situação de fato geradora da relação jurídica tributária pertinente à contribuição de melhoria.

Significativas manifestações doutrinárias, porém, preconizam a não subsistência do limite total – vale dizer, o custo da obra –, de sorte que é relevante a questão de saber se pode tal limite ser excluído pelo legislador complementar.

O entendimento segundo o qual não subsiste o limite total, o terceiro daqueles entendimentos acima referidos, é sustentado por ilustres doutrinadores, entre os quais Aires Barreto, Roque Carrazza e Valdir de Oliveira Rocha, sustentando este último, com apoio na doutrina dos dois primeiros, que não há mais qualquer vinculação do custo da obra ao total da imposição. Segundo Valdir de Oliveira Rocha, entender que o limite total continua é *aceitar que a Constituição mudou para nada mudar a respeito.* A seu ver, *cobrar mais que o custo da obra não transforma a contribuição em imposto, pois a melhoria que permite a imposição atua na direção da ideia de justiça, erigida desde o "Preâmbulo" da Constituição como um valor supremo, e favoreceria as desigualdades sociais, que a Constituição quer ver reduzidas.*[38]

Ataliba, refutando Rubens Gomes de Sousa, ainda na vigência da Constituição de 1946, também sustentava não ser o limite total uma característica essencial da contribuição de melhoria, porque, se ela *tem nítido caráter apropriatório dos sobrevalores imobiliários oriundos de obra pública – e se tal caráter lhe é essencial –, a exação manterá sua identidade, enquanto onerá-lo.*[39]

---

38. Valdir de Oliveira Rocha, *Determinação do Montante do Tributo*, cit., 2ª ed., p. 145.

39. Geraldo Ataliba, *Natureza Jurídica da Contribuição de Melhoria*, São Paulo, Ed. RT, 1964, p. 127.

212 TEORIA GERAL DO DIREITO TRIBUTÁRIO

Equivocados, todavia, estão esses eminentes Mestres.

Cobrar mais do que o custo da obra a título de contribuição de melhoria, tendo-se como limite apenas a valorização imobiliária, é cobrar imposto sobre aquela valorização, sem previsão constitucional. Só a União poderia fazê-lo, atendidos os requisitos constitucionais para o exercício de sua competência residual. Com inteira razão, portanto, Ives Gandra da Silva Martins.[40]

O argumento de Valdir de Oliveira Rocha, segundo o qual a Constituição não pode ter mudado para nada mudar, é de validade apenas aparente. Na verdade, a modificação do texto constitucional operou-se apenas para excluir o que era desnecessário, porque implícito, em virtude da própria especificidade da exação em tela, como adiante será demonstrado. O argumento, do mesmo ilustre Professor, de que a cobrança da contribuição até o limite da valorização imobiliária realiza o princípio da justiça e evita que se tornem mais agudas as desigualdades também é válido apenas à primeira vista, pelo apelo emocional à ideia de justiça. Não pode, porém, subsistir quando se leva em conta que a justiça há de ser praticada sem prejuízo da segurança, que se expressa na legalidade.

A realização da justiça, que todos almejamos e a Constituição preconiza, não autoriza violência ao sistema jurídico. Há de ocorrer pelos caminhos que a própria Constituição estabelece. Nada impede seja criado um imposto que tenha por fato gerador a valorização imobiliária, decorrente ou não de obras públicas. Assim ter-se-á feito justiça ainda mais completa.[41]

Por outro lado, se alguém é proprietário de um imóvel e este se valoriza em função de uma obra pública, a justiça está realizada na medida em que o proprietário do imóvel valorizado faz retornar aos cofres públicos a quantia por estes despendida na obra pública. Nada justifica tenha de pagar mais que o despendido pelo Tesouro. No momento em

40. Ives Gandra da Silva Martins, cit. por Valdir de Oliveira Rocha, *Determinação do Montante do Tributo*, cit., 2ª ed., p. 145.

41. Embora seja possível, em princípio, a ocorrência de valorização imobiliária superior ao custo da obra, é difícil imaginar a realização dessa hipótese. Geralmente as obras públicas são de custo muito elevado, com ou sem superfaturamento. E quando de uma obra porventura decorresse valorização imobiliária maior do que o seu custo, os proprietários dos imóveis certamente cuidariam de realizá-la, como acontece nos loteamentos de terrenos, com o arruamento, os fios de pedra e até o calçamento das ruas, em muitos casos.

AS ESPÉCIES DE TRIBUTO 213

que o aumento de valor for realizado pelo proprietário do imóvel, na venda deste, será devido e deve ser pago o imposto de renda. Altamente injusto seria admitir a incidência de contribuição de melhoria sobre um acréscimo patrimonial superior ao valor despendido pelo Tesouro, e que nem ao menos se realizou.

Quanto ao argumento de Ataliba, o equívoco consiste em afirmar aquele Mestre o caráter apropriatório dos sobrevalores imobiliários decorrentes de obra pública como essencial na contribuição de melhoria. O que, na verdade, constitui característica essencial dessa espécie tributária é a recuperação do gasto público do qual decorreram os sobrevalores imobiliários. Ela não tem caráter apropriatório, mas recuperatório do gasto público.

Aires Barreto discorda de minhas conclusões, afirmando que elas estão em desconformidade com os próprios pressupostos que invoco, vale dizer: "Dessa valorização, o Tesouro tem o direito de recuperar o que gastou com a obra respectiva". E justifica sua discordância asseverando que adotar a minha conclusão equivale a admitir que a valorização causada pela obra pública deve reverter à sociedade, mas o valor a retornar deve limitar-se ao custo da obra, e que a valorização excedente pertence ao titular do imóvel valorizado, que deve enriquecer, sem causa, às custas dos demais contribuintes que, com impostos, suportaram as obras em geral.

Minha conclusão, para o professor Aires Barreto, implica "permitir que o particular – aquele privilegiado, que tem imóvel junto à obra – enriqueça, (sem causa), mas não vamos permitir que enriqueça totalmente; vamos entregar um pedacinho dessa riqueza (sem causa) à sociedade".[42]

Em primeiro lugar, não há nenhuma desconformidade entre o pressuposto segundo o qual da valorização imobiliária decorrente de obra pública o Tesouro tem o direito de recuperar o que gastou com a obra respectiva e a tese, que sustento, da prevalência do custo da obra como limite total da contribuição de melhoria. O Tesouro certamente tem o direito de *recuperar* o que gastou. Não o direito de confiscar o incremento de valor do imóvel do particular.

---

42. In Ives Gandra da Silva Martins (coord.), *Comentários ao Código Tributário Nacional*, vol. 1, São Paulo, Saraiva, 1998, pp. 593-594.

214 TEORIA GERAL DO DIREITO TRIBUTÁRIO

A valorização da obra deve reverter à sociedade. Mas "reverter" – sabemos todos – quer dizer "retornar",[43] e só retorna o que antes estava. Devem, por certo, reverter à sociedade, vale dizer, ao Tesouro, os recursos financeiros que saíram dele, cujo total é o custo da obra. A arrecadação além desse custo não seria um *retorno*.

O enriquecimento do proprietário do imóvel valorizado no que excede ao custo da obra realmente a este pertence, como também lhe pertence a valorização decorrente de quaisquer outros fatores, tais como uma obra particular, o próprio crescimento urbano, entre outros. Se, a pretexto de cobrar contribuição de melhoria, o Poder Público retirar do proprietário de um imóvel o incremento do valor deste além daquilo que despendeu, não se pode falar de *recuperação* de gastos públicos, nem de *retorno*, nem de *reversão*. O que haverá, em situação tal, será puro confisco, vedado expressamente pela Constituição, que não tolera o tributo com efeito de confisco.[44]

O argumento de que a contribuição de melhoria limitada ao custo da obra implica fazer retornar à sociedade apenas um pedacinho da riqueza auferida pelo proprietário do imóvel tem valor apenas aparente, sentimental, como apelo à realização da justiça. Na verdade, só poderá retornar à sociedade o que da mesma saiu. O incremento de valor do imóvel superior ao custo da obra não saiu da sociedade. É evento fortuito – aliás, de raríssima ocorrência, porque em geral as obras públicas custam muito mais do que o incremento de valor imobiliário delas decorrente.

Vejamos, finalmente, o quarto e último daqueles entendimentos, vale dizer, o de que nenhum dos limites foi ou pode ser excluído, porque inerentes à natureza jurídica específica da contribuição de melhoria.

Os equívocos a esse respeito decorrem especialmente de dois fatores. Primeiro, a ideia de que a Constituição há de ser explícita – ideia em virtude da qual temos uma das Constituições mais minudentes, com nada menos de 256 artigos em sua parte permanente, além de 98 nas disposições transitórias, até a Emenda 83/2014, e por certo a Constituição mais rica do mundo em normas versando matéria tributária. E, se-

---

43. Cf. Pedro Nunes, *Dicionário de Tecnologia Jurídica*, 8ª ed., vol. I, Rio de Janeiro/São Paulo, Freitas Bastos, 1974, p. 273.

44. CF de 1988, art. 150, IV.

AS ESPÉCIES DE TRIBUTO   215

gundo, o desconhecimento das características específicas da contribuição de melhoria.

A primeira referência à contribuição de melhoria nas Constituições brasileiras aparece na Constituição de 1934. Nela estava dito: "Provada a valorização do imóvel por motivo de obras públicas, a Administração que as tiver efetuado poderá cobrar dos beneficiados contribuição de melhoria".[45]

A Carta de 1937 omite qualquer referência à contribuição de melhoria, tratando apenas de impostos e taxas.[46] Na Constituição de 1946 foi atribuída competência à União, aos Estados e ao Distrito Federal e aos Municípios para a cobrança de *contribuição de melhoria, quando se verificar a valorização do imóvel, em consequência de obras públicas.*[47] E foi estabelecido que *a contribuição de melhoria não poderá ser exigida em limites superiores à despesa realizada, nem ao acréscimo de valor que da obra decorrer para o imóvel beneficiado.*[48] Em sua Emenda 18, que inaugurou no Brasil um sistema constitucional tributário, tais disposições não foram alteradas, a não ser formalmente, colocando-se no mesmo dispositivo a atribuição de competência e a referência aos limites. Continuou, portanto, competindo à União, aos Estados, ao Distrito Federal e aos Municípios, no âmbito de suas respectivas atribuições, cobrar *contribuição de melhoria para fazer face ao custo de obras públicas de que decorra valorização imobiliária, tendo como limite total a despesa realizada e como limite individual o acréscimo de valor que da obra resultar para cada imóvel beneficiado.*[49]

Na Constituição de 1967 a matéria recebeu tratamento diferente. Foi atribuída competência aos entes públicos para arrecadar "contribuição de melhoria dos proprietários de imóveis valorizados pelas obras públicas que os beneficiaram".[50] E estabelecido que "a lei fixará os critérios, os limites e a forma de cobrança da contribuição de melhoria a ser exigida sobre cada imóvel, sendo que o total da arrecadação não

45. Constituição de 1934, art. 124.
46. Constituição de 1937, arts. 20-28.
47. Constituição de 1946, art. 30, I.
48. Constituição de 1946, art. 30, parágrafo único.
49. Emenda Constitucional 18, de 1.12.1965, art. 19.
50. Constituição de 1967, art. 19, III.

216 TEORIA GERAL DO DIREITO TRIBUTÁRIO

poderá exceder o custo da obra pública que lhe der causa".[51] Ficou mantido, assim, o limite total, não podendo ser arrecadado a título de contribuição de melhoria mais do que o custo da obra respectiva; mas o limite individual foi deixado a critério do legislador.

A Constituição de 1969, ou Emenda 1 à Constituição de 1967, estabeleceu que, além dos impostos nela previstos, a União, os Estados, o Distrito Federal e os Municípios tinham competência para instituir "contribuição de melhoria, arrecadada dos proprietários de imóveis valorizados por obras públicas, que terá como limite total a despesa realizada e como limite individual o acréscimo de valor que da obra resultar para cada imóvel beneficiado".[52]

A Emenda 23/1983 alterou a redação daquele dispositivo, estabelecendo que a competência das três entidades públicas era para instituir "contribuição de melhoria, arrecadada dos proprietários de imóveis beneficiados por obras públicas, que terá como limite total a despesa realizada". Nenhuma referência fez ao limite individual.

Na Constituição de 1988, finalmente, o dispositivo equivalente refere-se simplesmente a "contribuição de melhoria decorrente de obra pública".[53] Não faz referência a nenhum dos dois limites, nem autoriza o legislador a dispor a respeito deles. Deixou, portanto, implícitos os limites em questão.

Do ponto de vista da técnica de elaboração constitucional o dispositivo é perfeito. Aliás, poderia ser melhor, referindo-se simplesmente a *contribuição de melhoria*, porque esta é sempre *decorrente de obra pública*. Do ponto de vista de política legislativa, porém, a omissão, com certeza, não era recomendável, pois, embora sendo os prefalados limites inerentes à contribuição de melhoria, tal como a ela é inerente o ser a valorização imobiliária decorrente de obra pública, as deturpações são previsíveis, quanto mais contando com o apoio de ilustres doutrinadores.

Tem inteira pertinência o registro de Baleeiro, a propósito da Constituição de 1946:

> A Constituição, indicando expressamente as características e os limites da contribuição de melhoria, desconfiadamente previa a adultera-

---

51. Constituição de 1967, art. 19, § 3º.
52. Constituição de 1969, art. 18, II.
53. CF de 1988, art. 145, III.

AS ESPÉCIES DE TRIBUTO

ção do instituto que ela pretendeu introduzir para recuperação do locupletamento que a obra pública pode trazer ao proprietário.[54]

No regime constitucional anterior a explicitação, está visto, deu-se apenas por cautela do constituinte de 1946. O argumento de Valdir de Oliveira Rocha quanto à alteração da norma da Constituição, que seria *para nada mudar*, seria consistente se a necessidade de referência a tais limites fosse de ordem teórica. Não é assim, porém. A necessidade de referência aos limites da contribuição em tela foi apenas de ordem prática, e podia tal referência ser retirada do texto, sem qualquer prejuízo para seu alcance, desde que consolidada a consciência jurídica em torno da natureza jurídica da contribuição de melhoria.

O que deixou de constar da Constituição, é evidente, foi simplesmente a explicitação do limite. Por isto mesmo, assevera Ives Gandra da Silva Martins:

> Para mim, entendo que o limite deixou de ser princípio explícito e passou a ser princípio implícito, visto que na cobrança de contribuição, além dos custos da obra, à evidência, o excesso não guardaria relação com a exigência, perdendo sua natureza de contribuição, posto que afastado de sua exigência o elemento essencial que a justificaria, qual seja, o custo da obra pública.[55]

Embora pareça haver aderido à tese que reconhece a subsistência apenas do limite individual,[56] referindo-se à alteração do dispositivo constitucional em tela, o mestre Paulo de Barros Carvalho doutrinou, com inteira propriedade:

> Cremos que a alteração foi simplesmente na expressão linguística do texto, pois não podemos conceber que alguém seja compelido a pagar, a título de contribuição de melhoria, uma importância que extrapasse o *plus* de valor originado pela concretização da obra pública. Preferimos entender que existe um limite global, coincidente com os gastos totais,

---

54. Aliomar Baleeiro, *Uma Introdução à Ciência das Finanças*, vol. I, Rio de Janeiro, Forense, 1955, p. 342.

55. Ives Gandra da Silva Martins, *Sistema Tributário na Constituição de 1988*, 3ª ed., São Paulo, Saraiva, 1991, p. 73.

56. Paulo de Barros Carvalho, *Curso de Direito Tributário*, 7ª ed., São Paulo, Saraiva, 1995, pp. 34-35.

218 TEORIA GERAL DO DIREITO TRIBUTÁRIO

necessários para a realização da obra, e outro individual, circunscrito ao *quantum* de valor, determinado pela atuação do Estado, promotor da obra pública.[57]

Com efeito, em face da Emenda 23/1983, porque omitida referência ao limite individual, já o Poder Público pretendeu avançar além do que lhe é permitido, mas foi contido, pois o STF decidiu que, "não obstante alterada a redação do inciso II do art. 18, pela Emenda Constitucional n. 23, a valorização imobiliária decorrente de obra pública – requisito ínsito à contribuição de melhoria – persiste como fato gerador dessa espécie tributária".[58]

Autorizando a instituição de *contribuição de melhoria*, o legislador constituinte autorizou a instituição de uma espécie de tributo que tem seus contornos conhecidos, resultantes da própria razão de ser, de sua finalidade essencial.

A contribuição de melhoria – doutrina, com propriedade, Aliomar Baleeiro – consubstancia "a recuperação do enriquecimento ganho por um proprietário em virtude de obra pública concreta no local da situação do prédio".[59] E, se é recuperação, não pode ter valor mais elevado do que o desembolso a ser recuperado.

Da obra pública resultam vantagens gerais para toda a comunidade, mas resulta uma vantagem especial para os proprietários de imóveis no local em que se encarta. Não é justo que estes proprietários usufruam dessa valorização decorrente de obra realizada com o dinheiro do Tesouro Público. Não é justo que os contribuintes em geral paguem impostos e do emprego dos recursos públicos resulte valorização imobiliária para determinadas pessoas. Dessa valorização o Tesouro tem o direito de recuperar o que gastou com a obra respectiva. Por isto é que os financistas imaginaram um tributo capaz de fazer retornar ao Tesouro

---

57. Paulo de Barros Carvalho, *Curso de Direito Tributário*, 3ª ed., São Paulo, Saraiva, 1988, p. 31.

58. STF, 2ª Turma, RE 115.863-8-SP, rel. Min. Célio Borja, j. 29.10.1991, v.u., *DJU*-1 8.5.1992, p. 6.268, e *Repertório IOB de Jurisprudência* 11/207, 1992, Texto 1/5189. No mesmo sentido: STF, 1ª Turma, RE 116.148-5-SP, rel. Min. Octávio Gallotti, v.u., *DJU* 21.5.1993 e *RDP* 93/270-279, São Paulo, Ed. RT.

59. Aliomar Baleeiro, *Direito Tributário Brasileiro*, 10ª ed., 12ª tir., Rio de Janeiro, Forense, 1996, p. 359.

AS ESPÉCIES DE TRIBUTO

o valor despendido em obras públicas, até o limite da valorização imobiliária decorrente.

A não ser para cumprir essa finalidade, a contribuição de melhoria não tem nenhuma razão de ser. Por isto mesmo, aliás, a CF de 1988 poderia, em seu art. 145, III, ter feito referência simplesmente a contribuição de melhoria. Isto não poderia ser tido como autorização ao legislador para instituí-la sem os contornos que a distinguem das demais espécies de tributo.

Em excelente monografia a respeito dessa espécie de tributo, assevera Alberto Fernández Cadavid, com inteira propriedade: "Como imposición fiscal de finalidad, el destino de la contribución no puede ser otro que atender a los costos de la obra de interés público o, subsidiariamente, para los casos en que la obra se haya construido con anterioridad a la contribución, recuperar para la entidad pública los dineros invertidos en su ejecución".[60]

4.8 Inadmissível supressão dos limites

É induvidoso que a vigente Constituição recepcionou a legislação anterior com ela compatível. E o fez, aliás, expressamente quanto à matéria tributária (art. 34, § 5º, do ADCT). Assim, enquanto não alteradas por normas do mesmo nível hierárquico, continuam em vigor as disposições do Código Tributário Nacional e do Decreto-lei 195/1967, o que de pronto afasta a possibilidade de instituição de contribuição de melhoria sem valorização imobiliária.

Resta, porém, a questão de saber se é possível, com alteração do Código e da lei ordinária, tal forma de tributação. Parece-nos que não, pelas razões que a seguir vamos expor.

É inadmissível a alteração dos dispositivos legais que estabelecem os limites, total e individual, da contribuição de melhoria, porque tais limites são da própria essência dessa espécie tributária.

Com efeito, a contribuição de que se cuida é *de melhoria*. Isto significa dizer exatamente que ela está ligada a uma melhoria, que corresponde precisamente ao incremento de valor do imóvel daquele que será o obrigado ao seu pagamento.

---

60. Alberto Fernández Cadavid, *La Contribución de Valorización en Colombia*, 2ª ed., Bogotá, Editorial Temis, 1981, p. 23.

Não é razoável contribuição *de melhoria* se não há *melhoria* alguma. E não se trata – como poderia parecer aos menos informados – de simples questão terminológica. O nome da espécie tributária em questão está intimamente ligado à sua finalidade específica, que, como já foi demonstrado, é a de evitar a injusta apropriação individual de uma valorização imobiliária decorrente de obra pública, que, por ser pública, foi realizada com os recursos do Tesouro Público e deve beneficiar a todos, sem privilégios. A contribuição de melhoria é precisamente o instrumento adequado para que o proprietário do imóvel valorizado reponha, em favor da coletividade, no Tesouro Público, o que foi por este gasto na obra, na medida, tanto quanto possível exata, do incremento de valor auferido.

É induvidosa, portanto, a impossibilidade jurídica de contribuição de melhoria sem valorização imobiliária. Um tributo que com esse nome seja instituído independentemente de *melhoria* será verdadeiro *imposto*, e, assim, salvo o exercício da denominada competência residual, com as limitações a ela inerentes, será inconstitucional.

Paulo de Barros Carvalho assevera que a competência para a instituição e a cobrança da contribuição de melhoria está hoje, na Constituição Federal de 1988, posta em termos amplos e genéricos, bastando que a obra pública acarrete *melhoria* para o imóvel do contribuinte. E assevera ser "óbvio que à lei complementar mencionada no art. 146 caberá estabelecer de que modo, dentro de que limites e debaixo de que condições específicas a contribuição de melhoria poderá ser criada".[61] Esclarece, porém, que o legislador complementar tem de respeitar o *quantum* de acréscimo patrimonial individualmente verificado.[62]

Não há, todavia, razão alguma para se admitir possa o legislador complementar estabelecer a possibilidade de cobrança de contribuição de melhoria cujo valor total arrecadado seja superior ao custo da obra pública. Se ele deve respeitar o limite individual – a valorização do imóvel –, que não está explícito na Constituição, pela mesma razão deve respeitar também o limite global – o custo total da obra –, que, tal como o limite individual, integra a própria identidade específica da contribuição de melhoria.

---

61. Paulo de Barros Carvalho, *Curso de Direito Tributário*, cit., 7ª ed., p. 34.
62. Idem, p. 35.

4.9 Desinteresse pela cobrança

Diante da permanente voracidade do Fisco, é estranho que a contribuição de melhoria permaneça praticamente sem utilização. Raras vezes sua cobrança tem sido tentada, e geralmente sem sucesso, em face da inobservância, pela Administração, das exigências legais pertinentes. Na doutrina estrangeira há quem afirme que a não aplicação da contribuição de melhoria no Brasil decorre do fato de se haver entendido que sua cobrança somente é possível depois de concluída a obra. Tal interpretação impede que ela cumpra sua finalidade como instrumento para o financiamento de obras públicas, além de causar problemas de ordem prática nos frequentes casos de alienação de imóveis antes do lançamento do tributo. Nas palavras de Alberto Fernández Cadavid:

> Con una abundante literatura jurídica y muy pocas publicaciones técnicas, la contribución de mejoras en Brasil no ha encontrado una eficaz aplicación y se halla muy restringida por las interpretaciones legales que han prevalecido, de que la obra debe estar ya construida para que pueda exigirse la contribución. Este criterio limita grandemente la aplicación de la contribución, le quita su finalidad como instrumento financiero para la ejecución de las obras, y origina difíciles problemas de orden práctico en los frecuentes casos de enajenaciones de inmuebles antes de la determinación del tributo, cuando las obras ya están construidas o al menos adelantadas en su ejecución, hasta el punto de que establecer como condición previa para el cobro de las contribuciones la de que la obra ya esté ejecutada es crear una base segura para la ineficacia y la inaplicación del sistema.[63]

É certo que a conclusão da obra como condição para a cobrança da contribuição de melhoria poderia dificultar seu uso como instrumento para o financiamento de obras públicas. Nada impede, porém, que a Fazenda Pública adiante os recursos, para posterior reembolso, ou os obtenha em instituições financeiras. Seja como for, é importante ressaltar que essa condição não resulta apenas de interpretações doutrinárias. Resulta do que expressamente estabelece o art. 9º do Decreto-lei 195, de 24.2.1967.

---

63. Alberto Fernández Cadavid, *La Contribución de Valorización en Colombia*, cit., 2ª ed., p. 47.

222 TEORIA GERAL DO DIREITO TRIBUTÁRIO

Não descartamos a explicação daquele Mestre, que "ha dedicado la mayor parte de su ejercicio profesional durante más de 30 años al estudio y aplicación de la contribución de la valorización" na Colômbia. Sua explicação nos parece razoável. Mesmo assim, preferimos acreditar que a verdadeira razão para a não cobrança da contribuição de melhoria no Brasil é a exigência legal de publicação do orçamento da obra e o direito do contribuinte de impugnar o respectivo valor, porque as obras públicas em nosso País, desgraçadamente, são quase todas objeto de vergonhoso superfaturamento. Por isto mesmo, a Administração Pública prefere não fazer as coisas com a transparência que a lei exige, como condição para a cobrança da contribuição de melhoria.

A explicação oferecida por Cadavid para a não utilização da contribuição de melhoria no Brasil deve ser rejeitada especialmente pelo fato de que as obras públicas de maior porte são geralmente realizadas com recursos obtidos junto a instituições financeiras, inclusive internacionais. A exigência de prévia conclusão da obra, portanto, não chega a ser um obstáculo efetivo, porque a arrecadação da contribuição de melhoria pode ser utilizada adequadamente para o pagamento do empréstimo.

Por outro lado, não se deve conceber a contribuição de melhoria como instrumento de captação de recursos financeiros para a realização de obras públicas. Sua finalidade essencial – é importante insistirmos neste pondo – é fazer retornarem ao Tesouro Público os recursos despendidos na obra na medida em que desta decorra valorização imobiliária, evitando, assim, o enriquecimento injusto dos proprietários dos imóveis valorizados, à custa da coletividade, que, mediante impostos, financia a obra.

5. As contribuições sociais

5.1 Conceito e natureza jurídica

Com características gerais ora de imposto, ora de taxa, as contribuições sociais constituem para a doutrina jurídica nacional e estrangeira um ponto de intermináveis controvérsias. No plano do direito positivo brasileiro, em face da Constituição Federal de 1988, o conceito de contribuição social ganhou um elemento importante para sua formulação e de notável relevo no pertinente à definição de limites do poder de tributar, ao estabelecer que "compete exclusivamente à União instituir contribui-

AS ESPÉCIES DE TRIBUTO 223

ções sociais, de intervenção no domínio econômico e de interesse das categorias profissionais ou econômicas, como instrumento de sua atuação nas respectivas áreas, (...)". Isto significa dizer que essas contribuições sociais caracterizam-se pela correspondente finalidade. Não apenas pela destinação do produto da respectiva cobrança, mas pela finalidade da instituição, que induz a ideia de vinculação de órgãos específicos do Poder Público à relação jurídica com o respectivo contribuinte.

Estabeleceu, ainda, o supracitado dispositivo constitucional que na instituição das contribuições sociais devem ser observadas as normas gerais do direito tributário e os princípios da legalidade e da anterioridade, ressalvando quanto a este último a regra especial pertinente às contribuições de seguridade social.

Diante da vigente Constituição, portanto, pode-se conceituar a contribuição social como espécie de tributo com finalidade constitucionalmente definida – a saber: intervenção no domínio econômico, interesse de categorias profissionais ou econômicas e seguridade social.

É induvidosa, hoje, a natureza tributária dessas contribuições. Aliás, a identificação da natureza jurídica de qualquer imposição do Direito só tem sentido prático porque define seu regime jurídico, vale dizer, define quais são as normas jurídicas aplicáveis. No caso de que se cuida, a Constituição afastou as divergências doutrinárias afirmando serem aplicáveis às contribuições em tela as normas gerais de direito tributário e os princípios da legalidade e da anterioridade tributárias, com ressalva quanto a este das contribuições de seguridade, às quais se aplica regra própria, conforme veremos adiante.

Desprovida de interesse prático, portanto, restou a polêmica em torno da questão de saber se as contribuições sociais são, ou não, tributo. E restou esclarecido o objetivo do art. 217 do CTN, com o qual o legislador pretendeu afastar o questionamento a respeito da possível revogação dos dispositivos legais no mesmo mencionados. Não fosse a ressalva nele contida, poder-se-ia entender revogados pelo Código Tributário Nacional todos os dispositivos legais que cuidam de contribuições.

5.2 Destinação ou finalidade como elemento essencial

As contribuições, diversamente do que ocorre com os demais tributos que integram o sistema tributário nacional, têm na destinação ou

224 TEORIA GERAL DO DIREITO TRIBUTÁRIO

finalidade um elemento essencial. Com exceção da contribuição de melhoria, que está prevista no Código Tributário Nacional, todas as demais contribuições têm a destinação ou finalidade como elemento essencial à caracterização como espécie de tributo. Não somente a destinação dos recursos financeiros com ela arrecadados, mas a finalidade de sua criação, que pode ser a intervenção do Estado em determinado setor da economia, como acontece com as contribuições de intervenção no domínio econômico.

Na verdade, as contribuições constituem, como temos afirmado, um desastre para nosso sistema tributário, porque se prestam para incontáveis e intermináveis abusos, responsáveis pela elevação incontrolável de nossa carga tributária. Abusos que começam com a interpretação do art. 149 da CF, ampliativa dessa regra, vendo-se na mesma a atribuição à União de competência para instituir contribuições para o que quiser, sem qualquer restrição.

Hugo de Brito Machado Segundo ensina que o art. 149 da CF não confere competência assim tão ampla à União, e explica as razões nas quais fundamenta seu entendimento:

> Primeiro porque, ao dizer-se que as contribuições são tributo cuja natureza é determinada pela finalidade, pressupõe-se que essa finalidade seja certa, de sorte a distinguir as contribuições dos demais tributos, e também distingui-las entre si, e não uma finalidade de desmedida amplidão, que termine por permitir que a contribuição seja instrumento parra qualquer fim, desnaturando-a. Com efeito, as contribuições são pagas, essencialmente, para que *certas* finalidades sejam atendidas, e não para que *qualquer* finalidade seja atendida.
>
> Segundo, porque o sistema tributário nacional confere outras competências à União Federal, para instituir não apenas impostos, mas também outras contribuições. Admitir sentido lato para o termo "intervenção" tornaria sem sentido as demais competências, bem como as limitações a elas impostas, na medida em que através do rótulo de contribuições de intervenção qualquer tributo pode ser criado, para qualquer finalidade.
>
> Terceiro, se a própria Constituição Federal determina, ao tratar da ordem econômica, como, quando e principalmente *para quê* a União Federal poderá nela intervir, é evidente que a contribuição em exame, instrumento dessa intervenção, somente poderá ser utilizada naquelas

AS ESPÉCIES DE TRIBUTO 225

hipóteses constitucionalmente determinadas, para atingir objetivos também constitucionalmente previstos. Assim, seja remunerando um órgão, seja servindo a própria contribuição, diretamente, como instrumento de intervenção, o certo é que só finalidades previstas na Constituição Federal autorizam a instituição do tributo de que se cuida.

Por fim, com todo o respeito às opiniões em contrário, pensamos que as contribuições em exame devem realizar a intervenção diretamente, por meio da sua incidência, tal como os impostos sobre comércio exterior. Mas não apenas isso. O produto de sua arrecadação há, também, de ter aplicação relacionada com a finalidade que as justifica.

A mera utilização da contribuição como fonte de custeio de um órgão interventor não é possível em face dos disposto no próprio art. 149 da Constituição, que assevera serem as contribuições nele referidas o próprio instrumento de atuação da União Federal nas respectivas áreas.[64]

Realmente, o exame atento do texto da Constituição Federal de 1988 nos leva seguramente à conclusão de que as contribuições de intervenção no domínio econômico caracterizam-se como espécie de tributo precisamente por serem um instrumento do qual se pode valer a União Federal para, nos casos em que a Constituição Federal o autoriza, intervir no domínio econômico. Devem ser tais contribuições, elas mesmas, o instrumento da intervenção, além do quê os recursos arrecadados devem também ser empregados no custeio da atividade estatal interventiva. Entendê-las de outra forma é transformá-las em verdadeiros impostos, cuja instituição visa a atender às necessidades gerais do Estado.

Infelizmente, porém, o que se está delineando atualmente nas finanças públicas é a preferência do Governo por essa espécie de tributo com evidente desvio de finalidade, para fins simplesmente arrecadatórios.

5.3 Espécies de contribuições sociais

As contribuições sociais constituem espécie do gênero tributo. A rigor, portanto, teríamos de dividi-las em subespécies. Preferimos, po-

---

64. Hugo de Brito Machado Segundo, "Perfil constitucional das contribuições de intervenção no domínio econômico", in Marco Aurélio Greco (coord.), *Contribuições de Intervenção no Domínio Econômico*, São Paulo, Dialética, 2001, pp. 115-116.

226 TEORIA GERAL DO DIREITO TRIBUTÁRIO

rém, fazer referência a elas como *gênero* e dividi-las em espécies, a saber: (a) contribuições de intervenção no domínio econômico, (b) contribuições de interesse de categorias profissionais ou econômicas e (c) contribuições de seguridade social.

Para os que entendem que o art. 149 da CF atribui competência ampla à União Federal para instituir as contribuições sociais que bem entender, existe uma quarta espécie de contribuições sociais, que seriam as contribuições sociais gerais. Embora tal entendimento não nos pareça correto, a ele vamos aderir, porque consideramos importante a explicação a seu respeito.

E, ainda, considerando que a Constituição Federal autoriza a instituição de contribuições em dispositivos específicos, temos mais uma espécie de contribuições sociais, a saber: a das contribuições especiais. Assim, vamos estudar, aqui, cinco espécies de contribuições sociais, a saber: (1) contribuições de intervenção no domínio econômico; (2) contribuições de interesse de categorias profissionais ou econômicas; (3) contribuições de seguridade social; (4) contribuições sociais gerais; e (5) contribuições especiais.

5.3.1 *Contribuições de intervenção no domínio econômico*

Esta espécie de contribuições sociais caracteriza-se por ser instrumento de intervenção no domínio econômico. É certo que todo e qualquer tributo interfere no domínio econômico. Mesmo o tributo considerado neutro – vale dizer, com função predominantemente fiscal –, posto que a simples transposição de recursos financeiros do denominado setor privado para o setor público, que realiza, configura intervenção no domínio econômico. Por isto se há de entender que a intervenção no domínio econômico que caracteriza essa espécie de contribuições sociais é apenas aquela que se produz com objetivo específico perseguido pelo órgão estatal competente para esse fim, conforme a lei.

A finalidade da intervenção no domínio econômico caracteriza essa espécie de contribuição social como tributo de função nitidamente extrafiscal. Assim, um tributo cuja finalidade predominante seja a arrecadação de recursos financeiros jamais será uma contribuição social de intervenção no domínio econômico, que só estará caracterizada se sua finalidade

AS ESPÉCIES DE TRIBUTO   227

for a intervenção estatal na atividade econômica; intervenção que somente pode ocorrer nos termos autorizados pela Constituição Federal.

A não ser assim, a União teria em seu poder um cheque em branco para instituir, como o nome de contribuição de intervenção no domínio econômico, os mais diversos impostos, violando, assim, por via oblíqua, as garantias que a Constituição Federal estabelece em favor dos cidadãos no que concerne à tributação, isto é, as limitações constitucionais ao poder de tributar.

5.3.2 Contribuições de interesse de categorias profissionais ou econômicas

A contribuição social caracteriza-se como de interesse de categoria profissional ou econômica quando destinada a propiciar a organização dessa categoria, fornecendo recursos financeiros para a manutenção de entidade associativa.

Não se trata – é bom insistir neste ponto – de destinação de recursos arrecadados. Trata-se de vinculação da própria entidade representativa da categoria profissional ou econômica com o contribuinte. O sujeito ativo da relação tributária, no caso, há de ser a mencionada entidade.

A esta conclusão se chega através da interpretação do art. 149, combinado com o art. 8º, IV, da vigente CF. Realmente, este último dispositivo estabelece que "a assembleia-geral fixará a contribuição que, em se tratando de categoria profissional, será descontada em folha, para custeio do sistema confederativo da representação sindical respectiva, independentemente da contribuição prevista em lei". A contribuição prevista em lei, no caso, é precisamente a contribuição social a que se refere o art. 149, restando claro, portanto, que a ressalva está a indicar a entidade representativa da categoria profissional ou econômica como credora das duas contribuições. Uma, a contribuição fixada pela assembleia-geral, de natureza não tributária. A outra, prevista em lei, com fundamento no art. 149 da CF, é a espécie de contribuição social de que se cuida.

Há quem sustente que a contribuição referida no art. 8º, IV, da CF é uma espécie de tributo, em relação à qual não se aplica o princípio da legalidade. Não nos parece que seja assim. Preferimos entender que se trata de contribuição de natureza não tributária, em tudo idêntica à contribuição cobrada por qualquer associação civil.

228 TEORIA GERAL DO DIREITO TRIBUTÁRIO

5.3.3 *Contribuições de seguridade social*

As contribuições de seguridade social constituem a espécie de contribuições sociais cujo regime jurídico tem suas bases mais bem definidas na vigente Constituição. O art. 195, I, II e III, e seu § 6º, e ainda os arts. 165, § 5º, e 194, VII, fornecem as bases do regime jurídico dessa importante espécie de contribuições sociais.

A autonomia do orçamento da seguridade social, todavia, terminou sendo anulada com a unificação das receitas federal e da seguridade social pela Lei 11.457, de 16.3.2007. A Constituição Federal segue tratando da seguridade social como se houvesse autonomia. Estabelece que a lei orçamentária anual compreenderá "o orçamento da seguridade social, abrangendo as entidades e órgãos a ela vinculados, da Administração direta ou indireta, bem como todos os fundos e fundações instituídos e mantidos pelo Poder Público".[65] Entretanto, no plano da lei ordinária essa autonomia restou anulada, com flagrante violação da Constituição, promovida pelo interesse dos governantes em dispor da enorme soma de recursos financeiros que essa espécie de contribuições permite arrecadar.

A rigor, no ordenamento jurídico brasileiro a seguridade social é uma verdadeira autarquia constitucional.[66]

5.3.4 *Contribuições sociais gerais*

Finalmente, coloca-se a questão de saber se a União pode, com fundamento no art. 149 da CF, instituir contribuições que não sejam de intervenção no domínio econômico, nem de interesse de categorias profissionais ou econômicas, nem de seguridade social. Contribuições de uma quarta espécie, que poderíamos denominar *contribuições sociais gerais*.

É certo que uma interpretação simplesmente literal do art. 149 pode autorizar resposta afirmativa. E tal resposta, infelizmente, já vem contando com o apoio do STF. Entretanto, uma interpretação sistêmica desse dispositivo da Constituição Federal nos leva a uma resposta negativa. Não é razoável admitir que o referido dispositivo constitucional se

---

65. CF de 1988, art. 165, § 5º, III.

66. É o que demonstramos em parecer que está publicado na 122/107-119, São Paulo, Dialética, novembro/2005.

AS ESPÉCIES DE TRIBUTO 229

preste como fundamento para a instituição de mais essa espécie de contribuições sociais, porque isto seria admitir uma fonte de recursos que, fora do alcance de muitas limitações constitucionais ao poder de tributar, e como instrumento exclusivo da União Federal, terminaria por destruir o sistema tributário nacional e a própria Federação.

Não podemos esquecer que a vigente Constituição Federal, ao tratar das emendas constitucionais, estabelece expressamente que não será objeto de deliberação proposta de emenda tendente a abolir a forma federativa de Estado.[67] Assim, é evidente que o elemento sistêmico na interpretação dessa Constituição desautoriza o entendimento segundo o qual seu art. 149 confere à União, enquanto pessoa jurídica de direito público interno, um poder tributário capaz de destruir a forma federativa do Estado Brasileiro.

5.3.5 Contribuições especiais

Nosso sistema tributário abriga ainda, como espécie das contribuições sociais, aquelas contribuições que preferimos denominar *contribuições especiais* e que, a rigor, não se enquadram como contribuições de intervenção no domínio econômico, nem como contribuições de interesse de categorias profissionais ou econômicas, nem como contribuições de seguridade social. São as contribuições autorizadas em dispositivos constitucionais específicos, como é o caso dos arts. 212, § 5º, e 239, que se referem à contribuição denominada salário-educação e a contribuição para o Programa de Integração Social/PIS, respectivamente.

Além dessas contribuições especiais, temos ainda o que poderíamos denominar de *contribuições anômalas*, instituídas em verdadeira fraude às limitações constitucionais ao poder de tributar, como é o caso da denominada *contribuição de iluminação pública*, que a seguir vamos examinar.

6. A contribuição de iluminação pública

6.1 Incompatibilidade conceitual

A Emenda Constitucional 39, de 19.12.2002, inseriu em nossa Constituição o art. 149-A, atribuindo competência aos Municípios e ao

---

67. CF de 1988, art. 60, § 4º, I.

230 TEORIA GERAL DO DIREITO TRIBUTÁRIO

Distrito Federal para instituírem "contribuição, na forma das respectivas leis, para o custeio do serviço de iluminação pública, observado o disposto no art. 150, I e III".

Diante desse dispositivo agora encartado na Constituição, coloca-se em primeiro lugar a questão de saber se é possível uma *contribuição* como concebida essa espécie tributária, com a destinação específica para o custeio da iluminação pública.

Na defesa dessa possibilidade alguém poderá sustentar que o elemento *finalidade* pode ser considerado presente na destinação dos recursos. A questionada "contribuição" teria finalidade específica, porque os recursos provenientes de sua arrecadação seriam destinados ao custeio de serviço ou atividade estatal, constitucionalmente indicados. Não nos parece, porém, que seja assim.

Como já neste estudo afirmamos, a contribuição identifica-se como espécie de tributo porque: (a) tem destinação constitucional especificamente estabelecida para o custeio de determinada atividade estatal especificamente referida a uma categoria ou grupo de pessoas, que provoca sua necessidade ou dela obtém especial proveito; e (b) tem como contribuinte pessoa que compõe a categoria ou grupo de pessoas que provoca a necessidade do agir estatal ou dele obtém proveito.

Assim, quando se diz que a contribuição há de ter finalidade constitucionalmente estabelecida não se quer dizer apenas que os recursos dela provenientes devem ser destinados ao financiamento de uma atividade estatal indicada na Constituição. Se fosse assim, poderíamos ter todas as atividades estatais custeadas mediante contribuições. Deixariam de ser necessários os impostos, e, assim, estaria destruído o sistema constitucional tributário.

Resta saber se a iluminação pública pode ser considerada atividade estatal pertinente a determinada categoria ou grupo social, vale dizer, atividade que interesse ou propicie vantagem a determinada categoria ou grupo social. Essa questão, porém, pode ser respondida negativamente sem qualquer dificuldade. A este propósito manifesta-se Kiyoshi Harada:

> No caso da iluminação pública, pergunta-se, onde a particular vantagem propiciada aos contribuintes, se todos os munícipes são beneficiários desse serviço público? Seria legítimo considerar a população nor-

AS ESPÉCIES DE TRIBUTO

231

mal como beneficiários específicos, em confronto com o contingente de pessoas cegas a quem o serviço público não estaria trazendo os mesmos benefícios?

Para caracterização da contribuição social ou da taxa de serviços não basta a destinação específica do produto da arrecadação do tributo. É preciso que se *defina o beneficiário específico* desse tributo, que passará a ser o seu contribuinte. Se a comunidade inteira for beneficiária, como no caso em estudo, estar-se-á diante de imposto, e não de contribuição.[68]

Esclarecemos apenas que o beneficiário específico da contribuição não há de ser necessariamente a pessoa do contribuinte, mas a categoria ou grupo social no qual este se encarta. Esta, aliás, a diferença essencial entre a taxa e a contribuição, neste aspecto. A taxa tem como contribuinte a pessoa que esteja diretamente vinculada à atividade estatal específica que constitui seu fato gerador. A contribuição, diversamente, tem como contribuinte pessoa que integra uma categoria ou grupo social favorecido pela atividade estatal para cujo custeio se destina, ou que a tenha tornado necessária, vale dizer, que a tenha provocado.

Hamilton Dias de Souza faz cuidadosa análise da doutrina pertinente às contribuições, e assevera:

> Autores que negam seja a vantagem especial traço característico das contribuições não desconhecem que a exação é instituída no interesse de grupos de indivíduos. Ora, o interesse em questão se traduz em algo concreto, como uma vantagem ou benefício, ainda que vistos coletivamente. O certo, porém, é que sem essa referibilidade entre a atividade do Estado e a vantagem de um indivíduo ou grupo de indivíduos não há contribuição.[69]

Como se vê, há verdadeira incompatibilidade conceitual entre a exação de que se cuida e a espécie tributária conhecida como contribuição. Resta saber se, tratando-se, como se trata, de norma encartada na própria Constituição Federal, essa é relevante na consideração da validade dessa norma.

68. Kiyoshi Harada, "Contribuição para custeio da iluminação pública", *Repertório de Jurisprudência IOB* 6/217, vol. I, São Paulo, IOB, 2ª quinzena de março/2003.

69. Hamilton Dias de Souza, "Contribuições especiais", in Ives Gandra da Silva Martins (coord.), *Curso de Direito Tributário*, 7ª ed., São Paulo, Saraiva, 2000, p. 499.

232 TEORIA GERAL DO DIREITO TRIBUTÁRIO

6.2 Outras incompatibilidades

6.2.1 Destruição do sistema tributário

A utilização da espécie *contribuição* no caso em que ela *não* se destina ao custeio de atividade estatal referida a uma categoria ou grupo social, além da incompatibilidade conceitual já apontada, e talvez em decorrência dela, apresenta outras incompatibilidades com a vigente Constituição Federal, como se passa a demonstrar.

A Constituição veda a vinculação de receita de impostos a órgão, fundo ou despesa.[70] E o faz guardando fidelidade à doutrina que considera ser a receita gerada pelo imposto destinada ao custeio das atividades gerais do Estado, e não a determinadas atividades especificamente consideradas.

Há quem sustente, com razão, que essa vedação não se aplica às contribuições.[71] É importante, porém, saber por quê. Não se aplica precisamente porque as contribuições devem ter destinação constitucionalmente determinada. Seria um absurdo, portanto, admitir que o denominado constituinte reformador – vale dizer, o Congresso Nacional –, no uso de sua competência para reformar a Constituição, possa burlar esse dispositivo, atribuindo aos Municípios e ao Distrito Federal competência para criar contribuição que, na verdade, como tal não se caracteriza, porque não é vinculada a uma categoria ou grupo social com o qual a atividade a ser custeada tenha alguma referibilidade, mas tem verdadeira natureza jurídica de imposto, porque destinada ao custeio de atividade de interesse geral.

Por esta razão, aliás, o art. 149-A, confirmando a natureza de imposto que realmente tem a "contribuição" destinada ao custeio da iluminação público, determina a observância não apenas do princípio da legalidade tributária, mas também do princípio da anterioridade ao exercício financeiro.

Se é válida, porque autorizada por emenda constitucional, uma "contribuição" que tem as características essenciais de um imposto, poderá, então, o constituinte reformador substituir todos os impostos por

70. CF de 1988, art. 167, IV.
71. Maria Alessandra Brasileiro de Oliveira, As contribuições no sistema tributário brasileiro, em *As contribuições no sistema tributário brasileiro*, coordenação de Hugo de Brito Machado, Dialética/ICET, São Paulo/Fortaleza, 2003, pág. 463.

AS ESPÉCIES DE TRIBUTO   233

contribuições, contornando, assim, a vedação do art. 167, IV. E por que não poderia, então, instituir contribuições sem obediência ao princípio da anterioridade ao exercício financeiro de cobrança? E por que não poderia assim, aos poucos, destruir todas as garantias que a Constituição outorgou ao cidadão contribuinte?

Os recursos destinados ao custeio da iluminação pública eram obtidos com a denominada "taxa de iluminação pública". O STF, todavia, declarou inconstitucional aquela "taxa". Poderia o constituinte reformador validar dita exação simplesmente dando-lhe o nome de contribuição?

Admitir a validade da norma introduzida na Constituição pela Emenda 39, como se vê, é admitir a destruição do sistema tributário.

6.2.2 *Separação de Poderes*

Não fiquemos, porém, apenas na afirmação genérica de que a Emenda 39 abre caminho para a destruição do sistema tributário, pela degradação dos conceitos nos quais se apoia. A referida Emenda, na verdade, tende a abolir a separação de Poderes e as garantias do contribuinte.

Realmente, admitir a possibilidade de contribuições com finalidades indicadas na própria Constituição mesmo para o custeio dos serviços estatais de interesse geral, para cujo custeio se destinam os impostos, é caminhar para a supressão do orçamento público como instrumento de divisão e harmonia dos Poderes do Estado.

Quando a Constituição veda a vinculação das receitas de impostos a órgão, fundo ou despesa, ela o faz em atenção à separação de Poderes do Estado, tendo em vista que ao Poder Executivo cabe formular a proposta de orçamento anual para as receitas e despesas públicas. Se feita a vinculação na própria Constituição, estaria decretada a supremacia do Poder Legislativo, titular do poder de reforma da Constituição, e retirada do Poder Executivo a possibilidade de elaborar seu plano de governo, que, a final, é consubstanciado no orçamento.

Ressalte-se que a Emenda Constitucional sequer se submete a sanção (ou veto) do Presidente da República, e, assim, se por emendas fosse possível definir as receitas, mediante a criação de contribuições, e a respectiva aplicação de recursos, com a vinculação constitucional das receitas destas ao custeio de determinadas atividades, restaria amesquinhada a separação dos Poderes, concentrando-se no Legislativo o poder

234 TEORIA GERAL DO DIREITO TRIBUTÁRIO

de governar mediante a definição das atividades nas quais o Estado deveria atuar, pelo provimento dos recursos para esse fim.

Como a proposta orçamentária é atribuição privativa do Poder Executivo, tem-se de concluir que a supressão dessa prerrogativa, pela prévia vinculação das receitas públicas a despesas específicas, configura afronta à vedação contida no art. 60, § 4º, III, da CF. "(...). Atribuir a qualquer dos Poderes atribuições que a Constituição só outorga a outro" – ensina José Afonso da Silva – "importa tendência a abolir o princípio da separação de Poderes".[72]

6.2.3 *Garantias individuais do contribuinte*

Por outro lado, como em relação às contribuições a Constituição não estabelece um "âmbito de incidência" – vale dizer: não circunscreve os fatos a serem utilizados pelo legislador na descrição da hipótese de incidência tributária –, o legislador teria ampla liberdade na instituição das contribuições, em evidente detrimento das garantias constitucionais do contribuinte.

Em outras palavras: com a substituição de todos os impostos por contribuições o legislador não teria limite algum na escolha dos fatos geradores desses tributos – e isto, evidentemente, constitui uma afronta ao direito fundamental do cidadão contribuinte de só pagar o tributo se e quando ocorrer o respectivo fato gerador, pois a definição deste por lei ordinária poderia ser feita – em face da ausência de limites constitucionais – de forma ampla, com total desprezo pelo princípio da tipicidade tributária, que constitui inegável garantia individual do contribuinte.

Como se vê, a introdução da norma do art. 149-A na Constituição revela também uma tendência para abolir direitos e garantias individuais do contribuinte.

6.2.4 *Compreensão dos limites ao poder reformador*

É da maior importância observarmos que o limite ao poder reformador da Constituição não diz respeito a emendas que eliminem a sepa-

---

72. José Afonso da Silva, *Curso de Direito Constitucional Positivo*, 37ª ed., São Paulo, Malheiros Editores, 2014, p. 69.

AS ESPÉCIES DE TRIBUTO

ração de Poderes nem os direitos e garantias individuais. No dizer autorizado de José Afonso da Silva, "(...) basta que a proposta de emenda se encaminhe ainda que remotamente, 'tenda' (emendas *tendentes*, diz o texto) para a sua abolição".[73]

Efetivamente, toda tendência deve ser evitada. Se a proposta de emenda tende a abolir a separação de Poderes ou um direito ou garantia individual, ela está vedada pelo art. 60, § 4º, da vigente CF. E no caso de que se cuida a tendência é evidente, tanto para abolir a separação de Poderes do Estado como para abolir direitos e garantias individuais do contribuinte. Dúvida, portanto, não pode haver de que o Congresso Nacional não foi feliz em aprová-la, sendo justo esperar que o Judiciário corrija o equívoco, restabelecendo o primado da Constituição.

6.3 Outras questões relevantes

Admitindo-se, porém, que o STF venha a validar a malsinada "contribuição", ou que a mesma não seja impugnada pelos respectivos contribuintes, restarão questões, entre as quais destacamos a relativa à forma de sua cobrança e ao direito à compensação dos valores pagos indevidamente a título de taxa de iluminação pública com os valores que serão devidos a título de contribuição de iluminação pública.

Examinemos, pois, ainda que de forma superficial, essas questões.

6.3.1 Forma de cobrança

Estabelece o art. 149-A da CF, em seu parágrafo único, ser facultada a cobrança da contribuição de que se cuida nas faturas de consumo de energia elétrica.

É possível que esse dispositivo tenha sido colocado na Emenda 39 com o propósito de validar a cobrança da "contribuição" da forma como era cobrada a "taxa" de iluminação pública em muitos Municípios, isto é, como condição para o pagamento da fatura relativa ao consumo de energia elétrica. Ainda que isto efetivamente tenha ocorrido, na verdade, a norma do parágrafo único do art. 149-A da CF não realizou aquele propósito.

---

73. Idem, ibidem.

236 TEORIA GERAL DO DIREITO TRIBUTÁRIO

Realmente, a "taxa" de iluminação pública era cobrada em muitos Municípios com seu valor incluído na fatura de consumo de energia elétrica, de tal sorte que o pagamento da tarifa de energia só era possível com o pagamento, conjuntamente, do valor daquela "taxa". Em outras palavras: o pagamento da "taxa" era uma condição *sine qua non* para o pagamento da energia consumida.

Ocorre que as concessionárias do serviço de distribuição de energia estão legalmente autorizadas a suspender o fornecimento de energia ao consumidor inadimplente, bastando que o avisem por escrito com a antecedência de 15 dias. Assim, os Municípios tinham poderosa arma para compelir o contribuinte ao pagamento da malsinada taxa. E o uso dessa arma foi posto em dúvida, tendo havido manifestação da Agência Nacional de Energia Elétrica no sentido de que, em face de disposições do Código de Defesa do Consumidor, não poderia haver a cobrança da "taxa" de iluminação pública de forma a viabilizar instrumento tão arbitrário.

Na verdade, porém, não é apenas o Código de Defesa do Consumidor que impede seja exigido o pagamento de um tributo como condição para o pagamento da conta de consumo de energia. Esse impedimento decorre do princípio constitucional do contraditório e da ampla defesa, que seria amesquinhado pelos Municípios na cobrança desse tributo embutido na fatura de consumo de energia.

6.3.2 *Direito à compensação*

Seja como for, se os contribuintes forem obrigados a suportar mais esse tributo, é indiscutível o direito que terão de ver compensados na quitação de seus débitos todos os valores que pagaram a título de taxa de iluminação pública, posto que a inconstitucionalidade desta é indiscutível e já foi declarada pelo STF.

Aliás, aqueles que não se dispuserem a questionar a validade da malsinada "contribuição" podem desde logo pleitear a compensação, com os débitos dela decorrentes, os créditos dos quais são titulares em decorrência do pagamento indevido da "taxa" de iluminação pública.

AS ESPÉCIES DE TRIBUTO

7. As tarifas ou preços públicos

7.1 Natureza jurídica

Considerando-se que todas as obrigações jurídicas ou são legais, pois nascem da lei independentemente da vontade, ou são contratuais, pois nascem da vontade manifestada nos contratos, não temos dúvida de que as tarifas ou preços públicos constituem obrigações contratuais.

Ocorre que existem serviços públicos de utilização compulsória, no sentido de que se destinam a atender a necessidade que não pode ser satisfeita por outro meio. E em relação a tais serviços a remuneração correspondente termina sendo uma prestação compulsória, pois aos cidadãos não resta alternativa que não seja a de firmarem o contrato correspondente.

Assim, a definição da natureza jurídica das tarifas ou preços públicos depende de saber se os serviços aos quais correspondem são de utilização compulsória ou facultativa. Tratando-se de serviços de utilização facultativa não existe dificuldade, pois os particulares poderão firmar os contratos correspondentes e, assim, pagarão verdadeiras tarifas ou preços públicos, ou, então, poderão atender às suas necessidades por outros meios. Entretanto, tratando-se de serviços de utilização compulsória, a remuneração correspondente há de ser taxa, pois a compulsoriedade na utilização do serviço caracteriza a compulsoriedade na contraprestação correspondente, caracterizando-a como tributo.

7.2 As preferências dos governantes

Por razões que dispensam qualquer explicação, os governantes preferem dizer que se trata de tarifas ou preços públicos quando se trata de instituir ou majorar a contraprestação pelo serviço público, ainda que de utilização compulsória. Querem ter a liberdade de fazê-lo independentemente de leis, por simples atos administrativos.

Entretanto, quando se trata de compelir o usuário ao pagamento, preferem tratar a relação com o devedor como se fosse uma relação de direito obrigacional, deixando de prestar o serviço aos usuários inadimplentes. É evidente, porém, a incoerência na qual incorrem, pois, como afirma Gasparini, se a Administração Pública considera os serviços es-

238 TEORIA GERAL DO DIREITO TRIBUTÁRIO

senciais, e os impõe aos particulares, certamente não os pode suprimir diante da falta de pagamento.[74]

7.3 Definição do que é atividade essencialmente estatal

Não se pode negar a existência de dificuldades na definição da natureza jurídica das tarifas ou preços públicos, especialmente no que diz respeito à distinção entre estes e as taxas. Assim é que Alberto Xavier se manifesta:

> Uma das mais difíceis distinções do direito financeiro é a que separa as taxas dos preços cobrados pelo Estado por ocasião da disposição de bens do seu patrimônio ou da prestação de serviços. Se há casos em que a distinção se afigura nítida – se o Estado vende acções da sua carteira de títulos ou lenha das matas nacionais temos um preço; se cobra uma dada importância pela prática de um acto de registro civil ou predial temos uma taxa –, outros casos (e serão porventura a maioria) parecem fugir a qualquer tentativa de qualificação. As propinas pagas pela utilização dos serviços públicos de ensino são tradicionalmente consideradas taxas, mas elas não se distinguem das prestadas pelos alunos que frequentam escolas privadas. O selo com que se paga a prestação do serviço de Correios é correntemente considerado uma taxa, mas seria decerto considerado um preço se a atividade dos Correios se encontrasse confiada a uma empresa particular. A quantia paga pela utilização de um bem do domínio público, como uma praia, é uma taxa, mas seria um preço no caso de tal bem ser susceptível de apropriação privada.
>
> Cremos que a distinção entre taxas e preços se há de encontrar nessa linha de orientação. As taxas correspondem a bens ou serviços que são *por essência da titularidade do Estado*, de acordo com a concepção política dominante numa sociedade; e que, por essa razão, não são objecto de oferta e procura num mercado, ou por não serem por natureza susceptíveis de avaliação em termos subjetivos ou porque o Estado decidiu subtraí-los a essa forma de avaliação.[75]

---

74. Diógenes Gasparini, *Direito Administrativo*, 8ª ed., São Paulo, Saraiva, 2003, p. 280.

75. Alberto Xavier, *Manual de Direito Fiscal*, Lisboa, Manuais da Faculdade de Direito de Lisboa, 1974, pp. 53-54.

AS ESPÉCIES DE TRIBUTO

Como se vê, para o eminente jurista português a distinção essencial entre taxa e preço reside em que a taxa, como tributo que é, corresponde a atividade que é essencialmente estatal, enquanto o preço corresponde a um bem ou serviço objeto de oferta e procura no mercado. Em outras palavras: a taxa corresponde a uma atividade especificamente estatal, enquanto o preço corresponde a uma atividade que pode ser desenvolvida pela iniciativa privada.

Ocorre que a maior dificuldade coloca-se exatamente em saber quais são as atividades essencialmente estatais e quais são as atividades que podem ser desenvolvidas pela iniciativa privada. A este propósito já escrevemos:

> Acontece que a definição do que seja atividade específica do Estado enseja divergências insuperáveis. Aquilo que em determinado lugar considera-se atividade própria do Estado em outros lugares pode ser não ser assim considerado. E até em um mesmo lugar hoje pode ser considerado atividade própria do Estado aquilo que o não era ontem.
>
> Não é fácil, nos domínios da Ciência das Finanças, estabelecer a diferença entre *taxa* e *preço público*. No âmbito jurídico, porém, a questão se resolve em admitir-se que a distinção entre atividade própria do Estado e atividades que podem ser exercidas por particulares há de ser formulada no plano jurídico, vale dizer, há de ser fixada pelo Legislativo. Assim, admite-se que a lei estabeleça a fronteira entre a taxa e o preço, instituindo o que se pode entender como *taxa por definição legal*. Assim, temos que: (a) se a atividade estatal situa-se no terreno próprio, específico, do Estado, a receita que a ele se liga é uma *taxa*; (b) se a atividade estatal situa-se no âmbito privado, a receita a ela vinculada deve ser um *preço*; (c) havendo dúvida, pode a lei definir a receita como *taxa* ou como *preço*.
>
> O importante é entender-se que, se a lei denominou a receita como *taxa*, vinculou esta ao regime jurídico tributário. Tal receita ficará, portanto, sujeita aos princípios constitucionais da tributação, entre os quais o da legalidade e o da anterioridade da lei ao exercício financeiro da respectiva cobrança.[76]

76. Hugo de Brito Machado, *Curso de Direito Tributário*, cit., 35ª ed., p. 445.

7.4 Imposição legislativa e coerência

Não temos dúvida de que a natureza jurídica das tarifas ou preços públicos depende da forma como, em cada ordenamento jurídico, seja disciplinada a prestação do serviço correspondente. Se o Poder Legislativo resolve colocar a prestação de determinado serviço no regime privado, admitindo a concessão a uma empresa privada, a remuneração correspondente terá a natureza jurídica de tarifa ou preço público. Se, porém, resolve colocar a prestação desse mesmo serviço no regime de direito público, atribuindo a certos órgãos do Estado sua prestação, a remuneração correspondente há de ser entendida como taxa.

O que não se pode admitir é que o serviço seja considerado essencialmente estatal para justificar a imposição de taxa e ao mesmo tempo seja considerado uma atividade econômica que pode ser desenvolvida pela iniciativa privada, mediante a retribuição através de tarifa ou preço público.

7.5 Dois momentos para opções dos governantes

Na verdade, os que exercem o poder estatal dispõem de dois momentos para optar por uma ou por outra caracterização do que pretendem que os cidadãos paguem pelos serviços considerados essenciais. No primeiro momento decidirão se qualificam os serviços como de utilização compulsória ou voluntária. Se qualificam os serviços como de utilização compulsória, a remuneração correspondente, a ser paga pelos usuários, será necessariamente taxa. Se qualificam os serviços como de utilização voluntária, terão uma segunda opção. Tanto podem estabelecer que a remuneração correspondente é taxa como podem estabelecer que essa remuneração é tarifa ou preço público.

Sobre este assunto Hugo de Brito Machado Segundo, comentando a Súmula 545 do STF, ensina, com inteira propriedade:

> O Poder Público pode escolher entre utilizar taxas ou tarifas, caso o serviço respectivo seja de utilização voluntária. Se o serviço for de utilização compulsória, ou se tratar do exercício do poder de polícia, somente taxas podem ser instituídas, e não tarifas.
>
> Não importa, a propósito, se o serviço é prestado diretamente pelo Poder Público ou se através de pessoa jurídica de direito privado, através

AS ESPÉCIES DE TRIBUTO 241

de delegação. O que é relevante é saber se a utilização do serviço é compulsória, do ponto de vista jurídico, ou não. Se houver compulsoriedade na utilização do serviço, a cobrança respectiva tem natureza de taxa, submetendo-se ao regime jurídico tributário (legalidade, anterioridade etc.), sob pena de invalidade da cobrança.[77]

7.6 Utilização efetiva ou potencial do serviço

É importante esclarecermos, ainda, que a utilização do serviço pode ser efetiva ou apenas potencial. Quando a cobrança da taxa ocorre com a utilização potencial, como é o caso da taxa de bombeiros, não se há de falar em utilização efetiva, porque esta, a rigor, ninguém deseja. Assim, basta a utilização potencial do serviço para que a taxa seja devida. Em outras palavras: basta que o serviço seja efetivamente posto à disposição dos particulares para que seja viável a cobrança da taxa correspondente.

Entretanto, quando a cobrança da taxa se faz pela utilização efetiva, como é o caso do fornecimento de água e serviços de esgoto sanitário, se esta não acontece em face de uma opção do contribuinte, que prefere atender às suas necessidades por outros meios, é inadmissível a cobrança da taxa.

É inadmissível que um serviço como o fornecimento de água e a coleta de esgoto sanitário seja considerado essencial, de sorte a ensejar a cobrança de taxa em vez de tarifa, e ao mesmo tempo se admita a suspensão em sua prestação em face do inadimplemento por parte do usuário.

7.7 Distinção essencial entre taxa e preço público ou tarifa

O que caracteriza a remuneração de um serviço público como taxa ou como preço público é a compulsoriedade, para a taxa, e a facultatividade, para o preço, conforme já decidiu o STF. Importante, porém, é a compreensão adequada do que sejam essa *compulsoriedade* e essa *facultatividade*.

77. Hugo de Brito Machado Segundo, *Direito Tributário nas Súmulas do STF e do STJ*, São Paulo, Atlas, 2010, p. 94.

242 TEORIA GERAL DO DIREITO TRIBUTÁRIO

A título de exemplo, imaginemos a necessidade que se tem de energia elétrica. Se o ordenamento jurídico nos permite atender a essa necessidade com a instalação de um grupo gerador em nossa residência ou estabelecimento industrial ou comercial, então, a remuneração que o Estado nos cobra pelo fornecimento de energia é um preço público, pois não somos juridicamente obrigados a utilizar o serviço público para a satisfação de nossa necessidade. Embora nos seja mais conveniente a utilização do serviço público do ponto de vista econômico, ou por outra razão qualquer, do ponto de vista rigorosamente jurídico nada nos impede de por outro meio atender à necessidade de energia elétrica. A remuneração que pagamos pelo serviço de fornecimento de energia elétrica, portanto, não é compulsória. Por outro lado, se há norma jurídica proibindo a instalação de grupo gerador ou unidade de captação de energia solar em residências ou estabelecimentos comerciais ou industriais, de sorte que o atendimento da necessidade de energia elétrica por qualquer outro meio que não seja o serviço público se torna impossível *sem violação da ordem jurídica*, tem-se que a utilização do serviço, e por isto mesmo o pagamento da remuneração correspondente, é compulsória. Neste caso, essa remuneração correspondente é taxa.

O mesmo pode ser dito do serviço de água e esgoto. Se há norma proibindo o atendimento da necessidade de água e de esgoto por outro meio que não seja o serviço público, a remuneração correspondente é taxa. Se a ordem jurídica não proíbe o fornecimento de água em pipas, nem o uso de fossas, nem o transporte de dejetos em veículos de empresas especializadas, nem o depósito destes em locais para esse fim destinados pelo Poder Público ou adequadamente construídos pela iniciativa privada, então, a remuneração cobrada pelo serviço público de fornecimento de água e esgoto é preço público. Se, pelo contrário, existem tais proibições, de sorte a tornar o serviço público o único meio de que se dispõe para o atendimento da necessidade de água e de esgoto, então, a remuneração respectiva será taxa.

Essa é a conclusão a que se chega da análise de memorável acórdão do STF que apreciou questão relativa à cobrança de remuneração pela coleta de lixo do então Estado da Guanabara. Como a legislação daquele Estado proibia o uso de todo e qualquer meio para o atendimento da necessidade de se livrarem as pessoas do lixo produzido em suas residências ou em suas atividades profissionais, tornando obrigatório, assim, o uso do serviço prestado pela empresa estatal criada para esse fim,

AS ESPÉCIES DE TRIBUTO

a remuneração que vinha sendo cobrada como preço público foi considera como taxa pela Corte Maior.

É importante compreender o fundamento dessa ideia.

Se a ordem jurídica obriga à utilização de determinado serviço, não permitindo o atendimento da respectiva necessidade por outro meio, então, é justo que a remuneração correspondente, cobrada pelo Poder Público, sofra as limitações próprias dos tributos. O contribuinte estará seguro de que o valor dessa remuneração há de ser fixado por critérios definidos em lei. O princípio da legalidade tributária será preservado, pois o valor a ser cobrado do cidadão pelo serviço público de uso obrigatório será estabelecido por lei.

Por outro lado, se a ordem jurídica não obriga à utilização do serviço público, posto que não proíbe o atendimento da correspondente necessidade por outro meio, então, a cobrança da remuneração correspondente não ficará sujeita às restrições do sistema tributário. Pode ser fixada livremente pelo Poder Público, pois seu pagamento resulta de simples conveniência do usuário do serviço.

À liberdade que tem o Poder Público na fixação do *preço público* corresponde a liberdade do cidadão de utilizar, ou não, o serviço correspondente. Se o cidadão não tem essa liberdade, o Poder Público deve estar igualmente limitado pela ordem jurídica no pertinente aos critérios para fixação do valor a ser cobrado, que será um tributo.

Finalmente, ressaltamos que as mesmas razões pelas quais o serviço público, cuja prestação enseja a cobrança de taxa, é de uso obrigatório, no sentido de que o usuário não dispõe de outro meio para o atendimento de sua necessidade, ensejam consequências, entre as quais a de não poder a Administração deixar de prestar o serviço pelo fato de não ter o usuário feito o correspondente pagamento.

Capítulo VI
Obrigação Tributária

1. Introdução. 2. Obrigação tributária no plano da abstração: 2.1 Os planos da abstração e da concreção – 2.2 A relação tributária no plano da abstração – 2.3 Atribuição de competência tributária – 2.4 A hipótese de incidência tributária. 3. Obrigação tributária no plano da concreção: 3.1 O fato gerador do tributo – 3.2 Espécies de obrigação tributária – 3.3 Obrigação tributária principal – 3.4 Obrigação tributária acessória. 4. Os sujeitos da obrigação tributária: 4.1 Sujeito ativo – 4.2 Sujeito passivo: 4.2.1 O contribuinte – 4.2.2 O responsável – 4.3 O sujeito passivo e as convenções particulares – 4.4 Convenções particulares e os fatos geradores de obrigações tributárias – 4.5 Convenções particulares e a legitimidade para impugnar exigência tributária – 4.6 A solidariedade tributária. 4.7 A capacidade tributária. 4.8 O domicílio tributário. 5. Responsabilidade tributária: 5.1 O dever jurídico e a responsabilidade – 5.2 Necessária vinculação do responsável ao fato gerador do tributo – 5.3 Responsabilidade dos sucessores: 5.3.1 Distinção necessária e garantia de direitos ao sucessor – 5.3.2 Tratamento específico quanto aos tributos relativos a imóveis – 5.3.3 Aquisição de quaisquer bens – 5.3.4 Alterações na pessoa jurídica contribuinte – 5.3.5 Continuação da atividade por sócio remanescente ou seu espólio – 5.3.6 Fundo de comércio ou estabelecimento comercial – 5.3.7 Responsabilidade integral e subsidiária – 5.3.8 Outras questões relativas à responsabilidade do adquirente do fundo de comércio – 5.4 Responsabilidade de terceiros: 5.4.1 Considerações iniciais – 5.4.2 Responsabilidade dos pais – 5.4.3 Responsabilidade dos tutores e curadores – 5.4.4 Responsabilidade dos administradores de bens de terceiros – 5.4.5 Responsabilidade do inventariante – 5.4.6 Responsabilidade dos sócios e dirigentes de empresas – 5.5 Responsabilidade por infrações: 5.5.1 Considerações iniciais – 5.5.2 Responsabilidade tributária e responsabilidade pelo ilícito tributário – 5.5.3 Responsabilidade e natureza da sanção – 5.5.4 Criminalização do ilícito tributário – 5.6 Exclusão da responsabilidade pela denúncia espontânea: 5.6.1 Objetivo e configuração da denúncia espontânea – 5.6.2 Consequência da denúncia espontânea da infração – 5.6.3 Denúncia espontânea e multa de mora.

246 TEORIA GERAL DO DIREITO TRIBUTÁRIO

1. Introdução

Neste capítulo vamos examinar os conceitos utilizados no estudo da relação obrigacional tributária antes do lançamento, vale dizer, antes da liquidação do seu valor. Em outras palavras: vamos examinar os conceitos que compõem este setor da Teoria Geral do Direito Tributário.

Seguindo o que nos parece ser a ordem natural da evolução do conhecimento jurídico nesta área, vamos começar com o estudo da relação obrigacional tributária enquanto simples previsão normativa, vale dizer, a relação obrigacional tributária no plano da abstração, desde a atribuição constitucional de competência tributária, momento no qual é definido o âmbito constitucional do tributo, que alguns preferem denominar regra-matriz de incidência tributária, até a instituição do tributo pela pessoa jurídica titular da competência para tanto, momento no qual é definida a denominada hipótese de incidência tributária.

Depois estudaremos a relação obrigacional tributária no plano da concreção, que se inicia com a ocorrência do denominado fato gerador, algo do mundo fenomênico que corresponde à descrição feita pela norma ao definir a hipótese de incidência tributária. Algo que concretiza a hipótese normativa. Faz surgir, no plano da concreção, a relação jurídica obrigacional tributária, que no ordenamento jurídico brasileiro se denomina obrigação tributária, ainda desprovida das características de liquidez e certeza.

Estudaremos em seguida os sujeitos da obrigação tributária, vale dizer, as pessoas que por meio dela se vinculam, compondo a relação jurídica obrigacional. As espécies de sujeito passivo e as relações que entre eles podem existir, bem como a responsabilidade tributária, especialmente no que diz respeito à sucessão, aos terceiros e ao cometimento de infrações.

Para superar a dificuldade que enfrentamos para o ordenamento dos assuntos, seguiremos aqui, na medida do possível, a ordem na qual as matérias estão tratadas no Código Tributário Nacional.

2. Obrigação tributária no plano da abstração

2.1 Os planos da abstração e da concreção

As relações jurídicas em geral podem ser estudadas no plano da abstração – vale dizer, como relações simplesmente previstas pela norma

OBRIGAÇÃO TRIBUTÁRIA

jurídica – e no plano da concreção – como relações jurídicas criadas pela concreção da correspondente previsão normativa.

Quando cuidamos de relação jurídica no plano da abstração, portanto, estamos cuidando de simples previsões normativas daquilo que pode vir a ser uma relação jurídica. No campo do direito tributário, nos Países que adotam Constituição com o regramento essencial das relações tributárias, essas relações no plano da abstração podem ser vistas em pelo menos dois momentos distintos. Um, o momento em que a Constituição Federal atribui parcelas do poder tributário às entidades integrantes da Federação, que, na qualidade de pessoas jurídicas de direito público, se tornam titulares de competência para a instituição de tributos. O outro, o momento em que o legislador dessas entidades exerce essa competência e, assim, institui o tributo.

2.2 A relação tributária no plano da abstração

No primeiro momento, quando a norma da Constituição atribui a uma pessoa jurídica parcela do poder de tributar – ou, em outras palavras, quando a norma da Constituição atribui competência tributária a uma pessoa jurídica de direito público interno –, tem-se a definição do que temos denominado *âmbito constitucional do tributo*, que é o conjunto de fatos ou a situação de fato colocada à disposição da entidade pública para que esta institua o tributo. Já, no segundo momento, quando, no exercício da competência tributária, a lei daquela pessoa jurídica de direito público interno institui o tributo, tem-se a definição da denominada *hipótese de incidência tributária*. Hipótese que, se e quando concretizada, faz nascer o dever jurídico de pagar o tributo.

Enquanto estudamos a relação tributária no plano da abstração jurídica não são colocadas questões relacionadas aos fatos, porque estes não são elementos formadores dessa relação. Tem-se simplesmente o exame de normas, no qual o mais importante é a verificação da conformidade da norma de hierarquia inferior, residente na lei, com a norma de hierarquia superior, residente na Constituição.

Dependendo do regime jurídico adotado para o controle de constitucionalidade das leis, pode ocorrer que sem ter havido a incidência da norma ainda não possam ser colocadas para o exame da autoridade competente, que geralmente é uma autoridade do Poder Judiciário, as

248 TEORIA GERAL DO DIREITO TRIBUTÁRIO

questões relativas à conformidade entre a norma da Constituição e a norma da lei. É que o exame dessa conformidade pode depender da provocação de um interessado, parte na relação jurídica, que somente surge com a incidência da norma.

Em alguns Países, como ocorre no Brasil, existem instrumentos para o denominado *controle concentrado*, vale dizer, para o controle de constitucionalidade no plano da abstração, exercitável independentemente de ter ocorrido o fato e a consequente incidência da norma tributária.

Seja como for, importante é lembrarmos que a relação jurídica tributária no plano da concreção nasce com a ocorrência, no mundo fenomênico, do fato descrito na hipótese de incidência da norma que institui o tributo, como a seguir será explicado.

2.3 Atribuição de competência tributária

No plano da abstração – vale dizer, considerado apenas o ordenamento jurídico –, o primeiro momento na formação da obrigação tributária ocorre com a atribuição de competência tributária, indispensável nas confederações e federações, onde o poder de tributar é dividido entre as pessoas jurídicas que integram o Estado.

A regra da Constituição que atribui competência tributária a uma pessoa jurídica de direito público interno define o que denominamos *âmbito constitucional do tributo*. Ou, como preferem alguns tributaristas, define a *regra-matriz de incidência tributária*.

Âmbito constitucional do tributo, ou regra-matriz de incidência tributária, é a descrição, feita na norma constitucional, do fato ou situação de fato que o legislador da entidade à qual é atribuída a competência tributária pode utilizar na instituição do tributo, vale dizer, na definição da hipótese de incidência tributária.

2.4 A hipótese de incidência tributária

A hipótese de incidência tributária é a descrição, feita pela norma que institui o tributo, do fato ou situação de fato que, uma vez concretizado no mundo fenomênico, faz nascer o dever jurídico de pagar o tributo. Diz-se hipótese de incidência porque situada no plano simples-

OBRIGAÇÃO TRIBUTÁRIA

mente normativo. É mera descrição de algo que, se e quando ocorre, faz nascer no plano da realidade concreta o dever de pagar o tributo.

Aliás, toda e qualquer norma jurídica tem sua hipótese de incidência. A fenomenologia jurídica consiste exatamente em previsões e em acontecimentos previstos. Em outras palavras: o Direito há de ser visto sempre nesses dois planos, a saber, o plano da abstração e o plano da concreção.

Assim é que a obrigação tributária deve ser estudada no plano da abstração enquanto é apenas regra que atribui competência para a instituição de tributo e enquanto é apenas regra definidora da hipótese de incidência tributária. A primeira dessas regras define o âmbito constitucional do tributo ou regra-matriz de incidência tributária. Já, a segunda dessas regras define a hipótese de incidência tributária, vale dizer, a descrição do fato ou situação de fato que, se e quando é concretizado no mundo fenomênico, faz nascer a relação jurídica obrigacional tributária.

3. Obrigação tributária no plano da concreção

3.1 O fato gerador do tributo

A relação jurídica ingressa no plano da concreção no momento em que no mundo fenomênico acontece o fato descrito na norma que a instituiu. Assim, diz-se que a relação jurídica obrigacional tributária nasce com o acontecimento do denominado *fato gerador.* Hipótese de incidência é a descrição, enquanto fato gerador é o fato descrito. A hipótese de incidência encontra-se na regra jurídica, enquanto o fato gerador se encontra no mundo fenomênico, ou mundo dos fatos.

Insistimos em dizer que na linguagem jurídica a utilização da terminologia adequada é sempre da maior importância, para evitar equívocos. A propósito do que se possa considerar terminologia adequada, no que concerne à relação obrigacional tributária não podemos deixar de referir a disputa doutrinária travada em nosso País por eminentes tributaristas em torno da expressão "fato gerador da obrigação tributária", conforme registramos em nosso livro *Comentários ao Código Tributário Nacional.*[1]

---

1. Hugo de Brito Machado, *Comentários ao Código Tributário Nacional*, 2ª ed., vol. II, São Paulo, Atlas, 2008, pp. 301-303.

250 TEORIA GERAL DO DIREITO TRIBUTÁRIO

Ao cuidarmos, aqui, da relação jurídica no plano da concreção, esclarecemos que a expressão "hipótese de incidência tributária" designa a descrição, feita na lei, da situação de fato que, se e quando concretizada, faz nascer a relação jurídica obrigacional tributária; enquanto a expressão "fato gerador da obrigação tributária" designa adequadamente aquela situação de fato, ou situação do mundo fenomênico.

No plano da concreção a relação obrigacional tributária tem dois importantes momentos, a saber: o de seu nascimento e o de sua liquidação. O primeiro, como já afirmamos, ocorre quando no mundo fenomênico se verifica a situação de fato descrita na lei como necessária e suficiente para esse fim; e o segundo ocorre com sua liquidação, pelo lançamento, que será objeto de estudo no capítulo em que vamos tratar do crédito tributário.

3.2 Espécies de obrigação tributária

Tal como acontece com as obrigações jurídicas em geral, a obrigação tributária tem por objeto um dar, ou um fazer, um não fazer ou, ainda, um tolerar. Vejamos, a propósito, a lição de Luciano Amaro, que ensina:

> Por conseguinte, a obrigação, no direito tributário, não possui conceituação diferente da que lhe é conferida no direito obrigacional comum. Ela se particulariza, no campo dos tributos, pelo seu *objeto*, que será sempre uma prestação de natureza tributária, portanto um dar, fazer ou não fazer de conteúdo pertinente a tributo. Objeto da obrigação tributária pode ser: dar uma soma pecuniária ao sujeito ativo, fazer algo (por exemplo, emitir nota fiscal, apresentar declaração de rendimentos) ou não fazer algo (por exemplo, não embaraçar a fiscalização). É pelo objeto que a obrigação revela sua natureza tributária.[2]

A obrigação tributária pode ser de duas espécies, a saber: principal e acessória.

3.3 Obrigação tributária principal

Considerando-se que a finalidade da atividade tributária do Estado é a obtenção de recursos financeiros, é fácil entender por que é conside-

---

2. Luciano Amaro, *Direito Tributário Brasileiro*, 17ª ed., São Paulo, Saraiva, 2011, p. 271.

OBRIGAÇÃO TRIBUTÁRIA 251

rada como principal a obrigação que tem como objeto a entrega de dinheiro ao Poder Público. Não apenas a entrega do valor do tributo – vale dizer, o pagamento do tributo –, mas também a entrega do valor da penalidade pecuniária – vale dizer, o pagamento das multas.

Realmente, a obrigação tributária é uma relação jurídica que vincula dois sujeitos em torno de um objeto determinado. Essa obrigação considera-se principal quando seu objeto é o dar dinheiro. Seja a título de pagamento do tributo, seja a título de pagamento da penalidade.

Neste sentido é a lição de Luciano Amaro, que escreve:

> A relação jurídica mais importante no direito tributário, obviamente, é a que tem por objeto o pagamento do tributo. Esse vínculo obrigacional se instaura com a ocorrência do fato gerador do tributo (situação material, legalmente prevista, que configura o suporte fático da incidência tributária).

O conceito estatuído pelo Código Tributário Nacional é, porém, mais amplo. O Código utiliza como critério de discriminação entre as obrigações tributárias principais e acessórias a circunstância de o seu *objeto* ser ou não de conteúdo *pecuniário*, ou seja, será principal a obrigação que tiver como objeto uma prestação de dar dinheiro (a título de tributo ou de penalidade pecuniária).[3]

Definida a obrigação tributária como a relação jurídica que, tal como ocorre com as obrigações jurídicas em geral, tem por objeto um dar, ou um fazer, um não fazer ou, ainda, um tolerar, e definida a obrigação tributária principal como aquela obrigação tributária que tem por objeto um dar dinheiro, seja a título de tributo, seja a título de penalidade pecuniária, e tendo-se em vista que só existem duas espécies de obrigação tributária, resta fácil a definição da obrigação tributária acessória. É que só resta no âmbito do conceito de obrigação tributária aquela que tem por objeto uma prestação de fazer, de não fazer ou de tolerar.

3.4 Obrigação tributária acessória

Realmente, a obrigação tributária acessória é a obrigação tributária que tem por objeto uma prestação de fazer, de não fazer ou de tolerar,

---

3. Idem, pp. 273-274.

252 TEORIA GERAL DO DIREITO TRIBUTÁRIO

prevista na legislação tributária – expressão que na terminologia utiliza-da pelo Código Tributário Nacional tem um sentido amplo, no qual se incluem as espécies normativas de hierarquia inferior às leis.

Há quem sustente que as obrigações acessórias só podem ser insti-tuídas por lei, em face do princípio da legalidade.[4] Tal assertiva, porém, é evidente exagero, e revela compreensão inadequada do que seja uma obrigação tributária acessória. Exagero porque, se o "ninguém será obrigado a fazer ou deixar de fazer alguma coisa senão em virtude de lei" (CF, art. 5°, II) tivesse alcance absoluto, seriam totalmente inúteis todas as prescrições normativas infralegais, de tal sorte que poderiam ser atirados na cesta de lixo todos os regulamentos, portarias e tantos outros atos normativos, sem que isto qualquer falta fizesse ao ordena-mento jurídico.

A polêmica em torno da questão de saber se é válida a instituição de uma obrigação tributária acessória por regulamento decorre da desa-tenção para o significado da palavra "acessória" no contexto do direito obrigacional tributário, que é diverso daquele que em geral prevalece na teoria do direito privado. E da desatenção para alguns dispositivos do Código Tributário Nacional nos quais a utilização das palavras "lei" e "legislação" deixa evidente que as obrigações acessórias são instituídas pela legislação, posto que a lei só é exigida para a definição do fato ge-rador da obrigação tributária principal. E, para afastar qualquer dúvida a esse respeito, o Código Tributário Nacional cuidou, inclusive, de defi-nir o sentido da palavra "legislação", estabelecendo:

> Art. 96. A expressão "legislação tributária" compreende as leis, os tratados e as convenções internacionais, os decretos e as normas com-plementares que versem, no todo ou em parte, sobre tributos e relações jurídicas a eles pertinentes.

Como se vê, esse dispositivo do Código Tributário Nacional define o sentido amplo da expressão "legislação tributária", que abrange os regulamentos e até regras inferiores na hierarquia das normas.

Por outro lado, cuidou o CTN de delimitar o alcance do princípio da legalidade quando, em seu art. 97, disse o que somente a lei pode

---

4. Paulo de Barros Carvalho, *Curso de Direito Tributário*, 15ª ed., São Paulo, Saraiva, 2003, p. 294.

OBRIGAÇÃO TRIBUTÁRIA 253

estabelecer. E nessa delimitação merece especial destaque a referência ao fato gerador da obrigação tributária *principal*, feita em seu inciso III. Mais adiante, ao definir as duas espécies de obrigação tributária, diz, em seu art. 113, § 1º, que "a obrigação principal surge com a ocorrência do fato gerador, tem por objeto o pagamento de tributo ou penalidade pecuniária e extingue-se juntamente com o crédito dela decorrente". Exatamente aquele fato que somente a lei pode estabelecer. E em seu art. 113, § 2º, diz que "a obrigação acessória decorre da legislação tributária e tem por objeto as prestações, positivas ou negativas, nela previstas no interesse da arrecadação ou da fiscalização dos tributos".

Assim, ao não se referir à obrigação tributária acessória quando estabelece o que somente a lei pode estabelecer, e ao definir essa espécie de obrigação como decorrente da *legislação* – conceito que abrange regras de hierarquia inferior –, o Código Tributário Nacional deixa claro que as obrigações acessórias podem ser, sim, instituídas por regulamentos.

A essa mesma conclusão, decorrente de dispositivos do Código Tributário Nacional, chegou o eminente jurista e Professor Titular da Universidade Federal de Minas Gerais, Celso Cordeiro Machado, que, ao estudar as obrigações acessórias, escreveu:

> Ao contrário da obrigação principal, que só por lei pode ser prevista (CTN, arts. 3º e 97, I), as obrigações acessórias podem ser instituídas pela legislação tributária, com o largo alcance que lhe dá o art. 96 do CTN.[5]

Não temos dúvida de que, se levarmos em conta os vários dispositivos do Código Tributário Nacional, teremos de admitir que as obrigações tributárias acessórias podem ser instituídas por regulamentos.

É certo que muitas obrigações tributárias acessórias estão hoje previstas em lei; mas isto não quer dizer que uma obrigação tributária acessória deva estar necessariamente prevista em lei no sentido estrito. A Constituição atribui ao Presidente da República competência para "sancionar, promulgar e fazer publicar as leis, bem como expedir decretos e regulamentos para sua fiel execução".[6] O decreto e o regulamento cer-

---

5. Celso Cordeiro Machado, *Tratado de Direito Tributário Brasileiro*, vol. VI – "Crédito Tributário", Rio de Janeiro, Forense, 1984, p. 181.
6. CF de 1988, art. 84, IV.

254   TEORIA GERAL DO DIREITO TRIBUTÁRIO

tamente criam, validamente, algum tipo de obrigação, pois a não ser assim não teriam sentido nenhum. Criam obrigações instrumentais, cuja finalidade, cuja razão de ser, é exatamente tornar a lei exequível.

A lei institui a obrigação de pagar imposto de renda para quem auferir rendimentos superiores a certo montante durante o ano. É evidente que o regulamento pode estabelecer para tais pessoas a obrigação de declarar os rendimentos auferidos. Essa obrigação de declarar é instrumental. Sem ela não haveria como tornar efetiva a obrigação de pagar o imposto. É instituída *para fiel execução da lei.*

É necessário, porém, distinguirmos as obrigações tributárias acessórias de outros deveres administrativos instituídos por lei no interesse da Administração Tributária, porque estes somente por lei podem ser instituídos. Embora aquelas, como estes, sejam instituídas no interesse da arrecadação ou da fiscalização do pagamento de tributos,[7] existe uma distinção em face da qual se admite sejam as típicas obrigações tributárias acessórias instituídas pela *legislação*, como diz o art. 113, § 2º, do CTN, e não apenas por lei. Só em face dessa distinção é que se admite que o inciso III do art. 97 se refira somente ao fato gerador da obrigação tributária *principal.*

Na verdade, nem todos os deveres administrativos impostos a contribuintes e a terceiros no interesse da Administração Tributária configuram obrigações tributárias acessórias. Estas, porque acessórias, instrumentais, necessárias para viabilizar o cumprimento da obrigação principal, podem ser instituídas por normas de natureza simplesmente regulamentar. Não os outros deveres administrativos, que, embora possam ser úteis no controle do cumprimento de obrigações tributárias, não são inerentes a estas, e, assim, não se caracterizam como obrigações tributárias acessórias.

É da maior importância a delimitação da *obrigação tributária acessória,* conceito do qual devem ser excluídos os deveres administrativos impostos aos contribuintes por simples comodismo fiscal. Só são obrigações tributárias acessórias – tenha-se isto sempre presente – as prestações sem as quais não seria viável o controle do cumprimento das obrigações tributárias principais. Por isto é que sustentamos que as obrigações tributárias podem ser instituídas por regulamentos, eis que

7. CTN, art. 113, § 2º.

estes se destinam precisamente a viabilizar a fiel execução da lei, nos termos do art. 84, IV, da vigente CF. Qualquer excesso no exercício do poder regulamentar enseja a invalidade da instituição de deveres administrativos, que, evidentemente, só por lei podem ser instituídos.

Finalmente, é de se ressaltar que o legislador está sempre submetido às limitações constitucionais, de sorte que, ao instituir deveres administrativos no interesse da fiscalização e da arrecadação de tributos, não pode, sob pena de invalidade da norma que edita, instituir deveres que não sejam razoáveis e proporcionais. Assim, mesmo quando instituídos por lei, esses deveres administrativos somente são exigíveis nos limites da razoabilidade e da proporcionalidade, princípios constitucionais que limitam a liberdade do legislador.

4. Os sujeitos da obrigação tributária

4.1 Sujeito ativo

No estudo do sujeito ativo da obrigação tributária é importante a distinção que se há de ter presente entre a competência para instituir o tributo e a capacidade tributária ativa. Em outras palavras: é importante a distinção que existe entre o titular do poder de tributar e o sujeito ativo da relação obrigacional tributária legalmente estabelecida. O titular do poder de tributar é definido pela Constituição quando faz a partilha desse poder estatal entre as pessoas jurídicas de direito público interno. A segunda é atribuída pela lei que institui o tributo.

O Código Tributário Nacional estabelece que o sujeito ativo da obrigação tributária é a pessoa jurídica de direito público titular da competência para exigir seu cumprimento.[8] Como se vê, o dispositivo refere-se à pessoa jurídica de direito público titular da competência para exigir o cumprimento da obrigação tributária. Não se refere à competência para instituir o tributo. Exigir o cumprimento da obrigação tributária e instituir o tributo são coisas bem diferentes. Aliás, a diferença entre instituir o tributo e exigir o cumprimento da obrigação tributária é da maior evidência. O instituir é necessariamente anterior. Só é possível exigir o cumprimento de uma obrigação tributária a partir de quando essa obrigação tributária existe.

8. CTN, art. 119.

256 TEORIA GERAL DO DIREITO TRIBUTÁRIO

Em regra, a competência para instituir o tributo só pode ser atribuída a pessoas jurídicas de direito público interno que possuam atribuição para legislar, porque, em face do princípio da legalidade tributária, não é válida a instituição de tributo por outro instrumento que não seja a lei. Em outras palavras: a competência tributária só pode ser atribuída a pessoas jurídicas de direito público que possuam atribuição para legislar, porque é legislando que tal competência é exercitada. Assim, em ordenamentos jurídicos como o brasileiro as autarquias não podem ser titulares de competência tributária, porque não podem instituir tributo, embora possam ser sujeitos Ativos de obrigação tributária.

Podemos, então, dizer que o sujeito ativo da obrigação tributária é a pessoa jurídica de direito público titular da competência para exigir o cumprimento dessa obrigação. É necessário, porém, esclarecermos que a competência para exigir o cumprimento da obrigação tributária há de ser entendida nos limites da própria relação obrigacional tributária antes de sua liquidação. Como essa liquidação, que ocorre com o lançamento, converte a *obrigação tributária* em *crédito tributário* – realidades distintas na terminologia adotada no ordenamento jurídico brasileiro –, não se dirá que o sujeito ativo da obrigação tributária tem competência para exigir o cumprimento, no sentido de competência para promover a cobrança judicial da dívida tributária. A rigor, portanto, melhor será dizer que o sujeito ativo da obrigação tributária é a pessoa jurídica de direito público competente para proceder à sua liquidação e adotar, posteriormente, as providências necessárias para compelir o sujeito passivo ao adimplemento correspondente.

Também não se deve confundir a condição de sujeito ativo da obrigação tributária com a condição de titular da aptidão para receber o tributo. Essa aptidão pode ser atribuída pelo sujeito ativo da obrigação tributária a terceiros, geralmente instituições financeiras, que são investidas das atribuições de arrecadar tributos e dar as respectivas quitações.

4.2 Sujeito passivo

O sujeito passivo da obrigação tributária é a pessoa, natural ou jurídica, a quem a lei atribui o dever de pagar, ou a responsabilidade pelo pagamento ou, ainda, o dever de adotar o comportamento legalmente indicado, no interesse da arrecadação ou da fiscalização tributária.

OBRIGAÇÃO TRIBUTÁRIA 257

Ao estudarmos o sujeito passivo da obrigação tributária convém que se ressalte a distinção entre obrigação tributária *principal* e obrigação tributária *acessória*, aqui já estudada. É que a obrigação tributária principal tem sempre por objeto um dar dinheiro aos cofres públicos, vale dizer, o tributo ou a penalidade pecuniária, e sua satisfação ocorre com o pagamento; enquanto a obrigação acessória tem por objeto um fazer, um não fazer ou um tolerar, e quando sua satisfação não ocorre com a conduta devida abre ensejo à aplicação da penalidade pecuniária, que faz nascer uma obrigação principal, vale dizer, a obrigação de pagar essa penalidade.

O Código Tributário Nacional diz que a obrigação tributária acessória, pelo simples fato da sua inobservância, converte-se em obrigação principal relativamente à penalidade pecuniária. Há nesse dispositivo uma impropriedade terminológica, pois, na verdade, a inobservância de uma obrigação acessória faz nascer uma obrigação principal. Não há conversão, mas o nascimento de uma nova e distinta obrigação. Como a penalidade é a consequência lógico-jurídica do inadimplemento, entende-se que a inobservância da obrigação acessória faz nascer uma obrigação principal relativamente à respectiva penalidade pecuniária. Nasce uma obrigação tributária principal que enseja um lançamento, com a constituição de um crédito tributário.

Note-se que isto não acontece apenas com a inobservância de obrigações acessórias. Acontece também, é claro, com o inadimplemento de obrigações principais. O não pagamento do tributo, nos termos determinados por lei, implica o nascimento de outra obrigação principal, cujo objeto é a penalidade pecuniária correspondente.

Como o objeto da obrigação acessória é sempre um fazer, um não fazer ou um tolerar, em relação a ela não se coloca a questão da qualificação do sujeito passivo. Já, no que diz respeito à obrigação principal, o sujeito passivo pode ser qualificado como *contribuinte* ou como *responsável*.

4.2.1 *O contribuinte*

O sujeito passivo da obrigação tributária diz-se *contribuinte* quando tenha relação pessoal e direta com a situação que constitui o respectivo fato gerador. O que caracteriza o contribuinte como sujeito passivo

258 TEORIA GERAL DO DIREITO TRIBUTÁRIO

da obrigação tributária é sua relação *pessoal e direta* com a situação que constitui fato gerador da obrigação.

O contribuinte é a pessoa natural ou jurídica que tem relação pessoal e direta com o fato gerador do tributo. É o devedor do tributo, que pode ser também *responsável* por seu pagamento, como de um modo geral acontece. Basta que a lei não atribua tal responsabilidade a outrem. Ou, se o fizer, reserve também responsabilidade ao contribuinte, solidária ou subsidiária.

4.2.2 O responsável

O sujeito passivo da obrigação tributária diz-se *responsável* quando, sem revestir a condição de contribuinte – vale dizer, sem ter relação pessoal e direta com o fato gerador do tributo –, sua obrigação decorra de disposição legal expressa. Um exemplo deixa essa ideia muito clara: o contribuinte do imposto sobre renda e proventos de qualquer natureza é a pessoa que aufere a renda, mas a lei geralmente atribui à fonte pagadora da renda a responsabilidade pelo pagamento do imposto, que é descontado do valor pago ao contribuinte.

Com o advento do Código Tributário Nacional o conceito de responsável restou ampliado, passando a abranger aquele que, a rigor, deve ser denominado *contribuinte substituto*.

4.3 O sujeito passivo e as convenções particulares

O sujeito passivo da obrigação tributária é definido por lei, porque se trata de uma obrigação dita legal, vale dizer, resultante da lei, e não uma obrigação contratual ou resultante de contrato. Por isto mesmo, o Código Tributário Nacional estabelece expressamente que, salvo disposição de lei em sentido contrário, as convenções particulares relativas à responsabilidade pelo pagamento de tributos não podem ser opostas à Fazenda Pública, para modificar a definição legal do sujeito passivo das obrigações tributárias correspondentes.[9]

Isto não significa dizer que as convenções particulares, os contratos, não sejam instrumentos válidos para dispor a respeito do sujeito

9. CTN, art. 123.a

OBRIGAÇÃO TRIBUTÁRIA 259

passivo da relação tributária. Pelo contrário, ao afirmar que tais convenções particulares não podem ser opostas à Fazenda Pública o Código Tributário Nacional está admitindo que elas podem existir validamente, com efeitos entre os seus signatários. O dever tributário pode ser transferido entre as pessoas mediante contrato, embora essa transferência não produza efeitos perante a Fazenda Pública – o que é de fácil compreensão. Primeiro, porque a obrigação tributária decorre da lei e não de contratos, e depois porque, se as convenções particulares sobre responsabilidade tributária pudessem ser opostas à Fazenda Pública, certamente tais convenções poderiam constituir um meio de fuga aos deveres tributários, com a atribuição de responsabilidade a pessoas desprovidas de condições para o respectivo cumprimento, contra as quais de nada valeriam os instrumentos jurídicos de que dispõe a Fazenda Pública para a cobrança de seus créditos.

4.4 Convenções particulares e os fatos geradores de obrigações tributárias

As convenções particulares não podem alterar a definição legal dos fatos geradores de obrigações tributárias, vale dizer, não podem alterar as hipóteses de incidência tributária. Isto é da maior evidência. Se a hipótese de incidência do tributo é definida em lei, só por lei essa definição pode ser alterada. Entretanto, as convenções particulares podem, sim, alterar a previsão de fatos e das relações destes com as pessoas. Não podem alterar fatos já ocorridos, evidentemente, mas podem alterar fatos que ainda devam ocorrer, e para efeitos tributários eles devem ser considerados tal como efetivamente ocorrerem, e não como foram previstos.

Conhecemos caso no qual o Fisco Federal cobrou imposto de renda de um advogado, alegando que o contrato por este firmado não poderia ser oposto à Fazenda Pública. O advogado contratou o patrocínio de uma causa do interesse de determinada categoria de trabalhadores e estabeleceu no contrato que uma parte dos honorários da sucumbência pertenceria ao sindicato que o procurou para o caso. Ganhou a causa, e os honorários da sucumbência foram repartidos, conforme previsto no contrato, entre o advogado e o sindicato. Em face disto, como o Fisco não podia cobrar o imposto de renda do sindicato, em razão da imunidade tributária deste, cobrou o imposto de renda do advogado sobre a totalidade dos

260 TEORIA GERAL DO DIREITO TRIBUTÁRIO

honorários pagos pela parte vencida, invocando o art. 123 do CTN. Sustentaram os agentes do Fisco que o contrato em referência, sendo uma convenção particular, não podia ser oposto à Fazenda Pública.

O advogado promoveu ação anulatória do lançamento, mas o juiz federal julgou a ação improcedente, por entender que os honorários realmente pertenciam ao advogado e que um contrato não podia modificar a sujeição passiva tributária.

O art. 123 do CTN refere-se a convenções particulares relativas à responsabilidade pelo pagamento de tributo. Sua incidência pressupõe que alguém obrigado ao pagamento do tributo transfira a outrem sua responsabilidade. Diz que não são oponíveis à Fazenda Pública convenções particulares que transferem a responsabilidade pelo pagamento de tributo. Não se refere a convenções particulares que transferem situações de fato cuja ocorrência fará nascer a obrigação tributária, coisa indiscutivelmente diversa.

O TRF-5ª Região, todavia, afastou o absurdo entendimento e reformou a sentença de primeiro grau, considerando que os honorários advocatícios, no caso, não ingressaram no patrimônio do advogado, não ocorrendo, pois, acréscimo patrimonial sobre o qual incidiria o imposto de renda.[10]

Situações outras podem ser citadas para demonstrar, de forma ainda mais eloquente, que os contratos podem, sim, alterar situações de fato relevantes para o nascimento da obrigação tributária, e tais contratos devem ser considerados pela Fazenda Pública no lançamento dos tributos, porque, a rigor, o que faz nascer a obrigação tributária é o fato, tal como efetivamente ocorre, e não sua previsão.

Assim, por exemplo, quando alguém vende um automóvel do qual era proprietário, o contrato de venda pode ser oposto à Fazenda Pública para elidir o lançamento do imposto sobre a propriedade de veículos automotores eventualmente feito contra o antigo proprietário. Não, evidentemente, o imposto relativo ao período no qual ainda não se havia consumado a transferência da propriedade, mas ao período iniciado depois da transferência.

10. TRF-5ª Região, 4ª Turma, ACi 386.675-AL, rel. Des. federal Lázaro Guimarães, j. 7.11.2007.

OBRIGAÇÃO TRIBUTÁRIA 261

O mesmo pode ser dito em relação à transferência da propriedade de um imóvel relativamente ao lançamento do imposto predial e territorial urbano – e assim por diante.

4.5 Convenções particulares e a legitimidade para impugnar exigência tributária

Outra questão que infelizmente tem sido objeto de entendimento equivocado diz respeito à legitimidade para impugnar a exigência de tributos. Temos de considerar que a legitimidade para impugnar a exigência de tributo é uma questão de direito processual civil, alheia às questões decorrentes da relação obrigacional tributária.

É certo que, nos termos do art. 123 do CTN, salvo disposição de lei em contrário, as convenções particulares relativas à responsabilidade pelo pagamento de tributos não podem ser opostas à Fazenda Pública, para modificar a definição legal do sujeito passivo das obrigações tributárias correspondentes. Por isto mesmo, um contrato de locação não pode ser oposto à Fazenda Pública para exigir que esta faça o lançamento do imposto predial e territorial urbano de um imóvel alugado tendo como sujeito passivo da obrigação tributária não o proprietário do imóvel, mas seu inquilino. Isto, porém, não quer dizer que o inquilino não tenha legitimidade para promover ação anulatória do lançamento correspondente. Sobre o assunto já escrevemos:

> É importante não perdermos de vista a distinção essencial que existe entre a relação tributária, uma relação de direito material, e a relação processual que pode dela decorrer. Essa distinção se faz mais importante para afastar equívocos que podem decorrer de má compreensão da tese que defendemos, segundo a qual o inquilino que tenha assumido contratualmente o ônus dos tributos incidentes sobre o imóvel por ele alugado tem legitimidade para questionar esses tributos. Um desses equívocos consiste em admitir que se o inquilino tem tal legitimidade há de ter também responsabilidade pelo pagamento dos tributos incidentes sobre o imóvel locado.

> Realmente, a legitimidade para questionar o tributo não implica responsabilidade para o correspondente pagamento. A legitimidade processual decorre de ter o inquilino interesse jurídico na questão. Deve ser

262   TEORIA GERAL DO DIREITO TRIBUTÁRIO

examinado na relação de natureza processual. Já, a responsabilidade decorre da relação tributária, da qual o inquilino efetivamente não participa.[11]

Outro equívoco que pode decorrer da tese que sustentamos, segundo a qual o inquilino que tenha assumido contratualmente o ônus dos tributos incidentes sobre o imóvel por ele alugado tem legitimidade para questionar esses tributos, é o de supor que esse inquilino tem o direito de defesa no processo administrativo de lançamento tributário. Ter legitimidade para questionar e ter o direito de defesa no processo administrativo são coisas diferentes. Sobre o assunto já escrevemos:

> Questão relevante reside em saber se aquele que assume a responsabilidade pelo pagamento dos tributos, em virtude de contrato com o sujeito passivo da obrigação tributária, tem direito de defesa no processo administrativo de constituição e exigência do crédito tributário. Resposta afirmativa implica admitir que as convenções particulares podem modificar a definição legal do sujeito passivo da obrigação tributária, e isto o art. 123 do CTN não permite. As convenções particulares não operam nenhuma alteração na sujeição passiva tributária. Não obrigam, portanto, a Fazenda Pública a assegurar a quem não participa da relação de tributação o direito de defesa no processo administrativo fiscal de constituição do crédito tributário. O que se obrigou contratualmente obrigou-se perante o sujeito passivo, e não perante a Fazenda. Isto, porém, não quer dizer que esteja obrigado ao pagamento de tributo legalmente indevido. A questão que se estabelece, porém, é entre os signatários do contrato, e o caminho para o resguardo de quem assume, contratualmente, a responsabilidade pelas dívidas tributárias a serem apuradas é a explicitação, no próprio contrato, de que tal responsabilidade pressupõe lhe sejam asseguradas condições de participar do processo administrativo, exercitando os direitos que a lei atribui ao sujeito passivo da relação tributária. Uma cláusula contratual bem redigida regulando essa responsabilidade é de grande importância para evitar que o contribuinte pague, sem questionar, tributo indevido, e depois exija do contratualmente obrigado o ressarcimento correspondente.
>
> Mesmo não sendo, como não é, parte na relação tributária, aquele que assumiu contratualmente a responsabilidade pelo pagamento de tri-

---

11. Hugo de Brito Machado, *Comentários ao Código Tributário Nacional*, cit., 2ª ed., vol. II, p. 452.

OBRIGAÇÃO TRIBUTÁRIA   263

butos não pode ser compelido a pagar tributo indevido. Se o sujeito passivo pagou, sem oposição, tributo indevido, não terá o direito de cobrá-lo do contratualmente obrigado, pois a cláusula contratual refere-se, obviamente, aos tributos legalmente devidos.

Em qualquer caso, aquele que assume, contratualmente, a responsabilidade pelo pagamento de tributos, em face do legítimo interesse de que é titular, pode questionar judicialmente a exigência dos que considerar indevidos. Seja preventivamente, mediante ação declaratória, seja mediante ação anulatória do lançamento respectivo. A impetração de mandado de segurança, porém, depende de prévia notificação do sujeito passivo da obrigação tributária, nos termos da lei específica.[12]

O inquilino, todavia, não tem legitimidade para impetrar mandado de segurança, mas a razão dessa ilegitimidade no caso do mandado de segurança decorre de não existir nenhum ato de autoridade que se possa considerar lesivo a direito seu, embora indiretamente a exigência tributária lhe cause dano. No mandado de segurança o impetrante deve ser o atingido por ato de autoridade, sendo esta uma característica específica desse tipo de ação judicial. Aliás, na decisão em que o STF deu provimento a recurso extraordinário interposto pela Prefeitura Municipal de Curitiba[13] e afirmou a ilegitimidade para a impetração foi dito expressamente que, se a entidade imune que suportou o ônus do tributo em virtude do contrato de locação tivesse provado esse prejuízo, o mandado de segurança teria sido confirmado.

Em síntese, podemos afirmar que o inquilino não tem o direito de defesa no processo administrativo de lançamento, pois tal processo não é instaurado contra ele, vale dizer, ele não é parte na relação tributária. Não é contribuinte, nem responsável tributário. Entretanto, ele tem legitimidade processual para questionar a exigência, seja na via administrativa, seja na via judicial, porque tem legítimo interesse decorrente da cláusula contratual pela qual assumiu a responsabilidade pelo pagamento do tributo.

---

12. Hugo de Brito Machado, *Curso de Direito Tributário*, 35ª ed., São Paulo, Malheiros Editores, 2014, pp. 148-149.

13. STF, RE 75.501-PR, rel. Min. Rodrigues de Alckmin, j. 27.8.1974.

4.6 A solidariedade tributária

O Código Tributário Nacional estabelece que são solidariamente obrigadas as pessoas que tenham interesse comum na situação que constitua o fato gerador da obrigação principal[14] e as pessoas expressamente designadas por lei.[15] Daí se pode concluir que, independentemente de previsão legal específica, o ter interesse comum na situação que constitui fato gerador da obrigação tributária principal é circunstância que gera a solidariedade e que, se não existe o interesse comum na situação que constitui fato gerador da obrigação tributária principal, a solidariedade depende, sim, de dispositivo legal específico.

Restam, todavia, duas importantes questões a serem enfrentadas. A primeira consiste em saber em que consiste o interesse comum que produz a solidariedade entre pessoas e as coloca na condição de devedoras solidárias. E a outra consiste em saber se a lei pode atribuir a condição de responsável solidário a quem não tenha qualquer vínculo com o fato gerador da obrigação tributária principal.

A expressão "interesse comum" deve ser entendida como "interesse convergente". Assim, não existe interesse comum entre comprador e vendedor, pois, a rigor, eles têm interesses opostos. Como ensina Sílvio Rodrigues, "na compra e venda, na locação, no depósito etc. os interesses das partes são antagônicos e o contrato surge exatamente para reduzir as oposições e compor as divergências".[16] O fato de serem partes em um contrato apenas significa que o legislador pode, por disposição expressa, instituir a solidariedade entre elas. Tal possibilidade confirma o significado que nos parece ter a expressão "interesse comum" na situação que constitua fato gerador da obrigação tributária principal. Uma coisa é duas ou mais pessoas terem interesse na situação. Outra coisa é terem interesse comum naquela situação. Comprador e vendedor têm interesse na compra e venda, mas não se trata de interesse comum, e sim de interesses contrapostos.

O interesse comum, cuja presença cria a solidariedade, não é um interesse meramente de fato, e sim um interesse jurídico. Um bom exemplo de interesse comum em situação que constitui fato gerador de

14. CTN, art. 124, I.
15. CTN, art. 124, II.
16. Sílvio Rodrigues, *Direito Civil*, 23ª ed., São Paulo, Saraiva, 1997, p. 315.

OBRIGAÇÃO TRIBUTÁRIA 265

obrigação tributária principal é o da situação que se estabelece entre marido e mulher, casados em comunhão de bens, no âmbito do imposto de renda de pessoas físicas.

Havendo interesse comum, a solidariedade entre os sujeitos passivos da obrigação tributária independe de dispositivo legal específico que a estabeleça. Resulta da regra geral albergada pelo Código Tributário Nacional, que tem a natureza de lei complementar e, por isto mesmo, aplica-se a todas as entidades tributantes. Mas mesmo sem que exista esse interesse comum a solidariedade na sujeição passiva tributária pode resultar de dispositivo legal específico. Neste caso coloca-se a questão de saber se a lei pode estabelecer tal solidariedade entre quaisquer pessoas independentemente de vinculação destas com o fato gerador da obrigação tributária. E a resposta a essa questão deve ser negativa. Sobre o assunto já escrevemos:

> Não nos parece seja permitido ao legislador atribuir responsabilidade tributária a quem não esteja, ainda que indiretamente, relacionado ao fato gerador da obrigação respectiva. Mesmo que essa atribuição seja fundada no não cumprimento de dever jurídico por aquele a quem é feita.[17]

Na verdade, não pode o legislador atribuir responsabilidade tributária a quem não tenha nenhuma relação com a situação que constitui o fato gerador da respectiva obrigação tributária. Seria absurdo, por exemplo, que a lei atribuísse aos moradores de determinada rua nos prédios com números pares a responsabilidade pelo imposto de renda devido pelos moradores dessa mesma rua nos prédios com números ímpares. Mas é razoável que a lei atribua ao que transporta mercadorias sem o documento legalmente exigido a responsabilidade pelos tributos relativos à circulação dessa mercadoria. Esse transportador não praticou o fato gerador desses tributos, mas é induvidoso que a tal fato gerador está de algum modo relacionado.

4.7 A capacidade tributária

No contexto da Teoria Geral do Direito Tributário a expressão "capacidade tributária" significa a aptidão para ser sujeito da relação obri-

---

17. Hugo de Brito Machado, *Comentários ao Código Tributário Nacional*, cit., 2ª ed., vol. II, p. 463.

266 TEORIA GERAL DO DIREITO TRIBUTÁRIO

gacional tributária. Sujeito ativo ou sujeito passivo. Tratando-se de sujeito ativo, podemos dizer que a capacidade tributária é a aptidão para exigir o tributo, que se distingue – repita-se – da aptidão para instituir o tributo, designada pela expressão "competência tributária". E se distingue também da aptidão para receber o tributo e outorgar a correspondente quitação.

No estudo da capacidade tributária passiva merece especial atenção o dispositivo do Código Tributário Nacional segundo o qual a capacidade tributária passiva independe: (a) da capacidade civil das pessoas naturais; (b) de se achar a pessoa natural sujeita a medidas que importem privação ou limitação do exercício de atividades civis, comerciais ou profissionais, ou da administração direta de seus bens ou negócios; e (c) de estar a pessoa jurídica regularmente constituída, bastando que configure uma unidade econômica ou profissional.[18]

Esse dispositivo do Código Tributário Nacional justifica-se plenamente em razão da natureza jurídica da obrigação tributária, que é uma obrigação cujo nascimento decorre simplesmente da ocorrência de um fato ou situação de fato, independentemente da vontade daquele que é colocado como seu sujeito passivo. Sobre o assunto, depois de explicarmos as razões de ordem prática que justificam o disposto no art. 126 do CTN, já escrevemos:

> Também no plano da lógica jurídica justifica-se a regra do art. 126 do CTN. É que a capacidade jurídica está ligada à questão da vontade como elemento formativo do vínculo jurídico obrigacional. Qualquer pessoa, para obrigar-se, há de ser juridicamente capaz. Ocorre que a vontade é irrelevante na formação do vínculo obrigacional tributário. Em sendo assim, não tem sentido a exigência da capacidade jurídica como condição para que alguém possa ser sujeito passivo desse tipo de obrigação.
>
> O disposto no art. 126 do CTN há de ser entendido em consonância com o estipulado em seu art. 118.
>
> Não se trata de prestigiar a denominada interpretação econômica. É que a obrigação tributária prescinde do elemento volitivo em sua gênese. Nasce dos elementos *lei* e *fato*. Fato objetivamente considerado, fato jurídico em sentido estrito, onde a vontade é inteiramente irrelevante. Nos atos jurídicos em geral a vontade é elemento essencial. Por isto a lei

18. CTN, art. 126, I, II e III.

OBRIGAÇÃO TRIBUTÁRIA 267

exige para a validade dos atos jurídicos o agente capaz. Agente que tenha vontade juridicamente válida. Como na formação da obrigação tributária não participa o ato, mas simplesmente o fato em sentido estrito, acontecimento considerado apenas em seu aspecto objetivo, é natural que a capacidade jurídica seja irrelevante na formação do vínculo obrigacional tributário.[19]

Tratando-se de pessoa jurídica, sua capacidade para ser sujeito passivo de obrigações tributárias independe de estar essa pessoa jurídica regularmente constituída, bastando que configure uma unidade econômica ou profissional. Assim, uma sociedade comercial irregular ou, mesmo, simplesmente *de fato*, desde que configure uma unidade econômica ou profissional, pode ser sujeito passivo de obrigação tributária.

Não se há de confundir, porém, a capacidade para ser sujeito passivo da obrigação tributária – vale dizer, a capacidade para fazer nascer uma obrigação tributária – com a capacidade para o exercício de direitos subjetivos inerentes a essa relação obrigacional. Mesmo tratando-se de direitos subjetivos residentes na relação obrigacional tributária, para o exercício destes a capacidade jurídica é sempre necessária. Por isto mesmo é que a propositura da ação anulatória de lançamento tributário ou a interposição de embargos à execução fiscal exigem a capacidade jurídica.

4.8 O domicílio tributário

Segundo o Código Civil, domicílio da pessoa natural é o lugar onde esta estabelece sua residência com ânimo definitivo.[20] E, se a pessoa natural tiver mais de uma residência, onde alternadamente viva, qualquer delas poderá ser considerada seu domicílio.[21] E a lei civil estabelece, ainda, que se considera domicílio da pessoa natural o lugar onde esta exerce suas atividades profissionais.[22] E esclarece que, se a pessoa natural não tiver residência habitual, será considerado seu domicílio o lugar onde for encontrada.[23]

19. Hugo de Brito Machado, *Curso de Direito Tributário*, cit., 35ª ed., p. 152.
20. CC, art. 70.
21. CC, art. 71.
22. CC, art. 72.
23. CC, art. 73.

268 TEORIA GERAL DO DIREITO TRIBUTÁRIO

O domicílio das pessoas jurídicas de direito privado é o lugar onde funcionam as respectivas diretorias ou administrações ou que elegerem como domicílio em seus atos constitutivos.[24] Se a pessoa jurídica tiver diversos estabelecimentos em lugares diferentes, cada um deles será considerado domicílio para os atos nele praticados.[25]

Ainda tratando-se de pessoas jurídicas, o Código Civil estabelece que se a administração ou diretoria tiver a sede no Estrangeiro ter-se-á por domicílio da pessoa jurídica, no tocante às obrigações contraídas por cada uma de suas agências, o lugar do estabelecimento situado no Brasil a que ela corresponder.[26]

O Código Tributário Nacional estabelece que o contribuinte pode escolher seu domicílio nos termos da legislação aplicável – vale dizer, nos termos do Código Civil – e estabelece regras a serem aplicadas na falta dessa eleição, pelo contribuinte ou responsável.

Tratando-se de pessoa natural, se não escolher seu domicílio tributário, será tido como tal o lugar de sua residência habitual ou, sendo esta incerta ou desconhecida, o lugar considerado como centro habitual de sua atividade.[27]

Quanto às pessoas jurídicas de direito privado, entre as quais se incluem as firmas individuais, o lugar da respectiva sede ou, ainda, em relação a atos ou fatos que derem origem à obrigação, o lugar de cada estabelecimento.[28] Se a pessoa jurídica tem um único estabelecimento não há dificuldade, pois o local deste é o domicílio tributário. Se tem vários, pode escolher o domicílio, observando o seguinte: (a) a escolha não pode recair em local fora do território da entidade tributante, por motivos óbvios; (b) no que se refere aos tributos cujo fato gerador se verifica em relação a cada estabelecimento – como acontece, por exemplo, com o ICMS –, a legislação específica geralmente exclui essa liberdade de escolha, determinando que o domicílio tributário é o local da sede de cada estabelecimento, que considera, para aquele efeito, contribuinte isolado; (c) quanto aos tributos dos quais, como no imposto de

24. CC, art. 75, IV.
25. CC, art. 75, § 1º.
26. CC, art. 75, § 2º.
27. CTN, art. 127, I.
28. CTN, art. 127, II.

OBRIGAÇÃO TRIBUTÁRIA 269

renda, o fato gerador é apurado em relação à empresa, em sua totalidade, prevalece a liberdade de escolha, limitada, porém, pela atribuição da autoridade administrativa de recusar a escolha quando esta impossibilite ou dificulte a arrecadação ou a fiscalização do tributo, considerando-se neste caso como domicílio tributário do contribuinte ou responsável o lugar da situação dos bens ou da ocorrência dos atos ou fatos que deram origem à obrigação.[29]

5. Responsabilidade tributária

5.1 O dever jurídico e a responsabilidade

É importante nos estudos jurídicos a distinção – que devemos ter sempre presente – entre o dever jurídico e a responsabilidade. O *dever jurídico* situa-se no momento da liberdade, de sorte que seu adimplemento pode ocorrer ou não, pois o devedor de uma prestação qualquer tem a liberdade para cumprir ou não cumprir seu dever, isto é, para realizar ou não realizar a prestação. Já, a *responsabilidade* situa-se no momento de sujeição. O responsável não decide se realiza ou não a prestação.

A distinção entre o dever e a responsabilidade é pouco observada, porque geralmente o devedor é também responsável. O sujeito passivo das relações obrigacionais geralmente é devedor e também responsável. Entretanto, pode ocorrer que alguém seja responsável sem ser devedor, como acontece, por exemplo, com aquele que presta uma fiança.

Em matéria de tributação impõe-se a distinção entre o devedor e o responsável, porque no estudo dos sujeitos passivos da obrigação tributária estão sempre presentes as figuras do *contribuinte* e do *responsável* tributário, cuja compreensão exige aquela distinção.

5.2 Necessária vinculação do responsável ao fato gerador do tributo

Depois de estabelecer que o sujeito passivo da obrigação tributária diz-se *contribuinte* quando tenha relação pessoal e direta com o respectivo fato gerador, o Código Tributário Nacional diz que o sujeito passivo

29. CTN, art. 127 e seus §§ 1º e 2º.

270 TEORIA GERAL DO DIREITO TRIBUTÁRIO

diz-se *responsável* quando, sem revestir a condição de contribuinte, sua obrigação decorre de disposição legal expressa. Assim, pode parecer que a lei pode atribuir a condição de responsável a quem não tenha relação alguma com o fato gerador da obrigação tributária, o que não é verdade. O sujeito passivo da obrigação tributária é sempre uma pessoa vinculada de algum modo ao fato gerador correspondente. O vínculo do *contribuinte* há de ser pessoal e direto, enquanto o vínculo do *responsável* pode ser indireto, mas é necessário. Por isto mesmo, o Código Tributário Nacional, ao cuidar da responsabilidade tributária, diz que a lei pode atribuir de modo expresso a responsabilidade pelo crédito tributário a terceira pessoa, vinculada ao fato gerador da respectiva obrigação, excluindo-se a responsabilidade do contribuinte ou atribuindo-se a este em caráter supletivo do cumprimento total ou parcial da referida obrigação.

Em qualquer hipótese, para que alguém seja colocado na condição de sujeito passivo de uma obrigação tributária é necessário que tenha algum tipo de vínculo com o fato gerador dessa obrigação. Como exemplificado anteriormente, não fosse assim, a lei poderia atribuir aos moradores de uma rua em casas com números ímpares a responsabilidade pelo pagamento dos tributos devidos pelos moradores em casas com números pares – o que, evidentemente, seria absurdo.

5.3 Responsabilidade dos sucessores

5.3.1 Distinção necessária e garantia de direitos ao sucessor

No estudo da atribuição de responsabilidade aos sucessores na relação jurídica tributária tem decisiva importância a distinção entre *obrigação tributária* e *crédito tributário*, como dois momentos distintos que são dessa relação jurídica. Em outras palavras: é importante saber que a obrigação tributária nasce com a ocorrência do denominado fato gerador do tributo, enquanto o crédito tributário surge com o lançamento, que é simplesmente declaratório daquela obrigação, embora seja constitutivo do crédito tributário.

Assim, para equacionarmos a questão de saber se no caso se pode dar a responsabilidade do sucessor, é importante saber a data da ocorrência do fato gerador da obrigação tributária, e irrelevante a data do lançamento.

OBRIGAÇÃO TRIBUTÁRIA

Note-se que o Código Tributário Nacional, ao cuidar da responsabilidade dos sucessores, estabelece que suas regras sobre tal responsabilidade aplicam-se tratando-se de créditos tributários definitivamente constituídos ou em curso de constituição à data dos atos aos quais se referem e aos créditos constituídos posteriormente desde que relativos a obrigações tributárias surgidas até a data daqueles atos. Em outras palavras: não se pode cogitar de responsabilidade de sucessores em relação a créditos tributários que tenham sido constituídos a partir de obrigações tributárias ocorridas depois dos atos que são causa dessa responsabilidade, por uma razão óbvia. É que em relação a tais créditos eles são devedores, e não responsáveis por sucessão.

Entendem-se por "créditos em curso de constituição" aqueles em relação aos quais a Administração Tributária notificou o sujeito passivo do início do procedimento administrativo de constituição, formulando, assim, a exigência do respectivo pagamento ou para que, na hipótese de discordância quanto a tal exigência, ofereça a respectiva impugnação.

Desde o momento em que a Administração Tributária notificou o sujeito passivo para o pagamento ou impugnação, tem-se o crédito tributário em curso de constituição. Em outras palavras: pode-se dizer que está em curso o processo de lançamento tributário.

Estando o crédito tributário em curso de constituição no momento da ocorrência do ato que caracteriza a sucessão para os efeitos da responsabilidade do sucessor, a Administração Tributária obriga-se a dar ciência ao novo sujeito passivo da relação tributária, para que este exerça seu direito de defesa no processo de constituição do crédito. Não o fazendo, a constituição do crédito não terá validade jurídica contra aquele que seria seu novo sujeito passivo. E se iniciado o processo de constituição do crédito tributário depois do ato caracterizador da sucessão, a validade desse processo e do crédito através dele constituído depende de haver sido o sucessor tributário intimado para exercer seu direito de defesa naquele processo administrativo.

Entre os direitos do sujeito passivo da relação obrigacional tributária, especialmente relevantes no que diz respeito à responsabilidade dos sucessores, destaca-se o direito de controlar a legalidade do lançamento tributário, sem o qual restará amesquinhado o próprio princípio da legalidade, uma das vigas mestras do direito tributário.

5.3.2 Tratamento específico quanto aos tributos relativos a imóveis

O Código Tributário Nacional estabelece tratamento específico para a questão da responsabilidade de sucessores quanto aos tributos relativos a imóveis. Podemos dizer que atribuiu o caráter de ônus real sobre o bem imóvel aos impostos que tenham como fato gerador a propriedade, o domínio útil ou a posse do bem imóvel. E também às taxas pela prestação de serviços referentes a tais bens e, ainda, à contribuição de melhoria.

Neste sentido, estabelece que os créditos tributários relativos a impostos cujo fato gerador seja a propriedade, o domínio útil ou a posse de bens imóveis e bem assim os relativos a taxas pela prestação de serviços referentes a tais bens ou à contribuição de melhoria sub-rogam-se na pessoa dos respectivos adquirentes. Assim, os adquirentes não assumem a condição de responsáveis tributários. Apenas os imóveis adquiridos restam vinculados à dívida tributária, em garantia desta, salvo quando conste do título a prova de sua quitação.[30] E dispôs, ainda, que, no caso de arrematação em hasta pública, a sub-rogação ocorre sobre o respectivo preço.[31] Assim, se alguém vende um imóvel e estava a dever o IPTU ou alguma taxa correspondente à prestação de serviços relacionados ao imóvel ou uma contribuição de melhoria, o imóvel adquirido fica onerado com a dívida tributária. Esse ônus, todavia, não existirá se da escritura de compra e venda do imóvel constar a certidão de quitação passada pela entidade credora do tributo. E, como são exigidas certidões de quitação da Fazenda Pública, tanto Federal, como Estadual e Municipal, para a lavratura de escrituras de venda de imóveis, na prática, dificilmente o imóvel restará onerado pela dívida tributária.

As certidões de quitação fornecidas pelas Fazendas sempre ressalvam o direito de cobrar créditos tributários que no futuro venham a apurar. Essa ressalva, porém, tem apenas a finalidade de permitir a cobrança a ser feita daquele que era contribuinte. Não retira da certidão de quitação o efeito de impedir a sub-rogação do adquirente. Se retirasse, aliás, a certidão de quitação não teria nenhum sentido.

Sendo a alienação do bem feita em hasta pública, a possível sub-rogação ocorre no preço pago pelo adquirente, que adquire o imóvel livre

30. CTN, art. 130.
31. CTN, art. 130, parágrafo único.

OBRIGAÇÃO TRIBUTÁRIA

de qualquer ônus. A não ser assim, ninguém arremataria imóveis em hasta pública, pois estaria sempre sujeito a perder o imóvel arrematado, mesmo pagando integralmente o preço correspondente. Além disso, tem-se de considerar que a propriedade é adquirida pelo arrematante em virtude de ato judicial, e não em decorrência de negócio feito com o anterior proprietário.

Seja como for, tratando-se de aquisição de imóveis em hasta pública, seria um absurdo admitir a sub-rogação de dívidas tributárias na pessoa do arrematante. Basta que se imagine a situação na qual a Fazenda Pública é autora de uma execução fiscal que tenha por objeto vários créditos tributários, entre os quais o dos tributos relativos ao imóvel penhorado. Ela utilizaria o preço pago pelo arrematante para a quitação de outros créditos, e mesmo assim cobraria do arrematante o crédito consubstanciado nos tributos relativos ao bem imóvel, que poderia ser novamente penhorado. O absurdo é evidente.

5.3.3 *Aquisição de quaisquer bens*

O Código Tributário Nacional estabelece que são pessoalmente responsáveis: (a) o adquirente ou remitente, pelos tributos relativos aos bens adquiridos ou remidos; (b) o sucessor a qualquer título e o cônjuge meeiro, pelos tributos devidos pelo *de cujus* até a data da partilha ou aquisição, limitada esta responsabilidade ao montante do quinhão, do legado ou da meação; e, ainda, (c) o espólio, pelos tributos devidos pelo *de cujus* até a data da abertura da sucessão.[32]

A expressão "adquirente ou remitente" designa as pessoas que adquirem a propriedade do bem, seja através de um negócio jurídico que constitua meio ordinário de aquisição – como é o caso da compra e venda, por exemplo –, e também as pessoas que adquirem a propriedade de um bem por haverem efetuado o pagamento da dívida e, assim, liberado o bem a ela vinculado por penhor ou hipoteca.

O sucessor a qualquer título e o cônjuge meeiro são as pessoas definidas como tais pelo Código Civil,[33] que também trata da meação e de

32. CTN, art. 131.
33. CC, arts. 1.784 e ss.

274 TEORIA GERAL DO DIREITO TRIBUTÁRIO

quem são os herdeiros necessários,[34] bem como da partilha.[35] Assim, a compreensão adequada do art. 131 do CTN deve ser buscada com o estudo dos conceitos estabelecidos no Código Civil.

5.3.4 Alterações na pessoa jurídica contribuinte

Segundo regra estabelecida no art. 132 do CTN, a pessoa jurídica de direito privado que resultar de fusão, transformação ou incorporação de outra ou em outra é responsável pelos tributos devidos até a data do ato pelas pessoas jurídicas de direito privado fusionadas, transformadas ou incorporadas. Para que ocorra essa responsabilidade a lei não exige que haja continuação da respectiva atividade.

Os conceitos de *fusão*, *transformação* e *incorporação* encontram-se no direito privado. Em uma Teoria Geral do Direito Tributário, portanto, a rigor, não é necessário o estudo de tais conceitos, pois o que importa na relação tributária é a subsistência da responsabilidade na pessoa jurídica resultante, que assume a condição de responsável tributário em relação aos tributos devidos antes da alteração societária em referência, enquanto é contribuinte em relação aos tributos devidos a partir de então. Mesmo assim, vamos, a seguir, enunciar os referidos conceitos e fazer referência também à *cisão*, com base na Lei das Sociedades Anônimas, de 1976, que neste ponto não sofreu alterações.

A Lei das Sociedades Anônimas define a *fusão* como "a operação pela qual se unem duas ou mais sociedades para formar sociedade nova, que lhes sucederá em todos os direitos e obrigações".[36] Com a fusão extinguem-se duas ou mais sociedades, e uma nova é constituída. Não há, porém, qualquer solução de continuidade nas relações das sociedades extintas com terceiros, pois a sociedade resultante da fusão assume todo o ativo e todo o passivo daquelas.

A mesma lei define a *transformação* como "a operação pela qual a sociedade passa, independentemente de dissolução e liquidação, de um tipo para outro".[37] Na transformação não ocorre extinção da pessoa jurídica, razão pela qual, a rigor, não se coloca a questão da sucessão na responsabilidade, sendo inócua a norma do art. 132 do CTN.

34. CC, arts. 1.845 e ss.
35. CC, arts. 2.013 e ss.
36. Lei 6.404, de 15.12.1976, art. 228.
37. Lei 6.404, de 15.12.1976, art. 220.

OBRIGAÇÃO TRIBUTÁRIA

Segundo a mesma lei, *incorporação* é "a operação pela qual uma ou mais sociedades são absorvidas por outra, que lhes sucede em todos os direitos e obrigações".[38] Tal como acontece na fusão, também na incorporação ocorre a extinção da sociedade ou das sociedades incorporadas, operando-se uma sucessão universal onde a sociedade incorporadora, cuja personalidade jurídica subsiste, assume todo o ativo e todo o passivo da ou das sociedades que se extinguem. A incorporação, portanto, implica sucessão universal. "A incorporadora, a partir da extinção e antes mesmo do cumprimento dos atos de publicidade respectivos (arquivamento e publicações – art. 289), torna-se sucessora das obrigações, podendo exercer os respectivos direitos desde logo."[39]

A *cisão*, finalmente, é definida como "a operação pela qual a companhia transfere parcelas do seu patrimônio para uma ou mais sociedades, constituídas para esse fim ou já existentes, extinguindo-se a companhia cindida, se houver versão de todo o seu patrimônio, ou dividindo-se o seu capital, se parcial a versão".[40]

A sociedade que absorver parcela do patrimônio da companhia cindida sucede a esta nos direitos e obrigações relacionados no ato de cisão. No caso de cisão com extinção, as sociedades que absorverem parcelas do patrimônio da companhia cindida sucederão a esta, na proporção dos patrimônios líquidos transferidos, nos direitos e obrigações não relacionados no ato de cisão.

Além disto, na cisão com extinção da companhia cindida, as sociedades que absorverem parcelas do seu patrimônio responderão solidariamente pelas obrigações da companhia extinta. A companhia cindida que subsistir e as que absorverem parcelas do seu patrimônio responderão solidariamente pelas obrigações da primeira anteriores à cisão.

5.3.5 *Continuação da atividade por sócio remanescente ou seu espólio*

Nos termos do art. 132 do CTN, nos casos de extinção de pessoa jurídica de direito privado, quando a exploração da respectiva atividade seja

---

38. Lei 6.404, de 15.12.1976, art. 227.

39. Modesto Carvalhosa, *Comentários à Lei de Sociedades Anônimas*, 3ª ed., vol. 4, t. 1, São Paulo, Saraiva, 2002, p. 265.

40. Lei 6.404, de 15.12.1976, art. 229.

276 TEORIA GERAL DO DIREITO TRIBUTÁRIO

continuada por qualquer antigo sócio ou seu espólio, em sociedade com qualquer denominação ou como firma individual, essa entidade que continua aquela atividade assume a responsabilidade pelos tributos devidos.

Não importa o nome da entidade sucessora. Pode adotar ou não a razão social da pessoa jurídica extinta e pode até assumir a forma de firma individual. Importa – isto, sim – a unidade econômica ou profissional. Aplica-se a regra segundo a qual a capacidade tributária – vale dizer, a capacidade para ser sujeito passivo da obrigação tributária – independe da capacidade civil das pessoas naturais e de estar a pessoa jurídica regularmente constituída, bastando que configure uma unidade econômica ou profissional.

Assim, são alcançadas situações nas quais a extinção da pessoa jurídica pode ser apenas uma formalidade, porque a atividade continua de fato a ser explorada. E se tal acontece configura-se uma sucessão, e o sucessor assume a responsabilidade pelas dívidas tributárias da pessoa jurídica extinta.

Destaque-se, todavia, que é relevante a qualidade de sócio. Somente aquele que tenha sido sócio da pessoa jurídica extinta, ou seu espólio, tem a qualidade de sucessor. Qualquer outra pessoa que não tenha essa qualidade pode passar a explorar a atividade sem assumir a responsabilidade pelas dívidas tributárias da pessoa jurídica extinta, ainda que no mesmo local onde aquela funcionava – salvo, é claro, se configurada a aquisição de fundo de comércio ou estabelecimento comercial, porque neste caso caracteriza-se a responsabilidade por sucessão.

5.3.6 *Fundo de comércio ou estabelecimento comercial*

A pessoa natural ou jurídica que adquire fundo de comércio ou estabelecimento comercial, industrial ou profissional e continua a respectiva exploração, sob a mesma ou outra razão social ou como firma individual, assume a responsabilidade pelos tributos relativos ao fundo ou estabelecimento adquirido. Integralmente, se o alienante cessar a atividade, e subsidiariamente com o alienante, se este prosseguir na exploração ou iniciar, dentro de seis meses a contar da data da alienação, nova atividade no mesmo ou em outro ramo do comércio, indústria ou profissão.[41]

41. CTN, art. 133.

OBRIGAÇÃO TRIBUTÁRIA

Para que se configure essa forma de transmissão de responsabilidade é essencial que ocorra a aquisição. É essencial a existência de uma relação entre o sucedido e o sucessor. Relação pela qual se transmite a propriedade do fundo de comércio ou do estabelecimento. Não basta o simples suceder, no sentido do vir depois, que pode ocorrer quando alguém que era locatário de um ponto comercial o desocupa e este passa a ser ocupado por outro inquilino. Neste sentido já se manifestou, com acerto, o STJ.[42]

Nem poderia, mesmo, ser de outra forma. O fato de alguém alugar um imóvel antes ocupado por quem dele saiu devendo tributo não pode gerar responsabilidade por tal débito. Se não há relação entre o antigo e o novo inquilino, não se realiza hipótese de sucessão geradora de responsabilidade tributária.

O objeto da aquisição geradora da responsabilidade tributária é o *fundo de comércio* ou o *estabelecimento comercial, industrial ou profissional.* Expressões que podem ter significados distintos ou idênticos, e talvez por isto mesmo o Código Tributário Nacional tenha utilizado as duas, para evitar dúvidas.

Parece-nos que a ideia de *estabelecimento* está mais ligada aos bens materiais instalados no local em que a atividade é exercida e que se prestam como suporte dessa atividade. Preferimos a definição de estabelecimento registrada por Pedro Nunes: "Conjunto de instalações estáveis e adequadas para o exercício de certa atividade. A coisa instalada. Edifício, ou parte deste, onde se fazem essas instalações".[43]

Já, a ideia de *fundo de comércio* está mais ligada ao conjunto de bens imateriais, representados pelo nome comercial, pela denominação dita de fantasia, que faz conhecida a empresa, pelas marcas dos produtos por ela fabricados, entre outras coisas semelhantes. Seja como for, repita-se, o legislador preferiu utilizar as duas expressões – vale dizer, "fundo de comércio" e "estabelecimento comercial" –, para afastar qualquer dúvida que pudesse ser colocada em face do significado de cada uma delas.

---

42. STJ, 2ª Turma, REsp 108.873-SP, rel. Min. Ari Pargendler, j. 4.3.1999, *DJU* 12.4.1999, p. 111.

43. Pedro Nunes, *Dicionário de Tecnologia Jurídica*, 8ª ed., vol. I, Rio de Janeiro/São Paulo, Freitas Bastos, 1974, p. 584.

278 TEORIA GERAL DO DIREITO TRIBUTÁRIO

Ressaltamos que para a configuração do fundo de comércio, ou do estabelecimento, é essencial a ideia de conjunto. Um ou alguns elementos isolados em princípio não configuram fundo de comércio, nem estabelecimento. Assim, a aquisição isolada de um ou de alguns dos elementos que integram um desses dois conceitos pode não implicar a responsabilidade tributária em questão. Mas pode implicar, se os elementos adquiridos forem suficientes para traduzir a ideia de sucessão na atividade. Se forem suficientes para transferir ao adquirente os bens imateriais como a fama e, com esta, a clientela do sucedido. Por isto mesmo, a caracterização da responsabilidade do adquirente exige que este continue a respectiva exploração.

Realmente, o continuar a exploração da atividade que vinha sendo desenvolvida com o fundo de comércio ou no estabelecimento adquirido é condição essencial para a existência da responsabilidade tributária do adquirente. Sem essa continuação não há responsabilidade tributária do adquirente. Aliás, é lógico que seja assim, pois o objetivo da regra que estabelece essa responsabilidade é alcançar a unidade econômica ou profissional, evitando que o contribuinte fuja do seu dever de pagar o tributo transferindo essa unidade econômica ou profissional para outra pessoa.

A aquisição que implica responsabilidade tributária é aquela destinada a propiciar o desempenho da mesma atividade, para a qual o fundo de comércio é valioso, e por isto mesmo a jurisprudência tem negado a existência da responsabilidade tributária do adquirente quando este se dedica a atividade diversa daquela desenvolvida pelo alienante, como se vê de decisões proferidas pelo TRF-1ª Região[44] e pelo TRF-4ª Região.[45]

Por outro lado, para a caracterização da sucessão geradora da responsabilidade tributária de que se cuida não basta que seja desenvolvida no mesmo local a mesma atividade antes ali desenvolvida por outra pessoa. É necessária, para tanto, a aquisição, vale dizer, é necessária a exis-

---

44. TRF-1ª Região, 3ª Turma, ACi 22.786-89-GO, rel. Juiz Fernando Gonçalves, *DJU* 10.9.1090, p. 20.420, cit. por Luiz Albergo Gurgel de Faria, in Vladimir Passos de Freitas (coord.), *Código Tributário Nacional Comentado*, São Paulo, Ed. RT, 1999, p. 533.

45. TRF-4ª Região, 3ª Turma, ACi 4.061-91, rel. Juiz Fábio B. da Rosa, *DJU* 6.10.1993, p. 41.818, cit. por Luiz Albergo Gurgel de Faria, in Vladimir Passos de Freitas (coord.), *Código Tributário Nacional Comentado*, cit., p. 533.

OBRIGAÇÃO TRIBUTÁRIA

tência de uma relação jurídica entre quem antes exercia e quem depois passa a exercer a atividade empresarial. Neste sentido também já se manifestou a jurisprudência.[46]

A não ser assim, o local onde estivesse funcionando uma empresa que se extinguiu, devendo tributo, ficaria praticamente inutilizado para o mesmo ramo de atividade. Ninguém ali poderia estabelecer-se para o exercício daquela atividade, pois seria obrigado a pagar a dívida de quem fora antes ali estabelecido. Como se disse, e convém repetir, é necessário, para que surja a responsabilidade tributária do sucessor, que tenha havido uma relação entre este e o sucedido, pois, a rigor, é exatamente essa relação que justifica a atribuição de responsabilidade ao sucessor.

5.3.7 *Responsabilidade integral e subsidiária*

O Código Tributário Nacional estabelece que o adquirente do fundo de comércio ou estabelecimento responde *integralmente* se o alienante cessar a exploração da respectiva atividade, e *subsidiariamente* com o alienante se este prosseguir na exploração ou iniciar dentro de seis meses, a contar da data da alienação, nova atividade no mesmo ou em outro ramo de comércio, indústria ou profissão.

A doutrina diverge a respeito do devemos entender por "integralmente". Há quem entenda que *responder integralmente* quer dizer responder *sozinho*, vale dizer, com liberação do alienante.[47] Há, todavia, quem entenda que, se o adquirente vier a perder o acervo que lhe transferiu o alienante, este poderá ser chamado a satisfazer a dívida tributária, ainda que nenhuma atividade esteja exercendo, pois não poderia estar na cogitação do legislador desonerar o homem de negócios que destes se retirasse para viver de rendas ou, mesmo, consumir o seu patrimônio.[48]

A nosso ver, a palavra "integralmente", na norma em questão, quer dizer "solidariamente". Na verdade, o sentido da palavra "integral" está

46. TRF-1ª Região, 3ª Turma, ACi 11.247-89-BA, rel. Juiz Fernando Gonçalves, *DJU* 11.5.1995, p. 11.908, cit. por Luiz Albergo Gurgel de Faria, in Vladimir Passos de Freitas (coord.), *Código Tributário Nacional Comentado*, cit., p. 533.
47. Luciano Amaro, *Direito Tributário*, 4ª ed., São Paulo, Saraiva, 1999, p. 308.
48. Aliomar Baleeiro, *Direito Tributário Brasileiro*, 10ª ed., 12ª tir., Rio de Janeiro, Forense, 1996, p. 487.

280 TEORIA GERAL DO DIREITO TRIBUTÁRIO

muito mais próximo do sentido da palavra "solidário" do que do sentido da palavra "só", ou "isolado". *Responder integralmente*, portanto, quer dizer responder pela dívida em sua totalidade, e não apenas pelo que o devedor não puder pagar.

Realmente, se o alienante do fundo de comércio ou estabelecimento comercial ficasse exonerado da responsabilidade tributária seria muito fácil fugir do dever de pagar tributo. Bastaria deixar de pagar os tributos e, a final, em vez de liquidar o fundo de comércio ou estabelecimento e dissolver a sociedade ou dar baixa da firma individual – procedimentos para os quais precisaria de certidões negativas da Fazenda Pública –, vender esses bens a quem não tivesse condições patrimoniais para responder pelas dívidas. Recebido o preço da venda, poderia ser este aplicado em bens que ficariam, se não houvesse atividade empresarial, a salvo de execução.

Não ocorrendo o encerramento da atividade empresarial pelo alienante, ou se este voltar à atividade, no mesmo ou em outro ramo de negócios, dentro de seis meses, a responsabilidade atribuída ao adquirente será apenas subsidiária.

Dizer-se que a responsabilidade do adquirente será subsidiária quer dizer que terá ele a seu favor o denominado *benefício de ordem*. Poderá, portanto, pedir que, antes dos seus, sejam penhorados bens do alienante, e somente na hipótese de serem estes insuficientes é que os seus seriam penhorados.

5.3.8 *Outras questões relativas à responsabilidade do adquirente do fundo de comércio*

Outras questões relativas à responsabilidade do adquirente do fundo de comércio ou estabelecimento comercial podem ser suscitadas na hipótese de ocorrerem a falência e a recuperação judicial. A norma que atribui responsabilidade ao adquirente de fundo de comércio ou estabelecimento empresarial e continua a respectiva exploração não se aplica nos casos de alienação judicial em processo de falência, nem quando se tratar de filial ou unidade produtiva isolada em processo de recuperação judicial. Assim, excluiu a responsabilidade tributária por sucessão nessas duas hipóteses, e o fez com acerto.

OBRIGAÇÃO TRIBUTÁRIA

Realmente, atribuir ao adquirente dos bens que integram a massa falida, para continuar a atividade empresarial, a responsabilidade pelos tributos devidos pelo falido é frustrar a possibilidade de preservação da empresa. Na prática, na generalidade dos casos ninguém se interessa pela aquisição dos bens da massa falida exatamente porque as dívidas tributárias desta são muito elevadas, o que torna absolutamente inviável o negócio.

Não se diga que restou desconsiderado o interesse da Fazenda no recebimento de seus créditos. Tal afirmação seria correta apenas aparentemente, pois o interesse da Fazenda resta atendido – isto, sim – com a continuação da atividade empresarial, geradora de novos impostos. A atribuição ao adquirente da responsabilidade pelos créditos tributários acumulados na massa falida inviabilizaria a continuação da atividade e não asseguraria o recebimento daqueles créditos, porque impediria a liquidação do patrimônio da massa falida, que restaria absolutamente impossibilitada de fazer seus pagamentos.

5.4 Responsabilidade de terceiros

5.4.1 Considerações iniciais

Em princípio, a responsabilidade pelos créditos tributários é dos sujeitos passivos da relação tributária, vale dizer, o contribuinte e o responsável tributário. Em certos casos, todavia, a lei atribui essa responsabilidade a terceiros; e, como se trata de situações excepcionais, a norma que atribui responsabilidade a terceiros não deve ter seu alcance ampliado. Deve ser interpretada com cautela, e na dúvida a respeito do seu alcance o melhor entendimento é o negativo, vale dizer, melhor será interpretar-se a norma como não abrangente daquela hipótese.

O Código Tributário Nacional estabelece que, nos casos de impossibilidade do cumprimento da obrigação tributária principal pelo contribuinte,[49] respondem *solidariamente* com este, nos atos que intervierem ou pelas omissões das quais forem responsáveis, as pessoas que indica. Essa responsabilidade pressupõe duas condições: a primeira é que o

49. O art. 134 do CTN refere-se à impossibilidade de exigência do cumprimento, mas na verdade a exigência sempre é possível. O que em certos casos é impossível é o cumprimento da obrigação.

282 TEORIA GERAL DO DIREITO TRIBUTÁRIO

contribuinte não possa cumprir sua obrigação, e a segunda é que o terceiro, a quem é atribuída a responsabilidade, tenha participado do ato que configura o fato gerador do tributo ou em relação a este se tenha indevidamente omitido. Assim, não se pode dizer que os pais sejam responsáveis pelos tributos devidos pelos filhos menores, nem que os tutores ou curadores sejam responsáveis pelos tributos devidos pelos respectivos tutelados ou curatelados, se não houver uma relação entre o nascimento da obrigação tributária e o comportamento daquela a quem a lei atribui a responsabilidade.

A rigor, não se trata de responsabilidade *solidária*, mas de responsabilidade *subsidiária*. Neste sentido, Luciano Amaro doutrina, com inteira propriedade:

> O Código Tributário Nacional rotula como responsabilidade solidária casos de impossibilidade de exigir o cumprimento da obrigação principal pelo contribuinte. Trata-se de responsabilidade subsidiária. Anote-se que o próprio Código disse (art. 124, parágrafo único) que a solidariedade não comporta benefício de ordem (o que é óbvio); já, o art. 134 claramente dispõe em contrário, o que infirma a solidariedade. Em suma, o dispositivo cuida de responsabilidade não solidária, e sim subsidiária, restrita às situações em que não haja possibilidade de exigir-se o cumprimento da obrigação pelo próprio contribuinte.[50]

A responsabilidade tributária do terceiro – repita-se – só acontece quando estejam presentes duas condições já referidas, a saber: a impossibilidade de cumprimento da obrigação pelo contribuinte e a intervenção do terceiro no ato que constitui fato gerador da obrigação tributária ou sua indevida omissão, da qual tenha decorrido o não pagamento do tributo.

5.4.2 *Responsabilidade dos pais*

O Código Tributário Nacional atribui aos pais responsabilidade pelos tributos devidos por seus filhos menores. Não por quaisquer tributos, mas apenas pelos que têm como fato gerador atos nos quais tenham participado como intervenientes, e somente na hipótese em que o contribuinte não tenha condições de pagar.

---

50. Luciano Amaro, *Direito Tributário Brasileiro*, cit., 4ª ed., p. 309.

OBRIGAÇÃO TRIBUTÁRIA 283

Os pais são os naturais ou biológicos e também os adotivos. Basta para que sejam como tal qualificados o fato de haverem, no exercício do pátrio poder, atuado como intervenientes no ato ou negócio do qual decorreu o tributo em questão.

Poder-se-á questionar se com a maioridade do filho desaparece a responsabilidade do pai. A nosso ver não desaparece, pois a condição de filho menor diz respeito ao momento em que é praticado o ato ou negócio do qual decorre o tributo. Desde que o ato ou negócio tenha sido praticado com a intervenção do pai exatamente em razão da menoridade do filho, existirá a responsabilidade do pai, e esta subsistirá mesmo em face de haver o filho alcançado a maioridade.

5.4.3 *Responsabilidade dos tutores e curadores*

A qualificação de alguém como tutor ou curador certamente deve ser buscada na área do direito civil que cuida do denominado direito de família. Tutela e curatela são institutos do direito civil, concernentes aos juridicamente incapazes.

A tutela é o instituto pelo qual uma pessoa dotada de capacidade civil é investida dos poderes necessários para a proteção de um menor. A tutela é utilizada quando o menor não tem pais vivos ou seus pais não são conhecidos. E, ainda, quando os genitores do menor forem destituídos do pátrio poder. Já, a curatela é o instituto pelo qual uma pessoa é investida dos poderes necessários para a proteção de alguém que, embora seja maior de idade, por uma razão como, por exemplo, doença mental é juridicamente incapaz.

A responsabilidade tributária existirá sempre que alguém, na condição de tutor ou de curador, participar como interveniente no ato ou negócio jurídico do qual resultou o tributo não pago e cujo recebimento diretamente do contribuinte se mostra impossível, por qualquer razão.

5.4.4 *Responsabilidade dos administradores de bens de terceiros*

Respondem também pelo tributo que não possa ser recebido do contribuinte os administradores, a qualquer título, de bens deste.

A responsabilidade dos terceiros administradores de bens do contribuinte, evidentemente, diz respeito apenas aos tributos concernentes

284 TEORIA GERAL DO DIREITO TRIBUTÁRIO

aos bens por eles administrados. Assim, os administradores de imóveis, os que cuidam da locação e do recebimento dos respectivos aluguéis, por exemplo, respondem pelos tributos relativos a tais imóveis. É comum a presença nos contratos de administração imobiliária de cláusulas excludentes dessa responsabilidade do administrador, mas essas cláusulas não são eficazes contra o Fisco.[51]

É necessário, porém, que o administrador tenha, de fato, tido condição de fazer o pagamento do tributo e não o tenha feito, incorrendo em omissão a ele imputável. Tal não ocorrerá, por exemplo, tratando-se da administração de bens que não tenham produzido rendimentos, pois não é razoável exigir que o administrador utilize seus próprios recursos para fazer o pagamento. Sua responsabilidade, ao que nos parece, pressupõe tenha ele tido condição de pagar e se tenha omitido.

5.4.5 Responsabilidade do inventariante

O inventariante administra os bens do espólio, sob a supervisão do juiz. Por isto mesmo, o inventariante assume responsabilidade pelo pagamento dos tributos devidos pelo contribuinte relativos a atos que nessa administração praticar. É importante notarmos que, embora o art. 134 do CTN diga que as pessoas nele indicadas respondem solidariamente com o contribuinte, na verdade, essa responsabilidade é subsidiária, pois o próprio art. 134 é expresso ao estabelecer que a responsabilidade da qual se ocupa ocorre nos casos de impossibilidade de exigência do cumprimento da obrigação principal pelo contribuinte.

Há no citado dispositivo do Código Tributário Nacional duas impropriedades terminológicas. A primeira ao referir-se aos casos de *impossibilidade de exigência*, pois, na verdade, exigir sempre é possível: o que pode ser impossível é o pagamento. E a segunda ao dizer que respondem *solidariamente*, pois, na verdade, trata-se de responsabilidade subsidiária.

A responsabilidade do inventariante é restrita aos atos em que intervier e às omissões de que for responsável.

Idêntica responsabilidade que o Código Tributário Nacional atribui ao síndico e ao comissário, bem como aos tabeliães e demais serventuários de ofício.

---

51. CTN, art. 123.

OBRIGAÇÃO TRIBUTÁRIA

5.4.6 *Responsabilidade dos sócios e dirigentes de empresas*

Quando estudamos a responsabilidade tributária de sócios e dirigentes de empresas devemos começar com a distinção que existe entre a responsabilidade do sócio decorrente de sua condição de sócio e a responsabilidade do sócio como dirigente de empresa. São coisas inteiramente distintas. A responsabilidade do sócio que decorre de sua condição de sócio depende do tipo de sociedade da qual participa, e não depende de atos por ele praticados. Já, a responsabilidade do sócio que decorre de sua condição de dirigente depende de atos por ele praticados.

As dificuldades para a adequada solução das questões relativas à responsabilidade tributária de sócios e dirigentes decorrem especialmente da confusão que geralmente se faz entre a condição de sócio e a condição de dirigente, talvez pelo fato de que em muitos casos a responsabilidade tributária é imputada a quem reúne as condições de sócio e de dirigente. Seja como for, o exame da jurisprudência a respeito do assunto bem demonstra que não tem sido feita a distinção, que na verdade se impõe, entre a responsabilidade que decorre da condição de sócio e a responsabilidade que decorre da condição de dirigente. Apenas em raros casos é referida com propriedade a distinção entre sócio e dirigente, como se vê, por exemplo, em manifestação do STJ a dizer que "o sócio-gerente responde por ser gerente, não por ser sócio. Ele responde não pela circunstância de a sociedade estar em débito, mas por haver dissolvido irregularmente a pessoa jurídica".[52]

A responsabilidade tributária do sócio-gerente, que decorre de sua condição de dirigente, em princípio não depende do tipo de sociedade, e sim do modo de agir do dirigente, da conduta indevida deste. Já, a responsabilidade que decorre da condição de sócio não depende da conduta deste, mas do regime jurídico da sociedade da qual participa.

O art. 134, VII, do CTN coloca o sócio como terceiro responsável pelo tributo cujo recebimento do contribuinte se revele impossível, no caso de liquidação de sociedade de pessoas. E, não obstante na cabeça do artigo esteja dito que a responsabilidade de que se cuida nesse dispositivo diz respeito apenas aos atos nos quais intervierem ou pelas omis-

---

52. STJ, 1ª Turma, REsp 382.469-RS, rel. Min. Humberto Gomes de Barros, j. 7.11.2002, *DJU* 24.2.2003, p. 190.

TEORIA GERAL DO DIREITO TRIBUTÁRIO

sões de que forem responsáveis, em última análise, a responsabilidade dos sócios, prevista no inciso VII, depende exclusivamente de sua condição de sócio. Por isto é que se restringe às sociedades de pessoas, nas quais a responsabilidade dos sócios pela obrigações da sociedade é solidária e ilimitada.

Como é solidária e ilimitadamente responsável pelas dívidas da sociedade, e participa necessariamente da liquidação da sociedade, o sócio, só por tal condição, jamais poderá fugir à responsabilidade. Ou faz a liquidação regular, e neste caso paga os tributos devidos pela sociedade, ou incorre em omissão pela qual é responsável, e assume a responsabilidade tributária de que trata o art. 134, VII.

A referência a "sociedade de pessoas" no inciso VII do art. 134 do CTN é importante para deixar claro que a responsabilidade decorrente da simples condição de sócio ocorre apenas nessa espécie de sociedade.

Hugo de Brito Machado Segundo, em estudo no qual analisa os arts. 134 e 135 do CTN, com sólido fundamento doutrinário e jurisprudencial, oferece as seguintes conclusões, com inteira propriedade:

> (...) (a) os sócios de sociedades de pessoas a que se refere o art. 134, VII, do CTN, são os sócios que, nos termos da lei comercial, respondem ilimitadamente pelos débitos da sociedade. Essa responsabilidade é subsidiária em relação à sociedade e solidária entre os sócios; (b) os mesmos sócios de responsabilidade ilimitada referidos no art. 134 respondem de forma pessoal na hipótese de agirem com excesso de poderes ou infração de lei ou de contrato (CTN, art. 135, I); (c) os sócios de sociedades que adotam forma de limitação de responsabilidade, tais como as sociedades por quotas de responsabilidade limitada e as sociedades anônimas, somente respondem nos termos da legislação comercial aplicável, tornando-se irresponsáveis da integralização do capital social, ou do valor de suas ações.[53]

Em síntese, e em conclusão, a responsabilidade atribuída ao sócio pelo art. 134, VII, do CTN diz respeito apenas àquele que, nos termos

---

53. Hugo de Brito Machado Segundo, "Responsabilidade de sócios e dirigentes de pessoas jurídicas e o redirecionamento da execução fiscal", in Valdir de Oliveira Rocha (coord.), *Problemas de Processo Judicial Tributário*, vol. 4, São Paulo, Dialética, 2000, p. 265.

OBRIGAÇÃO TRIBUTÁRIA

das leis comerciais, tem responsabilidade solidária e ilimitada e que no ato de liquidação não paga, como devia, as dívidas da sociedade pelas quais responde. Repita-se que a referência à sociedade de pessoas feita no inciso VII do art. 134 é importante para deixar claro que a responsabilidade decorrente da simples condição de sócio ocorre apenas nessa espécie de sociedade, não na sociedade de capitais.

Na sociedade de capitais, em regra, a responsabilidade dos sócios limita-se ao valor das ações respectivas, de sorte que, na pior das hipóteses, eles apenas não receberão o reembolso do capital aplicado. É possível, portanto, haver liquidação regular sem que os sócios tenham de pagar as dívidas da sociedade.

Ressalte-se, finalmente, que a responsabilidade atribuída a terceiros pelo art. 134 do CTN diz respeito apenas aos tributos e às multas moratórias. Não abrange as penalidade que não tenham caráter moratório.

5.5 Responsabilidade por infrações

5.5.1 Considerações iniciais

Acertadamente ou não o Código Tributário Nacional, ao cuidar da responsabilidade por infrações (arts. 136 a 138), não trata como infração o não pagamento no prazo. Parece-nos evidente que, se infração é o não cumprimento da regra jurídica, o não pagamento do tributo devido no prazo legalmente estabelecido é uma infração. Entretanto, de certa forma justifica-se o tratamento diferenciado à multa de mora, pois se o contribuinte cumpre regularmente todas as suas obrigações tributárias acessórias, os fatos relevantes do ponto de vista tributário estarão colocados ao alcance do fisco, que poderá fazer o lançamento de ofício e cobrar o que considerar devido.

Aliás, o próprio Código Tributário Nacional afirma expressamente que o não pagamento do tributo no prazo legal é uma infração e a multa de mora uma penalidade, quando estabelece que o disposto em seu art. 134 só se aplica, em matéria de penalidades, às de caráter moratório. Por isto consideramos indevida a cobrança de multa de mora nos casos de denúncia espontânea.

288 TEORIA GERAL DO DIREITO TRIBUTÁRIO

5.5.2 Responsabilidade tributária
e responsabilidade pelo ilícito tributário

A responsabilidade tributária é própria do sujeito passivo da obrigação tributária. Seja o contribuinte, seja o responsável tributário.[54] Já, a responsabilidade decorrente do cometimento de um ilícito tributário pode ser do sujeito passivo da obrigação tributária ou de terceiros, nos termos do art. 137 do CTN.

A responsabilidade tributária resulta da ocorrência do fato gerador da obrigação tributária, para cuja configuração a ilicitude é irrelevante. Ela significa o estado de sujeição no qual se coloca o sujeito passivo da obrigação tributária pelo simples fato de se haver concretizado o fato gerador respectivo, e em virtude do qual pode o sujeito ativo da mesma obrigação exigir-lhe o cumprimento, vale dizer, o pagamento do tributo. Já, a responsabilidade decorrente do ilícito tributário depende da ocorrência de um ilícito, vale dizer, do cometimento de uma infração à lei tributária ou à lei penal. Ela está no campo da punibilidade tributária, ou campo das sanções por atos ilícitos.

O mesmo ilícito pode situar-se no campo do próprio direito tributário e também no campo do direito penal, embora esse *bis in idem* admitido em nosso ordenamento jurídico seja contrário ao princípio segundo o qual não se justifica mais de uma punição pela mesma falta. Seja como for, certo é que a doutrina tem feito referência a dois ramos do direito punitivo em matéria tributária. Nesse sentido, Ruy Barbosa Nogueira, ao cuidar da punibilidade em matéria tributária, reporta-se a um direito administrativo tributário penal e a um direito penal tributário.[55]

5.5.3 Responsabilidade e natureza da sanção

As sanções em geral podem ser de natureza pessoal ou patrimonial, e a natureza da sanção determina o tipo de responsabilidade que a enseja. Assim, se a lei estabelece uma sanção de natureza pessoal, como é o caso da pena privativa de liberdade, a responsabilidade é penal; enquanto se a lei estabelece uma sanção de natureza patrimonial, como é a multa, a

---

54. CTN, art. 121, I e II.

55. Ruy Barbosa Nogueira, *Curso de Direito Tributário*, 13ª ed., São Paulo, Saraiva, 1994, pp. 191-200.

OBRIGAÇÃO TRIBUTÁRIA

responsabilidade é civil, ou administrativa, embora exista a multa como sanção penal.

Seja como for, a responsabilidade é definida em razão da sanção que o Direito prescreve para a não prestação, em cada caso. Sanção que pode ser simplesmente a execução forçada da obrigação, vale dizer, a utilização de meios coercitivos para compelir o devedor a cumprir o seu dever jurídico, ou a imposição de multa, ou do dever de indenizar, ou a privação de certos direitos, entre os quais a liberdade corporal ou física, geralmente designada na linguagem jurídica como liberdade de ir e vir.

As sanções cíveis ou administrativas geralmente têm conteúdo patrimonial, e por isto podemos dizer que são sanções patrimoniais. Já, as sanções penais atingem mais diretamente a pessoa, e por isto podemos dizer que são sanções pessoais. Seja como for, certo é que podem existir sanções cíveis sem conteúdo patrimonial e podem existir sanções penais de conteúdo patrimonial.

Em nosso ordenamento jurídico a distinção entre sanções cíveis e penais pode ser estabelecida com maior segurança pelo critério da autoridade competente para a respectiva aplicação. As sanções penais ou criminais somente podem ser aplicadas pela autoridade judiciária, enquanto as sanções cíveis ou administrativas, em princípio, podem ser aplicadas pela autoridade administrativa. Esse critério, porém, não nos permite estabelecer distinção válida em todos os casos, pois a sanção cível por excelência, que é a execução forçada da obrigação, só pode ser aplicada pela autoridade judiciária. E, por isto mesmo, as penas pecuniárias, vale dizer, as multas administrativas, embora possam ser aplicadas pela autoridade administrativa que constitui o crédito tributário respectivo, só se tornam efetivas com a intervenção da autoridade judiciária, na execução fiscal correspondente.

É razoável dizer, portanto, que a distinção entre as sanções cíveis ou administrativas e as sanções penais ou criminais é feita simplesmente pelo critério da indicação legislativa. É sanção cível ou administrativa aquela como tal definida pelo legislador, e sanção penal ou criminal aquela como tal por ele definida. Seja como for, uma vez formulada a definição legislativa, têm-se definidos a competência da autoridade e o procedimento a ser observado para a correspondente aplicação.

A aplicação das sanções penais ou criminais compete à autoridade judiciária, e o procedimento a ser observado é, salvo disposição legal

290 TEORIA GERAL DO DIREITO TRIBUTÁRIO

especial em sentido diverso, o Código de Processo Penal. Já, a aplicação das sanções cíveis ou administrativas tanto pode ser atribuição da autoridade judiciária como da autoridade administrativa. Da atribuição privativa da autoridade judiciária é a aplicação da mais importante sanção cível, que é a execução forçada dos créditos da Fazenda Pública. E o procedimento a ser observado pela autoridade judiciária é o previsto na lei processual civil para aplicação da sanção consistente na execução forçada da obrigação, enquanto o procedimento a ser observado na aplicação das sanções cíveis ou administrativas em geral é o previsto na legislação pertinente ao processo administrativo.

É certo, porém, que o legislador ordinário não é inteiramente livre para definir as sanções em uma ou em outra das categorias mencionadas, porque em nossa Constituição Federal existem dispositivos que tornam privativa da autoridade judiciária a competência para aplicar as sanções que consubstanciem restrições ou a privação da liberdade física, e, assim, tais sanções não podem ser utilmente definidas como cíveis ou administrativas, porque isso implicaria retirá-las do regime jurídico próprio dessa categoria de sanções.

5.5.4 *Criminalização do ilícito tributário*

Na tentativa de coibir práticas consideradas nocivas aos interesses da sociedade, o legislador tem utilizado a criminalização dessas práticas e o aumento das penas para aquelas já definidas como crime. É a crença na eficácia da pena criminal, que se explica porque ainda parece predominar o preconceito, especialmente nas classes mais dotadas de riqueza, que consideram infamantes as penas criminais.

Ocorre que os obstáculos criados pelo formalismo processual praticamente inviabilizam a aplicação das sanções penais na maioria dos casos. Por outro lado, a lei penal é extremamente benevolente no que estabelece certos regimes para o cumprimento de penas prisionais, como os de prisão aberta e prisão semiaberta, que, a rigor, se prestam para estimular práticas criminosas.

Não podemos desconhecer que a responsabilidade penal é sempre de natureza pessoal, depende sempre da presença do elemento subjetivo, vale dizer, da presença do dolo ou da culpa, enquanto a responsabilidade civil ou administrativa pode ser imposta objetivamente.

OBRIGAÇÃO TRIBUTÁRIA

A nosso ver, melhor do que a criminalização do ilícito tributário seria o aumento das penalidades pecuniárias que podem ser aplicadas pela autoridade administrativa. Tanto porque tais penalidade são de aplicação bem mais fácil como porque haveria aumento da arrecadação de recursos financeiros, dos quais a Administração Tributária tanto necessita.

5.6 Exclusão da responsabilidade pela denúncia espontânea

5.6.1 Objetivo e configuração da denúncia espontânea

Com o objetivo de estimular o contribuinte a regularizar espontaneamente sua situação fiscal, o Código Tributário Nacional estabelece:

> Art. 138. A responsabilidade é excluída pela denúncia espontânea da infração, acompanhada, se for o caso, do pagamento do tributo devido e da multa de mora, ou do depósito da importância arbitrada pela autoridade administrativa, quando o montante do tributo dependa de apuração.
>
> Parágrafo único. Não se considera espontânea a denúncia apresentada após o início de qualquer procedimento administrativo ou medida de fiscalização relacionados com a infração.

Cuida-se de uma opção de política jurídica com a qual o legislador pretendeu estimular o sujeito passivo da obrigação tributária a regularizar sua situação perante o Fisco. Estando em situação irregular, porque violou a legislação tributária, toma a iniciativa de comunicar à autoridade competente essa irregularidade. Em consequência, sua responsabilidade pela infração é excluída.

Configura-se *espontaneidade* dessa comunicação à autoridade da Administração Tributária o fato de ser feita sem que o infrator tenha tomado conhecimento do início de procedimento ou medida de fiscalização relacionada com a infração denunciada. Mesmo que exista algum procedimento administrativo interno no qual a autoridade busca elementos para iniciar ação fiscal contra o infrator, se este ainda não foi intimado, a denúncia que fizer há de ser considerada espontânea.

Para configurar-se a denúncia espontânea, e a consequente exclusão da responsabilidade pela infração, é necessário que o sujeito passivo da obrigação tributária pague o tributo que em virtude da infração dei-

292   TEORIA GERAL DO DIREITO TRIBUTÁRIO

xou de pagar. Por isto fala-se de denúncia da infração acompanhada, se for o caso, do pagamento do tributo devido. É que, tratando-se de denúncia espontânea de infração à lei tributária pertinente apenas a obrigações acessórias simplesmente não existirá tributo a ser pago.

5.6.2 Consequência da denúncia espontânea da infração

A consequência da denúncia espontânea da infração é excluir a responsabilidade do infrator, vale dizer, o estado de sujeição no qual o mesmo se encontra, e, assim, retirar a razão jurídica para a sanção legalmente prevista para a infração por ele cometida.

A sanção geralmente prevista nas leis tributárias é a multa, ou penalidade pecuniária. Assim, o sujeito passivo da obrigação tributária que faz a denúncia espontânea da infração tem o direito de pagar o tributo por ele devido sem o acréscimo da multa correspondente à infração cujo cometimento foi objeto da denúncia espontânea.

5.6.3 Denúncia espontânea e multa de mora

Como a denúncia espontânea da infração exclui a responsabilidade do infrator, coloca-se a questão de saber se, consistindo a infração, pura e simplesmente, no não pagamento de um tributo, a denúncia espontânea dessa infração exclui, ou não, a multa de mora.

A Fazenda Pública, de um modo geral, em face de atraso no pagamento cobra a multa de mora daqueles que praticam a denúncia espontânea. Argumenta que a multa de mora não tem caráter punitivo e que, não sendo aplicada na hipótese de denúncia espontânea, restaria inútil, porquanto nos casos de lançamento de ofício também não é cabível.

Na verdade, porém, a multa de mora tem caráter punitivo. É a penalidade pela infração consistente no não cumprimento da regra que fixa o prazo para o pagamento do tributo. E também não procede o argumento segundo o qual resultaria inútil se não aplicada, em face da denúncia espontânea, aos casos de atraso no pagamento. O equívoco dos que utilizam tal argumento resulta da falta de consideração de situações concernentes ao lançamento por declaração e ao lançamento por homologação.

OBRIGAÇÃO TRIBUTÁRIA 293

Realmente, em relação aos tributos lançados por declaração, se o contribuinte faz, devidamente, a declaração que lhe cabe e, quando notificado do lançamento, não efetua o pagamento no vencimento estipulado, é cabível a multa de mora. Também em relação aos tributos lançados por homologação, se o contribuinte apura o montante devido e o declara, deixando de pagar no vencimento o tributo devido, o pagamento posterior deve ser acrescido da multa de mora. É o que esclarece Hugo de Brito Machado Segundo em anotações ao art. 138 do CTN, apoiado na jurisprudência do STJ.[56]

Já afirmamos ser inconveniente o entendimento adotado pelo STJ, porque estimula o contribuinte a nada declarar à autoridade da Administração Tributária e só depois, se e quando resolve pagar o tributo para regularizar sua situação fiscal, fazer a denúncia espontânea da infração, beneficiando-se do incentivo estabelecido pelo art. 138 do CTN.[57] Entretanto, não podemos negar que, do ponto de vista estritamente jurídico, aquele entendimento é o mais adequado, porque, nos casos de lançamento por declaração ou por homologação nos quais a denúncia espontânea diz respeito simplesmente ao atraso no pagamento, os fatos em face dos quais o tributo é devido e tem seu valor determinado já são do conhecimento do Fisco. O estímulo à denúncia espontânea da infração, consubstanciado no art. 138 do CTN, não justifica, portanto, a exclusão da multa de mora em tais situações.

---

56. Hugo de Brito Machado Segundo, *Código Tributário Nacional*, 3ª ed., São Paulo, Atlas, 2013, pp. 283-284.
57. Hugo de Brito Machado, *Comentários ao Código Tributário Nacional*, cit., 2ª ed., vol. II, p. 662.

Capítulo VII
Crédito Tributário

1. Introdução. 2. Constituição do crédito tributário: 2.1 O lançamento tributário – 2.2 Procedimento constitutivo do crédito tributário – 2.3 Inexistência de tributo sem lançamento – 2.4 Modalidades de lançamento: 2.4.1 As três espécies ou modalidades de lançamento – 2.4.2 Lançamento de ofício – 2.4.3 Lançamento por declaração – 2.4.4 Lançamento por homologação – 2.5 Natureza e regime jurídico do lançamento – 2.6 Revisão do lançamento. 3. Suspensão da exigibilidade do crédito tributário: 3.1 Considerações gerais – 3.2 Moratória – 3.3 Depósito do montante integral do crédito tributário: 3.3.1 Ato voluntário e seus efeitos – 3.3.2 Suspensão da exigibilidade do crédito tributário – 3.3.3 Suspensão da exigibilidade do dever de pagar antecipadamente – 3.3.4 Montante integral – 3.3.5 Depósito e consignação em pagamento – 3.3.6 Decadência e prescrição – 3.3.7 Levantamento ou conversão em renda – 3.3.8 Depósito como pagamento provisório – 3.4 Reclamações e recursos administrativos – 3.5 Medida liminar em mandado de segurança – 3.6 Medida liminar em cautelar e tutela antecipada – 3.7 Parcelamento. 4. Extinção do crédito tributário: 4.1 Considerações gerais – 4.2 Pagamento – 4.3 Pagamento indevido – 4.4 Consignação em pagamento – 4.5 Decisão administrativa irreformável – 4.6 Decisão judicial passada em julgado – 4.7 Dação em pagamento. 5. Exclusão do crédito tributário: 5.1 O que significa exclusão do crédito tributário – 5.2 Distinção entre isenção, não incidência e imunidade – 5.3 Isenção: 5.3.1 Isenção como revogação da norma de tributação – 5.3.2 Isenção como dispensa do tributo – 5.3.3 Isenção como hipótese de não incidência – 5.3.4 Isenção como exceção à norma de tributação – 5.3.5 Revogação da norma de isenção – 5.4 Classificação das isenções – 5.5 Anistia. 6. Garantias e privilégios do crédito tributário: 6.1 Considerações iniciais – 6.2 Penhorabilidade dos bens nas execuções fiscais – 6.3 Presunção de fraude – 6.4 Preferência em relação a outros créditos – 6.5 Concurso de preferências – 6.6 Créditos extraconcursais – 6.7 Inventário e arrolamento – 6.8 Liquidação de pessoas jurídicas – 6.9 Exigência de quitações – 6.10 Indisponibilidade de bens e direitos.

1. Introdução

Neste capítulo vamos estudar o crédito tributário, examinando os conceitos utilizados no estudo da relação obrigacional tributária a partir do lançamento. Vamos explicar a peculiaridade terminológica do Código Tributário Nacional, que divide a relação obrigacional tributária em duas fases e denomina a primeira, anterior à liquidação, com a expressão "obrigação tributária" e a segunda, posterior à liquidação, que ocorre com o lançamento, com a expressão "crédito tributário".

No direito privado o vínculo jurídico que liga o devedor ao credor também pode surgir dependente de quantificação do seu objeto, e quando isto acontece se diz que se trata de uma obrigação ilíquida. Assim, por exemplo, se ocorre o abalroamento de dois automóveis, sabe-se que, salvo o caso de culpa recíproca, o guiador de um deles tornou-se devedor, e o outro credor, da reparação dos danos correspondentes. Entretanto, ainda não se sabe qual dos dois devedores é o devedor, e qual é o credor, nem se sabe qual é o valor da indenização devida. Definida a responsabilidade pelo evento, e feita a avaliação dos danos, têm-se definidos o devedor, o credor e o valor da indenização, tendo-se, então, uma obrigação líquida, isto é, uma obrigação que foi devidamente *liquidada*.

No direito tributário a ocorrência do fato gerador do tributo faz nascer o vínculo obrigacional tributário, que o Código Tributário Nacional denomina *obrigação*. Esse vínculo surge mas fica a depender da identificação do seu sujeito passivo e da quantificação do seu objeto ou conteúdo econômico. Com o lançamento tem-se identificado seu sujeito passivo e quantificado seu objeto ou conteúdo econômico. O vínculo obrigacional tributário, então, muda de nome, passando a denominar-se *crédito* tributário.

Tendo-se em vista essa terminologia específica utilizada pelo Código Tributário Nacional, é fácil entendermos por que neste se diz que "o crédito tributário decorre da obrigação principal e tem a mesma natureza desta".[1] E, ainda, que compete privativamente à autoridade administrativa "constituir o crédito tributário pelo lançamento".[2]

Começaremos com o estudo do lançamento, isto é, com o estudo da constituição do crédito, onde explicaremos melhor por que se diz que o

1. CTN, art. 139.
2. CTN, art. 142.

CRÉDITO TRIBUTÁRIO

lançamento constitui o crédito tributário, embora ele tenha a natureza meramente declaratória da relação jurídica obrigacional tributária. Depois vamos estudar as causas de suspensão de sua exigibilidade, em seguida as causas de sua extinção e, ainda, as causas de sua exclusão, para finalmente fazermos o estudo das garantias e dos privilégios dos quais desfruta.

2. Constituição do crédito tributário

2.1 O lançamento tributário

A palavra "lançamento", como tantas outras, é plurissignificativa. Mesmo na linguagem jurídica tem vários significados, como se pode ver dos melhores dicionários especializados. No contexto do Código Tributário Nacional lançamento é definido como "o procedimento administrativo tendente a verificar a ocorrência do fato gerador da obrigação tributária correspondente, determinar a matéria tributável, calcular o montante do tributo devido, identificar o sujeito passivo e, sendo o caso, propor a aplicação da penalidade cabível".[3]

É polêmica a questão de saber se o lançamento é realmente um *procedimento* ou se é um *ato* administrativo. Na definição acima transcrita o Código optou pela corrente doutrinária que define o lançamento como procedimento, mas em alguns de seus dispositivos reporta-se ao lançamento como ato administrativo.

Quem afirma que o lançamento tributário é um *ato* administrativo por certo está fazendo referência ao ato do procedimento com o qual a autoridade administrativa declara o valor do crédito tributário apurado. É inegável, porém, que se trata de um *ato* para cuja prática se faz necessário um *procedimento*. E a tese segundo a qual o lançamento é apenas um *ato* enfrenta desde logo a questão de saber se esse ato é a primeira declaração, feita no final da fase não contenciosa do procedimento, ou a última, da série de atos praticados com o objetivo de tornar líquida e certa a obrigação tributária, e, assim, constituído o crédito tributário respectivo. Em outras palavras: enfrenta a questão de saber se o lançamento tributário resta consumado com a lavratura do auto de infração ou se somente estará completo com o julgamento definitivo do processo administrativo de determinação e exigência do crédito tributário.

3. CTN, art. 142.

TEORIA GERAL DO DIREITO TRIBUTÁRIO

Quem afirma que o lançamento tributário é um *procedimento* enfrenta a questão de saber quais seriam os atos integrantes deste nas hipóteses em que não ocorre disputa entre o Fisco e o contribuinte, quando este se conforma de pronto com a exigência de pagamento do tributo formulada em um ato único da autoridade administrativa. E, ainda, a questão de saber como se explica o lançamento por homologação, visto como neste o ato da autoridade é apenas um, vale dizer, a homologação, que, aliás, se pode consubstanciar na simples omissão administrativa nos casos em que, em face do pagamento antecipado, a autoridade administrativa não se manifesta até o final do prazo de decadência do direito da Fazenda Pública de lançar o tributo.

Em qualquer desses casos, porém, é possível construir explicações razoáveis, de sorte que, a rigor, todas essas questões podem ser superadas. E ninguém nega que o Código Tributário Nacional utilizou a expressão "lançamento tributário" ora no sentido de ato, ora no sentido de procedimento. Por isto preferimos aceitar a definição albergada por seu art. 142, até porque nas hipóteses nas quais a exigência do tributo não é contestada administrativamente existe, sim, um procedimento, consubstanciado por todos os atos na apuração do valor do tributo ou da penalidade pecuniária, dos quais resulta a final a formulação formal da exigência. E nos casos de lançamento por homologação tem-se que integram o procedimento os atos praticados pelo sujeito passivo na determinação do valor devido. Os atos *homologados*, e não apenas o ato de *homologação*, ou silêncio administrativo. Por outro lado, nos casos nos quais ocorre impugnação da exigência pelo sujeito passivo da obrigação tributária pode-se até dizer que há um processo de lançamento, na medida em que se estabelece um contraditório e se desenvolve verdadeira atividade jurisdicional administrativa.

O lançamento tributário é, na verdade, um *procedimento*, no sentido de que, por afetar direitos dos administrados, há de ser desenvolvido com certas formalidades legalmente impostas. Assim, por exemplo, há de ser sempre assegurado o direito de defesa ao contribuinte, que abrange o direito a uma decisão da autoridade sobre as objeções que colocar à determinação do valor do tributo e o direito de recorrer dessa decisão à instância administrativa superior. Mesmo quando não exista a inconformação do contribuinte com a exigência do tributo cujo valor seja objeto da primeira declaração, há de ser o contribuinte notificado, e a

CRÉDITO TRIBUTÁRIO 299

ele assegurado um prazo para defender-se. Assim, além dos atos ditos preparatórios, haverá sempre mais de um ato a compor um procedimento que se destina a garantir os direitos fundamentais do administrado, vale dizer, do contribuinte.

2.2 Procedimento constitutivo do crédito tributário

Um segundo ponto que destacamos na crítica à definição legal de lançamento constante do art. 142 do CTN diz respeito ao uso, naquela definição, do verbo "constituir", que poderia reabrir a velha questão de saber se o lançamento tem natureza *constitutiva* ou simplesmente *declaratória* da relação obrigacional tributária.

Essa crítica parece-nos que resulta da falta de atenção para o fato de que o Código Tributário Nacional denominou a relação jurídica obrigacional tributária com expressões diversas, uma delas a expressão "obrigação tributária", para designar essa relação antes do lançamento, quando a mesma ainda não é líquida e certa e, por isto mesmo, ainda não é exigível. E a outra a expressão "crédito tributário", para designar essa mesma relação depois do lançamento, quando a mesma já é dotada de liquidez, certeza e consequente exigibilidade. Em outras palavras: no contexto do Código Tributário Nacional a expressão "constituir o crédito tributário" não significa tornar existente a relação obrigacional tributária, mas tornar existente o crédito que daquela resulta.

A importante separação entre obrigação tributária e crédito tributário, como dois momentos da relação obrigacional tributária, foi observada e descrita com propriedade por Giuliani Fonrouge, que escreveu:

> Por su parte, la doctrina brasileña y algunos códigos tributarios latinoamericanos establecen una nítida separación entre "obligación" y "exigibilidad de la obligación". Según esta tendencia, la obligación de pagar u obligación tributaria principal nace al producirse el hecho generador, en tanto que la determinación (*lançamento*) tiene por fin constituir el crédito tributario, de modo que este acto tiene un efecto mixto: declarativo en cuanto al *nacimiento* de la obligación y constitutivo con respecto al crédito fiscal;[4]

4. Giuliani Fonrouge, *Derecho Financiero*, 2ª ed., vol. 1, Buenos Aires, Depalma, 1970, p. 487.

TEORIA GERAL DO DIREITO TRIBUTÁRIO

Na verdade, o lançamento tributário tem o efeito de declarar existente a obrigação tributária, identificar o devedor, determinar a quantia devida e, em consequência, constituir o crédito tributário, que é, assim, dotado de características que aquela não tem.

Na definição legal de lançamento, um terceiro ponto a merecer atenção é o que diz respeito às penalidades pecuniárias. Na questionada definição está dito que o lançamento é o "procedimento administrativo tendente a verificar a ocorrência do fato gerador da obrigação correspondente, determinar a matéria tributável, calcular o montante do tributo devido, identificar o sujeito passivo e, sendo o caso, propor a aplicação da penalidade cabível". Na verdade, porém, no lançamento tributário a autoridade administrativa não propõe a aplicação da penalidade. Ela aplica a penalidade cabível, e, assim, constitui o crédito tributário.

Temos de considerar que o *crédito tributário* não se confunde com o *tributo*. Pode ter, e tem, conteúdo que comporta, além do tributo, também as penalidades pecuniárias. E não há nisto nenhuma impropriedade. O crédito é tributário porque diz respeito à relação tributária, e do mesmo modo as penalidades são tributárias porque dizem respeito a infrações à legislação tributária. E nisto não se vê nenhum conflito com a definição de tributo albergada pelo art. 3º do CTN. O tributo efetivamente não constitui sanção de ato ilícito. A penalidade pecuniária, porém, constitui, sim, sanção de ato ilícito. A infração à lei tributária que enseja sua aplicação é um ato ilícito, do qual a penalidade pecuniária – vale dizer, a multa – é a sanção.

O art. 3º do CTN diz que o tributo não constitui sanção de ato ilícito. Não veda, porém, a cominação de penalidades pecuniárias como sanções de atos ilícitos configurados pelas infrações à legislação tributária, vale dizer, pelo inadimplemento da obrigação tributária, seja principal, seja acessória. Tais infrações são atos ilícitos que ensejam a aplicação de penalidades pecuniárias, e o valor destas pode integrar o crédito tributário.

O lançamento tributário, como procedimento administrativo destinado a constituir o crédito tributário, tanto pode referir-se à apuração do valor do tributo como ao valor da penalidade aplicada em razão de infração à legislação tributária. Lançamento é aplicação da norma material. Não apenas da norma que define a hipótese de incidência do tributo, mas também da norma que define a hipótese de incidência da

CRÉDITO TRIBUTÁRIO

penalidade. Aplicar uma penalidade pecuniária cominada pela lei tributária é, para todos os efeitos, fazer um lançamento.

2.3 Inexistência de tributo sem lançamento

Outra questão que merece exame quando estudamos o lançamento tributário é a de saber se existe tributo sem lançamento, pois há quem afirme serem tributos sem lançamento aqueles cujo pagamento é feito sem que a autoridade administrativa tenha determinado o valor a ser pago, nem tenha verificado essa determinação realizada pelo contribuinte.

No direito tributário brasileiro o legislador afastou completamente a ideia de tributo sem lançamento quando utilizou uma fórmula segundo a qual o lançamento é privativo da autoridade administrativa e nos casos em que a lei estabelece para o sujeito passivo o dever de antecipar o pagamento do valor que ele próprio apura o lançamento dá-se por homologação, ainda que apenas tácita, neste caso configurada com o decurso do prazo de decadência do direito da Fazenda Pública de efetuar o lançamento. Entretanto, para os que sustentam a existência de tributos sem lançamento, nosso legislador utilizou-se de artifícios perfeitamente dispensáveis.

A questão que se coloca, então, é a de saber se no plano de uma Teoria Geral do Direito Tributário, sem levarmos em conta nenhum ordenamento jurídico positivo, é possível um tributo sem lançamento. E, a nosso ver, a resposta para essa questão é negativa, como a seguir tentaremos demonstrar.

Nas obrigações que nascem da vontade das partes, ou obrigações ditas contratuais, assim como nas obrigações de direito privado em geral, mesmo naquelas obrigações que decorrem da lei, como é o caso da obrigação de indenizar, quando o direito envolvido é disponível, o acertamento pode ser feito pela vontade das partes. E quando tal encontro revela-se inviável o acertamento é feito por um terceiro imparcial, um árbitro ou um juiz.

A relação obrigacional tributária decorre da lei e envolve direito indisponível. Seu acertamento, portanto, não pode ser feito por acordo entre as partes. Além disto, tem uma peculiaridade que nos autoriza a afirmar a impossibilidade de tributo sem lançamento. A lei confere ao

302 TEORIA GERAL DO DIREITO TRIBUTÁRIO

credor a atribuição de fazer, como parte na relação jurídica obrigacional, o acertamento desta, vale dizer, a determinação do valor devido. Esse acertamento que é privativo da autoridade administrativa e que em qualquer caso se faz necessário.

Exatamente porque a obrigação tributária envolve direito indisponível, a autoridade administrativa tem o poder-dever de lançar. Não tem liberdade para decidir se lança ou não. Se constitui ou não o crédito tributário. Existem, é certo, casos nos quais a lei estabelece que o contribuinte determine o valor do tributo e faça o pagamento correspondente sem que a autoridade administrativa se tenha manifestado sobre aquela determinação. Entretanto, mesmo nesses casos existe sempre o dever da autoridade administrativa de verificar aquela apuração para, considerando-a correta, afirmar que assim a considera, ou, então, considerando-a incorreta, lançar e cobrar a diferença que entender devida.

Diante dessa realidade, que em lógica jurídica não pode ser negada, a lei brasileira adotou a fórmula do lançamento por homologação, inclusive por homologação tácita, fruto salutar do genial professor Rubens Gomes de Sousa, pioneiro notável nos estudos do direito tributário em nosso País.

Incompreendida e injustamente criticada por vários doutrinadores, ela merece todo o nosso respeito, porque equaciona magistralmente a ideia de lançamento como atividade privativa da autoridade administrativa, com a atribuição ao contribuinte do dever de apurar o valor do tributo e de fazer o pagamento deste, independentemente de manifestação da autoridade administrativa, à qual fica sempre assegurada a possibilidade de rever aquela apuração e cobrar, se for o caso, as diferenças que forem constatadas.

Mesmo nos Países nos quais não esteja expressamente prevista essa fórmula adotada pela lei brasileira temos de considerar que a liquidação feita pelo contribuinte é sempre provisória, e só prevalece quando a autoridade administrativa com ela esteja de acordo, pois a autoridade administrativa sempre pode fazer as retificações que a seu ver sejam cabíveis. Neste sentido é a doutrina de Ferreiro Lapatza, que escreve:

> Las liquidaciones realizadas por el contribuyente son siempre provisionales. La Administración, dentro del procedimiento liquidatorio,

CRÉDITO TRIBUTÁRIO

puede siempre, cuando constate su inexactitud, realizar las oportunas rectificaciones.[5]

A rigor, a apuração do valor do tributo pelo contribuinte é sempre uma liquidação provisória, que não subsiste por si mesma sem a concordância, ainda que tácita, da autoridade administrativa. A propósito, veja-se a lição de Pedro Soares Martínez, que afirma:

> Torna-se difícil não atribuir à *autoliquidação* a natureza, pelo menos, de liquidação provisória, modificável, revogável, por acto da Administração. Aliás, a tese favorável à ideia de poderes delegados pelo Fisco nos contribuintes para efeitos de *liquidação* parece encontrar apoio no art. 2º do Código de Processo das Contribuições e Impostos, de 1963, o qual previa que os direitos do Estado à *liquidação* e *cobrança* de impostos fossem exercidos por "entidades de direito público ou privado". No Direito Brasileiro, o dito *autolançamento* é considerado como *lançamento* sujeito a *homologação* da Fazenda Pública, que terá lugar tacitamente, pelo silêncio da Administração, após o decurso de cinco anos (*Código Tributário Nacional*, art. 150). E parece que semelhante entendimento poderá defender-se no direito fiscal português (v. *Código do Imposto sobre o Rendimento das Pessoas Coletivas*, art. 71º, n. 9).[6]

Como se vê da lição de Martínez, mesmo que a lei não se refira a um *lançamento por homologação*, este existirá, sempre, consubstanciado na manifestação da Administração Tributária a respeito da determinação, feita pelo sujeito passivo, do valor do tributo. Manifestação que poderá ser expressa ou tácita, entendida esta última como decorrência do silêncio da Administração até o final do prazo em que se extingue seu direito de rever a apuração feita pelo sujeito passivo.

Podemos, portanto, concluir afirmando que não existe tributo sem lançamento, e a lei, ao estabelecer que o lançamento compete privativamente à autoridade administrativa, está apenas explicitando uma realidade que existe mesmo nos ordenamentos jurídicos nos quais esta não é expressamente estabelecida, pois a determinação do valor do tributo

---

5. José Juan Ferreiro Lapatza, *Curso de Derecho Financiero Español*, 12ª ed., Madri, Marcial Pons, 1990, p. 648.

6. Pedro Soares Martínez, *Direito Fiscal*, 7ª ed., Coimbra, Livraria Almedina, 1995, pp. 312-313.

304 TEORIA GERAL DO DIREITO TRIBUTÁRIO

feita pelo contribuinte fica sempre a depender de confirmação, ainda que tácita, da autoridade administrativa competente.

2.4 Modalidades de lançamento

2.4.1 As três espécies ou modalidades de lançamento

O lançamento tributário pode ser de três espécies ou modalidades, a saber: *lançamento de ofício, lançamento por declaração* e *lançamento por homologação.*

Cada uma dessas três espécies de lançamento tributário tem suas peculiaridades e disciplina jurídica própria, como a seguir se verá.

2.4.2 Lançamento de ofício

O lançamento é *de ofício* quando feito por iniciativa da própria autoridade administrativa, independentemente de qualquer colaboração do sujeito passivo da obrigação tributária. Qualquer tributo pode ser lançado de ofício. Mesmo aqueles ordinariamente sujeitos a lançamento por outra modalidade, desde que não tenha sido feito ou que a autoridade administrativa competente entenda que o lançamento feito por outra modalidade não está correto. Por isto, o Código Tributário Nacional estabelece que o lançamento pode ser feito ou revisto de ofício pela autoridade administrativa nos casos em que: (a) a lei assim o determine; (b) a declaração não seja prestada, por quem a ela esteja legalmente obrigado, no prazo e na forma da legislação tributária; (c) a pessoa legalmente obrigada, embora tenha prestado declaração, deixe de atender, no prazo e na forma da legislação tributária, a pedido de esclarecimento formulado pela autoridade administrativa, ou o preste de forma não satisfatória; (d) fiquem comprovados falsidade, erro ou omissão quanto a qualquer elemento definido na legislação tributária como sendo de declaração obrigatória; (e) sejam comprovadas ação, omissão ou inexatidão, por parte da pessoa legalmente obrigada, na determinação do valor do tributo que deve pagar antecipadamente, sem prévio exame da autoridade administrativa; (f) se comprove ação ou omissão do sujeito passivo ou de terceiro legalmente obrigado, que seja motivo de aplicação de penalidade pecuniária; (g) seja comprovado que o sujeito passivo da obrigação tributária, ou terceiro em benefí-

CRÉDITO TRIBUTÁRIO   305

cio daquele, agiu com dolo, fraude ou simulação; (h) deva ser apreciado fato não conhecido ou não comprovado por ocasião de lançamento anterior; (i) fique comprovado que no lançamento anterior ocorreu fraude ou falta funcional da autoridade que o efetuou, ou omissão, pela mesma autoridade, de ato ou formalidade essencial.

A revisão do lançamento só pode ser efetuada enquanto o direito de lançar não houver sido atingido pela decadência.

2.4.3 Lançamento por declaração

O lançamento é *por declaração* nos casos em que é efetuado com base na declaração do sujeito passivo ou de terceiro, quando um ou outro, em cumprimento ao estabelecido na legislação tributária, presta à autoridade administrativa informações sobre matéria de fato indispensáveis à sua efetivação, vale dizer, informações quanto a fatos que são geradores de tributo e são necessários, portanto, à determinação do valor deste.

O lançamento por declaração completa-se com a notificação do sujeito passivo para o correspondente pagamento. Por isto mesmo, se o declarante comete erro quanto aos fatos declarados, pode, antes da notificação, pedir a retificação, que deve ser feita no próprio procedimento de lançamento. Se a retificação implica redução do valor do tributo, sua aceitação pela autoridade depende de prova do erro, feita pelo declarante. Entretanto, a autoridade administrativa sempre pode tomar a iniciativa de retificar os elementos de fato que lhe foram fornecidos pelo declarante.

O importante, em qualquer caso, é que o lançamento seja feito com base em fatos efetivamente ocorridos. A verdade dos fatos deve prevalecer, para que o valor do tributo seja o efetivamente devido. E, por isto mesmo, o lançamento de ofício deve ser fundamentado, constando dessa fundamentação referência aos fatos que o ensejaram, de sorte que o sujeito passivo da relação obrigacional tributária tenha condições de impugná-lo, e nessa impugnação fazer a prova em sentido contrário. Deve determinar o montante do crédito tributário a ser pago, intimar o sujeito passivo para o pagamento, e deve ser subscrito por um funcionário competente para a sua prática.[7]

---

7. Cf., a este propósito, a lição de José María Martín em seu livro *Fundamentos de las Finanzas Publicas y del Derecho Tributario Argentino*, Buenos Aires, La Ley, 1973, p. 502.

2.4.4 *Lançamento por homologação*

O lançamento é *por homologação* nos casos em que a lei tributária atribui ao sujeito passivo o dever de fazer a apuração do valor devido e antecipar o respectivo pagamento, isto é, fazer o pagamento do valor apurado antes da manifestação da autoridade administrativa sobre o mesmo. O lançamento, em tais casos, opera-se pelo ato da autoridade administrativa que, tomando conhecimento da atividade assim exercida pelo sujeito passivo da obrigação tributária, expressamente a homologa,[8] ou, então, pelo decurso do tempo estabelecido em lei sem que a autoridade administrativa se manifeste.[9] Por isto se diz que a homologação pode ser expressa ou tácita.

Na teoria do lançamento tributário, conforme registram Igor Tenório e Carlos dos Santos Almeida, *homologação* significa:

> Aprovação pela autoridade fiscal competente do lançamento de tributo pelo próprio contribuinte, cujo pagamento possa ou deva ser feito por antecipação.[10]

A palavra "lançamento", nessa definição, quer dizer apuração do valor, pois o objeto da homologação não é o pagamento, como alguns têm afirmado, e sim a apuração do montante devido; de sorte que é possível a homologação mesmo que não tenha havido pagamento. Isto tem sido visto, aliás, em relação a impostos de recolhimento mensal e confirmado pela jurisprudência.

Realmente, se o contribuinte pratica a atividade de apuração, presta à autoridade administrativa as informações relativas aos valores a serem pagos em cada mês e não efetua os pagamentos correspondentes, pode a autoridade homologar a apuração de tais valores e intimar o contribuinte a fazer o pagamento, com a multa correspondente ao não cumprimento do dever de pagar antecipadamente, sob pena de imediata inscrição do crédito tributário em Dívida Ativa. Ter-se-á, então, lançamento por homologação sem antecipação do pagamento correspondente, pois o que caracteriza essa modalidade de lançamento é a exigência legal de pagamento antecipado. Não o efetivo pagamento antecipado.

8. CTN, art. 150.
9. CTN, art. 150, § 4º.
10. Igor Tenório e Carlos dos Santos Almeida, *Dicionário de Direito Tributário*, São Paulo, Thomson/IOB, 2004, p. 410.

CRÉDITO TRIBUTÁRIO   307

O pagamento antecipado extingue o crédito tributário sob condição resolutória da ulterior homologação.[11] Isto quer dizer que tal extinção não é definitiva. Sobrevindo ato homologatório do lançamento, o crédito se considera extinto.[12] Se a lei fixar um prazo para a homologação e a autoridade não a praticar expressamente, ter-se-á a homologação tácita no momento em que terminar esse prazo.

Assim, se o sujeito passivo presta à autoridade administrativa as informações a que está legalmente obrigado sobre a apuração do valor do tributo devido, decorrido o prazo fixado em lei para a homologação, ou, então, não havendo lei que estabeleça tal prazo, decorrido o prazo de decadência, que em nosso ordenamento jurídico é de cinco anos, ocorrerá a homologação tácita, e o crédito tributário estará definitivamente extinto pelo pagamento antecipado.

Nos tributos devidos mensalmente, não sendo o sujeito passivo da obrigação tributária obrigado a prestar informações sobre o que apurou como valor do tributo em cada mês, como ocorria no passado em nosso ordenamento jurídico, a autoridade administrativa só toma conhecimento dessa apuração através dos pagamentos. Talvez por isto mesmo havia quem sustentasse ser o pagamento o objeto da homologação, quando, na verdade, o objeto da homologação é a atividade de apuração do valor devido.

Existindo, como atualmente existe em nosso País para os impostos em geral, o dever de prestar informações ao Fisco sobre o montante do tributo a ser antecipado, tais informações levam ao conhecimento da autoridade a apuração feita pelo sujeito passivo, abrindo-se, assim, ensejo para a homologação, tendo havido ou não o pagamento correspondente. A mudança da legislação favoreceu o Fisco, obrigando o contribuinte a lhe dar conhecimento, antes do pagamento do tributo, da apuração do valor respectivo. Entretanto, o tomar conhecimento da apuração tem uma consequência significativa, que consiste em obrigar o Fisco a se movimentar, seja para recusar a apuração feita pelo sujeito passivo, e lançar possível diferença, seja para homologar a atividade de apuração e cobrar o tributo apurado e não pago. Se não age, ficando inerte diante da informação prestada pelo sujeito passivo, suportará os efeitos do decurso do prazo decadencial, extintivo do direito de lançar e de fazer a revi-

11. CTN, art. 150, § 1º.
12. CTN, art. 156, VII.

308 TEORIA GERAL DO DIREITO TRIBUTÁRIO

são do lançamento, que a partir do fato gerador do tributo começa a correr.[13] E, se não faz a cobrança, suporta os efeitos do decurso do prazo de prescrição, que começa a partir da data do vencimento do crédito não pago ou da data da entrega da informação do valor apurado pelo contribuinte, se feita essa entrega em data posterior, isto é, se prestada a informação com atraso.

2.5 Natureza e regime jurídico do lançamento

Quando tenha havido alteração na legislação tributária, o saber qual a natureza jurídica do lançamento, se declaratório ou constitutivo do crédito tributário, é relevante, especialmente porque se coloca a questão de direito intertemporal de saber qual a lei aplicável.

A solução dessa questão há de levar em conta tratar-se: (a) da lei tributária material, vale dizer, a lei que define o fato gerador do tributo em todos os seus aspectos, e de cuja aplicação decorre a determinação do valor deste; ou (b) da lei que define infrações e lhes comina penalidades; ou ainda, (c) da lei tributária formal, vale dizer, a lei que disciplina o procedimento de lançamento.

Tendo ocorrido mudança na lei tributária material, tem-se que a lei aplicável na constituição do crédito tributário é aquela que estava em vigor na data da ocorrência do fato gerador da obrigação tributária. É o que determina o CTN em seu art. 144, a dizer que o lançamento reporta-se à data da ocorrência do fato gerador da obrigação tributária e rege-se pela lei então vigente, ainda que posteriormente modificada ou revogada.

No que diz respeito à lei que define infrações e lhes comina penalidades, a questão de direito intertemporal deve ser resolvida à luz dos princípios do direito penal. É invocável no caso o princípio segundo o qual a lei penal aplicável é sempre a mais benigna. Neste sentido é a regra do art. 106, II, do CTN, que estabelece:

> Art. 106. A lei aplica-se ao ato ou fato pretérito: (...); II – tratando-se de ato não definitivamente julgado: a) quando deixe de defini-lo como infração; b) quando deixe de tratá-lo como contrário a qualquer exigên-

13. CTN, art. 150, § 4º.

CRÉDITO TRIBUTÁRIO

cia de ação ou omissão, desde que não tenha sido fraudulento e não tenha implicado em falta de pagamento de tributo; c) quando lhe comine penalidade menos severa que a prevista na lei vigente no tempo de sua prática.

Assim, se a lei vigente ao tempo do fato gerador é mais favorável ao sujeito passivo da obrigação tributária do que a lei nova no que diz respeito às penalidades, o princípio geral prevalece, e se aplica a lei contemporânea ao fato gerador da obrigação tributária, não sendo admissível a aplicação retroativa de lei mais severa. Entretanto, se a lei nova é mais favorável, opera-se a denominada retroatividade benigna. Aplicável, portanto, é a lei nova mais favorável.

Tendo havido mudança na lei tributária formal que regula o procedimento de lançamento, a lei aplicável é a lei nova, vale dizer, a lei vigente na data em que se realiza o procedimento. A rigor, portanto, não se trata de exceção à regra geral de direito intertemporal. O lançamento, como procedimento, é fato que está a ocorrer, e, assim, aplicável a ele a lei vigente na data de sua ocorrência. Mesmo assim, para evitar qualquer dúvida, o Código Tributário Nacional estabelece que se aplica ao lançamento a legislação que posteriormente à ocorrência do fato gerador da obrigação tributária tenha instituído novos critérios de apuração ou processos de fiscalização, ampliando os poderes de investigação das autoridades administrativas ou outorgando ao crédito tributário maiores garantias e privilégios.

A lei nova que amplia as garantias e privilégios do crédito tributário não se aplica a fato gerador de obrigação tributária já ocorrido, para atribuir responsabilidade a terceiros. Na verdade, a responsabilidade tributária é inerente à própria relação obrigacional, e deve ser regulada, portanto, pela lei vigente na data em que ocorre o fato gerador desta, e não por lei posterior que trata de aspectos meramente procedimentais.

2.6 Revisão do lançamento

Os lançamentos em geral podem ser objeto de revisão, desde que constatado erro em sua feitura e não esteja extinto pela decadência o direito de lançar. Tanto o lançamento de ofício como o lançamento por declaração e, ainda, o lançamento por homologação podem ser revistos.

A revisão pode dar-se de ofício, isto é, por iniciativa da autoridade administrativa, ou então a pedido do contribuinte, caso em que pode con-

310 TEORIA GERAL DO DIREITO TRIBUTÁRIO

figurar-se a denúncia espontânea da infração, de que trata o art. 138 do CTN, e não se deve confundir revisão de ofício com lançamento de ofício, pois esta pode ocorrer em qualquer das modalidades de lançamento.

A distinção entre o lançamento de ofício e a revisão de ofício do lançamento por homologação é de grande importância para a determinação do prazo de decadência do direito de lançar. Ocorre a revisão de ofício de um lançamento por homologação quando, depois da homologação, consubstanciada em algum ato através do qual a autoridade administrativa se manifesta pela exatidão do valor apurado pelo contribuinte, e que faz existente o lançamento como procedimento administrativo, a autoridade constata um erro que a justifica. Isto acontece, por exemplo, quando o valor apurado e não pago é objeto de cobrança administrativa ou judicial, e depois a fiscalização constata ser aquele valor inferior ao efetivamente devido. E, ainda, quando, pago o valor apurado pelo contribuinte, ocorre uma fiscalização que afirma a final a regularidade daquela apuração, indicando, no respectivo termo de encerramento, não haver sido constatada qualquer irregularidade. Nesses casos tem-se consumado o lançamento por homologação, e se, mais tarde, alguma irregularidade é constatada antes de consumada a decadência, pode dar-se de ofício a revisão desse lançamento.

Não se pode falar em revisão de ofício de lançamento por homologação quando esta tenha sido tácita. Neste caso não é possível a revisão do lançamento, porque consumada a decadência do direito de lançar, e a revisão só pode ser iniciada enquanto não extinto esse direito da Fazenda Pública.[14]

Ocorre revisão de ofício de lançamento por declaração quando a autoridade administrativa constata, por qualquer meio, a inexatidão na declaração oferecida pelo contribuinte. Neste caso é cabível a penalidade prevista em lei para o lançamento de ofício. Entretanto, se o erro que motivou a revisão não estava na declaração feita pelo contribuinte, sendo imputável à autoridade lançadora, nenhuma penalidade é cabível, pois não se pode falar de infração cometida pelo contribuinte.

Ocorre a revisão de ofício de lançamento de ofício quando a autoridade responsável pelo lançamento verifica ter havido na feitura deste um erro que justifica a revisão, e então a realiza, retificando, para mais

14. CTN, art. 149, parágrafo único.

CRÉDITO TRIBUTÁRIO 311

ou para menos, o valor do tributo respectivo. Neste caso, como não se pode imputar ao contribuinte a responsabilidade pelo erro, não cabe a imposição de penalidade, nem mesmo multa de mora, ainda que da revisão resulte aumento do valor do crédito tributário. É que não houve infração, nem o contribuinte estava em mora.

A revisão de ofício, tanto do lançamento de ofício como do lançamento por declaração, só é possível enquanto não extinto o direito de lançar,[15] extinção que se opera em cinco anos.[16]

A revisão do lançamento de qualquer modalidade pode dar-se também por provocação do sujeito passivo da obrigação tributária. Neste caso, por força do art. 138 do CTN, não cabe a imposição de qualquer penalidade.

3. Suspensão da exigibilidade do crédito tributário

3.1 Considerações gerais

Como acontece com as palavras e expressões utilizadas na linguagem jurídica em geral, a palavra "exigibilidade", mesmo no contexto da relação obrigacional tributária, pode ter mais de um significado. Assim, a expressão "exigibilidade do crédito tributário" no contexto do dispositivo que enumera as causas das quais decorre sua suspensão pode ser entendida como possibilidade de se aplicar sanção ao inadimplente do dever jurídico de pagar o tributo, e pode também ser entendida como possibilidade de cobrança do valor do crédito tributário mediante execução judicial.

Essa explicação é importante porque no contexto do art. 151 do CTN, que enumera as causas de suspensão da exigibilidade do crédito tributário, temos situações nas quais se há de entender que a *suspensão da exigibilidade* não diz respeito à possibilidade de cobrança judicial do crédito, e sim à aplicação de sanções ao inadimplente do dever jurídico tributário.

Em face do auto de infração ou de outra forma de constatação de inadimplemento da obrigação tributária principal, o sujeito passivo é

15. CTN, art. 149, parágrafo único.
16. CTN, art. 173.

312   TEORIA GERAL DO DIREITO TRIBUTÁRIO

notificado para pagar ou impugnar a exigência. Com o julgamento de primeira instância a ele desfavorável, é notificado para pagar ou recorrer. Com o julgamento definitivo na instância administrativa, é notificado para pagar em certo prazo, sob pena de cobrança executiva. É aí que nasce a exigibilidade, no sentido de possibilidade de cobrança judicial do crédito tributário.

Ocorre que no exame das diversas causas de suspensão da exigibilidade do crédito tributário arroladas no Código Tributário Nacional[17] encontramos situações nas quais a *exigibilidade* que é suspensa há de ser entendida no sentido em que essa palavra é utilizada com referência aos deveres jurídicos em geral, vale dizer, no sentido da possibilidade de aplicação de sanção ao inadimplente. E neste sentido a exigibilidade nasce com o decurso do prazo de que dispõe o obrigado para o cumprimento do seu dever tributário, que pode ser, e muitas vezes é, diverso do dever de pagar o crédito regularmente constituído.

A suspensão da exigibilidade do crédito tributário, no sentido de obstáculo à sua cobrança judicial, só é cabível depois de sua constituição definitiva. Antes dessa constituição definitiva o que, a rigor, pode ocorrer é a suspensão da exigibilidade do cumprimento de um dever jurídico, que pode consistir no pagamento do tributo ainda não lançado ou em prestações não pecuniárias, como as denominadas obrigações tributárias acessórias.

A seguir estudaremos cada uma das causas de suspensão da exigibilidade do crédito tributário arroladas pelo Código Tributário Nacional, que são as seguintes: (a) a moratória; (b) o depósito de seu montante integral; (c) as reclamações e os recursos, conforme as leis reguladoras do processo administrativo; (d) a concessão da medida liminar em mandado de segurança; (e) a concessão de medida liminar ou de tutela antecipada em outras espécies de ação judicial; e, finalmente, (f) o parcelamento.

3.2 Moratória

Moratória é a prorrogação, concedida pelo credor, do prazo de que dispõe o devedor para o pagamento de sua dívida. No direito tributário a palavra "moratória" tem esse mesmo significado. É a prorrogação do prazo

---

17. CTN, art. 151, I, II, III, IV, V e VI.

CRÉDITO TRIBUTÁRIO 313

de que dispõe o contribuinte para o pagamento do crédito tributário, com ou sem parcelamento. É a única das formas de suspensão da exigibilidade do crédito tributário disciplinada no próprio Código Tributário Nacional, certamente por não ter, como as demais, caráter processual.

Pode ser concedida em caráter geral pela pessoa jurídica de direito público competente para instituir o tributo a que se refira, mas a União Federal pode concedê-la também em relação aos tributos estaduais e municipais, desde que o faça simultaneamente em relação aos tributos federais e às obrigações de direito privado.[18]

Situa-se a moratória no campo da reserva legal, de sorte que sua concessão depende sempre de lei.[19] Quando é concedida em caráter geral decorre diretamente da lei, e quando é concedida em caráter individual depende de autorização legal expressa.

A lei que concede ou autoriza a concessão da moratória pode estabelecer que a mesma só diz respeito a determinada região do território da pessoa jurídica que a expedir ou a determinada classe ou categoria de sujeitos passivos.[20] E, se concede moratória em caráter geral, deve fixar, além de outros requisitos: (a) o prazo de duração do benefício bem como o número e o vencimento das prestações, se for o caso; (b) os tributos aos quais se aplica, se não abranger a todos. E, tratando-se de moratória em caráter individual, a lei que autorizar sua concessão fixará, ainda: (a) as condições para a concessão do benefício, e poderá atribuir à autoridade administrativa a determinação do número de prestações e respectivos vencimentos; (b) as garantias a serem oferecidas pelo beneficiário.

Se a lei não dispuser expressamente de outro modo, a moratória somente abrange os créditos já definitivamente constituídos ou que o sejam até a data do despacho que a conceder, ou cujo lançamento já tenha sido iniciado àquela data por ato devidamente notificado ao sujeito passivo.[21]

A moratória não produzirá efeitos nos casos de dolo, fraude ou simulação do sujeito passivo ou de terceiro em benefício daquele.[22] Assim, provado o vício, é como se a moratória não houvesse sido concedida.

18. CTN, art. 152, I.
19. CTN, art. 97, VI.
20. CTN, art. 152, parágrafo único.
21. CTN, art. 154.
22. CTN, art. 154, parágrafo único.

314 TEORIA GERAL DO DIREITO TRIBUTÁRIO

A concessão da moratória em caráter individual não gera direito adquirido, e será anulado de ofício o ato que a conceder sempre que se apure que o beneficiário não satisfazia ou deixou de satisfazer as condições ou não cumpria ou deixou de cumprir os requisitos para sua concessão.[23] Assim, o crédito tributário correspondente torna-se exigível e será cobrado com os juros de mora e a penalidade cabível, salvo se consumada a prescrição, que somente não terá curso nos casos de dolo, fraude ou simulação por parte do beneficiário ou de terceiro em benefício daquele.

3.3 Depósito do montante integral do crédito tributário

3.3.1 Ato voluntário e seus efeitos

O depósito é a entrega de dinheiro a uma instituição financeira credenciada para esse fim pelo Poder Público com o objetivo de garantir o pagamento do crédito tributário, quando a exigência deste é questionada. É um ato voluntário do sujeito passivo da obrigação tributária, que, a rigor, consubstancia a melhor forma de garantir o pagamento.

É um ato voluntário, no sentido de que não pode ser exigido como condição para o conhecimento de pedido formulado em ação judicial promovida contra a Fazenda Pública. A ação declaratória da inexistência de relação tributária, a anulatória do lançamento e o mandado de segurança podem tramitar normalmente sem que o autor realize o depósito. Também o conhecimento de reclamações ou recursos na via administrativa não pode ser condicionado à feitura do depósito. Mesmo o conhecimento de embargos à execução fiscal pode ocorrer sem que tenha havido o depósito, desde que por outra forma esteja garantida a execução. Por isto é que se diz que o depósito é um ato voluntário. E assim é em todos os ordenamentos jurídicos nos quais exista a garantia constitucional do direito à jurisdição.

O depósito tem o efeito de suspender a exigibilidade, seja do crédito tributário já constituído, seja do pagamento antecipado, nos casos em que a lei o exige, vale dizer, nos casos de tributos submetidos a lançamento por homologação.

23. CTN, art. 155.

CRÉDITO TRIBUTÁRIO 315

3.3.2 *Suspensão da exigibilidade do crédito tributário*

O crédito tributário é, por natureza, exigível. No Direito Brasileiro a expressão "crédito tributário" designa a relação obrigacional tributária depois de devidamente acertada e liquidada pelo lançamento, de sorte que é dotado de liquidez, certeza e exigibilidade. O depósito do seu montante integral é um dos meios que a lei coloca à disposição do interessado para suspender a exigibilidade do crédito tributário.

Como meio para suspender a exigibilidade do crédito tributário ou do dever de fazer o pagamento antecipado nos casos de lançamento por homologação, o depósito geralmente é feito no âmbito de um procedimento judicial, seja a execução fiscal, seja a ação declaratória de inexistência da relação obrigacional tributária, seja a ação anulatória do lançamento tributário, seja o mandado de segurança.

3.3.3 *Suspensão da exigibilidade do dever de pagar antecipadamente*

Quando se afirma que o depósito é uma das causas de suspensão do crédito tributário, pode parecer que ele só é cabível depois do lançamento, porque antes não existe ainda crédito tributário, e sim obrigação tributária, que, por si mesma, não é exigível. Na verdade, porém, o depósito não suspende apenas a exigibilidade do crédito tributário. Ele suspende também a exigibilidade do dever de fazer o pagamento antecipado no caso dos tributos sujeitos a lançamento por homologação, tributos em relação aos quais a lei determina que o próprio contribuinte calcule o valor devido e efetue o correspondente pagamento.

Assim, mesmo sem existir o crédito tributário cuja exigibilidade deva ser suspensa pelo depósito, a realização deste é possível e tem o efeito de suspender a exigibilidade do dever jurídico de fazer o pagamento antecipado.

O depósito suspende a exigibilidade do dever jurídico de fazer o pagamento antecipado e assume o lugar deste para ensejar a homologação, expressa ou tácita, da atividade desenvolvida pelo sujeito passivo na apuração do respectivo montante. Feito o depósito, a autoridade administrativa geralmente é chamada a se manifestar sobre o mesmo; e, se concorda com o valor correspondente, essa concordância opera a homologação da atividade apuratória, consumando-se, desta forma, o lançamento por homologação. Assim, não se cogita mais da decadência do direito de lançar.

O STJ proferiu algumas decisões no sentido de que a feitura do depósito não impede a Fazenda Pública de fazer o lançamento, que seria necessário para evitar a decadência. E, assim, se não era feito o lançamento, mesmo vencido na ação judicial o contribuinte tinha o direito de fazer o correspondente levantamento a final. Modificou, porém, acertadamente esse entendimento.

Na verdade, com o depósito desaparece inteiramente a necessidade do lançamento, que teria por finalidade fazer líquida e exigível a obrigação tributária. A liquidez é alcançada no momento em que a Fazenda concorda ser o depósito integral, e a exigibilidade, que o depósito mantém suspensa, se torna desnecessária, porque a Fazenda não terá mais necessidade de promover a cobrança.

3.3.4 *Montante integral*

Para suspender a exigibilidade do crédito tributário o depósito deve ser do seu montante integral. Como "montante integral" devemos entender o valor pretendido pela Fazenda Pública. O contribuinte pode entender que o montante devido é menor ou, mesmo, entender que nada deve. Em qualquer caso, o depósito que tem como efeito a suspensão da exigibilidade do crédito tributário é o que tem como objeto o valor total pretendido pela Fazenda.

A efetivação do depósito não significa, de modo algum, esteja o depositante de acordo com a pretensão da Fazenda. Muito pelo contrário, pois o depositante geralmente se opõe a ela. Aliás, melhor é dizermos que o valor a ser depositado para suspender a exigibilidade do crédito tributário ou do pagamento antecipado do tributo é aquele que o contribuinte considera indevido.

Se o sujeito passivo da relação obrigacional tributária concorda em parte com a exigência, deve fazer o pagamento, e não o depósito, dessa parte. Fará o depósito apenas daquela parte que considera indevida.

CRÉDITO TRIBUTÁRIO 317

3.3.5 *Depósito e consignação em pagamento*

Não devemos confundir o depósito causa de suspensão da exigibilidade do crédito tributário com o depósito feito pelo autor da ação de consignação em pagamento. Este deve corresponder à quantia que o sujeito passivo da relação obrigacional tributária entende ser devida, quer pagar, mas a Fazenda Pública se recusa a receber. O valor desses depósitos é determinado por critérios diferentes, exatamente porque a finalidade de cada um deles é diferente. A finalidade do depósito na ação de consignação em pagamento é pagar e obter a correspondente quitação, vale dizer, extinguir o crédito tributário. Bem diferente, portanto, da finalidade do depósito feito para suspender a exigibilidade do crédito tributário.

Em síntese, o depósito que suspende a exigibilidade do crédito tributário corresponde ao valor pretendido pela Fazenda e considerado indevido pelo contribuinte, enquanto o depósito na ação de consignação em pagamento corresponde ao valor que o contribuinte quer pagar mas sofre um obstáculo que enseja a propositura da ação destinada a lhe garantir o direito de pagar o que entende devido.

3.3.6 *Decadência e prescrição*

Uma vez efetuado o depósito destinado a suspender a exigibilidade do dever jurídico de pagar antecipadamente o tributo, em relação ao valor depositado não se há de cogitar mais de decadência nem de prescrição. É que o depósito enseja o lançamento pela simples homologação, expressa ou tácita, da atividade apuratória desenvolvida pelo contribuinte depositante.

Realmente, como ré na ação em que se questiona a exigência do tributo, a Fazenda toma conhecimento do depósito feito para suspender a exigibilidade do crédito tributário objeto da controvérsia. Se nessa condição afirma que o depósito corresponde ao que pretende receber, ocorre o lançamento por homologação expressa. Se nada diz a respeito do depósito, ocorre a homologação tácita. Seja como for, não haverá mais lugar para o exercício do direito de lançar, nem para o exercício do direito de cobrar o tributo correspondente.

318 TEORIA GERAL DO DIREITO TRIBUTÁRIO

3.3.7 Levantamento ou conversão em renda

Realmente, a decisão final no processo em que se questiona a exigência de um tributo deve determinar a devolução do depósito ao contribuinte, se afirmar que o tributo não é devido, ou a conversão do depósito em renda, se afirmar que o tributo é devido. A conversão do depósito em renda, mero efeito da sentença que afirma ser devido o tributo, extingue o crédito tributário correspondente.

Por outro lado, a decisão que afirma ser indevido o tributo também extingue o crédito tributário, como veremos adiante, ao estudarmos as causas de extinção do crédito tributário.

Ocorrendo a extinção do processo sem julgamento de mérito, o depósito deve ser devolvido ao contribuinte, à míngua de título jurídico capaz de transferir sua propriedade para a Fazenda e, assim, fundamentar sua conversão em renda. Registre-se, todavia, que o STJ firmou entendimento em sentido contrário, mas o equívoco é evidente, porque a sentença que extingue o processo sem exame de mérito não decide a questão que o contribuinte colocou em juízo. Certamente não é uma decisão favorável ao contribuinte, mas também não é uma decisão favorável à Fazenda, pois quando se trata de decisão favorável a um ou à outra se está fazendo referência à questão de direito material, que, no caso, não existe.

Entretanto, em face da sentença que extingue o processo sem julgamento de mérito é possível a conversão do depósito em renda, se houver acordo entre o contribuinte e a Fazenda.

3.3.8 Depósito como pagamento provisório

Nos casos de depósito como forma de suspensão da exigibilidade do crédito tributário, o valor depositado continua sendo propriedade do depositante, que apenas perde sua disponibilidade. E esse valor não constitui receita da Fazenda, que segue sem ter sua disponibilidade.

No ordenamento jurídico brasileiro, porém, criou-se uma situação curiosa. A lei determina que a instituição financeira depositária transfira o valor depositado para a conta da Fazenda Nacional, que passa a utilizar o valor depositado como se este lhe pertencesse, embora tenha o dever de devolvê-lo no caso de transitar em julgado, no processo em

CRÉDITO TRIBUTÁRIO

que é questionada a exigência do crédito tributário, decisão afirmando ser a exigência tributária indevida.

Em face dessa peculiaridade na disciplina do depósito para garantia do juízo como causa suspensiva da exigibilidade do crédito tributário, podemos dizer que temos em nosso ordenamento jurídico a figura de um verdadeiro pagamento provisório.

3.4 Reclamações e recursos administrativos

A interposição de reclamações e de recursos administrativos também é causa de suspensão da exigibilidade do crédito tributário, desde que feita nos termos das leis reguladoras do procedimento tributário administrativo, vale dizer, desde que a interposição da reclamação ou vdo recurso seja feita nos casos e nos prazos para esse fim estabelecidos nessas leis.

As leis reguladoras do processo administrativo tributário não podem negar ao interessado o direito de reclamar e de recorrer. É que essas leis devem respeitar o devido processo legal, no qual se inclui o direito de defesa. Nem podem suprimir o efeito suspensivo próprio das reclamações e dos recursos, seja diretamente, seja indiretamente, mudando o nome de tais peças do processo administrativo tributário. As palavras "reclamações" e "recursos" têm sentido amplo, abrangendo toda e qualquer forma de inconformação do contribuinte com a exigência tributária. O Código Tributário Nacional estabelece claramente que o crédito tributário não será exigível enquanto restar divergência entre o sujeito passivo da relação tributária e a Fazenda Pública, a depender de uma decisão na via administrativa.

A rigor, melhor seria dizer que as reclamações e os recursos na via administrativa impedem que o crédito tributário se torne exigível, pois na verdade ele ainda não é exigível no momento da interposição quer das reclamações, quer dos recursos. O crédito tributário só se torna exigível com sua constituição definitiva.

3.5 Medida liminar em mandado de segurança

O mandado de segurança é instrumento processual do qual dispõe o indivíduo para a defesa de seus direitos contra ato ilegal ou abusivo de

320   TEORIA GERAL DO DIREITO TRIBUTÁRIO

autoridade. Assim, se considera indevida a cobrança de um tributo ou penalidade, o contribuinte pode impetrar mandado de segurança contra essa cobrança, desde que a razão pela qual considera ilegal a cobrança não envolva questão de fato, pois o mandado de segurança presta-se para a proteção de direito líquido e certo lesado ou ameaçado de lesão por ato de autoridade.

Ocorre que a lesão ao direito do contribuinte pode causar a este dano irreparável ou de difícil reparação, e por isto a lei estabelece que o juiz pode, em face da impetração de mandado de segurança, deferir medida liminar em favor do impetrante, suspendendo os efeitos do ato impugnado. Assim, se o ato impugnado é a exigência de um tributo ou penalidade pecuniária, a medida liminar é causa suspensiva da exigibilidade

3.6 Medida liminar em cautelar e tutela antecipada

Ocorre que a razão pela qual o contribuinte considera ilegal a cobrança do tributo ou da penalidade tributária pode envolver questão de fato, sendo, por isto mesmo, inadmissível a impetração de mandado de segurança. Por isto o contribuinte pode questionar essa cobrança através de outras espécies de ação judicial. E, se estiver presente o perigo da demora, o juiz pode conceder medida liminar ou tutela antecipada, nos termos da lei processual civil, e o Código Tributário Nacional coloca também esses provimentos judiciais entre as causas de suspensão da exigibilidade do crédito tributário.

Mesmo quando o Código Tributário Nacional só arrolava entre as causas de suspensão da exigibilidade do crédito tributário a concessão de medida liminar em mandado de segurança sempre nos pareceu que outros provimentos judiciais da mesma natureza tinham também esse efeito. Mas havia quem sustentasse tese restritiva em sentido contrário. Assim, para afastar a tese restritiva, o Código Tributário Nacional foi alterado,[24] passando a indicar como causa de suspensão da exigibilidade do crédito tributário também a concessão de medida liminar ou de tutela antecipada em outras espécies de ação judicial.

24. Alteração feita pela Lei Complementar 104, de 10.1.2001.

CRÉDITO TRIBUTÁRIO 321

3.7 Parcelamento

O parcelamento do crédito tributário nada mais é do que uma forma de moratória, por nós já estudada no item 3.2, acima. De modo que a regra introduzida no Código Tributário Nacional[25] incluindo o parcelamento como modalidade de suspensão da exigibilidade do crédito tributário é inteiramente inútil, e desmerece qualquer consideração. O parcelamento pode decorrer diretamente da lei e pode ser concedido em cada caso mediante requerimento do interessado. Em qualquer caso, é evidente que deixa de existir crédito tributário vencido, e, assim, é da maior evidência que fica suspensa a exigibilidade do crédito.

4. Extinção do crédito tributário

4.1 Considerações gerais

A extinção do crédito tributário é o desaparecimento deste. Como no ordenamento jurídico brasileiro os termos "obrigação" e "crédito" designam momentos distintos da relação obrigacional tributária, pode ocorrer a extinção do crédito sem que ocorra a extinção da obrigação, embora a extinção da obrigação implique sempre a extinção do crédito, porque este decorre daquela.

Realmente, existem causas de extinção do crédito tributário que afetam apenas sua formalização como tal mas não atingem a obrigação tributária. Assim, uma decisão judicial que anula um lançamento por vício formal certamente extingue o crédito tributário que fora por aquele lançamento constituído, mas não afeta a obrigação tributária, podendo a Administração Tributária fazer novo lançamento, se ainda não extinto pela decadência o seu direito de lançar.

A extinção do crédito tributário pode decorrer de várias causas, desde que previstas em lei, pois é matéria da denominada reserva legal.[26] Isto, porém, não quer dizer que somente as causas extintivas previstas no Código Tributário Nacional possam ocorrer e produzir tal extinção. No direito privado existem causas extintivas que, embora não previstas no Código Tributário Nacional, se aplicam em matéria tributária.

25. Regra introduzida pela Lei Complementar 104, de 10.1.2001.
26. CTN, art. 97, VI.

322   TEORIA GERAL DO DIREITO TRIBUTÁRIO

4.2 Pagamento

O pagamento é a forma usual, ordinária, de extinção do crédito tributário. Consubstancia a satisfação do direito do credor mediante a entrega da prestação respectiva, pelo devedor ou por qualquer pessoa em seu nome.

O Código Tributário Nacional estabelece diversas regras sobre o pagamento,[27] ora simplesmente para evitar dúvidas, ora formulando disciplina jurídica específica que afasta preceitos do direito privado. Assim é que estabelece:

Art. 157. A imposição de penalidade não elide o pagamento integral do crédito tributário.

Art. 158. O pagamento de um crédito não importa em presunção de pagamento: I – quando parcial, das prestações em que se decomponha; II – quando total, de outros créditos referentes ao mesmo ou a outros tributos.

Art. 159. Quando a legislação tributária não dispuser a respeito, o pagamento é efetuado na repartição competente do domicílio do sujeito passivo.

Art. 160. Quando a legislação tributária não fixar o tempo do pagamento, o vencimento do crédito ocorre 30 (trinta) dias depois da data em que se considera o sujeito passivo notificado do lançamento.

Parágrafo único. A legislação tributária pode conceder desconto pela antecipação do pagamento, nas condições que estabeleça.

Art. 161. O crédito não integralmente pago no vencimento é acrescido de juros de mora, seja qual for o motivo determinante da falta, sem prejuízo da imposição das penalidades cabíveis e da aplicação de quaisquer medidas de garantia previstas nesta Lei ou em lei tributária.

§ 1º. Se a lei não dispuser de modo diverso, os juros de mora são calculados à taxa de 1% (um por cento) ao mês.

§ 2º. O disposto neste artigo não se aplica na pendência de consulta formulada pelo devedor dentro do prazo legal para pagamento do crédito.

Art. 162. O pagamento é efetuado: I – em moeda corrente, cheque ou vale postal; II – nos casos previstos em lei, em estampilha, em papel selado, ou por processo mecânico.

---

27. CTN, arts. 157-163.

CRÉDITO TRIBUTÁRIO

§ 1º. A legislação tributária pode determinar as garantias exigidas para o pagamento por cheque ou vale postal, desde que não o torne impossível ou mais oneroso que o pagamento em moeda corrente.

§ 2º. O crédito pago por cheque somente se considera extinto com o resgate deste pelo sacado.

(...).

Afastando preceitos do direito privado, estabelece o Código Tributário Nacional que a imposição de penalidade não elide o pagamento do tributo. No direito civil certas cláusulas penais estipuladas para o caso de não cumprimento de uma obrigação substituem o valor desta. A cláusula penal pode ser uma alternativa em benefício do credor.[28] Já, no direito tributário não é assim, a Fazenda Pública tem sempre o direito de cobrar, e o contribuinte o dever de pagar o tributo.

O pagamento de uma parcela do crédito não importa presunção do pagamento de outras, nem o pagamento de um crédito gera a presunção do pagamento de outro, relativo ao mesmo ou a outro tributo. Cada quitação só vale em relação ao que na mesma está especificamente indicado. Assim, o fato de um contribuinte provar que pagou a última parcela do seu imposto de renda de determinado exercício não autoriza a presunção de que pagou as demais parcelas. Nem o fato de haver pagado seu imposto de renda de determinado exercício autoriza a presunção de que pagou o imposto de renda de outros exercícios, nem de haver pagado o imposto sobre produtos industrializados ou outro tributo qualquer. Nem o pagamento de determinada quantia a título de imposto de renda de um exercício gera a presunção de que o imposto devido seja somente aquele.

Por isto mesmo, não tem a Fazenda Pública motivo para recusar o recebimento de um tributo ao argumento de que existe dívida ainda não paga de outro tributo, ou de que o valor oferecido é menor do que o efetivamente devido. Qualquer quantia oferecida em pagamento pelo contribuinte pode ser recebida, sem prejuízo da posterior cobrança de diferenças, se for o caso.

O lugar em que o pagamento deve ser feito é aquele determinado pela legislação pertinente; e, se esta nada estabelece a esse respeito, o pagamento deve ser feito na repartição competente do domicílio do contribuinte.

28. CC, art. 410.

324 TEORIA GERAL DO DIREITO TRIBUTÁRIO

O tempo para o pagamento – vale dizer, o vencimento da dívida tributária – deve ser estabelecido na legislação correspondente; e, se esta não o faz, o vencimento ocorre em 30 dias contados da data em que se considera o contribuinte notificado do lançamento. E a legislação pode conceder desconto para o pagamento antecipado, nas condições que estabelecer.

Tratando-se de tributo sujeito a lançamento por homologação, é indispensável que a lei respectiva estabeleça prazo para o pagamento, não sendo aplicável a regra supletiva estabelecida no art. 160 do CTN, à falta de notificação de lançamento. Não existe, no caso, vencimento do crédito tributário, mas pagamento anterior à própria constituição deste.

O crédito tributário não pago no vencimento é acrescido de juros de mora, seja qual for o motivo determinante da falta, sem prejuízo da imposição das penalidades cabíveis e da aplicação de quaisquer medidas de garantia previstas em lei. Os juros de mora são calculados à razão de 1% ao mês, salvo disposição de lei em contrário.

Não se caracteriza a mora se a determinação do valor do tributo envolver dúvida que seja objeto de consulta formulada pelo contribuinte à autoridade competente, dentro do prazo legal para o pagamento.

O pagamento pode ser feito em moeda corrente, cheque ou vale postal. Isto quer dizer que o crédito tributário não pode ser pago em bens diversos do dinheiro, nem em serviços. Entretanto, a lei pode autorizar o pagamento em bens, vale dizer, a dação em pagamento, que é outra modalidade de extinção do crédito tributário, que adiante vamos examinar. A legislação pode estabelecer a exigência de garantias para o pagamento em cheque ou vale postal. Quanto ao pagamento em cheque, aliás, essa exigência é desnecessária, porque o crédito tributário só se considera extinto com o resgate do cheque, de sorte que se, por qualquer motivo, o cheque não for pago pelo banco sacado é como se não tivesse ocorrido o pagamento do tributo. E isto é importante, porque, se assim não fosse, e o Fisco ficasse com o cheque como título de crédito, teria havido a substituição de um crédito tributário por um crédito de natureza cambiária, que não tem as garantias e os privilégios do crédito tributário.

4.3 Pagamento indevido

O sujeito passivo da obrigação tributária tem direito à restituição do tributo que houver pagado indevidamente. Esse direito não depende de

CRÉDITO TRIBUTÁRIO 325

prévio protesto, porque a obrigação tributária decorre da lei, e não da vontade, de sorte que é irrelevante o fato de haver sido feito o pagamento voluntariamente. Mesmo que o contribuinte diga expressamente que está pagando porque quer pagar, seu ato de vontade não impede que depois resolva pedir, e peça, a restituição, alegando que o tributo é legalmente indevido.

Na verdade, o pagamento do tributo só é voluntário no sentido da inexistência de atos do Poder Público objetivando compelir alguém a fazê-lo. Mas é obvio que o devedor de tributo não tem alternativa. Está obrigado por lei a fazer o pagamento.

Estes esclarecimentos são interessantes porque em nosso direito civil havia regra expressa segundo a qual quem paga voluntariamente só tem direito à restituição se provar que o fez por erro.[29] Aliás, essa regra chegou a ser invocada pelo Fisco para não restituir tributos, mas a tese foi repelida pelos tribunais, e hoje, diante de regra expressa do Código Tributário Nacional, não pode mais haver dúvida quanto ao direito à restituição.

Realmente, o Código Tributário Nacional coloca entre as hipóteses nas quais é assegurado o direito à restituição aquela em que ocorre o pagamento espontâneo de tributo indevido ou maior que o devido em face da legislação aplicável.

Importante, quando se trata de restituição de tributo pago indevidamente, é a questão relativa à classificação dos tributos em diretos e indiretos, sobre a qual já escrevemos:

A classificação dos tributos em *diretos* e *indiretos* não tem, pelo menos do ponto de vista jurídico, nenhum valor científico. É que não existe critério capaz de determinar quando um tributo tem o ônus transferido a terceiro, e quando é o mesmo suportado pelo próprio contribuinte. O imposto de renda, por exemplo, é classificado como um imposto direto; entretanto, sabe-se nem sempre o seu ônus é suportado pelo contribuinte. O mesmo acontece com o IPTU, que, tratando-se de imóvel alugado, é quase sempre transferido para o inquilino.

Atribuindo, porém, certa relevância a tal classificação, o Código Tributário Nacional estipulou que "a restituição de tributos que compor-

29. CC de 1916, art. 965.

326 TEORIA GERAL DO DIREITO TRIBUTÁRIO

tem, por sua natureza, transferência do respectivo encargo financeiro somente será feita a quem prove haver assumido o referido encargo, ou, no caso de tê-lo transferido a terceiro, estar por este expressamente autorizado a recebê-la" (art. 166). Assim, nas restituições de tributos indevidamente pagos se há de examinar se o tributo, no caso, teve ou não o seu encargo financeiro transferido a terceiro. O sujeito passivo terá direito à restituição se provar que assumiu o encargo financeiro, ou, no caso de tê-lo transferido a terceiro, estar por este expressamente autorizado a recebê-la (CTN, art. 166). O terceiro, que tenha suportado o encargo financeiro do tributo indevidamente pago, não é parte legítima para pedir a restituição.

A nosso ver, *tributos que comportem, por sua natureza, a transferência do encargo financeiro* são somente aqueles tributos em relação aos quais a própria lei estabeleça dita transferência. Somente em casos assim aplica-se a regra do art. 166 do CTN, pois a *natureza* a que se reporta tal dispositivo legal só pode ser a natureza *jurídica*, que é determinada pela lei correspondente, e não por meras circunstâncias econômicas que podem estar, ou não, presentes, sem que se disponha de um critério seguro para saber quando se deu, e quando não se deu, tal transferência.

Para saber quando a transferência do ônus do tributo ocorre por força da norma jurídica basta imaginar uma situação na qual as partes na relação onde incide o tributo tenham acertado o preço do bem, ou do serviço, sem fazer qualquer referência ao tributo. E, depois de acertado o preço, seja colocada a questão de saber se o obrigado, perante o Fisco, ao pagamento do tributo vai transferir o ônus respectivo.

A não ser assim, ter-se-á de concluir pela inconstitucionalidade do art. 166, por ser este um óbice intransponível ao exercício do direito à restituição do indébito.[30]

No Direito Brasileiro chegou a predominar, e foi, inclusive, sumulado pelo STF, o entendimento segundo o qual, "embora pago indevidamente, não cabe restituição de tributo indireto".[31] Entretanto, a Corte Maior reviu esse entendimento, editando outra Súmula a dizer que "ca-

---

30. Hugo de Brito Machado, *Curso de Direito Tributário*, 35ª ed., São Paulo, Malheiros Editores, 2014, pp. 211-212.
31. STF, Súmula 71.

CRÉDITO TRIBUTÁRIO

be a restituição do tributo pago indevidamente, quando reconhecido por decisão que o contribuinte *de jure* não recuperou do contribuinte de fato o *quantum* respectivo".[32]

As questões suscitadas pela classificação dos tributos em diretos e indiretos são tantas, que o Instituto Cearense de Estudos Tributários chegou a publicar um livro, que coordenamos, com estudos de diversos especialistas abordando essas questões.[33]

Curiosa é a postura adotada pela Fazenda Pública, segundo a qual se a ação de repetição do indébito é promovida pelo contribuinte de direito, aquele que efetuou o pagamento indevido, alega que não existe o direito à restituição, porque o ônus do tributo foi transferido a terceiros. E quando a ação é promovida pelo contribuinte de fato, aquele que suportou o ônus do tributo, alega que este não tem legitimidade processual, porque não é parte na relação tributária. Como se vê, argumento absurdo, que apenas confirma ser a Fazenda Pública a maior violadora da ordem jurídica.

4.4 Consignação em pagamento

O dever de pagar é também um direito.[34] O devedor do tributo tem o direito subjetivo de pagar o tributo que reputa devido. Por isto mesmo, o Código Tributário Nacional estabelece que a importância do crédito tributário pode ser consignada judicialmente pelo sujeito passivo nos casos que indica, a saber: (a) recusa de recebimento ou subordinação deste ao pagamento de outro tributo ou de penalidade, ou ao cumprimento de obrigação acessória; (b) subordinação do recebimento ao cumprimento de exigência administrativa sem fundamento legal; e, ainda, (c) exigência por mais de uma pessoa jurídica de direito público de tributo idêntico sobre o mesmo fato gerador.[35]

32. STF, Súmula 546.
33. Hugo de Brito Machado (coord.) *Tributação Indireta no Direito Brasileiro*, São Paulo/Fortaleza, Malheiros Editores/ICET, 2013.
34. Temos sustentado que o dever jurídico e o direito subjetivo só se distinguem um do outro porque este último é agradável para o seu titular, enquanto o outro não é bem assim.
35. CTN, art. 154, I, II e III.

4.5 Decisão administrativa irreformável

O Código Tributário Nacional arrola entre as causas de extinção do crédito tributário a decisão administrativa irreformável.[36]

A rigor, essa decisão impede que se complete a constituição do crédito tributário, pois é proferida pelo órgão da Administração Tributária no procedimento administrativo de constituição desse crédito, que somente se completa com a decisão definitiva. Diz-se que a causa de extinção do crédito tributário é a decisão irreformável porque a legislação tributária obriga os órgãos de julgamento administrativos de primeira instância a submeterem à apreciação em segunda instância administrativa as decisões favoráveis ao contribuinte. Tais decisões, portanto, são reformáveis, não produzem efeitos contra a Fazenda Pública enquanto não forem confirmadas.

4.6 Decisão judicial passada em julgado

Também é causa de extinção do crédito tributário a decisão judicial passada em julgado que afirme ser indevido o tributo ou a penalidade pecuniária.

Diz-se que a decisão judicial é passada em julgado quando não caiba mais recurso contra ela, nem esteja legalmente submetida ao duplo grau de jurisdição. Assim, enquanto a Fazenda Pública tiver o direito de recorrer contra a decisão judicial que afirma ser indevido o tributo ou a penalidade pecuniária não existe decisão judicial passada em julgado, e subsiste, portanto, o crédito tributário.

4.7 Dação em pagamento

Ao dispositivo do Código Tributário Nacional que arrola as causas de extinção do crédito tributário foi acrescentado um inciso colocando entre elas "a dação em pagamento de bens imóveis, na forma e condições estabelecidas em lei".[37]

Trata-se de dispositivo inteiramente inútil, que nada acrescentou ao direito tributário brasileiro.

36. CTN, art. 156, IX.
37. Acréscimo feito pela Lei Complementar 104, de 10.1.2001.

CRÉDITO TRIBUTÁRIO

A dação em pagamento é instituto de direito privado, mais especificamente um instituto do direito das obrigações, segundo o qual o credor pode consentir em receber prestação diversa da que lhe é devida.[38] Equivale a uma compra e venda, e o fato de haver sido a dação em pagamento colocada entre as causas de extinção do crédito tributário não autoriza a aquisição de bens imóveis pela Administração Pública sem observância das regras do direito administrativo. Assim, persiste a questão relativa ao estabelecimento do preço do bem imóvel a ser recebido em pagamento.

Seja como for, na verdade, o contribuinte continua tendo o dever de pagar o tributo em dinheiro, posto que se trata de prestação pecuniária. A inclusão da dação em pagamento como forma de extinção do crédito tributário o confirma, pois com ela apenas se explicitou ser admitido à Fazenda Pública, enquanto credora, aceitar prestação diversa da que lhe é devida pelo contribuinte.

5. Exclusão do crédito tributário

5.1 O que significa exclusão do crédito tributário

Estabelece o Código Tributário Nacional que *excluem* o crédito tributário a *isenção* e a *anistia*. "Excluir", nesse contexto, significa evitar que ele seja constituído, existindo ou não a relação jurídica obrigacional tributária em sua fase anterior.

Realmente, diz-se que ocorre a exclusão do crédito tributário nas situações em que, mesmo ocorrendo no mundo fenomênico o fato que é, ou que poderia ser, gerador da obrigação tributária, essa relação jurídica obrigacional não chega a surgir, em virtude de situação excepcional, ou, então, surgindo a relação jurídica obrigacional, esta não chega a se aperfeiçoar como crédito tributário.

A situação que evita seja constituído o crédito tributário pode denominar-se isenção ou anistia. A rigor, a *isenção* impede o próprio nascimento da relação jurídica tributária, enquanto a *anistia* realmente pode ser causa da exclusão do crédito tributário em hipóteses nas quais já existia a relação jurídica obrigacional tributária.

---

38. CC, art. 356.

330 TEORIA GERAL DO DIREITO TRIBUTÁRIO

5.2 Distinção entre isenção, não incidência e imunidade

Isenção, não incidência e *imunidade tributária* não são sinônimos, como pode parecer. Enquanto a isenção é uma exceção à hipótese de incidência tributária, que justifica a interpretação literal da regra que a concede, como preconiza o Código Tributário Nacional, a não incidência não tem caráter excepcional. A não incidência configura-se em face da própria norma de tributação, sendo objeto da não incidência todos os fatos que não estão abrangidos pela definição legal do fato gerador do tributo, vale dizer, que não estão abrangidos pela hipótese de incidência tributária. A imunidade, finalmente, caracteriza-se por estar situada no plano constitucional, hierarquicamente superior. Sobre o tema já escrevemos:

> O que distingue, em essência, a isenção da imunidade é a posição desta última em plano hierárquico superior. Daí decorrem consequências da maior importância, tendo-se em vista que a imunidade, exatamente porque estabelecida em norma residente na Constituição, corporifica princípio superior dentro do ordenamento jurídico, a servir de bússola para o intérprete, que ao buscar o sentido e o alcance da norma imunizante não pode ficar preso à sua literalidade.
>
> Ainda que na Constituição esteja escrito que determinada situação é de *isenção*, na verdade de isenção não se cuida, mas de *imunidade*. E se a lei porventura referir-se a hipótese de *imunidade*, sem estar apenas reproduzindo, inutilmente, norma da Constituição, a hipótese não será de imunidade, mas de *isenção*.[39]

Em síntese, temos que: (a) isenção é exceção à hipótese de incidência tributária; (b) não incidência é a situação na qual não se configuram os fatos que realizam a hipótese de incidência tributária; e (c) imunidade é a limitação constitucional ao poder de tributar imposta por regra de hierarquia superior.

5.3 Isenção

Isenção é a exclusão, feita por lei, de parcela da hipótese de incidência tributária, ou do elemento subjetivo desta, de sorte a impedir o nascimento da relação jurídica obrigacional tributária.

---

39. Hugo de Brito Machado, *Curso de Direito Tributário*, cit., 35ª ed., pp. 233-234.

CRÉDITO TRIBUTÁRIO

Muito se tem discutido em torno da natureza da isenção tributária. Há quem diga que a norma de isenção revoga a norma de tributação, e por isto mesmo a revogação da norma de isenção não restabelece a norma de incidência tributária, porque nosso sistema jurídico não admite a repristinação. Mas esta parece ser uma posição isolada adotada por Roque Carrazza. Há quem sustente que a isenção é a dispensa do tributo. A obrigação tributária surgiria com a incidência da norma de tributação, mas o crédito tributário restaria excluído pela norma de isenção. Outros sustentam que a isenção é uma hipótese de não incidência. E outros, ainda – entre os quais nos incluímos –, dizem que a isenção é uma exceção à norma que estabelece a hipótese de incidência tributária.

Vejamos, ainda que sumariamente, essas posições doutrinárias.

5.3.1 Isenção como revogação da norma de tributação

O ilustre professor Roque Antônio Carrazza, buscando apoio no § 3º do art. 2º da Lei de Introdução às Normas do Direito Brasileiro, assevera:

A lei que concede uma isenção *revoga* (no todo ou em parte) a lei anterior que mandava tributar (se e quando ocorrido determinado fato). Pois bem, revogada a lei isentante, nem por isto a primeira lei tributária voltará a vigorar. Por quê? Simplesmente porque não há o chamado *efeito repristinatório* no direito tributário brasileiro.[40]

Data maxima venia, não nos parece que seja assim. É certo que em nosso sistema jurídico não existe a repristinação, e também é certo que as normas albergadas pela Lei de Introdução às Normas do Direito Brasileiro são aplicáveis aos diversos ramos do Direito, inclusive ao direito tributário. Inaceitável, porém, é a assertiva segundo a qual "a lei que concede uma isenção *revoga* (no todo ou em parte) a lei anterior que mandava tributar (se e quando ocorrido determinado fato)". A antinomia que se pode vislumbrar entre a norma de tributação e a norma de isenção não se resolve pelo critério cronológico, e sim pelo critério da especialidade. Mesmo quando a lei que alberga a norma de isenção seja posterior à que alberga a norma de tributação, o que ocorre é apenas uma alteração da lei anterior, e não a sua revogação.

40. Roque Carrazza, *Curso de Direito Constitucional Tributário*, 29ª ed., São Paulo, Malheiros Editores, 2013, p. 245.

TEORIA GERAL DO DIREITO TRIBUTÁRIO

Na verdade, a norma de isenção não revoga a norma de tributação, posto que a aparente antinomia entre ambas é superada pelo critério da especialidade. A norma de isenção pode estar na mesma lei que alberga a norma de tributação. Neste caso, evidentemente, não se pode falar de revogação. Resta evidente que as duas normas – vale dizer, a de tributação e a de isenção – convivem, uma com a outra. E mesmo quando a norma de isenção esteja em lei posterior não se opera a revogação da norma de tributação. Mesmo em parte, como pode parecer. O aparente conflito entre as duas normas deve ser superado pelo critério da especialidade.

Realmente, a norma de isenção, seja contemporânea à norma de tributação, como ocorre na generalidade dos casos, seja posterior, como às vezes ocorre, com ela convive. A antinomia entre ambas se resolve pelo critério da especialidade. A norma que concede isenção é sempre mais específica do que a norma de tributação. Seu suporte fático é necessariamente menos abrangente. Daí por que a norma de tributação continua plenamente vigente. Apenas não incide sobre aquela parte do seu suporte fático abrangida pela norma de isenção.

A norma que concede isenção apenas retira uma parte do suporte fático da norma que define o fato gerador do tributo. Assim, por exemplo, a lei que institui o imposto sobre renda e proventos contém norma definindo como fato gerador desse imposto a aquisição da disponibilidade de renda ou de proventos de qualquer natureza. Pode uma outra lei albergar norma a dizer que fica isenta do referido imposto a renda auferida de determinada atividade. Essa lei não revoga a anterior, que segue plenamente vigente. No plano da abstração jurídica, continua inteira. Uma parte do seu suporte fático, todavia, foi excluída pela lei que concedeu a isenção, albergando norma cujo suporte fático é exatamente aquele pedaço retirado do suporte fático da norma de tributação.

Aliás, não fosse assim, as isenções seriam em regra irrevogáveis – e isto, convenhamos, não é razoável sustentar, seja em face das disposições do Código Tributário Nacional que se reportam às isenções, seja em face de toda a doutrina do direito tributário até agora elaborada.

5.3.2 *Isenção como dispensa do tributo*

Rubens Gomes de Sousa, o pioneiro nos estudos do direito tributário no Brasil e Mestre de todos os tributaristas brasileiros, afirmou que

CRÉDITO TRIBUTÁRIO

"a norma legal de isenção pressupõe a existência da obrigação tributária e apenas dispensa o seu pagamento".[41] Essa doutrina foi invocada pelo STF para negar a aplicação do princípio da anterioridade à lei que revoga isenção tributária – o que não nos parece, *data venia*, acertado, porque a revogação da lei de isenção implica induvidoso aumento do tributo.

A tese segundo a qual a isenção é uma dispensa do tributo teria sido adotada pelo Código Tributário Nacional quando capitulou a isenção como forma de exclusão do crédito tributário.[42] O próprio Rubens Gomes de Sousa, porém, cuidou de desmentir essa tese ao afirmar que o Código "não tomou partido nessa controvérsia doutrinária, limitando-se a dispor, no art. 175, I, que a isenção exclui o crédito tributário. Isso pode significar que, nos casos de isenção, inexiste a própria obrigação tributária, de vez que o crédito é simples decorrência daquela (art. 139). Ou pode significar que a obrigação existe mas é incobrável, porquanto a obrigação de pagar é inexigível quando inexista o crédito correspondente".[43]

Na verdade, a isenção pode ser considerada uma dispensa de tributo se tomarmos a palavra "tributo" no sentido que ela tem no plano da abstração. Quando dizemos que somente a lei pode criar tributo estamos empregando a palavra "tributo" no sentido que ela tem no plano da abstração jurídica. No plano da norma, e não no plano do fato. Neste mesmo sentido está a palavra "tributo" quando se afirma que "a supressão ou a redução de tributo compete ao Legislativo, não podendo efetuá-la o particular, por definição".[44]

Certo é que a palavra "tributo", como quase todas as palavras, é plurissignificativa. Como demonstra Paulo de Barros Carvalho, em pelo menos seis sentidos essa palavra tem sido empregada pela doutrina do direito tributário. Assim, *tributo* pode significar: (1) quantia em dinheiro; (2) prestação correspondente ao dever jurídico do sujeito passivo; (3) direito subjetivo de que é titular o sujeito ativo; (4) relação jurídica tri-

41. Rubens Gomes de Sousa, "Imposto de renda e desapropriação", *RDP* 9/159, São Paulo, Ed. RT, cit. por Hugo de Brito Machado, *ICM – Imposto de Circulação de Mercadorias*, São Paulo, Sugestões Literárias, 1971, p. 56.
42. CTN, art. 175.
43. Rubens Gomes de Sousa, "Parecer", *RDA* 88/256, Rio de Janeiro, FGV, cit. por Hugo de Brito Machado, *ICM – Imposto de Circulação de Mercadorias*, cit., p. 57.
44. Juary C. Silva, *Elementos de Direito Penal Tributário*, São Paulo, Saraiva, 1998, p. 90.

TEORIA GERAL DO DIREITO TRIBUTÁRIO

butária; (5) norma jurídica tributária; e, ainda, (6) norma, fato e relação jurídica.[45]

Na verdade, quando se diz que a isenção é uma dispensa do tributo, a afirmação estará correta se entendermos a palavra "tributo", aí empregada, no sentido de norma jurídica tributária. Não estará correta, todavia, se entendermos a palavra "tributo", aí empregada, no sentido de relação jurídica tributária, cuja existência pressupõe a concretização da hipótese de incidência tributária que lhe deu origem.

O que faltou ao grande mestre Rubens Gomes de Sousa foi simplesmente a distinção entre o plano normativo, ou plano da abstração jurídica, no qual reside a hipótese de incidência tributária, e o plano do fato, ou plano da concreção jurídica, onde reside o fato gerador do tributo. Isto fica muito claro quando Rubens Gomes de Sousa se reporta à distinção entre não incidência e isenção, como a seguir se verá.

5.3.3 *Isenção como hipótese de não incidência*

José Souto Maior Borges afirma que a isenção "configura hipótese de não incidência legalmente qualificada, como a imunidade configura hipótese de não incidência *constitucionalmente* qualificada".[46] E tal afirmação é correta se tomarmos a palavra "incidência" no sentido de surgimento da obrigação tributária. Não se tomarmos a palavra "incidência" no sentido em que é geralmente utilizada na Teoria Geral do Direito, significando ocorrência no mundo fenomênico do suporte fático de uma norma jurídica.

A rigor, a situação qualificada como de não incidência tributária está fora da hipótese de incidência da norma de tributação, mas sobre ela incide a norma de isenção. As dificuldades da doutrina resultam, sem dúvida, do uso da palavra "incidência" com sentido diverso daquele que lhe é atribuído pela Teoria Geral do Direito, mas em sentido usual no direito tributário, para significar o nascimento da obrigação tributária.

---

45. Paulo de Barros Carvalho, *Curso de Direito Tributário*, 15ª ed., São Paulo, Saraiva, 2003, p. 19.

46. José Souto Maior Borges, *Teoria Geral da Isenção Tributária*, 3ª ed., 3ª tir., São Paulo, Malheiros Editores, 2011, p. 183.

CRÉDITO TRIBUTÁRIO

Rubens Gomes de Sousa, ao explicar a distinção entre *isenção* e *não incidência*, depois de insistir em que na isenção ocorre dispensa de tributo devido, assevera:

> Finalmente, a não incidência decorre da própria definição do fato gerador contida na lei tributária: desde que o fato ocorrido não corresponda àquela definição, dá-se a não incidência; a isenção, ao contrário, depende de lei expressa, justamente por ser um favor, isto é, uma exceção à regra de que, verificado o fato gerador, é devido o tributo.

Como se vê, Rubens Gomes de Sousa afirma que a regra de isenção estabelece uma exceção à regra de tributação. Apenas não deixou claro que regra e exceção, no caso, estão situadas no plano da normatividade, vale dizer, no plano da abstração jurídica, pelo quê devem ser examinadas, a regra e a exceção, independentemente da concreção do direito, vale dizer, sem que se precise cogitar da concretização do suporte fático, nem de uma, nem da outra.

5.3.4 *Isenção como exceção à norma de tributação*

Realmente, a compreensão da natureza jurídica da isenção tributária tem sido perturbada exatamente pela confusão que tem sido feita entre os planos da normatividade ou da abstração jurídica e da concreção do direito ou da realização no mundo dos fatos daquelas hipóteses descritas nas normas.

A norma de tributação descreve uma situação que, se e quando concretizada, fará nascer a obrigação tributária. É o suporte fático dessa norma. O denominado fato gerador do tributo, denominação que é mais adequada para designar o fato concretizado. A concretização da hipótese de incidência tributária.

A norma de isenção, seja contemporânea à norma de tributação, como ocorre na generalidade dos casos, seja posterior, como às vezes ocorre, institui uma exceção. Enquanto a situação descrita como suporte fático da norma de tributação consubstancia um gênero, a situação descrita como suporte fático da norma de isenção consubstancia uma exceção. Regra e exceção que podem ser examinadas desde o plano normativo, vale dizer, desde o plano da abstração jurídica, sem que se tenha de cogitar se uma incidiu ou não. Se o suporte fático de uma ou da

TEORIA GERAL DO DIREITO TRIBUTÁRIO

outra concretizou-se ou não. Já, no plano da normatividade – vale dizer, no plano da abstração jurídica –, têm-se uma regra e uma exceção. Por exemplo, tem-se uma regra a dizer que constitui fato gerador do imposto de renda a aquisição de disponibilidade econômica ou jurídica de renda ou de proventos de qualquer natureza. E uma exceção, a dizer que é isento do imposto o rendimento tal ou qual. Auferido nessa ou naquela condição. Por tais ou quais pessoas.

A isenção distingue-se da não incidência tributária exatamente por ser uma exceção à norma de tributação, enquanto a não incidência resulta pura e simplesmente da definição da hipótese de incidência. Por isto mesmo, aliás, não pode existir isenção sem norma específica, enquanto a não incidência tributária prescinde de norma que a defina. Define-se por exclusão. Tudo o que não está compreendido na hipótese de incidência da norma de tributação está necessariamente fora dela, e, assim, constitui hipótese de não incidência tributária.

A relação entre a norma de tributação e a norma de isenção é simplesmente a mesma relação que existe entre toda regra e a exceção a ela. A norma de isenção institui, indiscutivelmente, exceção à norma de tributação. E por isto é que a revogação da norma de isenção equivale à criação de tributo.

5.3.5 *Revogação da norma de isenção*

A revogação de uma norma de isenção realmente equivale à edição de uma norma de tributação. Por isto mesmo é que o CTN, ao tratar da vigência da legislação tributária, estabelece, em seu art. 104, regras que preservam o princípio da anterioridade da lei ao exercício financeiro, tal como este era estabelecido na Emenda Constitucional 18 à Constituição de 1946, mas devem ser entendidas em face da vigente Constituição Federal de 1988.

Sobre o disposto no art. 104 do CTN já escrevemos:

> Os três incisos do art. 104 são, a rigor, complementares um do outro. No primeiro é feita referência a dispositivos de lei que *instituem* ou *majoram* o tributo. Instituir, ou majorar, por qualquer forma, evidentemente. Tanto pode haver instituição, como majoração, mediante a definição de novas hipóteses de incidência, como mediante a supressão de hipóte-

CRÉDITO TRIBUTÁRIO 337

se de isenção, como mediante o aumento da base de cálculo, ou da alíquota correspondente. Não importa o meio ou forma que o legislador tenha utilizado para criar ou para aumentar o ônus tributário, o dispositivo legal que o fizer somente entrará em vigor no primeiro dia do exercício financeiro seguinte àquela em que for publicado.[47]

Especialmente no que concerne à norma que revoga isenção, não temos dúvida de que a mesma equivale, em todos os seus termos, a uma norma que institui tributo, porque ela faz desaparecer uma exceção à norma de tributação. Aquela parcela de fatos que estava abrangida pela norma de isenção passa a integrar, automaticamente, o suporte fático da norma de tributação.

5.4 Classificação das isenções

O exame dos diversos dispositivos do Código Tributário Nacional pertinentes a isenções nos leva à conclusão de que estas podem ser classificadas por diversos critérios, a saber: a natureza; a forma de concessão; o prazo de duração; a área territorial onde prevalecem; os tributos aos quais dizem respeito; e, finalmente, o elemento da relação obrigacional tributária ao qual se relacionam.

Quanto à natureza, as isenções podem ser: (a) incondicionais ou simples, quando concedidas independentemente de condições ou requisitos a serem atendidos pelo interessado; e (b) onerosas ou condicionadas, quando concedidas mediante condição que implica ônus para os interessados.

Quanto à forma de concessão, as isenções podem ser: (a) em caráter geral, quando concedidas diretamente pela lei a todos que estejam na situação legalmente indicada; e (b) em caráter específico, quando concedidas por lei mas efetivadas mediante despacho da autoridade administrativa a pedido do interessado que demonstre atender às condições legalmente exigidas.

Quanto ao prazo, as isenções podem ser: (a) por prazo indeterminado; e (b) por prazo certo ou determinado.

---

47. Hugo de Brito Machado, *Comentários ao Código Tributário Nacional*, 2ª ed., vol. II, São Paulo, Atlas, 2008, pp. 103-104.

338 TEORIA GERAL DO DIREITO TRIBUTÁRIO

Quanto à área territorial na qual prevalecem, as isenções podem ser: (a) amplas, quando abrangem todo o território da entidade tributante; e (b) restritas ou regionais, quando prevalecem apenas em parte do território da entidade tributante.

Quanto aos tributos que alcançam, as isenções podem ser: (a) gerais, quando abrangem todos os tributos; e (b) especiais, quando dizem respeito apenas aos tributos que especificam.

Quanto ao elemento da relação obrigacional tributária ao qual dizem respeito, as isenções podem ser: (a) subjetivas, quando concedidas em função de condições pessoais de seu destinatário, que seria o sujeito passivo da correspondente relação obrigacional tributária; e (b) objetivas, quando concedidas em função do objeto da tributação, vale dizer, daquilo que seria o fato gerador da obrigação tributária, sua qualidade ou destinação.

As isenções podem ser classificadas, ainda, em função de quem as concede, podendo ser: (a) autonômicas, quando concedidas por lei da pessoa jurídica titular da competência para instituir e cobrar o tributo ao qual se referem; e (b) heterônomas, quando concedidas por lei de pessoa jurídica diversa daquela que é titular da competência para instituir e cobrar o tributo a que se referem.

Considerando-se que o poder de isentar é inerente ao poder de tributar, podemos dizer que, a rigor, não deveria existir isenção heterônoma. Para vencer tal obstáculo, a Constituição de 1969 estabelecia que a União, mediante lei complementar, e atendendo a relevante interesse social ou econômico nacional, poderia conceder isenção de impostos estaduais e municipais.[48] Na vigente Constituição Federal de 1988, todavia, existe regra em sentido oposto, vedando expressamente a concessão, pela União, de isenção de tributos estaduais e municipais.[49]

Mesmo assim, a União pode, mediante tratado internacional, conceder isenção de impostos estaduais e municipais, porque sua atuação neste caso não ocorre como pessoa jurídica de direito público interno, mas como pessoa jurídica de direito público internacional. Representa, no plano internacional, não somente a União Federal, como também todos os Estados e todos os Municípios brasileiros.

48. Constituição de 1969, art. 19, § 2º.
49. CF de 1988, art. 151, III.

CRÉDITO TRIBUTÁRIO 339

5.5 Anistia

Anistia é a exclusão do crédito tributário relativo a penalidades pecuniárias. O cometimento de infração à legislação tributária enseja a aplicação de penalidades pecuniárias, multas, e estas ensejam a constituição do crédito tributário correspondente. Pela anistia o legislador extingue a punibilidade do sujeito passivo infrator da legislação tributária, impedindo a constituição do crédito. Se já está o crédito constituído, o legislador poderá dispensá-lo pela remissão, mas não pela anistia. Esta diz respeito exclusivamente a penalidade, e há de ser concedida antes de constituído o crédito. A remissão é forma de extinção do crédito tributário, quer decorrente de penalidade, quer decorrente de tributo.

Como perdão que é, a anistia abrange exclusivamente as infrações cometidas anteriormente à vigência da lei que a concede, e não se aplica: (a) aos atos qualificados em lei como crimes ou contravenções e aos que, mesmo sem essa qualificação, sejam praticados com dolo, fraude ou simulação pelo sujeito passivo ou por terceiro em benefício daquele; (b) salvo disposição em contrário, às infrações resultantes de conluio entre duas ou mais pessoas naturais ou jurídicas.[50]

Considerando-se que a lei complementar federal pode, inclusive, alterar o próprio Código Tributário Nacional, certamente as limitações que ele impõe quanto à concessão de anistia a ela não se aplicam.

A anistia compreende-se no campo da denominada reserva legal, e, assim, depende sempre de lei. Pode ser concedida diretamente pela lei, e neste caso não depende de requerimento do interessado. Pode, todavia, ser concedida mediante condição a ser demonstrada pelo interessado, em requerimento dirigido à autoridade administrativa.[51]

6. Garantias e privilégios do crédito tributário

6.1 Considerações iniciais

Podemos entender por garantia o meio ou o modo de assegurar a efetividade de um direito. Assegurar a realização de um direito. E, embora não seja muito clara a distinção entre garantias e privilégios, certo

---

50. CTN, art. 180.
51. CTN, art. 182.

340 TEORIA GERAL DO DIREITO TRIBUTÁRIO

é que tais expressões designam coisas distintas, embora se possa dizer que uma garantia pode ser considerada privilégio. O privilégio, porém, pode consistir em algo diverso de uma garantia, como ocorre, por exemplo, com a preferência em um processo de execução.

As garantias em geral podem ser de duas espécies, a saber: garantia real e garantia fidejussória. No estudo do direito tributário importam sobretudo as garantias reais atribuídas ao crédito tributário.

A atribuição de uma garantia ao crédito tributário não lhe altera a natureza.[52] O crédito não deixa de ser tributário. E a principal garantia deste consiste em que o fato de estarem os bens do sujeito passivo vinculados como garantias reais a outras dívidas não os exclui da possibilidade de serem penhorados em execução fiscal.

6.2 Penhorabilidade dos bens nas execuções fiscais

Todos os bens e rendas de qualquer origem ou natureza do sujeito passivo, seu espólio ou massa falida respondem pelo crédito tributário. Mesmo os bens hipotecados ou penhorados ou de qualquer forma gravados por ônus real ou cláusula de inalienabilidade ou impenhorabilidade respondem pelo crédito tributário. É irrelevante a data da constituição do ônus ou da cláusula. Assim, mesmo que a constituição do ônus real ou a cláusula de inalienabilidade ou impenhorabilidade sejam anteriores à data da constituição do crédito tributário, o bem onerado responderá pelo crédito tributário. Somente prevalece contra o crédito tributário a impenhorabilidade absoluta decorrente de lei.

Realmente, a impenhorabilidade, como qualidade do bem que não pode ser penhorado, pode resultar de um ato de vontade ou resultar diretamente da lei. Se a impenhorabilidade resulta de ato de vontade, não produz efeitos perante o credor tributário. Prevalecerá, porém, se resulta diretamente da lei. O fundamento da distinção entre a impenhorabilidade decorrente de ato de vontade e a impenhorabilidade que decorre diretamente da lei é evidente. Quando decorre diretamente da lei a impenhorabilidade prevalece contra o credor tributário, porque é instituída para assegurar um interesse mais relevante, por isto mesmo protegido pelo próprio legislador. Entretanto, quando decorrente de ato de vontade a impenhorabilidade protege apenas o interesse de quem a instituiu.

---

52. CTN, art. 183, parágrafo único.

CRÉDITO TRIBUTÁRIO

Assim, quem faz uma doação ou um testamento pode estipular no instrumento respectivo que os bens doados ou a serem herdados não podem ser alienados pelo donatário, ou herdeiro ou legatário. Nem podem ser objeto de penhora em execução contra seus proprietários. Tais estipulações, todavia, não produzem nenhum efeito perante o credor tributário. Prevalecem apenas contra os credores particulares. Não contra o Fisco.

A lei processual civil enumera como impenhoráveis os bens inalienáveis e os declarados, por ato voluntário, não sujeitos a execução. Tal dispositivo legal, todavia, deve ser entendido em consonância com o que estabelece o Código Tributário Nacional, de sorte que a impenhorabilidade decorrente de atos de vontade não opera efeitos contra o Fisco. É que a regra da impenhorabilidade decorrente de atos de vontade é uma regra geral, que cuida da impenhorabilidade contra os credores de um modo geral, enquanto a regra da penhorabilidade estabelecida pelo Código Tributário Nacional estabelece uma exceção, admitindo a penhora, quando se trate de crédito tributário, de bens gravados com cláusula de impenhorabilidade.

6.3 Presunção de fraude

A presunção de fraude na alienação de bens é mais uma garantia do crédito tributário. Presume-se fraudulenta a alienação ou oneração de bens ou rendas, ou seu começo, por sujeito passivo em débito com a Fazenda Pública por crédito tributário regularmente inscrito como Dívida Ativa em fase de execução.[53] Assim, se alguém é sujeito passivo de crédito tributário e vende ou por qualquer outra forma aliena algum bem depois de inscrito seu débito como Dívida Ativa da Fazenda Pública, essa alienação é considerada fraudulenta. Presume-se que o ato de alienação teve por objetivo frustrar a execução do crédito tributário. Trata-se de presunção legal absoluta, vale dizer, presunção que não admite prova em contrário.

Não haverá, todavia, a presunção de fraude se o devedor reservar bens ou rendas suficientes ao total pagamento da dívida fiscal em fase de execução.[54] A referência à oneração de bens é supérflua, pois não é

53. CTN, art. 185.
54. CTN, art. 185, parágrafo único.

342 TEORIA GERAL DO DIREITO TRIBUTÁRIO

oponível ao Fisco, e, desta forma, evidentemente, a presunção de que é fraudulenta não tem nenhuma relevância.

Estar o crédito tributário em fase de execução não significa já haver sido proposta a ação de execução. A fase de execução começa com a inscrição do crédito como Dívida Ativa. Existiram manifestações doutrinárias e jurisprudenciais em sentido contrário, afirmando que só haveria presunção de fraude a partir da citação do executado. Esse entendimento, porém, restou superado pela lei, impondo-se a tese que sempre sustentamos, segundo a qual a fase de execução começa com a inscrição do crédito tributário em Dívida Ativa.[55]

6.4 Preferência em relação a outros créditos

O crédito tributário prefere a qualquer outro, seja qual for a sua natureza ou o tempo de sua constituição, salvo apenas os créditos decorrentes da legislação do trabalho ou de seguro de acidentes do trabalho, que se situam em melhor posição na escala de preferências.

Essa preferência do crédito tributário, todavia, não ocorre no caso de falência do contribuinte, que se submete a regras especiais introduzidas no Código Tributário Nacional pela Lei Complementar 118, de 9.2.2005.

Na falência: (a) o crédito tributário não prefere aos créditos extraconcursais ou às importâncias passíveis de restituição, nos termos da Lei Falimentar, nem aos créditos com garantia real, no limite do valor do bem gravado; (b) a lei poderá estabelecer limites e condições para a preferência dos créditos decorrentes da legislação do trabalho; e (c) a multa tributária prefere apenas aos créditos subordinados.

Os créditos extraconcursais, exatamente por serem extraconcursais, já não eram alcançados pela preferência do crédito tributário. Também as importâncias passíveis de restituição, nos termos da Lei Falimentar. A grande novidade consistiu em colocar os créditos com garantia real fora do alcance da preferência.

Tal inovação tem sido defendida com o argumento de que vai reduzir os juros bancários, na medida em que reduz os riscos para as insti-

---

55. Lei Complementar 118, de 9.2.2005.

CRÉDITO TRIBUTÁRIO 343

tuições financeiras. Isto pode até ser correto, mas ninguém duvida possa essa novidade ensejar práticas extremamente danosas para a Fazenda Pública. Uma empresa em dificuldades financeiras, com enorme passivo tributário, pode tomar empréstimo bancário com a hipoteca de seus bens mais valiosos. O Banco ficará protegido, e, se a empresa não superar a crise, o Banco receberá seu crédito, enquanto a Fazenda Pública ficará no prejuízo.

Pode até ocorrer que o Banco faça o empréstimo em conivência com o empresário que sabe ser irreversível a crise em sua empresa, desvia o dinheiro recebido por empréstimo e em seguida vê decretada a falência, sendo, assim, prejudicada a Fazenda Pública. Mas pode esta evitar tal ocorrência inscrevendo desde logo os seus créditos tributários em Dívida Ativa, pois neste caso o ato que dá em garantia real os bens do devedor presume-se fraudulento.

6.5 Concurso de preferências

Havendo mais de uma pessoa jurídica de direito público com crédito tributário a receber de um mesmo contribuinte, verifica-se o concurso de preferências, na seguinte ordem: (a) em primeiro lugar a União Federal; (b) em segundo lugar os Estados, o Distrito Federal e os Territórios, conjuntamente e mediante rateio; (c) em terceiro lugar os Municípios, conjuntamente e mediante rateio.[56]

O Código Tributário Nacional não se refere às autarquias, que, mesmo sem serem sujeitos ativos da relação tributária, podem ser titulares de créditos dessa natureza. Assim, é razoável admitir que elas seguem, na ordem de preferência, as entidades públicas das quais constituem meros desdobramentos.

6.6 Créditos extraconcursais

São créditos extraconcursais os créditos tributários decorrentes de fatos geradores de tributos ocorridos no curso do processo de falência, aqueles que antes de 2005 eram denominados encargos da massa falida.

56. CTN, art. 187, parágrafo único.

344 TEORIA GERAL DO DIREITO TRIBUTÁRIO

A falência é um processo de execução coletiva cujo objetivo é a liquidação do patrimônio da empresa, que, com a decretação da falência, passa a se denominar *massa falida*. Para a liquidação – vale dizer, para a transformação do patrimônio da massa falida em dinheiro e consequente pagamento aos credores – é indispensável a prática de uma série de atos. Em casos especiais pode até a massa falida desenvolver atividade lucrativa objetivando minimizar prejuízos. Por isto mesmo, a massa falida assume obrigações. Contrata empregados. Compra e vende bens. Pratica, enfim, atos dos quais resultam débitos tributários. A decretação da falência, porém, separa das obrigações da empresa falida as obrigações assumidas pela massa. São obrigações da empresa as anteriores à falência, e são encargos da massa falida as posteriores.

Os créditos da Fazenda Pública decorrentes de fatos geradores de tributo ocorridos depois da decretação da falência devem ser pagos sem qualquer consideração a quaisquer credores, e por eles o síndico é pessoalmente responsável. Pode este, se considerar indevido, questionar judicialmente a cobrança do tributo. Neste caso o juiz da falência remeterá as partes litigantes para a jurisdição competente, mandando reservar bens suficientes à extinção total do crédito e seus acrescidos, se a massa não puder garantir a instância por outra forma, ouvido o representante da Fazenda Pública interessada.

Aplicam-se essas regras também no processo de recuperação judicial, anteriormente conhecido como processo de concordata. Aliás, na recuperação judicial é até mais importante a preservação dos interesses da Fazenda Pública, porquanto, com o prosseguimento dos negócios, o volume de créditos tributários tende a ser bem mais significativo.

Em síntese, por força do que estabelece o Código Tributário Nacional, tem-se que: (a) os créditos tributários decorrentes de fatos geradores ocorridos depois da decretação da falência ou de concessão da recuperação judicial gozam de preferência absoluta, ainda que não vencidos; (b) preferem inclusive às demais dívidas da massa; (c) para contestá-los, a massa falida ou o beneficiário da recuperação judicial precisa garantir a instância, o que poderá fazer depositando o valor correspondente; e, se não puder garantir a instância, por esta ou outra forma, reservará bens suficientes à extinção total do crédito e seus acréscimos; (d) o representante da Fazenda Pública credora deve ser ouvido a respeito da natureza e do valor dos bens reservados.

CRÉDITO TRIBUTÁRIO   345

6.7 Inventário e arrolamento

A preferência geral e absoluta do crédito tributário prevalece também nos processos de inventário e arrolamento, nos quais sua contestação igualmente depende de garantia de instância, tal como nos casos de falência e de recuperação judicial.

O inventariante tem a obrigação de declarar todas as dívidas do autor da herança e de seu espólio. Além disto, o juiz do inventário ou arrolamento oficia às repartições fiscais indagando a respeito dos créditos tributários, para assegurar a preferência destes. O inventariante é pessoalmente responsável pelos tributos devidos pelo espólio, isto é, tributos cujos fatos geradores ocorreram depois da abertura da sucessão.

6.8 Liquidação de pessoas jurídicas

Também nas liquidações judiciais ou voluntárias das pessoas jurídicas de direito privado os créditos tributários, vencidos e vincendos, gozam de preferência absoluta. Essa regra faz com que diretores e sócios de pessoas jurídicas de direito privado somente se eximam da responsabilidade pessoal se provarem a liquidação regular das pessoas jurídicas que dirijam ou das quais participem.

É evidente que os sócios que, por lei, tenham responsabilidade limitada bem como os diretores que tiverem agido sempre com observância da lei não são pessoalmente responsáveis pelo pagamento de créditos tributários.

6.9 Exigência de quitações

A mais forte garantia do crédito tributário parece-nos que consiste na exigência da prova de quitação em diversas situações, a saber: (a) para que seja declarada a extinção das obrigações do falido, a prova de quitação de todos os tributos;[57] (b) para julgamento da partilha ou adjudicação, isto é, para que se complete a formalidade da transmissão dos bens do autor da herança a seus sucessores, a prova de quitação de todos os tributos relativos aos bens do espólio ou a suas rendas;[58] (c) para a

57. CTN, art. 191.
58. CTN, art. 192.

346 TEORIA GERAL DO DIREITO TRIBUTÁRIO

celebração de contrato ou proposta em concorrência pública da União, dos Estados, do Distrito Federal, dos Municípios ou de autarquias, a prova de quitação de todos os tributos relativos à atividade em cujo exercício o contratante ou proponente contrata ou concorre.[59]

Pode a lei, todavia, expressamente autorizar a celebração do contrato, ou o recebimento da proposta em concorrência pública, sem exigência da quitação de tributos.

A concessão de recuperação judicial depende de apresentação da prova de quitação de todos os tributos, admitindo-se como tal a certidão apresentada pelo interessado, desde que negativa de débitos ou afirmativa apenas de débitos com exigibilidade suspensa ou, ainda, aquela que, embora sendo positiva, tenha legalmente o mesmo efeito da certidão negativa.

É importante observarmos que a quitação exigida diz respeito apenas aos tributos relativos à atividade mercantil do falido;[60] relativos aos bens do espólio, ou suas rendas;[61] e relativos à atividade em cujo exercício o interessado contrata ou concorre.[62] E neste último caso só no que diz respeito aos tributos devidos à Fazenda Pública com a qual contrata ou perante a qual licita. Não aos tributos devidos a outras entidades públicas.

A exigência de quitação é excepcional, e não pode ser ampliada pela lei ordinária. Só é cabível, portanto, nas situações expressamente indicadas pelo Código Tributário Nacional, a saber: (a) para a extinção das obrigações do falido ou para a concessão de recuperação judicial; (b) dos interessados em partilha ou adjudicação de bens do espólio; e (c) dos que licitam ou contratam com entidades públicas.

As duas primeiras situações não dizem respeito ao exercício normal de atividades econômicas, por isto mesmo a exigência da quitação não afronta a garantia constitucional do livre exercício de tais atividades.[63] Já, a última pode, em certos casos, afetar essa garantia; e, por isto, em tais casos é de constitucionalidade duvidosa. De todo modo, é razoável admitir que o órgão público se recuse a contratar com quem lhe deve.

59. CTN, art. 193.
60. CTN, art. 191.
61. CTN, art. 192.
62. Código Tributário Nacional, art. 193
63. CF de 1988, art. 170, parágrafo único.

CRÉDITO TRIBUTÁRIO

6.10 Indisponibilidade de bens e direitos

Na hipótese de o devedor tributário, citado em ação de execução fiscal, não pagar nem apresentar bens à penhora no prazo legal, nem serem encontrados bens penhoráveis, o juiz determinará a indisponibilidade de seus bens e direitos, comunicando tal decisão aos órgãos e entidades que promovem registro de transferência de bens, especialmente ao registro público de imóveis e às autoridades supervisoras do mercado bancário e do mercado de capitais, a fim de que, no âmbito de suas atribuições, façam cumprir a ordem judicial.[64]

A indisponibilidade limitar-se-á ao valor total exigível, devendo o juiz determinar imediato levantamento da indisponibilidade dos bens ou valores que excederem esse limite.[65] E, na verdade, não há razão para que a indisponibilidade, que decorre de uma execução não garantida, alcance bens de valor superior ao crédito em cobrança.

Os órgãos e entidades aos quais for dirigida a comunicação de indisponibilidade dos bens do executado enviarão ao juiz que lhes houver feito aquela comunicação a relação discriminada dos bens e direitos cuja indisponibilidade houverem posto em prática.

64. Lei Complementar 118, de 9.2.2005.
65. CTN, art. 185-A, § 1º.

Capítulo VIII
Administração Tributária

1. Introdução. 2. Fiscalização: 2.1 Atividade administrativa vincula-da – 2.2 Importância da disciplina normativa da fiscalização – 2.3 Limitações funcionais – 2.4 Limitações territoriais – 2.5 Limitações temporais – 2.6 Controle da atividade de fiscalizar – 2.7 Respeito aos direitos individuais. 3. A fiscalização e os direitos do contribuin-te: 3.1 Inviolabilidade do domicílio – 3.2 Limitações ao poder-dever de fiscalizar – 3.3 Direito ao silêncio – 3.4 Direito de propriedade – 3.5 Direito à privacidade – 3.6 Direito ao exercício de atividade econômica: 3.6.1 A livre iniciativa e as exceções admissíveis – 3.6.2 Fundamento das exceções – 3.6.3 A inscrição do contribuinte – 3.6.4 A inscrição como obrigação tributária acessória – 3.6.5 Recusa ou cancelamento de inscrição como sanção política – 3.6.6 Recusa de autorização para a impressão de notas fiscais – 3.6.7 Exigências tributárias e autorização para o exercício da atividade econômica – 3.6.8 Manifestações do Poder Judiciário – 3.6.9 Persistência da Fazenda Pública – 3.6.10 Responsabilidade pessoal do agente públi-co. 4. Questões relacionadas ao sigilo: 4.1 Dever de informar e sigi-lo profissional – 4.2 O contador e o sigilo profissional – 4.3 O sigilo profissional e a testemunha – 4.4 Sigilo bancário – 4.5 Sigilo bancá-rio e sigilo fiscal – 4.6 Exceções ao sigilo fiscal e redução de seu alcance – 4.7 Desvirtuamento do sigilo fiscal – 4.8 O remédio jurí-dico adequado. 5. Dívida Ativa: 5.1 Dívida Ativa Tributária – 5.2 Inscrição em Dívida Ativa – 5.3 Irregularidades que invalidam a inscrição em Dívida Ativa – 5.4 Termo de inscrição em Dívida Ativa – 5.5 Presunção de liquidez e certeza da Dívida Ativa – 5.6 O pro-testo de Certidão de Dívida Ativa/CDA. 6. Certidões negativas: 6.1 Forma de provar a quitação de tributos – 6.2 Exigência de quitação de tributos – 6.3 Exigência de quitação e garantias constitucionais.

1. Introdução

A rigor, a atividade da Administração Tributária não constitui ob-jeto do direito tributário, mas do direito administrativo. Mesmo assim,

350 TEORIA GERAL DO DIREITO TRIBUTÁRIO

em virtude da estreita relação que existe entre as regras que disciplinam essa atividade e muitas das questões objeto do direito tributário e da existência de regras atinentes à denominada Dívida Ativa e à exigência de certidões negativas em situações nas quais tal exigência constitui verdadeiro absurdo, resolvemos incluir aqui este capítulo, no qual cuidaremos da Administração Tributária.

Estudaremos inicialmente as questões relacionadas com a atividade de fiscalização tributária, destacando especialmente as concernentes a conflitos entre o poder-dever de fiscalizar os direitos fundamentais do contribuinte. Depois estudaremos as questões ligadas à denominada *Dívida Ativa*, que é constituída pelos créditos da pessoa jurídica de direito público, inclusive a questão relativa ao protesto de Certidão de Dívida Ativa/CDA. Em seguida examinaremos algumas questões relacionadas às malsinadas *certidões negativas*, pondo em destaque aspectos envolvidos no conflito entre os interesses da Fazenda Pública na arrecadação de tributos e o direito fundamental do contribuinte ao livre exercício da atividade econômica.

2. Fiscalização

2.1 Atividade administrativa vinculada

A competência tributária, que a Constituição Federal atribui às pessoas jurídicas de direito público interno, compreende a competência para instituir o tributo, que é exercida através de seu Poder Legislativo, e também a competência para fiscalizar a observância da lei tributária por parte dos sujeitos passivos das obrigações tributárias, que é exercida através do seu Poder Executivo, ao qual pertence a Administração Tributária. A atividade de fiscalização da observância das leis tributárias é inerente à atividade de tributação, mas é uma atividade tipicamente administrativa.

A atividade de fiscalização tributária é de caráter vinculado, no sentido de que nada fica a critério dos agentes públicos que a executam. A legislação tributária deve disciplinar inteiramente a competência dos agentes públicos que integram a Administração Tributária, e todos os atos administrativos praticados por eles, para serem válidos, devem estar descritos na legislação que lhes atribui competência para tanto. Assim

ADMINISTRAÇÃO TRIBUTÁRIA

como a validade dos atos jurídicos em geral exige a capacidade de quem os pratica, a validade dos atos administrativos exige a competência da autoridade ou agente público.

A complexidade e as peculiaridades de situações atinentes à atividade de fiscalização exigem um disciplinamento em regras de natureza regulamentar, de mais fácil e mais ágil alteração, e que, por isto mesmo, possam ser adaptadas com frequência, na medida das necessidades da Administração Tributária.

Sobre o assunto escreveu Aliomar Baleeiro:

> Em princípio, a lei do sujeito ativo estabelece em caráter geral as normas de competência e os poderes de seus agentes em matéria de fiscalização interna e externa. Geralmente as leis pertinentes aos tributos mais importantes, como o IPI, o imposto de renda, o ICM e os direitos alfandegários, contêm normas nesse sentido.
>
> Mas a complexidade da matéria, a necessidade de adaptação a cada zona geográfica ou a cada setor econômico, a peculiaridade do tributo e outros motivos exigem pormenores impróprios da concisão e generalidade da lei. Por isso, os regulamentos de execução da lei e os chamados regulamentos "internos", que não decorrem de lei, traçam normas subsidiárias e pormenorização. Mas não só eles, senão também outros atos administrativos integrantes da "legislação tributária", no conceito especial do CTN, arts. 96 a 100. Assim, pois, as portarias do ministro de Estado e secretários da Fazenda, as "ordens de serviço" dos diretores, circulares etc.[1]

A existência dessas normas de hierarquia inferior no âmbito da Administração Tributária presta-se mais a limitar as condutas dos agentes públicos do que para regrar as relações de tributação. Como o tributo é prestação pecuniária compulsória cobrada mediante atividade administrativa plenamente vinculada, é importante que tudo seja regrado. Nada pode ficar a critério do agente que executa a ação de fiscalização.

2.2 Importância da disciplina normativa da fiscalização

A disciplina normativa da fiscalização é da maior importância, tanto para a Fazenda Pública como para os contribuintes. Para a Fazenda

---

1. Aliomar Baleeiro, *Direito Tributário Brasileiro*, 2ª ed., Rio de Janeiro, Forense, 1970, pp. 545-546.

352 TEORIA GERAL DO DIREITO TRIBUTÁRIO

porque lhe permite organizar a atividade de seus agentes, evitando superposições de atividades, com o consequente desperdício de sua força de trabalho, e, ainda, maior controle da produtividade de seus agentes e dos aspectos éticos da conduta dos mesmos. E para os contribuintes porque impede improvisações incompatíveis com a segurança jurídica e permite a identificação e a individualização das atividades de fiscalização, tornando possível a responsabilização de cada agente público, sempre que isto se faça necessário.

É certo que a previsão da atividade administrativa em normas de hierarquia inferior não oferece aos cidadãos a mesma garantia que lhes assegura o princípio da legalidade. Não afasta as práticas arbitrárias. Mas identifica seus autores e, no mais das vezes, impede, por isto mesmo, condutas motivadas por razões escusas.

Consubstanciam, sem dúvida, significativa proteção aos cidadãos, especialmente aos contribuintes, as limitações funcionais, territoriais e temporais estabelecidas na legislação que disciplina as ações de fiscalização. Permitem a previsão de ações de fiscalização e, assim, o controle preventivo destas, dando oportunidade, inclusive, à impetração preventiva de mandado de segurança na hipótese de ilegalidades visíveis na própria previsão normativa.

2.3 Limitações funcionais

As competências para a prática dos atos que integram as ações de fiscalização tributária são atribuídas aos agentes públicos de acordo com o cargo de cada um desses agentes, vale dizer, tendo-se em vista as funções inerentes aos cargos que ocupam na Administração Pública.

Na delimitação das competências funcionais existem regras de natureza permanente que descrevem as atribuições próprias do cargo público. Além dessas normas, todavia, existem aquelas outras que dizem respeito às atribuições de determinados órgãos da Administração Pública.

2.4 Limitações territoriais

Mesmo sendo competente do ponto de vista funcional, uma autoridade da Administração Tributária pode não ser competente do ponto de

ADMINISTRAÇÃO TRIBUTÁRIA

vista territorial para a prática da conduta que consubstancia a atividade de fiscalização. O Regulamento do Imposto de Renda nos oferece exemplo de delimitação de competência em razão do território quando vincula a competência da autoridade administrativa ao domicílio fiscal do contribuinte.[2]

É certo que uma autoridade administrativa pode ser designada para, em caráter especial, ou excepcional, exercer atribuições em área diversa daquela na qual normalmente atua. Nos limites da lei, isto é perfeitamente válido. Mesmo assim, é imprescindível uma designação formal, de caráter oficial, para que os atos daquela autoridade sejam atos administrativos válidos.

2.5 Limitações temporais

Embora a ação de fiscalização, no sentido de ação da Administração Tributária tendente a controlar a atividade dos contribuintes, seja permanente, existem ações específicas, delimitadas no tempo. A própria atividade de fiscalização, em sentido estrito, é desenvolvida mediante planos cuja execução se faz com duração determinada.

Isto quer dizer que um agente público, fiscal de tributos, mesmo tendo entre as atribuições de seu cargo a fiscalização de livros e documentos de empresas contribuintes, não pode, por sua própria iniciativa, desenvolver ações de fiscalização. Dependerá, para tanto, de determinações da repartição onde atua.

2.6 Controle da atividade de fiscalizar

A atividade de fiscalização está submetida a um controle específico. Para que tudo funcione de acordo com as regras oficialmente colocadas para disciplinar a atividade de fiscalização, as autoridades que exercem as chefias das diversas repartições controlam integralmente a atividade de fiscalização, não havendo liberdade para cada agente fiscal atuar individualmente. A atuação de um agente fiscal junto a determinado contribuinte depende sempre de determinação específica da autoridade à qual está subordinado.

2. Regulamento aprovado pelo Decreto 3.000, de 26.3.1999, art. 985.

354 TEORIA GERAL DO DIREITO TRIBUTÁRIO

Esse controle impede que pessoas estranhas à fiscalização se façam passar por agentes fiscais para extorquir o contribuinte. Cada procedimento de fiscalização é programado e autorizado oficialmente, de sorte que ao contribuinte há de ser sempre dado a conhecer o ato que determina a ação fiscal em cada caso.

A legislação de cada uma das diversas entidades fazendárias, seja a federal, a estadual ou a municipal, estabelece regras que tornam as atividades de seus agentes fiscais vinculadas a instrumentos específicos de controle. Assim, a legislação que regula a atividade de fiscalização geralmente estabelece que, antes de dar início à ação fiscal, o agente do Fisco exibirá ao contribuinte, ou a seu preposto, sua identidade funcional e o ato que o designa para proceder àquela fiscalização.

2.7 Respeito aos direitos individuais

Nos termos da Constituição Federal, "sempre que possível, os impostos terão caráter pessoal e serão graduados segundo a capacidade econômica do contribuinte, facultado à Administração Tributária, especialmente para conferir efetividade a esses objetivos, identificar, respeitados os direitos individuais e nos termos da lei, o patrimônio, os rendimentos e as atividades econômicas do contribuinte".[3]

Aliás, o dever de respeitar os direitos individuais do contribuinte é também estabelecido em outros preceitos da Constituição, notadamente aqueles que tratam dos direitos e garantias fundamentais.

3. A *fiscalização e os direitos do contribuinte*

3.1 Inviolabilidade do domicílio

Uma das mais importantes limitações à atividade de fiscalização diz respeito ao direito individual à inviolabilidade do domicílio.

O termo "domicílio", nesse contexto, abrange o estabelecimento empresarial, inclusive o que pertence à pessoa jurídica. Na verdade, a palavra "domicílio", na forma em que está no dispositivo constitucional, não tem o sentido estreito da expressão "domicílio tributário", como

3. CF de 1988, art. 145, § 1º.

ADMINISTRAÇÃO TRIBUTÁRIA

definida na legislação tributária, nem autoriza os agentes do Fisco a invadirem estabelecimentos comerciais sob o argumento de que tais estabelecimentos não são "domicílio" de pessoas naturais.

A palavra "domicílio" no texto da Constituição Federal tem sentido amplo, como ensina Pontes de Miranda, que escreve:

> No direito constitucional, *domicílio* é onde se habita e onde se ocupa espaço, próprio, para uso pessoal, ou para negócios, oficina, escritório, e abrange o pátio, o quintal, as estrebarias, a garagem, os quartos de empregados etc.[4]

Registre-se que a violação do domicílio por agentes do Fisco tem consequência extremamente importante, que é a contaminação, pela ilicitude, das provas eventualmente colhidas no domicílio violado.

Assim, considerada ilícita a entrada dos agentes fiscais no domicílio onde colheram quaisquer elementos de convicção para fundamentar lançamento de tributo ou aplicação de penalidade, a consequência inexorável será a nulidade do lançamento, em razão da ilicitude das provas em que se funda.

3.2 Limitações ao poder-dever de fiscalizar

No Código Tributário Nacional existe dispositivo segundo o qual, "para os efeitos da legislação tributária, não têm aplicação quaisquer disposições legais excludentes ou limitativas do direito de examinar mercadorias, livros, arquivos, documentos, papéis e efeitos comerciais ou fiscais dos comerciantes, industriais ou produtores, ou da obrigação destes de exibi-los".[5] E outro segundo o qual "as autoridades administrativas federais poderão requisitar o auxílio da força pública federal, estadual ou municipal, e reciprocamente, quando vítimas de embaraço ou desacato no exercício de suas funções, ou quando necessário à efetivação de medidas previstas na legislação tributária, ainda que não se configure fato definido em lei como crime ou contravenção".[6] Assim,

---

4. Pontes de Miranda, *Comentários à Constituição de 1967*, 2ª ed., São Paulo, Ed. RT, 1971, p. 185.
5. CTN, art. 195.
6. CTN, art. 200.

356 TEORIA GERAL DO DIREITO TRIBUTÁRIO

pode parecer que os agentes do Fisco não sofrem limitações quando no exercício de suas funções, e podem, portanto, penetrar no domicílio do contribuinte independentemente de autorização deste; o que não é verdade, pois os dispositivos do Código Tributário Nacional devem ser interpretados em consonância com a vigente Constituição Federal.

Realmente, tendo-se em vista a criminalização do ilícito tributário, é evidente que o poder-dever de fiscalizar sofre as limitações próprias do direito penal. Assim, aqueles dispositivos do Código Tributário Nacional, que conferem poderes extraordinários aos agentes fiscais, devem ser entendidos de conformidade com a vigente Constituição Federal, que assegura direitos fundamentais aos cidadãos, incompatíveis com a possibilidade de se dar a eles uma interpretação literal ampliativa do alcance dos mesmos. Devem ser interpretados tendo em vista o sistema jurídico no qual se encartam, e com as limitações daí decorrentes.

Não pode prevalecer o argumento, geralmente utilizado pelos agentes do Estado, de que atuam na defesa do interesse público e, sendo o tributo devido, podem utilizar os meios que se fizerem necessários para promover a cobrança correspondente. Ocorre que os meios a serem utilizados pelos agentes públicos são somente aqueles que a lei autoriza, e os fins nem sempre justificam os meios, e existem situações nas quais a lei chega a definir como crime a utilização de meios que a lei não autoriza – o que demonstra de forma eloquente que a utilização de certos meios não se justifica pelos fins da conduta do agente público. Por isto mesmo, o Código Penal define como crime o excesso de exação, estabelecendo:

> Se o funcionário exige tributo ou contribuição social que sabe ou deveria saber indevido, ou, quando devido, emprega na cobrança meio vexatório ou gravoso que a lei não autoriza:
> Pena – reclusão de 3 (três) a 8 (oito) anos, e multa.[7]

Como se vê, ainda que devido o tributo, o agente público não pode utilizar meios que a lei não autoriza. Se esses meios são vexatórios ou gravosos, a utilização deles constitui crime, ainda que tal utilização seja destinada à cobrança de tributo *devido*. E, se não são vexatórios ou gravosos, a utilização não constitui crime, mas de todo modo é ilegal, porque não autorizada por lei. Em síntese: o agente fiscal só pode utilizar

7. CP, art. 316, § 1º.

ADMINISTRAÇÃO TRIBUTÁRIA 357

meios que a lei autoriza, e a própria lei não pode autorizar a utilização de quaisquer meios, porque existem limitações constitucionais.

Realmente, ao cuidar dos princípios gerais do sistema tributário nacional, a vigente Constituição Federal estabelece:

> Sempre que possível, os impostos terão caráter pessoal e serão graduados segundo a capacidade econômica do contribuinte, facultado à Administração Tributária, especialmente para conferir efetividade a esses objetivos, identificar, respeitados os direitos individuais e nos termos da lei, o patrimônio, os rendimentos e as atividades econômicas do contribuinte.[8]

Como se vê, esse dispositivo constitucional impõe limitações para o agente administrativo e para o próprio legislador. E em atenção a tais limites devem ser interpretadas as leis que tratam das atividades de fiscalização, que devem ser exercitadas sem violência aos direitos fundamentais, entre os quais destacamos o direito ao silêncio, o direito de propriedade e o direito à privacidade.

3.3 Direito ao silêncio

O direito ao silêncio, ou direito de permanecer calado, surgiu e se desenvolveu no âmbito do direito penal, e por isto mesmo há quem sustente que não se aplica no âmbito da relação de tributação. Não nos parece que seja assim. Embora se trate de garantia constitucional que se estabeleceu no âmbito do direito penal, com a criminalização do ilícito tributário não há dúvida de que o contribuinte não pode ser obrigado a produzir provas contra si mesmo, nem a informar ao Fisco condutas suas legalmente tidas como crime.

Por tal razão sustentamos que a obrigação de informar ao Fisco deve ser, hoje, dividida em duas espécies bem distintas. Uma, a obrigação de informar periodicamente fatos relevantes para fins tributários, a ser ordinariamente cumprida pelo contribuinte – obrigação que é atribuída em caráter geral a todos os contribuintes de uma mesma categoria. Outra, a obrigação de prestar as informações que geralmente são solicitadas, por puro comodismo, por agentes fiscais, relativas a fatos que devem constar

---

8. CF, art. 145, § 1º.

358 TEORIA GERAL DO DIREITO TRIBUTÁRIO

de livros e documentos do contribuinte, que este é legalmente obrigado a manter por certo tempo. A obrigação tributária acessória de prestar informações é aquela que a legislação tributária estabelece para ser ordinariamente cumprida pelo sujeito passivo, periodicamente, como a de declarar os rendimentos auferidos em determinado período para fins de cobrança do imposto sobre renda e proventos de qualquer natureza. Não existe no ordenamento jurídico, e por isto mesmo não constitui obrigação tributária acessória, o dever de prestar a agentes fiscais informações por estes solicitadas em situações concretas, tais como demonstrativos de determinadas contas, como compras ou vendas realizadas em determinados períodos. Tais informações devem ser buscadas pelos agentes do Fisco nos livros e documentos fiscais do contribuinte. Se o Fisco pudesse exigir do contribuinte verdadeiros e extensos relatórios demonstrativos de contas diversas, teriam sido instituídos, por simples manifestação de agentes do Fisco em cada caso, verdadeiros documentos cuja elaboração a lei não impõe ao sujeito passivo da relação tributária.

Em síntese, têm-se como critério para a distinção entre o objeto da obrigação tributária de prestar informações e o objeto do cumprimento do dever de fiscalizar a generalidade e a periodicidade constantes da previsão normativa. As obrigações acessórias são somente aquelas normativamente estabelecidas, de observância periódica e para os sujeitos passivos em geral.

Seja como for, certo é que o dever de prestar informações aos agentes do Fisco no exercício da atividade fiscalizadora restou limitado ou, mesmo excluído quando se deu a criminalização do ilícito tributário, em face da garantia do direito ao silêncio. Não se venha argumentar que os agentes do Fisco, no exercício da fiscalização, não fazem nenhuma acusação ao fiscalizado. Na verdade, não se trata de acusação formal, mas é indiscutível que a fiscalização somente se realiza porque existe uma suspeita de prática ilegal, criminosa, por parte do contribuinte. Não houvesse tal suspeita, a fiscalização não teria nenhuma razão de ser. Por isto mesmo, parece-nos que o contribuinte não tem o dever de prestar informações ao agente fiscal que realiza a fiscalização. Pode, sim, exercer seu direito ao silêncio.

3.4 Direito de propriedade

O direito de propriedade, constitucionalmente assegurado, constitui óbice à apreensão de mercadorias pelo Fisco, prática das mais fre-

ADMINISTRAÇÃO TRIBUTÁRIA 359

quentes e persistentes. A rigor, a apreensão de mercadorias somente se justifica nos casos em que estejam estas sendo transportadas sem o correspondente documento que as descreva e identifique corretamente o remetente e o destinatário das mesmas.

A apreensão de mercadorias, não obstante na maioria dos casos configure ato de arbítrio, tem sido e continua sendo praticada, especialmente pelo Fisco dos Estados-membros, que a utilizam como meio indireto de compelir o contribuinte a fazer o pagamento do imposto, muitas vezes indevido.

O Tribunal de Justiça do Estado do Ceará/TJCE já decidiu pela inconstitucionalidade da apreensão de mercadorias,[9] à consideração de que a Constituição proíbe a utilização de tributo com efeito de confisco.

A tese da inconstitucionalidade da apreensão de mercadorias terminou sendo adotada e consolidada em súmula pelo STF, afirmando que é inadmissível a apreensão de mercadorias como meio para coagir o contribuinte a pagar o tributo. Não obstante, as autoridades da Administração Tributária seguem praticando com frequência essa arbitrariedade.

A rigor, mesmo quando se trata de apreensão de mercadoria que esteja sendo transportada sem o documento necessário – apreensão lícita, portanto –, uma vez identificados adequadamente o remetente, o destinatário das mercadorias, a quantidade e as características destas, de forma a viabilizar a cobrança do tributo devido, deve dar-se sua liberação, especialmente se o contribuinte é regularmente estabelecido.

Em outras palavras: a atividade de fiscalização tributária há de ser exercida sem desrespeito aos direitos individuais, e um deles é precisamente o direito de propriedade.

3.5 Direito à privacidade

A Constituição Federal estabelece que "são invioláveis a intimidade, a vida privada, a honra e a imagem das pessoas, assegurado o direito a indenização pelo dano material ou moral decorrente de sua violação".[10] E, ainda, que "a casa é asilo inviolável do indivíduo, ninguém

9. TJCE, 2ª Câmara Cível, ACi 1998-06973-3, rel. Des. José Cláudio Nogueira Carneiro, j. 5.9.2001.
10. CF, art. 5º, X.

360 TEORIA GERAL DO DIREITO TRIBUTÁRIO

nela podendo penetrar sem o consentimento do morador, salvo em caso de flagrante delito ou desastre, ou para prestar socorro, ou, durante o dia, por determinação judicial".[11]

Diante desses dispositivos da Constituição que asseguram o direito à privacidade, e tendo em vista dispositivos do Código Tributário Nacional que dispõem sobre o poder-dever de fiscalizar,[12] coloca-se a questão de saber se eles são plenamente aplicáveis mesmo em face daquelas garantias constitucionais à privacidade.

O STF já afirmou que os agentes fiscais da Administração Fazendária não podem penetrar no estabelecimento do contribuinte e ter acesso a seus livros e documentos sem o consentimento deste. Apreciando pedido de *habeas corpus* em que era alegada a utilização de provas ilícitas, denegou a ordem ao fundamento de que o ingresso dos fiscais no estabelecimento se deu com o consentimento do paciente. Isto significa dizer que tal consentimento pode, em princípio, ser negado pelo contribuinte, e, se isto ocorrer, as provas colhidas devem ser consideradas ilícitas.

Assim, os agentes fiscais não podem ingressar no estabelecimento do contribuinte sem o consentimento deste salvo, é claro, nas áreas acessíveis ao público em geral. E nas situações excepcionais constitucionalmente previstas.

Os dispositivos do Código Tributário Nacional certamente devem ser interpretados em conformidade com a Constituição Federal.

3.6 Direito ao exercício de atividade econômica

3.6.1 A livre iniciativa e as exceções admissíveis

Na interpretação do art. 170, parágrafo único, da CF de 1988 coloca-se a questão de saber quais são as exceções que o legislador pode estabelecer para a regra do livre exercício da atividade econômica.

Celso Antônio Bandeira de Mello, depois de expor os fundamentos da tese que defende, conclui:

11. CF, art. 5º, XI.
12. CTN, arts. 195 e 200.

ADMINISTRAÇÃO TRIBUTÁRIA

Em suma: o que a lei pode ressalvar é a desnecessidade de autorização para o exercício de certa atividade; nunca, porém, restringir a liberdade de empreendê-la, e na medida desejada. E, por isso mesmo, como a seguir melhor se esclarece, dita autorização (ou denegação), evidentemente, não concerne aos *aspectos econômicos*, à livre decisão de atuar nos setores tais ou quais e na amplitude acaso pretendida, mas ao ajuste do empreendimento a exigências atinentes a salubridade, a segurança, a higidez do meio ambiente, a qualidade mínima do produto em defesa do consumidor etc. É claro que, se fosse dado ao Poder Público ajuizar sobre a conveniência de os particulares atuarem nessa ou naquela esfera e decidir sobre o volume da produção, estar-se-ia desmentindo tudo o que consta dos artigos citados e do próprio parágrafo único do art. 170, conforme se acaba de referir.[13]

Como o exercício de qualquer atividade econômica implica deveres tributários, admitir que a inscrição no cadastro de contribuintes seja tratada como condição para o exercício da atividade pelo contribuinte não seria admitir exceções. Seria – isto, sim – inverter totalmente a regra do parágrafo único do art. 170 da CF, que passaria a dizer que o exercício de qualquer atividade econômica depende de autorização do Poder Público.

3.6.2 *Fundamento das exceções*

É evidente que as exceções admitidas pelo mencionado dispositivo da Constituição têm fundamento na necessidade do controle estatal de certas atividades. Não quanto aos aspectos econômicos ou financeiros, mas quanto a aspectos outros, como segurança, saúde, meio ambiente – e sempre sem a proibição pura e simples da atividade.

Assim, uma fábrica de armas e de munições, por exemplo, jamais poderá instalar-se e iniciar o exercício da atividade econômica produtiva sem autorização governamental. O mesmo se pode dizer de uma fábrica de medicamentos.

13. Celso Antônio Bandeira de Mello, *Curso de Direito Administrativo*, 31ª ed., São Paulo, Malheiros Editores, 2014, p. 816.

3.6.3 *A inscrição do contribuinte*

Para que se perceba o quanto são inadmissíveis a negativa ou o cancelamento de inscrição do contribuinte no cadastro de contribuintes de determinado tributo, como tem ocorrido especialmente nas Secretarias de Fazenda ou Finanças dos Estados com contribuintes do ICMS, basta que se tenha clara a ideia da finalidade da questionada inscrição.

Existem tributos com fatos geradores que ocorrem de forma isolada, ou instantânea, enquanto existem tributos com fatos geradores que ocorrem numa relação continuada, ou continuativa. Para os primeiros não se faz necessário um cadastro de contribuintes, pois estes não permanecem numa relação com o Fisco. São contribuintes apenas em situações esporádicas, eventuais, relacionadas a fatos específicos, submetidos a controles que não dizem respeito à relação tributária, como é o caso do imposto sobre transmissão de bens imóveis. Para os últimos, porém, é necessário um cadastro dos contribuintes, que se submetem ao controle permanente dos fatos que praticam na relação de tributação.

A legislação estadual referente ao imposto sobre operações relativas à circulação de mercadorias e prestações de serviços de transporte interestadual e intermunicipal e de comunicação/ICMS[14] cuida de um cadastro dos contribuintes desse imposto, que define como o registro centralizado e sistematizado no qual se inscreverão, antes de iniciarem suas atividades, todas as pessoas físicas ou jurídicas definidas em lei como contribuintes do ICMS, e que conterá dados e informações que os identificarão, localizarão e classificarão segundo sua natureza jurídica, atividade econômica, tipo de contribuinte e regime de recolhimento do imposto.[15] Da mesma forma, as Fazendas dos Municípios e da União dispõem de cadastros de contribuintes de seus impostos.

Ao requerer inscrição nesses cadastros, os contribuintes identificam-se perante a Fazenda Pública e passam a agir sob o controle desta no desempenho de suas atividades profissionais ou econômicas, especialmente no que concerne aos fatos relevantes na relação tributária. E essa identificação geralmente é condição indispensável para que possam emitir, ou ter em seus nomes emitidos, e utilizar os documentos que a legislação tributária exige como obrigações tributárias acessórias.

14. CF de 1988, art. 155, II.
15. Assim dispõe o Regulamento do ICMS do Estado do Ceará, art. 92.

ADMINISTRAÇÃO TRIBUTÁRIA

3.6.4 *A inscrição como obrigação tributária acessória*

A inscrição no cadastro de contribuintes, como se vê, atende ao interesse da Administração Tributária. Para o contribuinte ela não precisaria existir, se não fosse a necessidade de obedecer à legislação tributária. Para o contribuinte, aliás, seria melhor se não existissem as obrigações tributárias acessórias, entre elas a de se inscrever em cadastro de contribuintes. Tal inscrição não atende a interesse seu, mas a interesse exclusivamente da Fazenda Pública.

A inscrição no cadastro de contribuintes é uma obrigação tributária acessória. Aquele que pretende exercer determinada atividade tem o dever de se identificar perante a Fazenda Pública interessada na cobrança do tributo que incide sobre a mesma, para viabilizar o controle de seus atos relevantes na relação de tributação na qual passa a ser sujeito passivo.

3.6.5 *Recusa ou cancelamento de inscrição como sanção política*

A recusa do pedido de inscrição assim como o cancelamento da inscrição já existente constituem formas de obrigar o contribuinte a operar na clandestinidade. Em outras palavras: constituem formas de obrigar o contribuinte a agir ilegalmente.

Ocorre que na generalidade das situações o contribuinte não tem como exercer suas atividades sem dispor da documentação exigida pela legislação tributária. Um comerciante, por exemplo, não tem como promover a circulação de mercadorias sem dispor das notas fiscais que a legislação tributária exige. Por outro lado, muitos compradores exigem a nota fiscal, sem a qual não farão a compra. Em síntese: o fato de não estar regularmente inscrito no cadastro de contribuintes implica, na generalidade dos casos, total impossibilidade de exercício da atividade profissional ou econômica.

A legislação estadual referente ao ICMS geralmente estabelece diversas causas para o indeferimento do pedido de inscrição no cadastro de contribuintes, em sua maioria absolutamente inadmissíveis, como ocorre, por exemplo, com a indicada na legislação do Ceará segundo a qual a inscrição não será concedida "quando o titular ou sócio da empresa pleiteante estiver inscrito na Dívida Ativa do Estado ou participe

364 TEORIA GERAL DO DIREITO TRIBUTÁRIO

de outra que esteja cassada, suspensa ou baixada de ofício".[16] É da maior evidência que o fato de estar o titular do empreendimento, se pessoa física, ou qualquer dos sócios da empresa, se pessoa jurídica, em débito para com a Fazenda, bem como em face de algumas das outras razões previstas na legislação, constitui forma de compelir o devedor ao pagamento do que lhe é exigido pelo Fisco, sem que tenha sequer a oportunidade de questionar a validade jurídica da exigência.

No âmbito federal não é diferente. Tornou-se comum o cancelamento pela Receita Federal de inscrições de contribuintes, pessoas físicas, como sanção pela não apresentação de declaração de rendimentos ou de isentos, durante certo tempo. Esse cancelamento é sanção política, ou sanção anômala, absolutamente inconstitucional, e se destina apenas a justificar a cobrança de uma "taxa" pelo restabelecimento da inscrição – outra violação flagrante da Constituição Federal.

Realmente, a inscrição do contribuinte no Cadastro de Pessoas Físicas/CPF é uma obrigação deste, para que o Fisco o conheça e possa mantê-lo sob controle. Com o cancelamento o contribuinte é posto indevidamente na clandestinidade, que o impede de praticar quase todos os atos de sua vida normal. E, ao pleitear o restabelecimento de sua inscrição, ele está simplesmente a fazer uma petição, que a Constituição Federal assegura independentemente do pagamento de taxas.[17] É evidente, portanto, o arbítrio tanto no ato do cancelamento do CPF como na cobrança de taxa para seu restabelecimento.

A Medida Provisória 449, de 3.12.2008, notável exemplo de descaso do Governo para com a ordem jurídica,[18] cuida dos mais diversos assuntos, inclusive do cancelamento de inscrição no Cadastro Nacional da Pessoa Jurídica/CNPJ. Para tanto, altera dispositivos da Lei 9.430, de 27.12.1996, pertinentes ao assunto, albergando verdadeiras sanções políticas, porque o cancelamento da inscrição em cadastro de contribuinte – repita-se – implica negar o direito ao exercício de atividade econômica ou profissional para quem não esteja atendendo às exigências tributárias da Fazenda Nacional.

16. Regulamento do ICMS do Estado do Ceará (Decreto 24.569, de 31.7.1997), art. 94, IV.

17. CF de 1988, art. 5º, XXIV, "a".

18. A Medida Provisória 449, de 3.12.2008, trata de diversos assunto, em flagrante menosprezo ao estabelecido na Lei Complementar 95, de 26.2.1998.

3.6.6 *Recusa de autorização para a impressão de notas fiscais*

A legislação tributária impõe aos contribuintes, além de muitas outras obrigações acessórias, a emissão de certos documentos, entre os quais se destacam as notas fiscais, que devem ser impressas por estabelecimentos gráficos a tanto autorizados pela Fazenda. E estabelece que o contribuinte deve obter autorização em cada caso, sempre que mandar imprimir esses documentos.[19]

Tal exigência tem plena justificativa como forma de evitar a impressão de notas fiscais para serem utilizadas fraudulentamente. Notas fiscais colocadas fora do controle do órgão fiscal. Aliás, hoje um documento superado pela moderna tecnologia, posto que em uso, atualmente, a denominada *nota fiscal eletrônica.*

Seja como for, certo é que a recusa da autorização para a manufatura de qualquer documento fiscal de uso obrigatório implica privar o contribuinte de cumprir obrigações tributárias. E a paralisar o exercício de suas atividades, porque este na maioria dos casos é impossível sem a utilização de certos documentos exigidos pela legislação tributária.

3.6.7 *Exigências tributárias e autorização para o exercício da atividade econômica*

Realmente, certas exigências constantes da legislação tributária, a começar com a inscrição do contribuinte em cadastro específico, terminam por constituir o adimplemento de obrigações tributárias como condição para o exercício da atividade econômica – o que quer dizer que este fica a depender de autorização da autoridade fazendária.

Como a inscrição no cadastro de contribuintes está sujeita ao atendimento de condições especiais e pode ser cancelada em face do inadimplemento de certas obrigações tributárias, resta claro que fica nas mãos da autoridade fazendária autorizar o exercício da atividade econômica, em flagrante afronta ao parágrafo único do art. 170 da CF.

---

19. As Fazendas Estaduais têm se tornado cada vez mais rigorosas no controle da impressão de notas fiscais, especialmente depois de observarem que, em virtude da malsinada não cumulatividade do ICMS, tais documentos são às vezes utilizados como verdadeiros cheques contra a Fazenda, gerando créditos do ICMS relativamente a entradas de mercadorias que, na verdade, não acontecem.

3.6.8 *Manifestações do Poder Judiciário*

A propósito do tema, e confirmando entendimento já fixado, manifestou-se o STJ em julgado exemplar, que porta a seguinte ementa:

Processual civil – Tributário – Recurso especial – ICMS – Mandado de segurança – Aferição de liquidez e certeza do direito – Súmula n. 07/ STJ – Autorização para emissão de talonário de notas fiscais – Existência de débitos com a Fazenda Pública – Princípio do livre exercício da atividade econômica – Art. 170, parágrafo único, da CF – Súmula n. 547 do STF – Matéria constitucional – Norma local – Ressalva do entendimento do Relator.

1. A aferição da existência de direito líquido e certo demanda indispensável reapreciação do conjunto probatório existente no processo, o que é vedado em sede de recurso especial em virtude do preceituado na Súmula n. 07/STJ.

2. O Poder Público atua com desvio de poder negando ao comerciante em débito de tributos a autorização para impressão de documentos fiscais, necessários ao livre exercício das suas atividades (art. 170, parágrafo único, da Carta Magna).

3. A sanção que por via oblíqua objetive o pagamento de tributo, gerando a restrição ao direito de livre comércio, é coibida pelos Tribunais Superiores através de inúmeros verbetes sumulares, a saber: (a) "É inadmissível a interdição de estabelecimento como meio coercitivo para cobrança de tributo" (Súmula n. 70/STF); (b) "É inadmissível a apreensão de mercadorias como meio coercitivo para pagamento de tributos" (Súmula n. 323/STF); (c) "Não é lícito à autoridade proibir que o contribuinte em débito adquira estampilhas, despache mercadorias nas Alfândegas e exerça suas atividades profissionais (Súmula n. 547/STF); e (d) "É ilegal condicionar a renovação da licença de veículo ao pagamento de multa, da qual o infrator não foi notificado" (Súmula n. 127/STJ).

4. É defeso à Administração impedir ou cercear a atividade profissional do contribuinte para compeli-lo ao pagamento de débito, uma vez que este procedimento redunda no bloqueio de atividades lícitas, mercê de representar hipótese de autotutela, medida excepcional ante o monopólio da jurisdição nas mãos do Estado-juiz.

5. Recurso especial conhecido e provido.[20]

20. STJ, 1ª Turma, REsp 793.331-RS, rel. Min. Luiz Fux, j. 6.2.2007, *DJU* 1.3.2007, p. 239.

ADMINISTRAÇÃO TRIBUTÁRIA

A Administração também não pode proibir a atividade do contribuinte que deixe de cumprir obrigações acessórias. A legislação tributária estabelece a multa cabível, conforme o caso, e esta deve ser imposta ao inadimplente. Constituído regularmente o crédito tributário correspondente, este deve ser cobrado mediante a ação de execução fiscal.

Em outras palavras: a ordem jurídica estabelece os meios dos quais a Administração deve valer-se para compelir o contribuinte ao adimplemento de suas obrigações tributárias, principais e acessórias. O que não se pode admitir é a utilização das denominadas sanções políticas contra o contribuinte.[21]

Também no STF firmou-se a jurisprudência no sentido de que não é lícita a proibição de imprimir notas fiscais ao contribuinte em débito. E tal jurisprudência é da maior importância, porque, afinal, trata-se de questão constitucional. Mesmo que a lei ordinária a determine, a proibição será desprovida de validade jurídica, em face da inconstitucionalidade da lei. Além do que está consolidado nas súmulas de sua jurisprudência, o STF já o disse, em julgado que porta a seguinte ementa:

Débito fiscal – Impressão de notas fiscais – Proibição – lInsubsistência.

Surge conflitante com a Carta da República legislação estadual que proíbe a impressão de notas fiscais em bloco, subordinando o contribuinte, quando este se encontra em débito para com o Fisco, ao requerimento de expedição, negócio a negócio, de nota fiscal avulsa.[22]

Pela mesma razão, é inconstitucional a exigência de que o contribuinte preste garantia para obter autorização para a impressão de notas fiscais. Aliás, é tão flagrante essa inconstitucionalidade, que o STF já deferiu provimento cautelar atribuindo efeito suspensivo a recurso extraordinário para preservar o direito do recorrente.[23]

Na sustentação da tese que afirma a inconstitucionalidade das sanções políticas, o Min. Marco Aurélio foi incisivo ao afirmar:

---

21. Hugo de Brito Machado, "Sanções políticas no direito tributário", *RDDT* 30/46-49, São Paulo, Dialética, março/1998.

22. STF, Pleno, RE 413.782-8-SC, rel. Min. Marco Aurélio, j. 17.3.2005, *DJU* 3.6.2005, p. 4, e *RDDT* 120/222.

23. STF, 1ª Turma, AC/MC 1.740-RS, rela. Min. Carmen Lúcia, j. 20.11.2007, *DJU* 7.12.2007, p. 41.

368 TEORIA GERAL DO DIREITO TRIBUTÁRIO

(...). Recorra a Fazenda aos meios adequados à liquidação dos débitos que os contribuintes tenham, abandonando a prática de fazer justiça pelas próprias mãos, como acaba por ocorrer, levando a empresa ao caos, quando inviabilizada a confecção de blocos de notas fiscais. De há muito esta Corte pacificou a matéria, retratando o melhor enquadramento constitucional no Verbete n. 547 da Súmula: "Não é lícito à autoridade proibir que o contribuinte em débito adquira estampilhas, despache mercadorias nas Alfândegas e exerça suas atividades profissionais".

A lei estadual contraria, portanto, os textos constitucionais evocados, ou seja, a garantia do livre exercício do trabalho, ofício ou profissão – inciso XIII do art. 5º da Carta da República – e de qualquer atividade econômica – parágrafo único do art. 170 da CF.[24]

O Min. Celso de Mello, em voto longo e erudito, deixou fora de qualquer dúvida que a jurisprudência do STF está sedimentada no sentido de que são inconstitucionais as restrições impostas em razão do não pagamento de tributo. Vejamos o trecho de seu voto, onde está dito:

Cabe acentuar, neste ponto, que o STF, tendo presentes os postulados constitucionais que asseguram a livre prática de atividades econômicas lícitas (CF, art. 170, parágrafo único), de um lado, e a liberdade de exercício profissional (CF, art. 5º, XIII), de outro – e considerando, ainda, que o Poder Público dispõe de meios legítimos que lhe permitem tornar efetivos os créditos tributários – , firmou orientação jurisprudencial, hoje consubstanciada em enunciados sumulares (Súmulas ns. 70, 323 e 547) no sentido de que a imposição, pela autoridade fiscal, de restrições de índole punitiva, quando motivada tal limitação pela mera inadimplência do contribuinte, revela-se contrária às liberdades públicas ora referidas (*RTJ* 125/395, rel. Min. Octávio Gallotti).[25]

Observaram, a propósito, e com inteira propriedade, Raquel Cavalcante Ramos Machado e Hugo de Brito Machado Segundo[26] que, através do acórdão que acabamos de referir, o STF "revisitou" o tema das sanções políticas *à luz do princípio da proporcionalidade*. Tanto que,

24. Min. Marco Aurélio, voto proferido no RE 413.782-8-SC em 17.3.2005.
25. Min. Celso de Mello, voto proferido no RE 413.782-8-SC, em 17.3.2005.
26. Raquel Cavalcanti Ramos Machado e Hugo de Brito Machado Segundo, "Certidão negativa e recebimento de precatório", *RDDT* 136/56 e ss., São Paulo, Dialética, 2007.

ADMINISTRAÇÃO TRIBUTÁRIA 369

em seu voto, o Min. Marco Aurélio lembrou que, "em Direito, o meio justifica o fim, mas não este aquele. Recorra a Fazenda aos meios adequados à liquidação dos débitos que os contribuintes tenham, abandonando a prática de fazer justiça pelas próprias mãos (...)".[27]

Realmente, a Fazenda Pública pode e deve lançar o tributo que lhe seja devido e impor ao contribuinte faltoso a multa cabível em razão da infração cometida e, uma vez constituído o crédito, inscrevê-lo em Dívida Ativa e promover a competente execução fiscal para cobrar o crédito que lhe é devido. Não o faz, porém, por puro comodismo, preferindo utilizar meios indiretos para compelir o contribuinte a pagar o que pretende receber.

3.6.9 *Persistência da Fazenda Pública*

Não obstante as reiteradas manifestações do STJ e do STF, certo é que a Fazenda Pública, em todos os seus níveis – vale dizer, as Fazendas Públicas Federal, Estaduais e Municipais –, persiste na prática, cada vez mais intensa e mais sofisticada, das sanções políticas.

Os Poderes Judiciário e Legislativo sabem que a Administração realmente não tem apreço pelo Direito. E não respeita a orientação firmada na jurisprudência. Tanto que o STF propôs e o Congresso Nacional aprovou dispositivo de lei estabelecendo que da desobediência a súmula vinculante pode resultar, a final, a responsabilidade pessoal do agente público.[28]

3.6.10 *Responsabilidade pessoal do agente público*

Aliás, temos preconizado a responsabilização pessoal do agente público como o único caminho que o Direito oferece para o combate ao arbítrio estatal. Certamente não pode ser utilizada em todos os casos de práticas ilegais. É preciso que se trate de situação na qual a ilegalidade é flagrante e se pode atribuir sua prática a determinado agente público.

27. STF, Pleno, RE 413.782-SC, rel. Min. Marco Aurélio, j. 17.3.2005, *DJU* 3.6.2005, p. 4, e *RDDT* 120/222 (disponível em *www.stf.gov.br*).
28. Art. 64-B da Lei 9.784, de 29.1.1999, com a redação que lhe deu o art. 9º da Lei 11.417, de 19.12.2006.

370　　　TEORIA GERAL DO DIREITO TRIBUTÁRIO

A individualização do agente público é indispensável, como é indispensável que se trate de situação na qual a ilegalidade seja flagrante.

O cidadão vítima de dano decorrente de ilegalidade praticada por agente público deve ingressar em juízo com ação cobrando a indenização correspondente. Ação contra o ente público e contra o agente público. Fará pedidos sucessivos. O primeiro contra o agente público. O segundo, para ser atendido na hipótese de ser o primeiro considerado inviável pelo julgador, contra o ente público, que tem responsabilidade objetiva.

A grande vantagem desse procedimento reside em obrigar o agente público a se defender, pois o procurador do ente público estará impedido de defendê-lo, eis que as defesas, quanto à responsabilidade, são incompatíveis.

4. Questões relacionadas ao sigilo

4.1 Dever de informar e sigilo profissional

O Código Tributário Nacional estabelece o dever de informar ao Fisco, mas ao mesmo tempo estabelece também que o sigilo profissional deve ser respeitado como limite daquele dever. Assim, podemos dizer que o dever de prestar informações ao Fisco encontra limite no denominado *sigilo profissional*, que é uma garantia de ordem pública.

Existe um aparente conflito de normas, uma estabelecendo o dever de informar ao Fisco e outra estabelecendo o dever de guardar segredo em relação a fatos dos quais tenha o profissional tomado conhecimento no exercício profissional. Aliás, a violação desse dever de sigilo profissional, se prejudica alguém, é crime. O Código Penal define como crime "revelar alguém, sem justa causa, segredo, de que tem ciência em razão de função, ministério, ofício ou profissão, e cuja revelação passa produzir dano a outrem".[29]

4.2 O contador e o sigilo profissional

Pela natureza da atividade que exerce na empresa, o contador tem conhecimento de tudo ou de quase tudo o que na mesma acontece. Assim,

---

29. CP, art. 154.

ADMINISTRAÇÃO TRIBUTÁRIA

é relevante a questão de saber se ele pode ser compelido pelo Fisco a prestar informações a respeito de fatos dos quais tenha conhecimento no exercício profissional.

O STF já decidiu que o contador, por possuir o dever de preservar o sigilo profissional, não pode ser compelido a informar ao Fisco os atrasos de seus clientes no recolhimento de impostos.[30]

Pela mesma razão, o contador de uma empresa não pode ser obrigado a prestar ao Fisco informações sobre quaisquer fatos dos quais toma conhecimento no exercício de sua profissão.

4.3 O sigilo profissional e a testemunha

Mesmo arrolado como testemunha, o profissional obrigado ao sigilo não pode ser compelido a depor. Nesse sentido, o Código de Processo Penal estabelece que "são proibidas de depor as pessoas que, em razão de função, ministério, ofício ou profissão, devam guardar segredo, salvo se, desobrigadas pela parte interessada, quiserem dar o seu testemunho".[31] Assim, mesmo tendo sido liberado pela parte interessada do dever de guardar sigilo, inerente ao exercício da profissão, pode o profissional recusar-se a depor.

Existem atividades profissionais que não podem ser normalmente exercidas sem que o profissional tenha assegurado o direito de guardar segredo quanto ao que lhe é informado, como condição para o adequado desempenho de sua profissão. É o que ocorre, por exemplo, com a atividade do advogado, do médico, do contabilista, entre outros profissionais.

4.4 Sigilo bancário

O sigilo bancário tem sido considerado uma modalidade de sigilo profissional, e pode ser tido como uma garantia constitucional, consubstanciada na inviolabilidade do sigilo de dados.[32]

Em nota de atualização ao livro de Aliomar Baleeiro, *Direito Tributário Brasileiro*, Misabel Derzi estuda o assunto, aponta as divergências instauradas a seu respeito e afirma que:

30. STF, RE 86.420, rel. Ministro Xavier de Albuquerque, *DJU* 2.6.1978.
31. CPP, art. 207.
32. CF de 1988, art. 5º, XII.

372 TEORIA GERAL DO DIREITO TRIBUTÁRIO

Em conclusão podemos dizer que os requisitos, já esboçados pelo STF, imprescindíveis à quebra do sigilo bancário como direito fundamental à privacidade e à intimidade são, então: o princípio da objetividade material (que exige início de prova quanto à existência de um delito e de sua autoria); o princípio da pertinente adequação (que supõe relação lógica entre o objeto penal investigado e os documentos pretendidos); o princípio da proibição de excesso (que exige a demonstração da imprescindibilidade da prova para o êxito da investigação e a inexistência de outros meios menos danosos ou limitativos). O STF, ao direcionar o tema segundo os princípios referidos, posiciona-se, ao lado de outras Cortes Constitucionais e da legislação de outros povos, na posição moderada ideal: o direito à proteção à intimidade não é absoluto, não prevalecendo para proteger o crime. Mas residindo sua essência no direito à resistência à devassa e no interesse coletivo de saúde do sistema financeiro e de crédito, é mister que se determine sua quebra apenas em juízo e se observe a presença de requisitos materiais mínimos e imprescindíveis a serem obedecidos, caso a caso.[33]

Não obstante sua importância na preservação da livre iniciativa nas atividades econômicas, o sigilo bancário sofreu séria restrição em face dos interesses do Fisco, que terminou por obter autorização para conhecer os dados bancários dos cidadãos em geral. E – o que é pior – podendo tornar públicos dados relevantes dos empresários, na medida em que restou praticamente anulado o sigilo fiscal.

4.5 Sigilo bancário e sigilo fiscal

Realmente, a Lei Complementar 105, de 10.1.2001, flexibilizou o sigilo bancário, admitindo sejam prestadas informações à Fazenda Pública independentemente de requisição judicial. Sobre o assunto já escrevemos:

A Lei Complementar 105, de 10.1.2001, estabelece que não constitui violação do sigilo a que estão obrigadas as instituições financeiras, entre outras hipóteses, a prestação de informações nos termos e condições

---

33. Misabel Abreu Machado Derzi, "Notas de Atualização", in Aliomar Baleeiro, *Direito Tributário Brasileiro*, 11ª ed., Rio de Janeiro, Forense, 1999, p. 1001.

ADMINISTRAÇÃO TRIBUTÁRIA

que estabelece (art. 1º, § 3º). Delega ao Poder Executivo atribuição para disciplinar, inclusive quanto à periodicidade e aos limites de valor, os critérios segundo os quais as instituições financeiras informarão à Administração Tributária da União as operações financeiras efetuadas pelos usuários de seus serviços (art. 5º); as informações obtidas das instituições financeiras serão conservadas sob sigilo fiscal (art. 5º, § 5º).[34]

Assim, praticamente não existe sigilo bancário em relação ao Fisco, que, na verdade, tem acesso a todas as informações de fatos relevantes existentes no domínio de instituições financeiras.

Os defensores do projeto do qual resultou a Lei Complementar 105, de 10.1.2001, argumentavam que o acesso das autoridades da Administração Tributária aos dados de contas bancárias não constituía uma quebra do sigilo bancário, mas simplesmente a transferência de informações a quem também tem o dever de sigilo, posto que as referidas autoridades estão obrigadas ao sigilo fiscal.

Tal argumento, todavia, parece ter sido utilizado com profunda deslealdade, pois, ao mesmo tempo em que era encaminhado o referido Projeto, era encaminhado um outro, do qual resultou a Lei Complementar 104, também de 10.1.2001, que praticamente aboliu o sigilo fiscal. Com a redação que essa lei deu ao art. 198 do CTN, o sigilo fiscal restou praticamente abolido, pela ampliação injustificável de exceções e pela exclusão de certas situações, que foram colocadas fora de seu alcance, restando autorizada a publicidade em relação a elas.

4.6 Exceções ao sigilo fiscal e redução de seu alcance

Realmente, a Lei Complementar 104, de 10.1.2001, alterando a redação do *caput* do art. 198 do CTN, ampliou as exceções ao dever de sigilo fiscal e reduziu o alcance deste. Na redação anterior eram estabelecidas exceções apenas para os casos de permuta de informações entre autoridades fazendárias federais, estaduais e municipais, previstos em lei ou em convênio, e de requisição regular de autoridade judiciária no interesse da Justiça. Com a nova redação foi acrescentado o caso de solicitações de autoridades administrativas no interesse da Administração Pública.

---

34. Hugo de Brito Machado, *Curso de Direito Tributário*, 35ª ed., São Paulo, Malheiros Editores, 2014, pg. 258.

374 TEORIA GERAL DO DIREITO TRIBUTÁRIO

Além dessa ampliação nas exceções ao dever de guardar o sigilo fiscal, restou reduzido seu alcance, do qual ficaram excluídas algumas situações, permitindo-se a divulgação de informações relativas a representações fiscais para fins penais, inscrições na Dívida Ativa da Fazenda Pública e parcelamento ou moratória.

Nada justifica tais exclusões. As concessões de moratórias ou de parcelamentos não dependem de publicidade, e nem mesmo ensejam a necessidade do conhecimento do fato por pessoas estranhas à Administração Tributária. Quanto às inscrições em Dívida Ativa, mesmo que se formule um conceito restrito de Administração Tributária, no qual não estejam incluídas as Procuradorias, órgãos incumbidos de fazer tais inscrições e promover as cobranças correspondentes, bastaria um dispositivo admitindo a informação, a esses órgãos, das dívidas dos contribuintes a serem inscritas e cobradas.

Poder-se-ia argumentar com a necessidade de divulgação das inscrições em Dívida Ativa por conta da presunção de fraude na alienação ou oneração de bens por pessoa em débito para com a Fazenda Pública, inscrito em Dívida Ativa, sendo importante que terceiros tomem conhecimento da inscrição, para evitar que adquiram bens ou os aceitem em garantia. Tal argumento, todavia, é absolutamente inconsistente, porque quem adquire um bem ou o aceita em garantia protege-se contra aquela presunção com a certidão da inexistência de débitos de responsabilidade do alienante inscritos em Dívida Ativa. Por outro lado, pode ter havido a divulgação da inscrição mas ter sido a mesma cancelada, seja porque feita indevidamente, seja porque o devedor pagou sua dívida para coma Fazenda, e em qualquer caso o que importa mesmo é a certidão dando conta de que o alienante não tem débito para com a Fazenda inscrito em Dívida Ativa. Não importa se houve ou deixou de haver publicidade a respeito da inscrição.

A representação fiscal para fins penais, de fato, implica levar ao conhecimento de pessoas fora do âmbito da Administração Tributária fatos que certamente estão no âmbito do sigilo fiscal. Entretanto, também neste caso mais adequado seria uma simples ressalva. A lei poderia ter estabelecido que não se consideram quebra do sigilo fiscal a representação fiscal para fins penais bem como a propositura das ações penais decorrentes. Restaria vedada a publicação desses atos, cuja publicidade seria restrita aos meios onde tramitam os processos.

ADMINISTRAÇÃO TRIBUTÁRIA

4.7 Desvirtuamento do sigilo fiscal

O que se deu com a mudança de redação do dispositivo do Código Tributário Nacional pela Lei Complementar 104/2001 foi um verdadeiro e total desvirtuamento do sigilo fiscal. Dele restou uma versão capenga, desvirtuada, que se presta apenas para dar amparo às autoridades da Administração Tributária quando querem negar informações ao contribuinte que as procura por intermédio de terceiros, seus empregados ou prepostos sem mandato formal, escrito, prevalecendo também sob este aspecto o propósito extremamente burocrático do serviço público.

A exclusão de certas situações do âmbito do sigilo fiscal parece ter tido o propósito de permitir a prática de publicidade constrangedora contra o contribuinte. Podem ser divulgadas à vontade as listas de devedores. Basta que as dívidas estejam inscritas. Ou, então, basta que seja caso de representação fiscal para fins penais. Assim, a Fazenda pode arruinar qualquer empresa com publicidade sensacionalista. Basta que o contribuinte se oponha à cobrança do tributo, mesmo com inteira razão do ponto de vista jurídico. Não importa que a exigência tributária seja descabida. Quando o contribuinte conseguir decisão judicial que o diga, a notícia já estará divulgada, e os danos, moral e material, definitivamente consumados.

4.8 O remédio jurídico adequado

Também aqui, diante de cobrança indevida de tributo, que deseja questionar judicialmente, o remédio jurídico adequado do qual se pode valer o contribuinte para evitar situações constrangedoras criadas com a publicidade de fatos que deveriam estar protegidos pelo sigilo fiscal é a responsabilidade civil da Fazenda e a responsabilidade pessoal do agente público pelos danos decorrentes daquela publicidade.

Em situações dessa natureza, nas quais tenha contra ele exigência tributária indiscutivelmente indevida, o contribuinte pode notificar, judicial ou extrajudicialmente, quem esteja, na condição de autoridade ou de agente público, envolvido com a exigência ilegal de que vai promover ação judicial cobrando de tais pessoas a indenização pelos danos que venha a sofrer em decorrência da divulgação dos fatos. Essa responsabilização pessoal do servidor público é, na verdade, o único caminho para impedir atuações levianas e abusivas deste.

TEORIA GERAL DO DIREITO TRIBUTÁRIO

5. Dívida Ativa

5.1 Dívida Ativa Tributária

Tomada a palavra "dívida" com o significado que tem na linguagem comum, a expressão "Dívida Ativa" alberga uma contradição. Entretanto, o uso dessa expressão está há muito tempo consagrado na linguagem da Contabilidade Pública, tanto pela doutrina como pela legislação, como indicativo do crédito da entidade pública. Assim, a expressão "Dívida Ativa Tributária" designa o crédito tributário da Fazenda Pública não pago no vencimento e por isto inscrito no órgão estatal competente para viabilizar a propositura da execução fiscal, que é instruída com a certidão dessa inscrição, que é, no caso, o título executivo.

A Dívida Ativa abrange créditos de qualquer natureza da entidade pública. O que caracteriza o crédito como Dívida Ativa é sua inscrição como tal no órgão competente para fazer sua cobrança judicial. A Dívida Ativa classifica-se em duas espécies, a saber: a Dívida Ativa Tributária e a Dívida Ativa Não Tributária.[35] Diz-se Dívida Ativa Tributária aquela que consubstancia um crédito tributário que, por não ter sido pago no correspondente vencimento, é encaminhado para inscrição junto ao órgão competente para promover a execução fiscal.

5.2 Inscrição em Dívida Ativa

Para que seja inscrito em Dívida Ativa, o crédito da Fazenda Pública deve ter sido regularmente constituído. Tratando-se de Dívida Ativa Tributária, o crédito tributário do qual decorre deve ter sido constituído mediante lançamento feito pela autoridade administrativa competente, submetido ao controle da própria Administração, em regular processo, no qual seja assegurado ao sujeito passivo da obrigação tributária o direito de ampla defesa. O lançamento há de ser procedimento no qual a Administração Pública se submete aos limites estabelecidos pela ordem jurídica.

Assim, tanto a inscrição em Dívida Ativa como a constituição do crédito tributário devem ser feitas de forma regular, vale dizer, com observância da lei e dos princípios constitucionais que consubstanciam garantias do contribuinte. Mesmo sendo o tributo devido, a execução

---

35. Lei 4.320, de 17.3.1964, art. 39, § 2º.

ADMINISTRAÇÃO TRIBUTÁRIA

fiscal pode, a final, ser julgada improcedente, em virtude de vícios formais no procedimento administrativo.

5.3 Irregularidades que invalidam a inscrição em Dívida Ativa

Nos procedimentos administrativos de lançamento tributário às vezes ocorrem irregularidades, que, em geral, consistem no cerceamento do direito de defesa do contribuinte, entre as quais o indeferimento do pedido de produção de prova pericial, os julgamentos em sessões secretas nas Turmas Julgadoras em primeira instância e a realização de sessões secretas nos órgãos colegiados de segunda instância administrativa.

Tais irregularidades produzem o denominado vício de procedimento ou vício formal, de sorte que, mesmo sendo o tributo devido, sua cobrança mediante execução fiscal pode restar inviabilizada. Para o contribuinte que não quer pagar o tributo, em certos casos, é bom que ocorram tais vícios formais, que no mais das vezes lhe permitem obter decisão judicial favorável.

5.4 Termo de inscrição em Dívida Ativa

A inscrição do crédito da Fazenda Pública em sua Dívida Ativa é o registro desse crédito, com a indicação do devedor e, sendo o caso, dos corresponsáveis, o domicílio e a residência de cada um, e tem a finalidade de tornar o crédito cobrável mediante ação executiva, porque a certidão da referida inscrição é um título executivo extrajudicial.

Na expressão "termo de inscrição", a palavra "termo" significa auto ou descrição dos elementos essenciais do registro, que é feito geralmente em livro, mas pode ser também em outro meio, material ou magnético.

O Código Tributário Nacional indica os elementos que o termo de inscrição deve conter, que são:[36] (a) o nome do devedor e, sendo o caso, dos corresponsáveis, bem como, sempre que possível, o domicílio ou a residência de um e de outros; (b) a quantia devida e a maneira de calcular os juros de mora acrescidos; (c) a origem e a natureza do crédito, mencionada especificamente a disposição da lei em que seja fundado; (d) sendo caso, o número do processo administrativo de que se originar

36. CTN, art. 202.

378 TEORIA GERAL DO DIREITO TRIBUTÁRIO

o crédito. E estabelece, ainda, que a certidão de inscrição em Dívida Ativa conterá, além dos referidos elementos, a indicação do livro e da folha deste na qual está lavrado o termo correspondente.[37]

Estabelece, ainda, o Código Tributário Nacional que a omissão de qualquer dos requisitos exigidos ou o erro a eles relativo são causas de nulidade da inscrição e do processo de cobrança dela decorrente, mas a nulidade poderá ser sanada até a decisão de primeira instância, mediante a substituição da certidão nula, devolvido ao sujeito passivo, acusado ou interessado, o prazo para defesa, que somente poderá versar sobre a parte modificada.[38]

É claro que, se a substituição da certidão defeituosa ocorrer antes dos embargos, a defesa do executado não se submete à restrição, que, evidentemente, só se justifica para os casos nos quais a substituição do título executivo tenha ocorrido depois dos embargos ou depois de decorrido o prazo para oferecimento destes. Realmente, pode ocorrer que o executado não tenha oferecido embargos porque nada tinha a opor à cobrança. Entretanto, substituída a certidão por outra na qual é indicada quantia maior, pode surgir para o executado o interesse legítimo de embargar a execução, sustentando que não deve toda a quantia cobrada.

Seja como for, a restrição quanto à matéria de defesa em face da substituição da certidão nula deve ser interpretada de forma a que não se opere um cerceamento do direito de defesa do executado. Pode ocorrer, por exemplo, que a certidão tenha mencionado um número de processo administrativo incorreto, e dessa referência tenha decorrido para o executado a impossibilidade de atacar a exigência em seu mérito. Assim, como em situações equivalentes, nas quais a incorreção a final sanada possa ter dificultado a defesa do executado, a limitação da defesa deste, depois de sanado o vício, deve ser vista de modo razoável, para que não se configure o cerceamento do seu direito de defesa.

5.5 Presunção de liquidez e certeza da Dívida Ativa

O Código Tributário Nacional estabelece que a Dívida regularmente inscrita goza da presunção de liquidez e certeza e tem o efeito de

37. CTN, art. 202, parágrafo único.
38. CTN, art. 203.

ADMINISTRAÇÃO TRIBUTÁRIA 379

prova pré-constituída.[39] A não ser assim, a certidão de sua inscrição em Dívida Ativa não poderia ser um título executivo. Essa presunção, todavia, é relativa, e pode ser ilidida por prova inequívoca a cargo do sujeito passivo ou de terceiro a quem aproveite.[40]

O fundamento dessa presunção reside no regular processo administrativo, no qual o contribuinte tem oportunidade de formular todas as objeções à exigência da Administração Tributária, de sorte que o crédito apurado se presume líquido e certo. Por isto mesmo, não se admite a inscrição em Dívida Ativa antes de proferida a decisão final nesse processo.

A presunção de liquidez e certeza do crédito tributário devidamente inscrito em Dívida Ativa, todavia, é relativa, e, sendo assim, apenas inverte o ônus da prova. Em princípio a Fazenda Pública tem o ônus de provar a ocorrência dos fatos dos quais decorre a dívida tributária. Desse ônus ela se desobriga no âmbito do processo administrativo fiscal, vale dizer, no procedimento de lançamento, realizando as diligência que o contribuinte pode requerer para a apuração dos fatos. Por isto é que, se tal processo não tiver curso regular, sendo sua validade formal impugnada em juízo, o ônus daquela prova segue sendo da Fazenda. Em outras palavras: para gerar a presunção de liquidez e certeza do crédito tributário, a inscrição deste em Dívida Ativa – repita-se – há de ser precedida de regular processo administrativo.

A presunção de liquidez e certeza da qual goza o crédito tributário regularmente inscrito em Dívida Ativa, aliás, é a principal razão para que não se admita o protesto da Certidão de Dívida Ativa/CDA, como a seguir se verá.

5.6 O protesto de Certidão de Dívida Ativa/CDA

O protesto de CDA é providência indevida, absolutamente fora de propósito, que apenas demonstra o propósito da Fazenda Pública de utilizar, por puro comodismo, todos os meios que imagina eficazes para compelir o contribuinte ao pagamento do tributo, em vez de usar os meios que a ordem jurídica oferece para a arrecadação do que lhe é devido.

39. CTN, art. 204.
40. CTN, art. 204, parágrafo único.

380 TEORIA GERAL DO DIREITO TRIBUTÁRIO

A Fazenda Pública quer sempre arrecadar mais e mais, sem a mínima preocupação com os limites que a ordem jurídica estabelece, e busca sempre fórmulas para compelir o contribuinte ao pagamento de tributo, sejam devidos ou não, sendo notável a capacidade criativa de seus agentes, que amesquinham o Direito em detrimento do cidadão, esquecidos de que autoridades são apenas alguns e só durante algum tempo, enquanto cidadãos somos todos nós durante toda a vida.

Assim é que surgiu a ideia de protestar CDAs, que é um notável exemplo do uso artificioso e distorcido de instrumentos jurídicos, com violação do Direito, na tentativa de aumentar a arrecadação.

O protesto é o ato formal e solene pelo qual se provam a inadimplência e o descumprimento de obrigação originada em títulos e outros documentos de dívida.[41] Na verdade, o protesto é relacionado aos títulos de crédito que existem no direito privado, pois consubstancia a declaração formal feita pelo credor de que o inadimplemento da obrigação, pelo devedor não é por ele tolerada. Declaração formal de que não concorda com a demora no aceite, na devolução ou no pagamento de um título de crédito, que decorre de relação contratual.

Mais evidente ainda é o absoluto despropósito do protesto de CDA da Fazenda Pública quando consideramos os efeitos do protesto dos títulos de crédito, a saber: (a) interromper a prescrição; (b) viabilizar o pedido de falência do devedor; (c) induzir o devedor em mora; (d) preservar o direito de regresso contra coobrigados. Mais evidente porque o crédito tributário não carece de nenhum desses efeitos.

Realmente, tratando-se de crédito tributário, a prescrição interrompe-se pelo despacho do juiz que ordenar a citação em execução fiscal. A Fazenda não pode nem tem interesse em pedir a falência do devedor. O crédito tributário não integralmente pago no vencimento é automaticamente acrescido dos juros de mora.[42] O direito de cobrar o crédito tributário dos denominados responsáveis, que seriam os coobrigados, é preservado pela observância das formalidades legais no procedimento de lançamento.

Aliás, o protesto de CDA já foi considerado incabível pelo STJ,[43] de sorte que a determinação da Fazenda Nacional no sentido de sua realização constitui também uma forma de desrespeito ao Poder Judiciário.

41. Lei 9.492, de 10.9.1997, art. 1º.
42. CTN, art. 161.
43. STJ, REsp 287.824-MG, rel. Min. Francisco Falcão, *DJU*-1 20.2.2006, p. 205.

ADMINISTRAÇÃO TRIBUTÁRIA 381

O ato normativo da Fazenda Nacional que autoriza o protesto de CDA,[44] todavia, tem a utilidade de identificar o responsável pela ilegalidade, para que o contribuinte possa promover contra ele a ação cobrando a indenização dos danos que tenha sofrido com o protesto, pois, conforme temos sustentado,[45] o agente público responde pessoalmente pelos danos que suas condutas ilegais causem ao contribuinte.

6. Certidões negativas

6.1 Forma de provar a quitação de tributos

Uma coisa é saber quando pode ser exigida do contribuinte a prova de quitação de tributos e outra, bem diferente, é a questão da forma de provar essa quitação, quando exigível tal prova. Ao cuidar das certidões negativas, o Código Tributário Nacional estabelece apenas a forma de provar a quitação.

Realmente, o Código Tributário Nacional, ao cuidar das certidões negativas, estabelece que a lei poderá exigir que a prova da quitação de determinado tributo, quando exigível, seja feita por certidão negativa, expedida à vista de requerimento do interessado, que contenha todas as informações necessárias à identificação de sua pessoa, domicílio fiscal e ramo de negócio ou atividade e indique o período a que se refere o pedido.[46] E estabelece, ainda, que a certidão negativa será sempre expedida nos termos em que tenha sido requerida e será fornecida dentro de 10 dias da data da entrada do requerimento na repartição.[47]

6.2 Exigência de quitação de tributos

Tem sido frequente a recusa de certidão negativa pelas repartições da Administração Tributária em face de não comprovação, pelo requerente, do pagamento dos tributos a que está sujeito, mesmo sem existir lançamento. Essa prática é desprovida de fundamento jurídico, porque o

---

44. Portaria 321, de 6.4.2006, do Procurador-Geral da Fazenda Nacional.
45. Hugo de Brito Machado, "Responsabilidade pessoal do agente público por danos ao contribuinte", *RDDT* 95, São Paulo, Dialética, agosto/2003.
46. CTN, art. 205.
47. CTN, art. 205, parágrafo único.

382 TEORIA GERAL DO DIREITO TRIBUTÁRIO

contribuinte não pode ser considerado em débito enquanto não for contra ele constituído o crédito tributário.

O STJ já decidiu que, tratando-se de tributo sujeito a lançamento, enquanto este não se verificar o contribuinte tem direito à certidão negativa de débito fiscal – eis que não existe, ainda, crédito tributário exequível.[48]

Ocorre que, nos termos do Código Tributário Nacional, todos os tributos estão sujeitos a lançamento. Mesmo em relação aos tributos cujo pagamento ordinariamente se faz antes do lançamento, como previsto em seu art. 150, não se pode afirmar existente um débito tributário, e, assim, um obstáculo ao fornecimento da certidão, se não existe crédito tributário regularmente constituído.

Se o contribuinte não fez a declaração que lhe cabia fazer ou não antecipou o pagamento, nos casos em que a lei o obriga a isto, a autoridade da Administração Tributária tem o dever de proceder ao lançamento do tributo, valendo-se das informações das quais possa dispor, e só depois poderá recusar o fornecimento da certidão negativa.

É que, se o contribuinte não declarou ou não antecipou o pagamento, pode ser, em princípio, que não existisse obrigação de declarar ou antecipar pagamento algum. Pode não ter ocorrido a situação de fato da qual decorreria seu dever de declarar ou de pagar antecipadamente. Não existe, portanto, certeza alguma quanto à existência de dívida tributária, e por isto não pode a Administração Tributária recusar o fornecimento da certidão.

6.3 Exigência de quitação e garantias constitucionais

A exigência de certidão negativa de débito tributário pode, em muitos casos, consubstanciar cerceamento ao direito de exercer trabalho, ofício ou profissão ou ao direito de exercer atividade econômica, e, assim, entrar em conflito com normas da Constituição Federal que asseveram serem garantidos esses direitos. Em tais casos a exigência de certidão negativa de débito tributário constitui meio indireto de compe-

---

48. STJ, 1ª Turma, REsp 127.375-GO, rel. Min. Humberto Gomes de Barros, j. 4.12.1997, v.u., *DJU-1* 2.3.1998, p. 21, e *Repertório IOB de Jurisprudência* 8/185, 2ª quinzena de abril/1998, Texto 1/12164.

ADMINISTRAÇÃO TRIBUTÁRIA

lir o contribuinte ao pagamento do tributo, configurando verdadeira sanção política, cuja inconstitucionalidade tem sido afirmada pela jurisprudência, inclusive do STF.[49]

A referida manifestação do STF deu-se em sede de recurso extraordinário ao qual deu provimento, o que demonstra ainda existirem, infelizmente, tribunais admitindo a aplicação das denominadas sanções políticas.

---

49. STF, RE 374.981-RS, rel. Min. Celso de Mello, *Informativo STF* 381, 21.3-1.4.2005.

Capítulo IX

Sanções Tributárias

1. Introdução. 2. A sanção como consequência da não prestação. 3. As espécies de sanção tributária: 3.1 As classificações – 3.2 Sanções pecuniárias ou multas – 3.3 Sanções como instrumentos para obter a prestação devida – 3.4 Sanções restritivas da liberdade pessoal – 3.5 Sanções políticas. 4. Inadmissibilidade das sanções políticas: 4.1 O que é uma sanção política – 4.2 Por que são inadmissíveis as sanções políticas – 4.3 Alguns exemplos de sanção política: 4.3.1 Apreensão de mercadorias – 4.3.2 Cancelamento da inscrição do contribuinte – 4.3.3 Protesto de Certidão de Dívida Ativa/CDA. 5. Apreensão válida de mercadorias: 5.1 O art. 163, inciso V e § 7º, da Constituição de São Paulo – 5.2 A ementa do acórdão proferido na ADI 395-0 – 5.3 Mercadoria desacompanhada de documento fiscal – 5.4 O conceito de mercadoria – 5.5 Prova da posse legítima – 5.6 A nota fiscal como documento idôneo: 5.6.1 Qual a finalidade da nota fiscal? – 5.6.2 Documento fiscal idôneo.

1. Introdução

Neste capítulo vamos estudar as sanções tributárias, tema que envolve conceitos de grande importância em uma Teoria Geral do Direito Tributário. E o faremos sem esquecer lições de eminentes teóricos do Direito e filósofos, especialmente a respeito do relativismo, das contradições, das inovações na lei e das opiniões contrárias.

Sobre o relativismo, Radbruch invoca lição de Goethe, a dizer que:

(...) as diversas maneiras de pensar acham afinal o seu fundamento na diversidade dos homens e por isso será sempre impossível criar neles convicções uniformes.[1]

---

1. Gustav Radbruch, *Filosofia do Direito*, 5ª ed., trad. de Luis Cabral de Moncada, Coimbra, Arménio Amado Editor, 1974, p. 59.

386 TEORIA GERAL DO DIREITO TRIBUTÁRIO

Sobre as contradições, vale dizer, quanto ao relativismo da própria coerência, Radbruch, no pórtico do capítulo sobre as antinomias da ideia de Direito, transcreve o seguinte questionamento de Ibsen:

Já alguma vez conduziste até ao fim um pensamento, sem teres tropeçado numa contradição?[2]

A respeito das inovações na lei temos a lição de Norbert Rouland, a nos dizer que:

O legislador não deve perder de vista que as leis são feitas para os homens, e não os homens para as leis, que devem ser adaptadas ao caráter, aos hábitos, à situação do povo para o qual são feitas, que cumpre ser sóbrio de novidades em matéria de legislação, porque, se é possível, numa instituição nova, calcular as vantagens que a teoria nos oferece, não o é conhecer todos os inconvenientes que apenas a prática pode descobrir.[3]

E finalmente, sobre ser inevitável a existência de opiniões contrárias, escreveu David Hume, no início dos anos 1700:

Tampouco é necessário um conhecimento muito profundo para se descobrir quão imperfeita é a atual condição de nossas ciências. Mesmo a plebe lá fora é capaz de julgar, pelo barulho e vozerio que ouve, que nem tudo vai bem aqui dentro. Não há nada que não seja objeto de discussão e sobre o qual os estudiosos não manifestem opiniões contrárias. A questão mais trivial não escapa à nossa controvérsia, e não somos capazes de produzir nenhuma certeza a respeito das mais importantes. Multiplicam-se as disputas, como se tudo fora incerto, e essas disputas são conduzidas da maneira mais acalorada, como se tudo fora certo. Em meio a todo esse alvoroço, não é a razão que conquista os louros, mas a eloquência; e ninguém precisa ter receio de não encontrar seguidores para suas hipóteses, por mais extravagantes que sejam, se for hábil o bastante para pintá-las em cores atraentes. A vitória não é alcançada pelos combatentes que manejam o chuço e a espada, mas pelos corneteiros, tamborileiros e demais músicos do exército.[4]

2. Idem, p. 159.
3. Norbert Rouland, *Nos Confins do Direito*, trad. de Maria Ermantina de Almeida Prado Galvão, São Paulo, Martins Fontes, 2003, p. 1.
4. David Hume, *Tratado da Natureza Humana*, 2ª ed., trad. de Débora Donowski, São Paulo, UNESP, 2009, pp. 19-20.

SANÇÕES TRIBUTÁRIAS

Começaremos estudando o conceito de sanção na Teoria Geral do Direito, para em seguida estudarmos as espécies de sanções tributárias. Depois estudaremos uma forma curiosa de sanção, que temos denominado de *sanção política*, procurando demonstrar sua inadmissibilidade em nosso ordenamento jurídico, especialmente em face de sua evidente incompatibilidade com a garantia constitucional de liberdade de iniciativa econômica.

2. A sanção como consequência da não prestação

Como acontece com as palavras em geral, a palavra "sanção" é plurissignificativa, mas na linguagem jurídica tem como sentido mais destacado o de consequência da não prestação, vale dizer, consequência do não cumprimento do dever jurídico. Em outras palavras: a sanção é um dos elementos essenciais na norma jurídica, embora possam existir e efetivamente existam nos ordenamentos jurídicos em geral normas desprovidas de sanção. São normas incompletas, cuja completude pode dar-se com a sanção prevista em outra norma. E pode mesmo existir norma incompleta, sem sanção alguma, pois da inexistência da sanção decorre ou pode decorrer a ineficácia, mas não a invalidade da norma jurídica.[5]

Seja como for, não podemos esquecer que a sanção integra a estrutura da *norma jurídica*, assim expressa: *dado o fato temporal, deve ser a prestação; e, dada a não prestação, deve ser a sanção*.

Neste sentido é a lição de Arnaldo Vasconcelos, que ensina:

A sanção integra o conceito de Direito e tem lugar na estrutura da norma jurídica. Nada obstante impor-se automaticamente, não é, porém, autoaplicável. Na cronologia do fenômeno jurídico, situa-se como resultado da não prestação e como pressuposto da coação, que se manifestará através do poder institucionalizado, consistente num ato executivo, judicial ou mesmo legislativo. Por esse meio obterá eficácia.[6]

---

5. V. Norberto Bobbio, *Teoría General del Derecho*, Bogotá, Editorial Temis, 1997, pp. 115-119.
6. Arnaldo Vasconcelos, *Teoria da Norma Jurídica*, 6ª ed., São Paulo, Malheiros Editores, 2006, p. 165.

388 TEORIA GERAL DO DIREITO TRIBUTÁRIO

Não temos dúvida de que a sanção, seja penalidade ou não, integra a estrutura da norma jurídica, como consequência da não prestação. Não prestação que configura o ilícito, e por sua vez constitui pressuposto essencial da penalidade.

Entretanto, como o Estado não tem nenhum apreço pelo Direito, conhecemos caso no ordenamento jurídico brasileiro em que o legislador chegou ao absurdo de instituir penalidade pelo exercício de um direito fundamental, que é o direito de requerer.[7]

3. As espécies de sanção tributária

3.1 As classificações

As classificações não são verdadeiras nem falsas, mas úteis ou inúteis. Neste sentido é a lições de Genaro Carrió, acolhida por diversos juristas, no Brasil e em outros Países.[8]

Quando se faz uma classificação, o que mais importa é o critério de distinção entre as espécies que se pretende classificar. E a coerência, que, obviamente, se faz necessária, especialmente no que diz respeito à finalidade da classificação. Assim, tendo em vista os critérios que vamos indicar, e com a finalidade de facilitar o estudo das sanções no âmbito desta *Teoria Geral do Direito Tributário*, fazemos uma classificação destas a partir dos direitos por elas atingidos.

Classificamos, então, as sanções em quatro espécies, a saber: as *sanções pecuniárias* ou *multas, sanções como instrumentos para obter a prestação devida*, as *sanções restritivas da liberdade pessoal* e as *sanções políticas.*

3.2 Sanções pecuniárias ou multas

As sanções pecuniárias, ou multas, constituem a espécie de sanções mais comuns, e certamente as mais adequadas no âmbito do direito tributário. Quase todas dizem respeito ao não cumprimento de obrigações

---

7. Lei 12.249, de 11.6.2010, que alterou a Lei 9.430, de 27.12.1996, inserindo os §§ 15, 16 e 17 em seu art. 74.

8. Genaro Carrió, *Notas sobre Derecho y Lenguaje*, 4ª ed., Buenos Aires, Abeledo-Perrot, 1994, pp. 99-100.

SANÇÕES TRIBUTÁRIAS

tributárias acessórias e têm valor geralmente muito elevado, porque o descumprimento de uma obrigação tributária acessória em regra autoriza a presunção de descumprimento também de obrigações principais.

Assim, quando um comerciante descumpre a obrigação de emitir nota fiscal relativa à venda de determinada mercadoria, esse inadimplemento gera a presunção de que o referido contribuinte não vai pagar o imposto incidente sobre aquela venda, além de também não pagar tributos outros incidentes sobre a receita bruta da empresa e sobre o lucro tributável.

Questão interessante consiste em saber se as multas de mora constituem penalidade. Entendemos que sim. Aliás, conforme já afirmamos no capítulo onde estudamos a obrigação tributária, o próprio Código Tributário Nacional o diz quando estabelece que o não pagamento do tributo no prazo legal é uma infração e a multa de mora uma penalidade e, ainda, quando estabelece que o disposto em seu art. 134 só se aplica, em matéria de penalidades, às de caráter moratório.[9] Por isto, consideramos indevida a cobrança de multa de mora nos casos de denúncia espontânea.

Não podemos, todavia, esquecer que o Código Tributário Nacional, acertadamente ou não, não trata como infração o não pagamento do tributo no prazo legal. Conforme já escrevemos ao estudar a obrigação tributária, parece-nos evidente que, se *infração* é o não cumprimento da regra jurídica, o não pagamento do tributo devido no prazo legalmente estabelecido é uma infração. Entretanto, de certa forma se justifica o tratamento diferenciado à multa de mora, pois, se o contribuinte cumpre regularmente todas as suas obrigações tributárias acessórias, os fatos relevantes do ponto de vista tributário estarão colocados ao alcance do Fisco, que poderá fazer o lançamento de ofício e cobrar o que considerar devido.

Ressalte-se, finalmente, que não se aplica às penalidades pecuniárias o princípio do não confisco, que no ordenamento jurídico brasileiro está expresso em dispositivo da Constituição Federal de 1988 que veda expressamente a instituição de tributo com efeito de confisco. Aplicam-se, todavia, os princípios da razoabilidade e da proporcionalidade, em atenção aos quais devem ser considerados inconstitucionais os dispositivos de lei que estabeleçam multas desproporcionais ao dano resultante da infração à qual correspondam.

9. CTN, art. 134, parágrafo único.

390 TEORIA GERAL DO DIREITO TRIBUTÁRIO

Sobre o assunto, fazendo, inclusive, referência a manifestação do STF, já escrevemos:

Estariam as multas fiscais incluídas no conceito de tributo para os fins da vedação contida no art. 150, IV, de nossa CF? Vale dizer, o princípio do não confisco poderia ser invocado para invalidar a imposição de multas que, por serem elevadas, podem ser consideradas confiscatórias? Há quem ofereça a tal questão resposta afirmativa. O ilustre professor Zelmo Denari, por exemplo, sustenta a tese segundo a qual o princípio do não confisco abrange as multas tributárias. *[Zelmo Denari, conferência proferida em Congresso da Academia Brasileira de Direito Tributário, em São Paulo, 10.11.2000]* Nessa mesma linha de entendimento, o STF, no dia 17.6.1998, concedeu medida liminar na ADI/MC 1.075-DF, promovida pela Federação Nacional do Comércio, para suspender a vigência do art. 3º, parágrafo único, da Lei 8.846/1994, que comina para a hipótese de venda de mercadoria sem a emissão de nota fiscal multa de 300% do valor da operação. Considerou relevante a tese de ofensa ao art. 150, IV, da CF, que veda a utilização de tributo com efeito de confisco.[10]

Com o devido respeito, esse entendimento não nos parece correto. Aliás, já expressamos nosso ponto de vista a tal respeito, escrevendo:

A multa de 300% do valor da mercadoria vendida sem nota fiscal é, sem dúvida, um excelente exemplo de combate à sonegação de tributos. Muito melhor que a ameaça de cadeia resultante da criminalização da conduta evasiva, ilícita, do contribuinte. Nenhum comerciante pode alegar que não sabe ser obrigatória a emissão de nota fiscal, e não é razoável lhe seja permitida a prática dessa infração tão evidente e tão significativa no controle da arrecadação tributária.

Pretender-se que a multa legalmente cominada para a venda de mercadoria sem nota fiscal não seja confiscatória, mas suportável, de sorte a que os comerciantes possam incluí-la nos seus custos operacionais, é pretender inteiramente ineficaz a sanção, que restará, assim, convertida num verdadeiro tributo de exigência eventual.

10. Hugo de Brito Machado, *Curso de Direito Constitucional Tributário*, São Paulo, Malheiros Editores, 2012, pág. 252.

SANÇÕES TRIBUTÁRIAS

Diversamente da pena prisional, cuja aplicação depende de um processo complicado e custoso, caro e demorado, a pena pecuniária rigorosa de que se cuida é de aplicação singela e eficaz; e, exatamente porque elevada, tem caráter intimidatório capaz de inibir essa forma primária de sonegação. Além disto, quando não tenha funcionado esse efeito intimidatório, e tenha a multa de ser aplicada, sua arrecadação propicia ao Tesouro Público os recursos de que necessita, inclusive para melhorar o seu aparelho de fiscalização.

(...).

O princípio do não confisco – segundo o qual é vedado ao Poder Público utilizar tributo com efeito de confisco –, consubstanciado no art. 150, IV, da vigente CF, é necessário para tornar o tributo compatível com a garantia do livre exercício das atividades econômicas. Se fosse possível tributo confiscatório, estaria negada aquela garantia. Como a atividade econômica constitui o suporte mais geral da tributação, bastaria a instituição de tributo confiscatório para impedir seu exercício. Tem-se, pois, que a garantia do não confisco é, na verdade, um reforço ou mesmo uma explicitação da garantia do exercício da atividade econômica.

Aquela garantia, porém, não se aplica às multas, pois seria absurdo dizer que a Constituição garante o exercício da ilicitude. As multas têm como pressuposto a prática de atos ilícitos, e, por isto mesmo, garantir que elas não podem ser confiscatórias significa, na verdade, garantir o direito de praticar atos ilícitos.[11]

Às multas ou sanções pecuniárias, todavia, aplicam-se os princípios constitucionais da proporcionalidade e da razoabilidade. E isto é da maior importância, especialmente para afastar a aplicação de dispositivos de lei que estabelecem multas proporcionais ao valor do tributo, ou da operação tributável, para o descumprimento de obrigações simplesmente acessórias, especialmente quando está fora de dúvida que não ocorreu descumprimento de nenhuma obrigação principal.

3.3 Sanções como instrumentos para obter a prestação devida

O ilícito – repita-se – é pressuposto essencial da sanção, que na cronologia jurídica se situa como resultado da não prestação. No âmbito

11. Idem, pp. 263-264.

392 TEORIA GERAL DO DIREITO TRIBUTÁRIO

da relação obrigacional tributária a sanção que funciona como instrumento para que o credor obtenha do inadimplente a prestação devida é a execução fiscal, vale dizer, um ato executivo judicial.

Na relação obrigacional tributária tem-se que o não cumprimento de uma obrigação acessória faz nascer uma obrigação principal cujo objeto é a penalidade pecuniária. E, uma vez constituído o "crédito tributário", expressão com a qual se designa a relação obrigacional tributária devidamente acertada – vale dizer, com valor determinado e sujeito passivo devidamente identificado –, é feita a inscrição em Dívida Ativa da entidade tributante, extraindo-se a competente certidão, denominada Certidão de Dívida Ativa/CDA, que é o título hábil para instruir a petição inicial do processo de execução fiscal.

3.4 Sanções restritivas da liberdade pessoal

As sanções restritivas da liberdade pessoal seriam verdadeiras penas prisionais. Não conhecemos ordenamento jurídico que as estabeleça, mas a elas nos referimos nesta *Teoria Geral do Direito Tributário* porque, em tese, elas podem ser instituídas.

No ordenamento jurídico brasileiro já houve tentativas no sentido de implantar sanções prisionais, em época de governo ditatorial, mas felizmente elas não prosperaram. Seriam flagrantemente inconstitucionais em face da vigente Constituição Federal, pois esta, ao cuidar dos direitos e garantias individuais, assegura que "não haverá prisão civil por dívida, salvo a do responsável pelo inadimplemento voluntário e inescusável de obrigação alimentícia e a do depositário infiel".[12]

Conhecemos manifestações de respeitáveis juristas que poderiam colocar em dúvida o alcance da mencionada garantia constitucional, como é o caso de Andreas Eisele, para quem:

A criminalização da omissão de recolhimento de tributos indiretos ou de contribuições sociais devidos por agentes de retenção não fere a garantia prevista no art. 5º, LXVII, da CF, pois prevê prisão penal e não civil, ainda que o fato penalmente tipificado se revista das características de dívida de valor específico.[13]

---

12. CF de 1988, art. 5º, LXVII.

13. Andreas Eisele, *Apropriação Indébita e Ilícito Penal Tributário*, São Paulo, Dialética, 2001, p. 165.

O STF, por seu turno, em 3.8.1998, por ato de seu então Presidente, o Min. José Celso de Mello Filho, negou medida liminar no HC 77.631-SC, afirmando ser compatível com a Constituição o art. 2º, II, da Lei 8.137/1990, à consideração de que é vedada a prisão civil por dívida, mas não a prisão penal, que decorre da aplicação dessa regra que define como crime o não pagamento de tributo.

Data maxima venia, não nos parece razoável admitir que a lei defina como crime uma dívida, ainda que tributária, porque isto significa colocar o valor liberdade acima do valor patrimônio, e foi precisamente a consideração contrária – vale dizer, a consideração da supremacia do valor liberdade – que levou o constituinte a proibir a prisão por dívida.

3.5 Sanções políticas

Consideramos sanções políticas aquelas que, a rigor, não constituem sanção, porque não têm como pressuposto o cometimento ilícito. Por isto as qualificamos como políticas, pois, a rigor, não são propriamente jurídicas, exatamente porque não correspondem àquilo que, no âmbito desta *Teoria Geral do Direito Tributário*, definimos como sanção.

As denominadas, aqui, *sanções políticas* constituem restrições ao exercício de direitos os mais diversos, em especial o direito ao livre exercício da atividade econômica, e por isto mesmo são inconstitucionais, como adiante será demonstrado.

4. Inadmissibilidade das sanções políticas

4.1 O que é uma sanção política

Devemos entender como *sanções políticas*, no âmbito do direito tributário, as restrições ou proibições impostas ao contribuinte como forma indireta de obrigá-lo ao pagamento de tributo, tais como a interdição do estabelecimento, a apreensão de mercadorias, o regime especial de fiscalização – entre outras.[14]

Schubert de Farias Machado e eu definimos sanções políticas assim:

14. Hugo de Brito Machado, "Sanções políticas no direito Tributário", *RDDT* 30/46, São Paulo, Dialética, março/1998.

TEORIA GERAL DO DIREITO TRIBUTÁRIO

Sanções políticas – Expressão com a qual alguns tributaristas designam o gênero de exigências feitas ao contribuinte, pela Administração Tributária, como uma forma indireta de obrigá-lo ao pagamento do tributo. A mais comum dessas exigências diz respeito a certidões negativas de dívidas tributárias e certidões de regularidade de situação fiscal. Tais exigências são inadmissíveis ainda que previstas em lei, porque contrariam flagrantemente a Constituição Federal, especialmente no que concerne à liberdade de iniciativa econômica. Mesmo assim, as sanções políticas são praticadas no Brasil há muito tempo, não obstante repelidas pela jurisprudência. Trata-se da mais persistente forma de agressão aos direitos fundamentais do contribuinte, praticada em todas as áreas da Administração Tributária.[15]

Sobre o que devemos entender por sanções políticas escreveu Celso Cordeiro Machado, com inteira propriedade:

> Os primeiros casos concretos, submetidos a exame do mais alto Colégio Judiciário do País, espelhavam o inconformismo de contribuintes em face de medidas coercitivas, adotadas pela Administração Fazendária Federal, à sombra da invocação dos Decretos-leis ns. 5, de 13.11.1937, 42, de 6.12.1937, e 3.336, de 10.6.1941.
>
> Questionava-se, à luz das inspirações liberais da Constituição de 1946, a legitimidade de medidas destinadas a compelir o contribuinte ao pagamento, sem discussão, de tributos, e que vinham de legislação tributária emanada das fontes espúrias da Constituição de 1937.[16]

Como se vê, as denominadas sanções políticas em nosso País tiveram origem espúria, nasceram em regime ditatorial, foram estabelecidas em espécie normativa sabidamente ditatorial, que é o decreto-lei. E no mais das vezes extrapolam as consequências de um cometimento ilícito, daí por que se qualificam como sanções *políticas*.

4.2 Por que são inadmissíveis as sanções políticas

As sanções políticas em geral são inadmissíveis porque contrariam as garantias asseguradas ao contribuinte pela vigente Constituição Federal.

---

15. Hugo de Brito Machado e Schubert de Farias Machado, *Dicionário de Direito Tributário*, São Paulo, Atlas, 2011, p. 209.

16. Celso Cordeiro Machado, *Tratado de Direito Tributário Brasileiro*, vol. VI – "Crédito Tributário", Rio de Janeiro, Forense, 1984, p. 163.

SANÇÕES TRIBUTÁRIAS

Trata-se, aliás, de tese já várias vezes acolhida pelo STF, como se pode ver de acórdãos proferidos em recursos extraordinários, entre os quais podemos citar o de n. 565.048, do Rio Grande do Sul, relator o Min. Marco Aurélio, o de n. 603.341, do Rio Grande do Sul, do qual também foi relator o Min. Marco Aurélio, e o de n. 666.405, também do Rio Grande do Sul, do qual foi relator o Min. Celso de Mello.

As razões pelas quais são inconstitucionais as sanções políticas podem ser assim resumidas: (a) implicam indevida restrição ao direito de exercer atividade econômica, expressamente assegurado pelo art. 170, parágrafo único, da vigente CF; e (b) configuram cobrança do tributo sem o devido processo legal, com violação do direito de defesa do contribuinte, expressamente assegurado pelo art. 5º, LIV, da mesma CF.

É certo que o STF admitiu a validade de uma sanção política quando, em 2013, ao julgar o RE 550.769-RJ, afirmou que "a cassação de registro especial para a fabricação de cigarros, em virtude de descumprimento de obrigações tributárias acessórias por parte da empresa, não constitui sanção política". Entretanto, com ou sem razão, a Corte Maior tratou o caso como uma exceção, o que significa dizer que não houve mudança de sua jurisprudência com relação às denominadas sanções políticas.

4.3 Alguns exemplos de sanção política

Poderíamos citar enorme quantidade de exemplos de sanções políticas já postas em prática no ordenamento jurídico brasileiro. Vamos, todavia, limitar nossa referência a apenas três exemplos, a saber: (a) a apreensão de mercadorias; (b) o cancelamento da inscrição do contribuinte; e (c) o protesto de Certidão de Dívida Ativa/CDA.

Nossa escolha desses três exemplos se deve a razões bem especiais. O primeiro, a apreensão de mercadorias, deve-se à consideração de que pode haver situação na qual a apreensão de mercadorias é providência inteiramente válida e, por isto mesmo, não configura sanção política. O segundo, o cancelamento da inscrição do contribuinte, porque tal inscrição é do interesse do próprio Fisco, de sorte que seu cancelamento está em conflito com a conveniência do Poder Público de promover a formalização daqueles que exercem atividade empresarial clandestinamente. E o terceiro, o protesto da CDA, porque nos pareceu importante demonstrar a razão de ser do protesto de títulos de crédito, e, assim, o enorme absurdo que é o protesto da CDA.

396   TEORIA GERAL DO DIREITO TRIBUTÁRIO

4.3.1 *Apreensão de mercadorias*

Colocamos a apreensão de mercadorias como o primeiro exemplo de sanção política no direito tributário brasileiro porque se trata de fato peculiar, de grande importância em face de sua prática constante, fato que tanto pode ser uma providência indiscutivelmente válida – como adiante será demonstrado – como pode ser uma sanção política indiscutivelmente inconstitucional.

Infelizmente, na imensa maioria dos casos de apreensão de mercadorias trata-se de providência flagrantemente ilegal, desprovida de validade jurídica, que constitui verdadeira sanção política. Em outras palavras: na imensa maioria dos casos a apreensão de mercadorias é indevida, pois constitui simplesmente um meio para compelir o contribuinte ao pagamento do tributo sem que tenha oportunidade de defesa contra a exigência de tributo sem fundamento legal.

Adiante vamos estudar a situação na qual se justifica a apreensão de mercadorias, vale dizer, a situação na qual essa providência é juridicamente válida, pois assim estará definida, por exclusão, a apreensão de mercadoria como sanção política. Em outras palavras: podemos dizer que a apreensão de mercadorias configura sanção política sempre que não esteja presente a situação de fato que a justifica.

4.3.2 *Cancelamento da inscrição do contribuinte*

É desnecessário dizer, porque de clareza meridiana, que a inscrição do contribuinte no cadastro para esse fim instituído pela entidade tributante significa sua formalização como pessoa que exerce a atividade econômica e, assim, dispõe-se a pagar tributo. Desnecessário também é dizer que essa formalização atende ao interesse da entidade tributante, que passa a dispor de informações oficiais a respeito do contribuinte inscrito.

Não obstante, a legislação de alguns Estados autoriza a suspensão e, mesmo, o cancelamento da inscrição do contribuinte no correspondente cadastro fazendário como forma de obrigá-lo ao cumprimento de obrigações tributárias. Sobre o assunto já escrevemos:

> A legislação de alguns Estados faculta a suspensão, e até o cancelamento, da inscrição no cadastro de contribuintes como forma de punição. A legislação tributária do Ceará, por exemplo, admite a suspensão

SANÇÕES TRIBUTÁRIAS

das inscrições de contribuintes que praticarem determinadas infrações, que menciona, e até a cassação da inscrição, *na hipótese de não resolução das pendências no prazo de 60 dias* (Decreto 24.569, de 31.7.1997, arts. 101 a 103). A de Pernambuco, a seu turno, estabelece o cancelamento da inscrição como forma de punição das infrações que menciona, chegando ao cúmulo de colocar entre os casos de cancelamento outras hipóteses previstas em portaria do Secretário da Fazenda (Decreto 14.876, de 12.3.1991, art. 77).

A legislação do Rio Grande do Sul estabelece tratamento curioso para o problema, determinando que o deferimento da inscrição como contribuinte desse imposto "fica condicionado à prestação de fiança idônea, cujo valor será equivalente ao imposto calculado sobre operações ou prestações estimadas para um período de 6 (seis) meses, caso o interessado, tendo sido autuado por falta de pagamento de impostos estaduais, tenha deixado de apresentar impugnação no prazo legal ou, se o fez, tenha sido julgada improcedente, estendendo o aqui disposto, no caso de sociedades comerciais, aos sócios e diretores" (art. 3º do Regulamento aprovado pelo Decreto 37.699, de 26.8.1997).

Estabelece, também, o Regulamento gaúcho que a garantia exigida como condição para inscrição do contribuinte "não ficará adstrita à fiança, podendo ser exigida garantia real, ou outra fidejussória", e mais, "deverá ser complementada sempre que exigida e, sempre que se tratar de garantia fidejussória, atualizada a cada 6 (seis) meses" (art. 3º, parágrafo único, alíneas "a" e "b").

Diz ainda o referido Regulamento que a inscrição do contribuinte do ICMS poderá ser cancelada, entre outras hipóteses também inadmissíveis, se este não prestar a fiança exigida. Inscrição que somente poderá ser novamente concedida "se comprovado terem cessado as causas que determinaram o cancelamento e satisfeitas as obrigações dela decorrentes" (*sic*) (art. 6º, inciso I, e seu parágrafo único).[17]

Não obstante o tempo já decorrido desde quando escrevemos o texto acima transcrito, achamos que não houve na legislação tributária o que poderíamos considerar uma evolução positiva no pertinente a essa forma absurda de sanções políticas, que transforma a inscrição do con-

---

17. Hugo de Brito Machado, "Sanções políticas no direito tributário", cit., *RDDT* 30/47-48.

398 TEORIA GERAL DO DIREITO TRIBUTÁRIO

tribuinte em verdadeira autorização para o exercício de atividade econômica, em flagrante afronta à vigente Constituição Federal.

4.3.3 Protesto de Certidão de Dívida Ativa/CDA

Com a Portaria 321, de 6.4.2006, o Procurador-Geral da Fazenda Nacional – invocando dispositivo de lei que define o protesto como ato formal e solene pelo qual se provam a inadimplência e o descumprimento de obrigação originada em títulos e outros documentos de dívida[18] e o dispositivo do Código de Processo Civil que arrola os títulos executivos extrajudiciais, entre os quais a Certidão de Dívida Ativa/CDA da Fazenda Pública da União, dos Estados, do Distrito Federal, dos Territórios e dos Municípios – estabeleceu que as Certidões de Dívida Ativa/CDAs da União, especialmente as de pequeno valor, que, por isto mesmo, não são utilizadas para instruir ação de execução fiscal, poderão ser levadas a protesto antes do ajuizamento da ação de execução fiscal.

Esse ato normativo consubstancia verdadeiro abuso de direito da Fazenda Nacional contra os contribuintes. A própria definição legal de protesto invocada pelo Procurador-Geral da Fazenda Nacional para editar seu ato normativo em referência deixa evidente que não faz sentido o protesto da CDA, por ser o mesmo inteiramente desnecessário e ter, então, a exclusiva finalidade de compelir o contribuinte a fazer o pagamento do tributo cobrado sem ter sequer a oportunidade de exercer seu direito de defesa.

Realmente, nos termos da lei invocada pelo ilustre Procurador da Fazenda Nacional, "protesto é o ato formal e solene pelo qual se prova a inadimplência e o descumprimento da obrigação originada em títulos e outros documentos de dívida".[19] E, tratando-se de um débito tributário, a inscrição em Dívida Ativa gera a presunção de liquidez e certeza da dívida, cabendo ao contribuinte o ônus de provar que não é devedor da quantia cobrada.

Sobre o tema já escrevemos:

A certidão da inscrição do crédito da Fazenda Pública como Dívida Ativa é o título executivo extrajudicial de que necessita a exequente para

---

18. Lei 9.492, de 10 de setembro de 1997, art. 1º
19. Lei 9.492, de 10.9.1997, art. 1º.

SANÇÕES TRIBUTÁRIAS

a propositura da execução. Nesta, portanto, a exequente não pede ao juiz que decide sobre o seu direito de crédito. Pede simplesmente sejam adotadas providências para tornar efetivo o seu crédito, isto é, providências para compelir o devedor ao pagamento.

O objeto da execução fiscal, assim, não é a constituição nem a declaração do direito, mas a efetivação deste, que se presume, por força de lei, líquido e certo.

Tal presunção é relativa e pode, portanto, ser afastada por prova a cargo do executado. A prova, porém, há de ser produzida no processo de embargos. No processo de execução não há oportunidade para tanto, embora em situações especiais possa o juiz, no juízo de admissibilidade da execução, examinar provas oferecidas pelo executado.

O despacho do juiz que deferir a inicial importa ordem para a citação, que se fará pelo Correio, com aviso de recepção, se a Fazenda Pública não a requerer por outra forma. Não consumada a citação pelo Correio, far-se-á esta por mandado ou edital.

Citado, o executado terá o prazo de cinco dias para pagar ou garantir o juízo, mediante fiança bancária ou depósito, ou indicar bens à penhora. Findo aquele prazo será feita a penhora de qualquer bem do executado, exceto daqueles que a lei declara absolutamente impenhoráveis.[20]

E deixamos fora de qualquer dúvida razoável a inexistência em nosso ordenamento jurídico de qualquer outro meio para a Fazenda Pública haver seus créditos quando esclarecemos que:

A ação de execução fiscal é o instrumento que a ordem jurídica oferece à Fazenda Pública para haver seus créditos – vale dizer, para forçar seus devedores ao pagamento de suas dívidas, sejam tributárias ou não, desde que estas tenham sido apuradas regularmente e estejam inscritas como Dívida Ativa.

Não se trata de um instrumento a mais, e sim do instrumento específico e único destinado ao recebimento de todos os créditos cujos títulos são constituídos pela própria Fazenda Pública, em procedimentos administrativos – vale dizer, sem que seja necessário o processo judicial de conhecimento.[21]

---

20. Hugo de Brito Machado, *Curso de Direito Tributário*, 35ª ed., São Paulo, Malheiros Editores, 2014, p. 479.

21. Idem, p. 481.

400 TEORIA GERAL DO DIREITO TRIBUTÁRIO

Ressalte-se, finalmente, que a principal finalidade do protesto consiste em afastar a presunção de concordância do credor com o não pagamento da dívida pelo devedor. Como os títulos de crédito em geral resultam de relações correntes da vontade, e nestas o credor pode, validamente, concordar com a dilatação do prazo para o pagamento correspondente, ou até dispensar tal pagamento, coloca-se o protesto como instituto de grande importância para a comprovação de que o inadimplemento da obrigação consubstanciada no título está a ocorrer contra a vontade do credor. As relações tributárias, entretanto, decorrem da lei, de sorte que não tem nenhuma relevância jurídica a vontade dos agentes públicos eventualmente envolvidos que, por qualquer razão, não queiram promover a competente execução fiscal. Só por lei pode ocorrer a alteração do vencimento da dívida, ou sua dispensa.

Por tudo isto se pode concluir que o protesto de CDA nada mais é que uma forma abusiva pela qual a Fazenda Pública tenta compelir o contribuinte a fazer o pagamento de créditos tributários sem que tenha ao menos oportunidade para se defender.

5. Apreensão válida de mercadorias

5.1 O art. 163, inciso V e § 7º, da Constituição de São Paulo

O Conselho Federal da Ordem dos Advogados do Brasil/OAB suscitou perante o STF a inconstitucionalidade de dispositivo da Constituição do Estado de São Paulo que estabelece:

> Art. 163. Sem prejuízo de outras garantias asseguradas ao contribuinte, é vedado ao Estado: (...) V – estabelecer limitações ao tráfego de pessoas ou bens, por meio de tributo, ressalvada a cobrança de pedágio pela utilização de vias conservadas pelo Poder Público Estadual; (...).
> (...).
> § 7º. Para efeitos do inciso V, não se compreende como limitação ao tráfego de bens a apreensão de mercadorias, quando desacompanhadas de documentação fiscal idônea, hipótese em que ficarão retidas até a comprovação da legitimidade de sua posse pelo proprietário.

A norma cuja constitucionalidade foi questionada, e apreciada, é apenas a que está no § 7º, que permite a apreensão de mercadorias desa-

SANÇÕES TRIBUTÁRIAS   401

companhadas de documentação fiscal idônea. E não se pode desconsiderar a parte final desse dispositivo, na qual essa norma estabelece importante limitação ao poder da autoridade fazendária ao dizer que as mercadorias "ficarão retidas até a comprovação da legitimidade de sua posse pelo proprietário". E não, evidentemente, até o pagamento do crédito tributário que a Fazenda Pública pretenda receber.

É em função desse dispositivo, portanto, que devemos interpretar a decisão com a qual restou declarada sua compatibilidade com a vigente Constituição Federal. E assim chegaremos, seguramente, à conclusão de que a jurisprudência do STF não sofreu nenhuma mudança com o acórdão no qual está expressa a decisão em referência.

5.2 A ementa do acórdão proferido na ADI 395-0

Ao julgar improcedente a ADI 395-0, o Plenário do STF, por unanimidade de votos, proferiu acórdão que ficou assim resumido:

> *Ementa:* Ação direta de inconstitucionalidade – Art. 163, § 7º, da Constituição de São Paulo – Inocorrência de sanções políticas – Ausência de afronta ao art. 5º, inciso XIII, da Constituição da República.
> 1. A retenção da mercadoria, até a comprovação da posse legítima daquele que a transporta, não constitui coação imposta em desrespeito ao princípio do devido processo legal tributário.
> 2. Ao garantir o livre exercício de qualquer trabalho, ofício ou profissão, o art. 5º, inciso XIII, da Constituição da República não o faz de forma absoluta, pelo quê a observância dos recolhimentos tributários no desempenho dessas atividades impõe-se legal e legitimamente.
> 3. A hipótese de retenção temporária de mercadorias prevista no art. 163, § 7º, da Constituição de São Paulo é providência para a fiscalização do cumprimento da legislação tributária nesse território e consubstancia exercício do poder de polícia da Administração Pública Fazendária, estabelecida legalmente para os casos de ilícito tributário. Inexiste, por isso mesmo, a alegada coação indireta do contribuinte para satisfazer débitos com a Fazenda Pública.
> 4. Ação direta de inconstitucionalidade julgada improcedente.[22]

Logo em seu primeiro item essa ementa fixa uma limitação temporal para a retenção da mercadoria, que é indicativa de sua finalidade.

---

22. Texto obtido no *site* do STF.

402 TEORIA GERAL DO DIREITO TRIBUTÁRIO

Deixa claro que a retenção da mercadoria somente é válida *até a comprovação da posse legítima daquele que a transporta*, pois é somente até aí que a retenção *não constitui coação imposta em desrespeito ao princípio do devido processo legal tributário*. E deixa clara, também, a finalidade da apreensão válida, como adiante se verá.

Em seu segundo item a ementa em exame pode ensejar o argumento no sentido de que seria legal a exigência do pagamento do tributo, feita diretamente pela autoridade administrativa, como condição para o exercício de qualquer trabalho, ofício ou profissão. Tal argumento, porém, não se sustenta. A ementa em tela deve ser interpretada em seu conjunto, e desta não se extrai elemento para sua sustentação. Por outro lado, ele contraria o direito fundamental do contribuinte de não ser privado de seus bens sem o devido processo legal e de somente ser obrigado a pagar tributos nos termos da lei. Admitir que a autoridade administrativa possa compelir o contribuinte a pagar o tributo mediante a retenção de seus bens até que o pagamento aconteça implica destruir inteiramente as garantias constitucionais consubstanciadas no princípio da legalidade tributária e no direito à jurisdição.

Por outro lado, quando em seu terceiro item a ementa em questão afirma na norma cuja constitucionalidade é questionada inexistir *a alegada coação indireta do contribuinte para satisfazer débitos com a Fazenda Pública*, deixa fora de qualquer dúvida razoável que está considerando a limitação temporal, estabelecida na citada norma, ao poder da autoridade administrativa, que somente pode reter as mercadorias *até a comprovação da legitimidade de sua posse pelo proprietário*.

Em outras palavras: podemos afirmar, sem receio de erro, que o julgado em referência apenas esclareceu que existe situação na qual a apreensão de mercadorias pode ser feita validamente, sem ofensa às garantias constitucionais, em defesa dos interesses do Fisco.

Vejamos, portanto, em que situação pode ocorrer apreensão válida de mercadorias.

5.3 Mercadoria desacompanhada de documento fiscal

A norma da Constituição do Estado de São Paulo cuja compatibilidade com a Constituição Federal foi afirmada pelo STF considera válida a apreensão de mercadorias "quando desacompanhadas de documen-

SANÇÕES TRIBUTÁRIAS 403

tação fiscal idônea, hipótese em que ficarão retidas até a comprovação da legitimidade de sua posse pelo proprietário". Assim, resta-nos saber, em primeiro lugar, o que se pode considerar mercadoria *desacompanhada de documentação fiscal*. Depois veremos o que quer dizer documentação fiscal *idônea*.

Realmente, a hipótese na qual a apreensão é indiscutivelmente válida é a das mercadorias *desacompanhadas* de documentação fiscal idônea. As questões que no caso podem ser colocadas são as de saber o que devemos considerar *mercadorias* e o que devemos considerar documento *idôneo*.

5.4 O conceito de mercadoria

Mercadoria, nesse contexto, é a coisa móvel objeto de comércio. Entretanto, nem sempre é fácil determinar o que é uma coisa móvel objeto de comércio. Para fazê-lo temos de utilizar a experiência do que usualmente acontece. Assim, não é razoável exigir nota fiscal relativa a um relógio que alguém esteja utilizando. Nem de um veículo automotor devidamente licenciado e em uso nas vias públicas. Entretanto, não é o simples fato de se tratar de uma coisa *usada* que a exclui do conceito de mercadoria, pois sabemos todos que existe o comércio de coisas usadas.

Seja como for, certo é que, uma vez demonstrado que a coisa não está no comércio, embora esteja sendo transportada por seu proprietário, temos de concluir que não se trata de mercadoria. E, neste caso, não há por que exigir que esteja acompanhada de documento fiscal. O transporte de um bem de uso fora do comércio pode ser realizado sem documento, pois é um fato irrelevante para fins tributários.

Entretanto, em face da grande quantidade de problemas suscitados na atividade de controle de mercadorias em trânsito, a legislação tributária terminou por adotar um documento – geralmente denominado nota fiscal avulsa – que se destina a acompanhar os bens em trânsito em situações excepcionais.

5.5 Prova da posse legítima

Por outro lado, é importante observarmos que o documento fiscal a que se refere a norma tida como constitucional é destinado apenas a comprovar a posse legítima das mercadorias em favor de quem as transporta.

404 TEORIA GERAL DO DIREITO TRIBUTÁRIO

Tanto é assim que a retenção da mercadoria, mesmo desacompanhada de qualquer documento fiscal, só subsiste "até a comprovação da posse legítima por parte daquele que a transporta e que, então, a tem em sua posse lícita". Neste sentido é o voto da Min. Carmen Lúcia, Relatora do caso, que assevera:

> Não se tem, no caso em pauta, hipótese normativa de coação para fins de pagamento de valores ao Fisco, porque a mercadoria fica retida até a comprovação da posse legítima por parte daquele que a transporta e que, então, a tem em sua posse lícita.[23]

Não se exige que a prova seja feita por determinado meio. Entende-se que pode ser por qualquer meio em Direito admitido. E, ainda quando se entenda ser necessário um documento fiscal, esse há de ser idôneo simplesmente para comprovar essa posse. Não necessariamente idôneo para outros fins.

5.6 A nota fiscal como documento idôneo

5.6.1 Qual a finalidade da nota fiscal?

Embora tenha sido ampliada a finalidade da nota fiscal, esse documento surgiu com a finalidade específica de acompanhar as mercadorias transportadas de um para outro estabelecimento comercial.

A respeito desse importante documento, Schubert de Farias Machado e eu registramos em nosso dicionário:

> Nota fiscal – É o documento exigido pela legislação tributária para a comprovação de operações de compra e venda de mercadorias, documento que deve identificar as partes na operação, isto é, o vendedor e o comprador, bem como as mercadorias negociadas. Tem a finalidade especial de acompanhar a mercadoria durante o seu transporte entre o estabelecimento do vendedor e o do comprador. Por isto entendemos ser fora de propósito a exigência, constante também da legislação tributária, da emissão de nota fiscal em se tratando de prestação de serviços.[24]

---

23. STF, Plenário, voto da Min. Carmen Lúcia na ADI 395-0, j 17.5.2007, colhido pela Internet no *site* do STF.

24. Hugo de Brito Machado e Schubert de Farias Machado, *Dicionário de Direito Tributário*, cit., pp. 160-161.

SANÇÕES TRIBUTÁRIAS

Embora a finalidade da nota fiscal tenha sido ampliada, no contexto do tema da apreensão de mercadorias tal ampliação é irrelevante. Podemos nesse contexto afirmar que a finalidade da nota fiscal é acompanhar a mercadoria transportada de um para outro estabelecimento, com indicação do vendedor, do comprador e das mercadorias vendidas.

5.6.2 Documento fiscal idôneo

Documento fiscal idôneo, a que se reporta a norma da Constituição do Estado de São Paulo, há de ser o documento hábil para comprovar a posse legítima das mercadorias que estão sendo transportadas com sua cobertura.

Idôneo, conforme registra o insuperável *Aurélio*, é "próprio para alguma coisa, conveniente, adequado".[25] Quando se diz que algo é idôneo, se está a dizer que é próprio para alguma coisa. É adequado para alguma finalidade.

A qualificação de algo como idôneo pressupõe a indicação da finalidade para a qual se verifica a idoneidade. Assim, dizer que um documento é idôneo nada diz, a não ser que se tenha, no contexto em que é feita a afirmação, como deduzir para qual finalidade se quer verificar a idoneidade do documento. Pode este ser idôneo para certo fim, e não ser para outro.

Uma carteira de motorista, vale dizer, uma Carteira Nacional de Habilitação/CNH – este é o nome técnico do documento –, depois de ultrapassada a data de sua validade, deixa de ser documento idôneo para habilitar seu portador a dirigir. Entretanto, não deixa de ser um documento idôneo simplesmente como carteira de identidade.

É indiscutível que, em qualquer caso, quando se cogita da idoneidade de alguma coisa, essa idoneidade está sempre ligada a alguma finalidade. A idoneidade do documento fiscal de que se cuida, portanto, há de ser avaliada em razão da finalidade à qual o mesmo se destina ao acompanhar as mercadorias, para que estas possam ser transportadas.

Note-se que a norma da Constituição do Estado de São Paulo, que o STF declarou compatível com a Constituição Federal, admite a apreen-

---

25. Aurélio Buarque de Holanda Ferreira, *Novo Aurélio – Dicionário da Língua Portuguesa*, Rio de Janeiro, Nova Fronteira, 1999, p. 1.073.

406 TEORIA GERAL DO DIREITO TRIBUTÁRIO

são de "mercadorias desacompanhadas de documentação fiscal idônea" e esclarece que, ocorrendo a apreensão, as mesmas "ficarão retidas até a comprovação da legitimidade de sua posse pelo proprietário".

Como se vê, a norma em questão indica, com meridiana clareza, a finalidade da documentação fiscal que qualifica como idônea. A finalidade, no caso, é fazer a prova da posse legítima das mercadorias. A documentação fiscal há de ser idônea para essa finalidade. Idôneo, portanto, não será apenas o documento que esteja em consonância com a legislação tributária, vale dizer, que esteja sem qualquer defeito, que atenda inteiramente às exigências da legislação tributária.

Tem sido frequente a apreensão de mercadorias acompanhadas de nota fiscal na qual existe algum elemento com o qual a Fiscalização não concorda. Questionamentos a respeito de elementos como o preço das mercadorias, a indicação de que a operação é isenta do imposto, o modelo da nota fiscal, são razões alegadas pela Fiscalização para justificar a apreensão de mercadorias. Razões inteiramente incapazes de justificar a apreensão, pois não implicam falta de idoneidade do documento. Há idoneidade fiscal, sim, porque o documento permite ao Fisco a identificação adequada de quem tem a posse das mercadorias, vale dizer, do responsável pelo trânsito destas.

Em síntese: no contexto da questão relativa à apreensão de mercadorias, podemos afirmar que a nota fiscal é idônea quando na mesma estão indicados com exatidão o vendedor, o comprador e as mercadorias objeto da operação em virtude da qual as mercadorias estão sendo transportadas. Se a apreensão é feita por qualquer outra razão que não a ausência ou inexatidão de tais elementos, configura-se verdadeira sanção política, flagrantemente inconstitucional, porque utilizada com a finalidade de compelir o contribuinte ao pagamento do tributo exigido, sem oportunidade para exercer seu direito de defesa.

Capítulo X

O Processo Tributário

1. Introdução. 2. Processo administrativo tributário: 2.1 Conceito, natureza e espécies – 2.2 Determinação e exigência do crédito tributário – 2.3 Fase não contenciosa – 2.4 Fase contenciosa – 2.5 Declaração de inconstitucionalidade – 2.6 A palavra final da Administração. 3. Processo judicial tributário: 3.1 Natureza jurídica e espécies 3.2 Processo de conhecimento – 3.3 Processo de execução – 3.4 Processo cautelar – 3.5 Instâncias ordinárias – 3.6 Instância especial – 3.7 Instância extraordinária – 3.8 O conhecer e o dar provimento.

1. Introdução

Em uma Teoria Geral do Direito Tributário o objetivo essencial é o estudo dos conceitos que compõem essa *Teoria*, sem os quais não podemos conhecer o direito tributário. Assim, poderíamos neste livro não abordar os conceitos relativos ao *processo tributário*, que, a rigor, na mesma não se integram.

Ocorre que, como acontece com as normas jurídicas em geral, as normas que integram o direito tributário nem sempre são observadas. Por isto se faz necessário o processo para garantir a efetividade dessas normas, como observa Hugo de Brito Machado Segundo, que, depois de se reportar aos conflitos surgidos de divergência quanto à ocorrência de fatos e quanto ao significado jurídico desses fatos, escreveu:

> Em todos esses casos, o simples disciplinamento de condutas através de normas jurídicas não se mostra suficiente para pôr fim aos conflitos de interesses. Impõe-se a adoção de um mecanismo próprio para garantir a efetividade, no caso concreto, do direito previsto mas não observado. Esse mecanismo, composto de uma séria de atos que culminam, se

408 TEORIA GERAL DO DIREITO TRIBUTÁRIO

necessário for, na aplicação forçada do Direito violado, é denominado *processo*. Por isso é que Pontes de Miranda diz, com inteira propriedade, que "o processo nada mais é do que o corretivo da imperfeita realização automática do Direito objetivo". *[Pontes de Miranda, **Comentários ao Código de Processo Civil**, 5ª ed., atualizada por Sérgio Bermudes, Rio de Janeiro, Forense, 2001, p. 78; **Comentários à Constituição de 1967**, São Paulo, Ed. RT, 1967, p. 43]* Com a criação do Estado, a este foi atribuído quase que exclusivamente o uso legítimo da força, e, por conseguinte, do exercício da função jurisdicional, entendida como a incumbência de resolver de forma definitiva os conflitos de interesses, nos termos do devido processo legal, dizendo o Direito aplicável ao caso concreto, resguardando-o de danos iminentes, ou, se for o caso, aplicando-o forçadamente. *[Cf., a propósito, a definição bastante completa de José de Albuquerque Rocha, para quem jurisdição é a "função de atuação terminal do Direito, realizada por órgãos do Judiciário independentes e imparciais, decidindo conflitos de interesses através do devido processo legal" (**Estudos sobre o Poder Judiciário**, São Paulo, Malheiros Editores, 1995, p. 34)]* O conjunto das normas que disciplinam a prática desses atos, por sua vez, é denominado *direito processual*.[1]

Explica-se, desta forma, a razão pela qual resolvemos incluir neste livro um capítulo sobre o processo tributário, onde vamos oferecer aos estudiosos algumas noções básicas dos conceitos essenciais que compõem o que podemos denominar Teoria do Processo Tributário.

Porque se trata simplesmente de um capítulo de uma Teoria Geral do Direito Tributário, aqui vamos estudar apenas o que consideramos essencial para um melhor proveito nos estudos do direito processual tributário, indispensáveis para quem pretenda ser operador do Direito. Tais estudos devem ser feitos em livros que cuidam especificamente desse importante setor do direito processual civil.

Começaremos estudando noções de processo administrativo tributário, e em seguida estudaremos algumas noções do processo judicial tributário.

---

1. Hugo de Brito Machado Segundo, *Processo Tributário*, 7ª ed., São Paulo, Atlas, 2014, pp. 5-6.

O PROCESSO TRIBUTÁRIO 409

2. Processo administrativo tributário

2.1 Conceito, natureza e espécies

Tomada em sentido amplo, a expressão "processo administrativo tributário" designa o conjunto de atos administrativos tendentes ao reconhecimento, pela autoridade administrativa competente, de uma situação jurídica pertinente à relação tributária, vale dizer, à relação jurídica em que existe o Fisco, como sujeito ativo, e o contribuinte ou o responsável tributário, como sujeito passivo dessa relação. Tomada em sentido restrito, como aqui deve ser tratada, a expressão "processo administrativo tributário" designa a espécie de processo administrativo destinada à determinação de situação jurídica inerente à relação tributária, em especial à determinação e exigência do crédito tributário.

Tomado como critério para a identificação das espécies de processo administrativo tributário, podemos dizer que este alberga cinco espécies, a saber: (a) determinação e exigência do crédito tributário; (b) consulta ao Fisco; (c) repetição do indébito tributário; (d) parcelamento de débito tributário; e (e) reconhecimento de direitos.

Aqui vamos estudar apenas o processo de determinação e exigência do crédito tributário, a primeira das referidas espécies.

2.2 Determinação e exigência do crédito tributário

O processo de determinação e exigência do crédito tributário é, sem dúvida, o mais importante dos processos administrativos tributários. É o processo através do qual a Administração Tributária exerce o denominado controle interno, ou autocontrole, da legalidade dos tributos.

Em face do princípio da legalidade tributária, tem-se que o tributo é devido nos termos da lei. Assim, quando ocorre o fato descrito na lei como gerador do tributo, nasce a obrigação de fazer o pagamento correspondente; mas o valor a ser pago depende de atos de determinação, privativos da autoridade administrativa, que integram o denominado *lançamento tributário*, por nós estudado no capítulo "Crédito Tributário". Mesmo em relação aos tributos cujo pagamento deve ser feito antecipadamente pelo contribuinte tem-se o denominado lançamento por homologação, no qual a autoridade administrativa simplesmente concorda

410 TEORIA GERAL DO DIREITO TRIBUTÁRIO

com o valor pago, ou o lançamento de ofício, do valor total, na hipótese de nada haver sido pago, ou da diferença verificada, na hipótese de a autoridade entender que o valor devido é maior do que o valor pago pelo contribuinte. Seja como for, o contribuinte pode discordar de atos praticados pela autoridade administrativa, e diante da divergência surge a necessidade do processo destinado a superá-la, processo no qual a Administração Tributária exerce o denominado *autocontrole da legalidade*.

Para que esse autocontrole da legalidade opere de modo mais efetivo faz-se necessária a presença do contribuinte interessado em que o princípio da legalidade seja efetivamente respeitado, e para tanto o processo administrativo tributário é dividido em duas fases. Na primeira delas o contribuinte não participa, mas na segunda fase abre-se oportunidade para o contraditório e a ampla defesa, cumprindo-se a regra da Constituição Federal colocada entre os direitos e garantias individuais segundo a qual "aos litigantes, em processo judicial ou administrativo, e aos acusados em geral são assegurados o contraditório e ampla defesa, com os meios e recursos a ela inerentes".[2]

2.3 Fase não contenciosa

A determinação do crédito tributário começa com a fase não contenciosa, que é essencial no lançamento de ofício de qualquer tributo. Tem início com o primeiro ato da autoridade competente para fazer o lançamento, com o objetivo de constituir o crédito tributário. Tal ato há de ser necessariamente escrito, e deve ser levado ao conhecimento do sujeito passivo da obrigação tributária correspondente, posto que só assim pode ser considerado completo. Em outras palavras: o ato inicial da fase não contenciosa da constituição do crédito tributário completa-se quando é levado ao conhecimento do sujeito passivo da obrigação tributária, aquele contra quem o ato é praticado e tem, portanto, interesse em se manifestar contra ele.

Ordinariamente a ação fiscal tem início com a lavratura do denominado "Termo de Início de Fiscalização", mas pode iniciar-se com atos outros, como a apreensão de mercadorias, livros ou documentos e, tratando-se de mercadorias importadas, com o começo do despacho aduaneiro.

2. CF de 1988, art. 5º, LV.

O PROCESSO TRIBUTÁRIO   411

O principal efeito do início da fiscalização é a exclusão da espontaneidade da denúncia de infrações, apresentada pelo sujeito passivo para o fim de ser dispensado das penalidades cabíveis, conforme previsto no Código Tributário Nacional,[3] que expressamente prevê tal exclusão ao estabelecer que "não se considera espontânea a denúncia apresentada após o início de qualquer procedimento administrativo ou medida de fiscalização, relacionados com a infração".[4]

Para evitar que a autoridade pratique o ato que formaliza o início da fiscalização e efetivamente não a realize, a legislação geralmente fixa prazo de validade do termo de início de fiscalização. Na legislação federal esse prazo é de 60 dias, prorrogável, sucessivamente, por igual período.

A fase não contenciosa ou unilateral termina com o Termo de Encerramento de Fiscalização, que será acompanhado de um auto de infração nos casos em que seja constatada alguma infração à legislação tributária.

Denomina-se *auto de infração* o documento no qual o agente da autoridade da Administração Tributária descreve a infração ou as infrações da legislação tributária atribuídas por ele ao sujeito passivo da obrigação tributária no período abrangido pela ação fiscal.

São requisitos essenciais do auto de infração: (a) a identificação do autuado; (b) o local, a data e a hora de sua lavratura; (c) a descrição do fato que constitui a infração; (d) o dispositivo da legislação que o autuante reputa infringido e a penalidade aplicável; (e) o valor do crédito tributário exigido e a intimação para o respectivo pagamento ou o oferecimento de impugnação, com o prazo legalmente estabelecido para tal fim; (f) a assinatura do autuante e sua identidade funcional.

Entre os requisitos acima enumerados, deve ser destacada, por sua grande importância, a descrição do fato que, no entender do autuante, configura infração da legislação tributária. Essa descrição há de ser objetiva, clara e tão completa quanto necessário para que o autuado possa saber de que realmente está sendo acusado, pois, a não ser assim, não teria condições para o exercício do direito de defesa que lhe assegura a Constituição Federal.

3. CTN, art. 138.
4. CTN, art. 138, parágrafo único.

412 TEORIA GERAL DO DIREITO TRIBUTÁRIO

O próprio nome do documento – ou seja, a expressão "auto de infração" – está a dizer que é da essência deste a descrição do fato tido como infringente da legislação, porque a palavra "auto" significa descrição, e auto de infração, portanto, significa descrição da infração, que é a descrição do fato contrário à legislação.

É importante também, como requisito do auto de infração, tendo-se em vista sua finalidade, a intimação do autuado, e isto é ordinariamente comprovado com a assinatura deste no mencionado documento. Assinatura que não significa, de nenhum modo, concordância, nem a recusa de assinatura pelo autuado enseja a imposição ou majoração de qualquer penalidade. Se ocorrer a recusa, o autuante deve utilizar outra forma de comprovação de que deu conhecimento ao autuado. Pode ser a remessa pelo Correio, com aviso de recepção. Ou a assinatura de duas testemunhas da recusa.

2.4 Fase contenciosa

A segunda fase do processo de determinação e exigência do crédito tributário começa com a impugnação do lançamento, vale dizer, com a impugnação da exigência formulada no auto de infração. Começa, portanto, com a instauração do litígio entre o Fisco, que pretende certa quantia a título de tributo ou de penalidade pecuniária, e o sujeito passivo da obrigação tributária, que reputa indevida a cobrança. Seguem-se os atos de instrução do processo, como a realização de diligências e de perícias, quando necessários, e o julgamento em primeira instância.

O ônus da prova dos fatos em disputa no processo administrativo tributário não é do contribuinte, como alguns afirmam. É sabido de quantos estudam a Teoria Geral da Prova que o ônus da prova quanto ao fato constitutivo do direito é de quem o alega. Essa ideia está consubstanciada nos dispositivos do Código de Processo Civil. Ocorre que, em face de indícios fortes da ocorrência do fato gerador da obrigação tributária, capazes de autorizar a presunção de tal ocorrência, pode dar-se a inversão do ônus da prova. A não ser em tal circunstância, o ônus de provar a ocorrência do fato gerador da obrigação tributária é, naturalmente, do Fisco.

No processo administrativo tributário são especialmente cabíveis as provas documental e pericial, e na apreciação dessas provas prevalece o princípio do livre convencimento do julgador.

O PROCESSO TRIBUTÁRIO 413

Muitas vezes é indeferido o pedido do contribuinte de produção de prova pericial. Afirma a autoridade ser tal prova desnecessária, e invoca o dispositivo legal que autoriza o indeferimento de prova pericial nessa hipótese. Entretanto, a ação fiscal é julgada procedente ao argumento de que o contribuinte não provou suas alegações, o que é uma insuperável contradição, especialmente quando exista controvérsia sobre fatos que são objeto de registros contáveis ou constam de documentos cuja juntada aos autos do processo se revela inadequada para o contribuinte, que dos mesmos necessita para outras finalidades. Em tais casos a decisão administrativa é nula, por cerceamento do direito de defesa, que inclui o direito à produção de provas.

Outra forma de cerceamento do direito de defesa do contribuinte consiste no julgamento realizado por órgão colegiado em sessão secreta. Se o órgão julgador é monocrático, o princípio da publicidade é atendido no momento em que a decisão é posta nos autos e da mesma são intimados os interessados, que a ela podem ter acesso e, assim, conhecer sua fundamentação. Tratando-se de órgão julgador colegiado, porém, é importante que o julgamento seja público, para que o interessado tenha conhecimento do relatório e do voto do relator e das razões pelas quais os demais membros do colegiado o apoiam ou dele divergem. E possa sustentar oralmente suas razões ou interferir nos debates, para o esclarecimento de questões de fato relevantes.

Da decisão do órgão de primeiro grau, geralmente monocrático, cabe recurso para um órgão superior, geralmente um colegiado. A depender da estrutura deste, pode ainda haver um recurso tido como especial, cuja finalidade essencial é preservar a uniformidade dos julgados do órgão, como acontece no caso dos tribunais federais.

Quando a decisão de primeiro grau é favorável ao contribuinte, no todo ou em parte, é obrigatória a remessa dos autos ao órgão superior, para reexame. É o denominado *recurso de ofício*. A decisão do órgão de segunda instância administrativa, todavia, se contrária à Fazenda Pública, não comporta remessa de ofício para órgão superior. Entretanto, geralmente existe órgão de instância especial para o qual em certas situações é cabível recurso, seja do contribuinte, seja da Fazenda.

2.5 Declaração de inconstitucionalidade

Ao estudarmos a questão da apreciação de alegação de inconstitucionalidade feita pelo contribuinte ao se insurgir contra a exigência do

414 TEORIA GERAL DO DIREITO TRIBUTÁRIO

tributo, temos de fazer, desde logo, a distinção entre aplicar uma lei inconstitucional e dizer que uma lei é inconstitucional. É que os órgãos da Administração Pública não são competentes para declarar a inconstitucionalidade da lei, mas não podem ser compelidos a aplicar uma lei que o órgão competente já tenha afirmado ser inconstitucional.

No âmbito do processo administrativo fiscal é vedado aos órgãos de julgamento afastar a aplicação ou deixar de observar tratado, acordo internacional, lei ou decreto sob fundamento de inconstitucionalidade.[5] Essa regra, todavia, não se aplica aos casos de tratado, acordo internacional, lei ou ato normativo que esteja em uma das seguintes situações: (a) já tenha sido declarado inconstitucional por decisão definitiva plenária do STF; (b) seja objeto de manifestação do Procurador-Geral da Fazenda Nacional ou do Advogado-Geral da União, nos termos estabelecidos na legislação específica.[6]

Em síntese, podemos afirmar que no âmbito do processo administrativo fiscal não podem os órgãos de julgamento declarar a inconstitucionalidade de lei ou ato normativo. Entretanto, devem negar aplicação a lei que tenha sua inconstitucionalidade já afirmada pelo STF ou reconhecida pela Procuradoria-Geral da Fazenda Nacional ou pela Advocacia-Geral da União Federal, nos termos da legislação reguladora de suas atribuições.

2.6 A palavra final da Administração

Quando não seja mais cabível nenhum recurso no processo administrativo tributário, tendo-se o que podemos considerar a palavra final da Administração Pública sobre o litígio, o contribuinte pode ingressar em juízo para pedir a proteção judicial contra a exigência que considerar ilegal.

É certo que o contribuinte pode, diante de uma exigência tributária que considere ilegal, ingressar desde logo em juízo, sem aguardar a palavra final da Administração Tributária e mesmo sem colocar a questão para os órgãos de julgamento administrativo.

5. Decreto 70.235, de 6.3.1972, com redação dada pela Lei 11.941, de 27.5.2009, art. 26-A.
6. Decreto 70.235, de 6.3.1972, com redação dada pela Lei 11.941, de 27.5.2009, art. 26-A, § 6º.

3. Processo judicial tributário

3.1 Natureza jurídica e espécies

Se considerarmos a natureza jurídica em razão da divisão dos Poderes do Estado, a atividade que se desenvolve no âmbito do processo administrativo tributário é sempre de natureza jurisdicional, porque é desenvolvida sempre por órgãos integrantes do Poder Judiciário. É certo que no âmbito do processo judicial tributário existem também atos de natureza administrativa, porque o Poder Judiciário também administra; mas o essencial no processo judicial tributário é uma série de atos jurisdicionais praticados com a finalidade de resolver conflitos surgidos na relação tributária.

O Direito em geral pode ser de natureza material ou de natureza formal. Diz-se que tem natureza material a regra que cuida do direito substantivo, e tem natureza formal a regra que cuida do direito adjetivo, ou processual. São palavras e expressões que variam segundo as preferências do doutrinador.

No que diz respeito às espécies de processo judicial tributário, a indicação certamente depende do critério que utilizarmos para fazer a classificação. Adotamos o critério da finalidade ou objetivo específico, e, assim, preferimos dizer que o processo judicial tributário pode ser de três espécies, a saber: o processo de conhecimento, o processo de execução e o processo cautelar.

3.2 Processo de conhecimento

O processo de conhecimento tem por fim a composição de um litígio. Instaura-se, portanto, diante de uma controvérsia a respeito do direito material. Questiona-se a ocorrência de fatos, ou o significado jurídico destes, e o juiz é chamado a dizer o Direito. Para tanto, toma conhecimento dos fatos e do significado que lhes atribuem o autor e o réu. E, a final, diz qual dos dois tem razão. Soluciona o litígio, interpretando e, a final, aplicando a norma que entende cabível no caso.

O processo de conhecimento é a sede em que efetivamente se desenvolve a atividade jurisdicional. A ele se somam outras espécies de processo, que podem ser consideradas como atividades jurisdicionais acessórias, porque se destinam a completar e tornar, assim, efetivo o

416 TEORIA GERAL DO DIREITO TRIBUTÁRIO

processo de conhecimento, como ocorre com o denominado processo de execução e o denominado processo cautelar.

3.3 Processo de execução

O processo de execução tem por fim fazer valer o direito a respeito do qual não se questiona. Nele não ocorre a composição de litígio, seja porque este não existiu ou porque este já foi solucionado em anterior processo de conhecimento.

Por isto mesmo, a propositura do processo de execução só é possível se o interessado dispõe de um título, cuja formação pode ser judicial, como é o caso da sentença proferida no processo de conhecimento, ou extrajudicial, um documento ao qual a lei atribui essa qualidade, como é o caso da certidão de inscrição do crédito tributário em Dívida Ativa da Fazenda Pública.

Embora no processo de execução não se estabeleça um litígio a ser resolvido, é possível, e no mais das vezes acontece, especialmente tratando-se de execução por título extrajudicial, a interposição de um processo de conhecimento, denominado embargos à execução.

3.4 Processo cautelar

No processo cautelar também não se coloca para o juiz um conflito a ser por ele resolvido. Pede-se providência para a preservação de um direito que está sendo ou vai ser questionado mas poderá perecer se aquela providência não for adotada. Ou, então, para preservar uma situação de fato que permite a efetivação de uma providência para fazer valer um direito.

Em princípio, portanto, o processo cautelar é acessório de um processo de conhecimento ou de um processo de execução. Existem os processos cautelares autônomos, mas isto constitui exceção que não invalida a definição do processo cautelar como um processo acessório.

3.5 Instâncias ordinárias

Em nosso ordenamento jurídico existem duas instâncias ordinárias. A primeira, exercida geralmente por um órgão singular, conhecido como juiz de direito, é aquela perante a qual as ações são propostas, são

O PROCESSO TRIBUTÁRIO   417

contestadas pelo réu, e se o litígio envolver questão de fato é feita a instrução processual, com a produção de provas pelas partes.

A segunda instância ordinária é exercida geralmente por um órgão colegiado, conhecido como Tribunal de Justiça, e nela são apreciados os recursos interpostos pela parte que não aceita a decisão de primeira instância. Nela não são produzidas provas, mas, havendo recurso de decisão concernente à produção de provas, pode ocorrer a devolução dos autos do processo à primeira instância, para que adote a providência pretendida pelo recorrente.

Nas instâncias ordinárias em princípio são apreciadas todas as questões postas no processo. A disputa é a mais ampla possível, e pode envolver tanto as questões de fato como as questões de direito.

3.6 Instância especial

A parte vencida na segunda instância pode, ainda, diante de determinadas situações, interpor o denominado recurso especial, levando a questão para a denominada instância especial, corporificada pelo STJ, cuja missão mais importante consiste na uniformização da jurisprudência no que diz respeito à aplicação das leis ordinárias e demais regras infraconstitucionais – vale dizer: a uniformização do entendimento dos Tribunais de Justiça dos Estados e dos Tribunais Regionais Federais/ TRFs nessa matéria.

3.7 Instância extraordinária

A denominada instância extraordinária é exercida pelo STF, cuja função mais importante consiste em dar a última palavra no que diz respeito à aplicação da Constituição Federal.

O STF tem também outras atribuições, entre as quais a de julgar ações penais que envolvem autoridades para as quais a Constituição estabelece o denominado foro privilegiado por prerrogativa de função.

3.8 O conhecer e o dar provimento

No que diz respeito aos recursos em geral, é importante um esclarecimento, destinado a evitar uma incompreensão que geralmente atin-

418 TEORIA GERAL DO DIREITO TRIBUTÁRIO

ge as pessoas leigas. É o esclarecimento quanto ao significado das expressões "conhecer" do recurso e "dar provimento" ao recurso. *Conhecer do recurso* significa apenas admitir que o recurso em exame é cabível no caso de que se cuida, mas não significa dar razão ao recorrente. *Dar provimento ao recurso* significa – aí, sim – modificar a decisão contra a qual foi interposto, para dar razão ao recorrente.

É comum em decisões de tribunais a afirmação segundo a qual o tribunal conheceu do recurso mas lhe negou provimento, expressão que deixa confusas pessoas, geralmente da área do Jornalismo.

Bibliografia

AFTALIÓN, Enrique R., e outros. *Introducción al Derecho*. Buenos Aires, El Ateneo, 1960.

ALEXY, Robert. *Teoría de los Derechos Fundamentales*. Trad. de Ernesto Garzón Valdés. Madri, Centro de Estudios Políticos y Constitucionales, 2002.

ALMEIDA, Carlos dos Santos, e TENÓRIO, Igor. *Dicionário de Direito Tributário*. São Paulo, Thomson/IOB, 2004.

AMARO, Luciano. *Direito Tributário Brasileiro*. 4ª ed. São Paulo, Saraiva, 1999; 17ª ed. São Paulo, Saraiva, 2011.

ARDANT, Gabriel. *Histoire de l'Impôt*. Paris, Fayard, 1971.

——————. *Théorie Sociologique de l'Impôt*. Paris, SEVPEN, 1965.

ASCENSÃO, José de Oliveira. *O Direito – Introdução e Teoria Geral*. Lisboa, Fundação Calouste Gulbenkian, 1978.

ATALIBA, Geraldo. *Apontamentos de Ciência das Finanças, Direito Financeiro e Tributário*. São Paulo, Ed. RT, 1969.

——————. *Comentários ao Código Tributário Nacional*. São Paulo, EDUC/Ed. RT, 1975.

——————. *Hipótese de Incidência Tributária*. 6ª ed., 15ª tir. São Paulo, Malheiros Editores, 2014.

——————. *Natureza Jurídica da Contribuição de Melhoria*. São Paulo, Ed. RT, 1964.

——————. "Parecer". *RDA* 118. Rio de Janeiro, FGV.

ATALIBA, Geraldo, CARVALHO, Paulo de Barros, e SOUSA, Rubens Gomes de. *Comentários ao Código Tributário Nacional*. São Paulo, EDUC/Ed. RT, 1975.

ATALIBA, Geraldo, e GONÇALVES, Artur Lima. "Carga tributária e prazo de recolhimento de tributos". *RDTributário* 45/24-31. São Paulo, Ed. RT, 1988.

ÁVILA, Humberto. "Legalidade tributária multidimensional". In: FERRAZ, Roberto (coord.). *Princípios e Limites da Tributação*. São Paulo, Quartier Latin, 2005 (pp. 279-291).

420 TEORIA GERAL DO DIREITO TRIBUTÁRIO

——————. *Teoria dos Princípios*. 15ª ed. São Paulo, Malheiros Editores, 2014.

BALEEIRO, Aliomar. *Clínica Fiscal*. Salvador, Progresso, 1958.

——————. *Direito Tributário Brasileiro*. 2ª ed. Rio de Janeiro, Forense, 1970; 10ª ed. Rio de Janeiro, Forense, 1981; 10ª ed., 12ª tir. Rio de Janeiro, Forense, 1996; 11ª ed., "Notas de Atualização" de Misabel Abreu Machado Derzi. Rio de Janeiro, Forense, 1999.

——————. *Limitações Constitucionais ao Poder de Tributar*. 6ª ed., Rio de Janeiro, Forense, 1985; 7ª ed. Rio de Janeiro, Forense, 1997.

——————. *Uma Introdução à Ciência das Finanças*. vol. I. Rio de Janeiro, Forense, 1955; vol. II. Rio de Janeiro, Revista Forense, 1955; 13ª ed. Rio de Janeiro, Forense, 1981; 17ª ed. Rio de Janeiro, Forense, 2010.

BANDEIRA DE MELLO, Celso Antônio. *Ato Administrativo e Direito dos Administrados*. São Paulo, Ed. RT, 1981.

——————. *Curso de Direito Administrativo*. 31ª ed. São Paulo, Malheiros Editores, 2014.

BARQUERO ESTEVAN, Juan Manuel. *La Función del Tributo en el Estado Social y Democrático de Derecho*. Madri, Centro de Estudios Políticos y Constitucionales, 2002.

BARRETO, Aires Fernandino. "Princípio da legalidade e mapas de valores". *Caderno de Pesquisas Tributárias* 6. São Paulo, CEEU/Resenha Tributária, 1981.

BASTOS, Celso Ribeiro. *Curso de Direito Constitucional*. 18ª ed. São Paulo, Saraiva, 1997.

BECERRIL, Miguel Pérez de Ayala, e PÉREZ DE AYALA, José Luis. *Fundamentos de Derecho Tributario*. 5ª ed. Madri, Editoriales de Derecho Reunidas, s/d.

BECKER, Alfredo Augusto. *Teoria Geral do Direito Tributário*. São Paulo, Saraiva, 1963.

BERLIRI, Antonio. *Principios de Derecho Tributario*. vol. 2. Madri, Editorial de Derecho Financiero, 1971.

BOBBIO, Norberto. *Contribución a la Teoría del Derecho*. Valência, Fernando Torres, 1980.

——————. *O Tempo da Memória*. Trad. de Daniela Versiani. Rio de Janeiro, Campus, 1997.

——————. *Teoria do Ordenamento Jurídico*. 4ª ed., trad. de Maria Celeste Cordeiro Leite dos Santos. Brasília/DF, UnB, 1994.

——————. *Teoría General del Derecho*. Bogotá, Editorial Temis, 1997.

BIBLIOGRAFIA 421

BOBBIO, Norberto, MATTEUCCI, Nicola, e PASQUINO, Gianfranco. *Dicionário de Política*. 7ª ed., vols. I e II, trad. de Carmen C. Varrialle e outros. Brasília/DF, UnB, 1995 e 1998.

BONAVIDES, Paulo. *Do Estado Liberal ao Estado Social*. 11ª ed., 2ª tir. São Paulo, Malheiros Editores, 2014.

CADAVID, Alberto Fernández. *La Contribución de Valorización en Colombia*. 2ª ed. Bogotá, Editorial Temis, 1981.

CAMPOS, Dejalma de. "O princípio da legalidade no direito tributário". *Caderno de Pesquisas Tributárias* 6. São Paulo, CEEU/Resenha Tributária, 1981.

CANOTILHO, J. J. Gomes. *Direito Constitucional*. 6ª ed. Coimbra, Livraria Almedina, 1996.

CANTO, Gilberto de Ulhôa, e COUTINHO, Fábio de Sousa. "O princípio da legalidade". *Caderno de Pesquisas Tributárias* 6. São Paulo, CEEU/Resenha Tributária, 1981.

CARDOSO, Newton. *Tributação do Ato Ilícito*. Recife, Regis, 1966.

CARNEIRO, Erymá. *Lei n. 4.506 – A Nova Lei do Imposto de Renda*. Rio de Janeiro, Financeiras, 1965.

CARRAZZA, Roque Antonio. *Curso de Direito Constitucional Tributário*. 29ª ed. São Paulo, Malheiros Editores, 2013.

—————. *O Regulamento no Direito Tributário Brasileiro*. São Paulo, Ed. RT, 1981.

CARRÉ DE MALBERG, R. *Teoría General del Estado*. Trad. de José Lión Depetre. México, Facultad de Derecho/UNAM/Fondo de Cultura Económica, 1998.

CARRIÓ, Genaro. *Notas sobre Derecho y Lenguaje*. 4ª ed. Buenos Aires, Abeledo--Perrot, 1994.

CARVALHO, Paulo de Barros. *Curso de Direito Tributário*. São Paulo, Saraiva, 1975; 3ª ed. São Paulo, Saraiva, 1988; 7ª ed. São Paulo, Saraiva, 1995; 13ª ed. São Paulo, Saraiva, 2000; 15ª ed. São Paulo, Saraiva, 2003.

CARVALHO, Paulo de Barros, ATALIBA, Geraldo, e SOUSA, Rubens Gomes de. *Comentários ao Código Tributário Nacional*. São Paulo, EDUC/Ed. RT, 1975.

CARVALHO, Paulo de Barros, e ATALIBA, Geraldo. *Comentários ao Código Tributário Nacional*. São Paulo, Ed. RT, 1975.

CARVALHOSA, Modesto. *Comentários à Lei de Sociedades Anônimas*. 3ª ed., vol. 4, t. 1. São Paulo, Saraiva, 2002.

CASÁS, José Osvaldo. *Derechos y Garantías Constitucionales del Contribuyente*. Buenos Aires, Ad Hoc, 2002.

422 TEORIA GERAL DO DIREITO TRIBUTÁRIO

CASSONE, Vittorio. *Direito Tributário*. São Paulo, Atlas, 1985.

CASTRO, Viveiros de. *Tratado dos Impostos*. Rio de Janeiro, Laemert, 1901.

CATARINO, João Ricardo. *Para uma Teoria Política do Tributo*. 2ª ed. Lisboa, Centro de Estudos Fiscais, 2009.

—————, e GUIMARÃES, Vasco Branco (coords.). *Lições de Fiscalidade*. vol. I – "Princípios Gerais e Fiscalidade Interna". Coimbra, Livraria Almedina, 2013.

CIANCIARDO, Juan. "Princípios e regras: uma abordagem a partir dos critérios de distinção". In: FERRAZ, Roberto (coord.). *Princípios e Limites da Tributação*. São Paulo, Quartier Latin, 2005.

CIRNE LIMA, Ruy. *Princípios de Direito Administrativo*. 7ª ed. São Paulo, Malheiros Editores, 2007.

Constituição do Brasil e Constituições Estrangeiras. Brasília, Senado Federal/Subsecretaria de Edições Técnicas, 1987.

CORRÊA, Walter Barbosa. "Fontes do direito tributário". In: *Curso de Direito Tributário*. São Paulo, Saraiva, 1982.

COSSIO, Carlos. *La Teoría Egológica del Derecho y el Concepto Jurídico de Libertad*. Buenos Aires, Abeledo-Perrot, 1964.

COSTA Ramón Valdés. *Curso de Derecho Tributario*. 2ª ed. Buenos Aires/Santa Fé de Bogotá/Madri, Depalma/Temis/Marcial Pons, 1996.

COUTINHO, Fábio de Sousa, e CANTO, Gilberto de Ulhôa. "O princípio da legalidade". *Caderno de Pesquisas Tributárias* 6. São Paulo, CEEU/Resenha Tributária, 1981.

CUNHA, Sérgio Sérvulo da. *Fundamentos de Direito Constitucional*. São Paulo, Saraiva, 2004.

DEL VECCHIO, Giorgio. *Lições de Filosofia do Direito*. 4ª ed., t. II, trad. de António José Brandão. Coimbra, Arménio Amado Editor, 1972.

DERZI, Misabel Abreu Machado. "Notas de Atualização". In: BALEEIRO, Aliomar. *Direito Tributário Brasileiro*. 11ª ed. Rio de Janeiro, Forense, 1999.

EISELE, Andreas. *Apropriação Indébita e Ilícito Penal Tributário*. São Paulo, Dialética, 2001.

ELIZONDO, Francisco Cárdenas. *Introducción al Estudio del Derecho Fiscal*. México, Editorial Porrúa, 1992.

ENGISCH, Karl. *Introdução ao Pensamento Jurídico*. 7ª ed., trad. de J. Baptista Machado. Lisboa, Fundação Calouste Gulbenkian, 1996.

BIBLIOGRAFIA

FALCÃO, Amílcar de Araújo. *Introdução ao Direito Administrativo*. São Paulo, Resenha Universitária, 1977.

————. *Introdução ao Direito Tributário*. 6ª ed. Rio de Janeiro, Forense, 1999.

————. *O Fato Gerador da Obrigação Tributária*. 2ª ed. São Paulo, Ed. RT, 1971.

FANUCCHI, Fábio. *Curso de Direito Tributário Brasileiro*. São Paulo, IBET/Resenha Tributária, 1986.

FAVEIRO, Vitor António Duarte. *Noções Fundamentais de Direito Fiscal Português*. Coimbra, Coimbra Editora, 1986.

FERRAZ, Roberto (coord.). *Princípios e Limites da Tributação*. São Paulo, Quartier Latin, 2005.

FERREIRA, Pinto. *Teoria Geral do Estado*. 2ª ed., t. I. Rio de Janeiro, José Konfino Editor, 1957.

FERREIRO LAPATZA, José Juan. *Curso de Derecho Financiero Español*. 12ª ed. Madri, Marcial Pons, 1990.

FONROUGE, Giuliani. *Derecho Financiero*. 2ª ed., vol. 1. Buenos Aires, Depalma, 1970.

FREITAS, Vladimir Passos de (coord.). *Código Tributário Nacional Comentado*. São Paulo, Ed. RT, 1999.

GASPARINI, Diógenes. *Direito Administrativo*. 8ª ed. São Paulo, Saraiva, 2003.

GIANNINI, A. D. *Istituzioni di Diritto Tributario*. Milão, Giuffrè, 1948.

GIARDINO, Cleber. "A propósito da teoria da tributação penal". *RDTributário* 6/145-149. São Paulo, Ed. RT, 1978.

GODOI, Marciano Seabra de (coord.). *Sistema Tributário Nacional na Jurisprudência do STF*. São Paulo, Dialética, 2002.

GODOY, Norberto J. *Teoría General del Derecho Tributario – Aspectos Esenciales*. Buenos Aires, Abeledo-Perrot, 1992.

GOMES, Nuno de Sá. *Manual de Direito Fiscal*. 9ª ed., vol. I. Lisboa, Rei dos Livros, 1998.

GONÇALVES, Artur Lima, e ATALIBA, Geraldo. "Carga tributária e prazo de recolhimento de tributos". *RDTributário* 45/24-31. São Paulo, Ed. RT, 1988.

GONZÁLEZ, Eusebio, e LEJEUNE, Ernesto. *Derecho Tributario*. 2ª ed. Salamanca, Plaza, 2000.

GONZÁLEZ GARCÍA, Eusebio. "Principio de legalidad tributaria en la Constitución de 1978". In: *Seis Estudios sobre Derecho Constitucional e Internacional Tributario*. Madri, Editorial de Derecho Financiero, 1980.

424 TEORIA GERAL DO DIREITO TRIBUTÁRIO

GRAU, Eros Roberto. *Conceito de Tributo e Fontes do Direito Tributário*. São Paulo, IBET/Resenha Tributária, 1975.

GRECO, Marco Aurélio. *Contribuições (Uma Figura Sui Generis)*. São Paulo, Dialética, 2000.

—————— (coord.). *Contribuições de Intervenção no Domínio Econômico*. São Paulo, Dialética, 2001.

GROVES, Harold M. *Finanzas Públicas*. Trad. de Odón Durán de Ocón. México, Trilhas, 1968.

GUERRERO, Luis Corral. *Introducción al Derecho Tributario*. Madri, Editorial Trivium, 1993.

GUIMARÃES, Vasco Branco, e CATARINO, João Ricardo (coords.). *Lições de Fiscalidade*. vol. I – "Princípios Gerais e Fiscalidade Interna". Coimbra, Livraria Almedina, 2013.

HARADA, Kiyoshi. *Compêndio de Direito Financeiro*. São Paulo, Resenha Tributária, 1994.

HENSEL, Albert. *Diritto Tributario*. Milão, Giuffrè, 1956.

JARACH, Dino. *Curso Superior de Derecho Tributario*. Buenos Aires, Liceo Profesional Cima, 1969.

——————. *Finanzas Públicas y Derecho Tributario*. 2ª ed. Buenos Aires, Abeledo-Perrot, 1996.

——————. *O Fato Imponível – Teoria Geral do Direito Tributário Substantivo*. Trad. de Dejalma de Campos. São Paulo, Ed. RT, 1989.

KELSEN, Hans. *Teoría General del Derecho y del Estado*. 3ª ed., trad. de Eduardo García Maynez. México, Textos Universitarios, 1969.

——————. *Teoria Pura do Direito*. 3ª ed., trad. de João Baptista Machado. Coimbra, Arménio Amado Editor, 1974.

KRUSE, Heinrich Wilhelm. *Derecho Tributario – Parte General*. 3ª ed., trad. de Perfecto Yebra Martul-Ortega. Madri, Editorial de Derecho Financiero, s/d.

LARENZ, Karl. *Derecho Justo – Fundamentos de Ética Jurídica*. Trad. de Luís Diez Picazo. Madri, Civitas, 1993.

LATORRE, Angel. *Introdução ao Direito*. Coimbra, Livraria Almedina, 1974.

LEJEUNE, Ernesto, e GONZÁLEZ, Eusebio. *Derecho Tributario*. 2ª ed. Salamanca, Plaza, 2000.

BIBLIOGRAFIA 425

LIMA, Hermes. *Introdução à Ciência do Direito.* 28ª ed. Rio de Janeiro, Freitas Bastos, 1986.

LINARES QUINTANA, Segundo V. *Tratado de Interpretación Constitucional.* Buenos Aires, Abeledo-Perrot, 1998.

MACHADO, Celso Cordeiro. *Tratado de Direito Tributário Brasileiro.* vol. VI – "Crédito Tributário". Rio de Janeiro, Forense, 1984.

MACHADO, Hugo de Brito. "Comentários ao art. 4º". In: MARTINS, Ives Gandra da Silva (coord.). *Comentários ao Código Tributário Nacional.* 4ª ed., vol. 1. São Paulo, Saraiva, 2006.

——————. *Comentários ao Código Tributário Nacional.* vol. I. São Paulo, Atlas, 2003; 2ª ed., vol. II. São Paulo, Atlas, 2008.

——————. *Curso de Direito Constitucional Tributário.* São Paulo, Malheiros Editores, 2012; 2ª ed., 2015.

——————. *Curso de Direito Tributário.* 1ª ed. São Paulo, Resenha Tributária, 1978; 35ª ed. São Paulo, Malheiros Editores, 2014.

——————. *ICM – Imposto de Circulação de Mercadorias.* São Paulo, Sugestões Literárias, 1971.

——————. *Introdução ao Estudo do Direito.* 3ª ed. São Paulo, Atlas, 2012.

——————. *O Conceito de Tributo no Direito Brasileiro.* Rio de Janeiro, Forense, 1987.

——————. "O ilícito como pressuposto essencial da penalidade e as multas por requerimento indeferido ou compensação na homologada". *RDDT* 193/69-72. São Paulo, Dialética, outubro/2011.

——————. *Os Princípios Jurídicos da Tributação na Constituição de 1988.* 5ª ed. São Paulo, Dialética, 2004.

——————. "Responsabilidade pessoal do agente público por danos ao contribuinte". *RDDT* 95. São Paulo, Dialética, agosto/2003.

——————. "Sanções políticas no direito tributário". *RDDT* 30. São Paulo, Dialética, março/1998.

——————. "Transação e arbitragem no âmbito tributário". *Revista Fórum de Direito Tributário* 28. Belo Horizonte, Fórum, janeiro-fevereiro/2003.

——————. "Vigência e eficácia da lei". *RF* 313. Rio de Janeiro, Forense, janeiro-março/1991.

—————— (coord.). *Tributação Indireta no Direito Brasileiro.* São Paulo/Fortaleza, Malheiros Editores/Instituto Cearense de Estudos Tributários, 2013.

426 TEORIA GERAL DO DIREITO TRIBUTÁRIO

————————, e MACHADO, Schubert de Farias. *Dicionário de Direito Tributário*. São Paulo, Atlas, 2011.

MACHADO, Raquel Cavalcanti Ramos, e MACHADO SEGUNDO, Hugo de Brito. "Certidão negativa e recebimento de precatório". *RDDT* 136. São Paulo, Dialética, 2007.

MACHADO, Schubert de Farias, e MACHADO, Hugo de Brito. *Dicionário de Direito Tributário*. São Paulo, Atlas, 2011.

MACHADO SEGUNDO, Hugo de Brito. *Código Tributário Nacional*. 3ª ed. São Paulo, Atlas, 2013.

————————. *Direito Tributário nas Súmulas do STF e do STJ*. São Paulo, Atlas, 2010.

————————. "Perfil constitucional das contribuições de intervenção no domínio econômico". In: GRECO, Marco Aurélio (coord.). *Contribuições de Intervenção no Domínio Econômico*. São Paulo, Dialética, 2001.

————————. *Processo Tributário*. 7ª ed. São Paulo, Atlas, 2014.

————————. "Responsabilidade de sócios e dirigentes de pessoas jurídicas e o redirecionamento da execução fiscal". In: ROCHA, Valdir de Oliveira (coord.). *Problemas de Processo Judicial Tributário*. vol. 4. São Paulo, Dialética, 2000.

————————, e MACHADO, Raquel Cavalcanti Ramos. "Certidão negativa e recebimento de precatório". *RDDT* 136. São Paulo, Dialética, 2007.

MARINS, James. *Elisão Tributária e sua Regulação*. São Paulo, Dialética, 2002.

MARTÍN, José María. *Fundamentos de las Finanzas Publicas y del Derecho Tributario Argentino*. Buenos Aires, La Ley, 1973.

MARTÍNEZ, Pedro Soares. *Direito Fiscal*. 7ª ed. Coimbra, Livraria Almedina, 1995.

MARTINS, Ives Gandra da Silva. "O princípio da legalidade no direito tributário brasileiro". *Caderno de Pesquisas Tributárias* 6. São Paulo, CEEU/Resenha Tributária, 1981.

————————. "Sanções tributárias". *Caderno de Pesquisas Tributárias* 4/262-269. São Paulo, Resenha Tributária, 1979.

————————. *Sistema Tributário na Constituição de 1988*. 3ª ed. São Paulo, Saraiva, 1991.

———————— (coord.). *Comentários ao Código Tributário Nacional*. vol. 1. São Paulo, Saraiva, 1998; 4ª ed., vol. 1. São Paulo, Saraiva, 2006.

———————— (coord.). *Curso de Direito Tributário*. 7ª ed. São Paulo, Saraiva, 2000.

MASAGÃO, Mário. *Curso de Direito Administrativo*. 6ª ed. São Paulo, Ed. RT, 1977.

MATTEUCCI, Nicola, BOBBIO, Norberto, e PASQUINO, Gianfranco. *Dicionário de Política*. 7ª ed., vol. 2, trad. de Carmen C. Varrialle e outros. Brasília/DF, UnB, 1998.

BIBLIOGRAFIA 427

MEIRELLES, Hely Lopes. *Direito Administrativo Brasileiro*. 40ª ed. São Paulo, Malheiros Editores, 2014.

MENDONÇA, Maria Luíza Vianna Pessoa de. *O Princípio Constitucional da Irretroatividade da Lei – A Irretroatividade da Lei Tributária*. Belo Horizonte, Del Rey, 1996.

MICHELI, Gian Antonio. *Curso de Direito Tributário*. Trad. de Marco Aurélio Greco e Pedro Luciano Marrey Jr. São Paulo, Ed. RT, 1978.

MIRANDA, Jorge. *Manual de Direito Constitucional*. 2ª ed., t. III. Coimbra, Coimbra Editora, 1988.

MORAES, Bernardo Ribeiro de. *Compêndio de Direito Tributário*. Rio de Janeiro, Forense, 1984.

—————. "Tributação das atividades ilícitas". In: *Interpretação no Direito Tributário*. São Paulo, EDUC/Saraiva, 1975.

NABAIS, José Casalta. *Direito Fiscal*. 5ª ed. Coimbra, Livraria Almedina, 2010.

—————. *O Dever Fundamental de Pagar Impostos*. Coimbra, Livraria Almedina, 1998.

NEUMARK, Fritz. *Principios de la Imposición*. 2ª ed. Madri, Instituto de Estudios Fiscales, 1994.

NOGUEIRA, Ruy Barbosa. *Curso de Direito Tributário*. São Paulo, Saraiva, 1985; 6ª ed. São Paulo, Saraiva, 1986; 13ª ed. São Paulo, Saraiva, 1994.

NUNES, Castro. "Problemas da partilha tributária". *RDA* I. Rio de Janeiro, FGV, janeiro/1945.

NUNES, Pedro. *Dicionário de Tecnologia Jurídica*. 8ª ed., vol. I, Rio de Janeiro/São Paulo, Freitas Bastos, 1974; 8ª ed., vol. II. Rio de Janeiro, Freitas Bastos, s/d.

OLIVEIRA, Yonne Dolácio de. "Legislação tributária, tipo legal tributário". In: *Comentários ao Código Tributário Nacional*. São Paulo, José Bushatsky Editor, 1976.

PASQUINO, Gianfranco, BOBBIO, Norberto, e MATTEUCCI, Nicola. *Dicionário de Política*. 7ª ed., vol. 2, trad. de Carmen C. Varrialle e outros. Brasília/DF, UnB, 1998.

PÉREZ DE AYALA, José Luis. *Montesquieu y el Derecho Tributario Moderno*. Madri, Dykinson, 2001.

—————, e BECERRIL, Miguel Pérez de Ayala. *Fundamentos de Derecho Tributario*. 5ª ed. Madri, Editoriales de Derecho Reunidas, s/d.

428 TEORIA GERAL DO DIREITO TRIBUTÁRIO

PÉREZ ROYO, Fernando. *Derecho Financiero y Tributario – Parte General.* 7ª ed. Madri, Civitas, 1997.

PONTES DE MIRANDA, F. C. *Comentários à Constituição de 1967.* 2ª ed. São Paulo, Ed. RT, 1971.

RABELLO FILHO, Francisco Pinto. *O Princípio da Anterioridade da Lei Tributária.* São Paulo, Ed. RT, 2002.

RADBRUCH, Gustav. *Filosofia do Direito.* 5ª ed., trad. de Luis Cabral de Moncada. Coimbra, Arménio Amado Editor, 1974.

RAMOS, José Nabantino. "O Código Tributário Nacional"; *RDP* 1/170-178. São Paulo, Ed. RT, 1967.

REALE, Miguel. *Lições Preliminares de Direito.* 10ª ed. São Paulo, Saraiva, 1983.

RECASÉNS SICHES, Luis. *Introducción al Estudio del Derecho.* México, Editorial Porrúa, 2000.

—————. *Sociologia.* México, Editorial Porrúa, 2004.

RIBEIRO, Maria de Fátima. *A Natureza Jurídica do Empréstimo Compulsório no Sistema Tributário Nacional.* Rio de Janeiro, Forense, 1985.

ROCHA, Valdir de Oliveira. *Determinação do Montante do Tributo.* 2ª ed. São Paulo, Dialética, 1995.

—————. "Os empréstimos compulsórios e a Constituição de 1988". *Revista de Informação Legislativa* 113. Brasília, Senado Federal, janeiro-março/1992.

————— (coord.). *Problemas de Processo Judicial Tributário.* vol. 4. São Paulo, Dialética, 2000.

RODRIGUES, Sílvio. *Direito Civil.* 23ª ed. São Paulo, Saraiva, 1997.

RODRÍGUEZ BEREIJO, Álvaro. *Introducción al Estudio del Derecho Financiero.* Madri, Instituto de Estudios Fiscales/Ministerio de Hacienda, 1976.

ROSEMBUJ, Tulio. *Elementos de Derecho Tributario.* Barcelona, Editorial Bleme, 1982.

ROULAND, Norbert. *Nos Confins do Direito.* Trad. de Maria Ermantina de Almeida Prado Galvão. São Paulo, Martins Fontes, 2003.

SÁNCHEZ GOYANES, Henrique. *Constitución Española Comentada.* 21ª ed. Madri, Editorial Paraninfo, 1998.

SÁNCHEZ SERRANO, Luis. *Tratado de Derecho Financiero y Tributario Constitucional.* Madri, Marcial Pons, 1997.

SANTI, Eurico Marcos Diniz de. *Lançamento Tributário.* 2ª ed. São Paulo, Max Limonad, 2001.

BIBLIOGRAFIA

SANTOS, Cairon Ribeiro dos. *Curso de Introdução ao Direito Tributário.* São Paulo, Thomson/IOB, 2004.

SCHMÖLDERS, Günter. *Teoría General del Impuesto.* Trad. de Luis A. Martín Merino. Madri, Editorial de Derecho Financiero, 1962.

SILVA, José Afonso da. *Curso de Direito Constitucional Positivo.* 37ª ed. São Paulo, Malheiros Editores, 2014.

SILVA, Juary C. *Elementos de Direito Penal Tributário.* São Paulo, Saraiva, 1998.

SILVA, Virgílio Afonso. "Princípios e regras: mitos e equívocos acerca de uma distinção". *Revista Latino-Americana de Estudos Constitucionais* 1. Belo Horizonte, Del Rey, janeiro-junho/2003.

SOUSA, Rubens Gomes de. *Compêndio de Legislação Tributária.* São Paulo, Resenha Tributária, 1975.

——————. "Curso de Introdução ao Direito Tributário, 5ª Aula, 'A Relação Jurídica Tributária'". *Revista de Estudos Fiscais* 12/497-498. Centro de Estudos dos Agentes Fiscais do Imposto de Consumo em São Paulo, dezembro/1948.

——————, ATALIBA, Geraldo, e CARVALHO, Paulo de Barros. *Comentários ao Código Tributário Nacional.* São Paulo, EDUC/Ed. RT, 1975.

SOUZA, Daniel Coelho de. *Introdução à Ciência do Direito.* São Paulo, Saraiva, 1980.

SOUZA, Hamilton Dias de. "Contribuições especiais". In: MARTINS, Ives Gandra da Silva (coord.). *Curso de Direito Tributário.* 7ª ed. São Paulo, Saraiva, 2000.

SOUTO MAIOR BORGES, José. *Lançamento Tributário.* Rio de Janeiro, Forense, 1981, Coleção *Tratado de Direito Tributário,* 14º vol.

——————. *Teoria Geral da Isenção Tributária.* 3ª ed., 3ª tir. São Paulo, Malheiros Editores, 2011.

SPISSO, Rodolfo R. *Derecho Constitucional Tributario.* Buenos Aires, Depalma, 1993.

TENÓRIO, Igor, e ALMEIDA, Carlos dos Santos. *Dicionário de Direito Tributário.* São Paulo, Thomson/IOB, 2004.

TENÓRIO, Oscar. *Lei de Introdução ao Código Civil Brasileiro.* 2ª ed. Rio de Janeiro, Borsói, 1955.

TIPKE, Klaus. *Moral Tributaria del Estado y de los Contribuyentes.* Trad. de Pedro M. Herrera Molina. Madri/Barcelona, Marcial Pons, 2002.

TOSI, Renzo. *Dicionário de Sentenças Latinas e Gregas,* São Paulo, Martins Fontes, 1996.

430 TEORIA GERAL DO DIREITO TRIBUTÁRIO

UCKMAR, Victor. *Os Princípios Comuns de Direito Constitucional Tributário.* 2ª ed., trad. de Marco Aurélio Greco. São Paulo, Malheiros Editores, 1999.

VASCONCELOS, Arnaldo. *Teoria da Norma Jurídica.* 6ª ed. São Paulo, Malheiros Editores, 2006.

VASQUES, Sérgio. *Eça e os Impostos.* Coimbra, Livraria Almedina, 2000.

VELLOSO, Carlos Mário da Silva. "Do poder regulamentar". *Revista Jurídica Lemi* 174. Belo Horizonte, 1982.

VILLEGAS, Héctor B. *Curso de Finanzas, Derecho Financiero y Tributario.* 3ª ed., t. I. Buenos Aires, Depalma, 1979.

—————. "Verdades e ficções em torno do tributo denominado taxa". *RDP* 17. São Paulo, Ed. RT, junho-setembro/1971.

XAVIER, Alberto. *Manual de Direito Fiscal.* Lisboa, Manuais da Faculdade de Direito de Lisboa, 1974.

—————. *Os Princípios da Legalidade e da Tipicidade da Tributação.* São Paulo, Ed. RT, 1978.

ZUBILLAGA, Joxe Mari Aizega. *La Utilización Extrafiscal de los Tributos y los Principios de Justicia Tributaria.* Universidad del País Vasco, 2001.

* * *

01304

GRÁFICA PAYM
Tel. [11] 4392-3344
paym@graficapaym.com.br